Em que Mundo Viveremos?

Coleção Estudos
Dirigida por J. Guinsburg

Equipe de realização – Organização: Fábio Landa e Maura Bicudo Véras; Tradução: Fábio Landa e Eva Landa; Revisão técnica da tradução: Maura Bicudo Véras; Edição de texto: Iracema A. de Oliveira; Revisão de provas: Marcio Honorio de Godoy; Sobrecapa: Sergio Kon; Produção: Ricardo Neves e Raquel Fernandes Abranches.

Michel Wieviorka

EM QUE MUNDO VIVEREMOS?

 PERSPECTIVA

© Michel Wieviorka

Dados Internacionais de Catalogação na Publicação (CIP)
(Câmara Brasileira do Livro, SP, Brasil)

Wieviorka, Michel
    Em que mundo viveremos? / Michel Wieviorka ; [tradução
Eva Landa e Fábio Landa]. – São Paulo : Perspectiva, 2006.
    – (Estudos ; 215 / dirigida por J. Guinsburg)

    Bibliografia.
    ISBN 85-273-0736-7

    1. Diferenciação (Sociologia) 2. Movimentos sociais 3.
Racismo 4. Segurança 5. Sociologia 6. Violência I. Guinsburg, J. II. Título. III. Série.

05-7854   CDD-301

Índices para catálogo sistemático:

    1. Pensamento sociológico contemporâneo : Temas
    e tendências : Compilação de artigos   301

Direitos reservados em língua portuguesa à
EDITORA PERSPECTIVA S.A.
Av. Brigadeiro Luís Antônio, 3025
01401-000 – São Paulo – SP – Brasil
Telefax: (0--11) 3885-8388
www.editoraperspectiva.com.br
2006

Sumário

Sobre este Livro – *Fábio Landa* VII

Prefácio – *Maura Pardini Bicudo Véras* IX

TEMAS SOCIOLÓGICOS
    1. Um Outro Mundo é Possível 3
    2. Sociologia Pós-clássica ou Declínio da Sociologia? 37
    3. Um Velho Tema Revisitado: Sociologia e Ideologia 67

PENSAR OS MOVIMENTOS SOCIAIS E O SUJEITO
    4. Pensar os Movimentos Sociais Após a Queda do
       Comunismo 93
    5. As Duas Faces dos Movimentos Sociais 103
    6. Movimentos e Antimovimentos Sociais de Amanhã 115
    7. Sujeito e Anti-Sujeito: o Caso do Comunismo 127

DIFERENÇAS CULTURAIS E RACISMO
    8. As Diferenças Culturais e o Futuro da Democracia 139
    9. Identidades Culturais e Democracia 155
    10. A Nova Era do Racismo 165
    11. O Pesquisador e seu Objeto nas Ciências Sociais, Hoje 183

VIOLÊNCIA E INSEGURANÇA

12. Para Compreender a Violência: a Hipótese do Sujeito....201
13. Terrorismos, uma Ruptura Histórica?...........................225
14. O Sociólogo e a Insegurança.....................................245
15. O Tema da Insegurança nas Democracias: o Objetivo
    e o Subjetivo..261
16. O Antiamericanismo Contemporâneo 271

Bibliografia 285

Sobre este Livro

O livro que o leitor tem em mãos é o primeiro de Michel Wieviorka traduzido para o português, no Brasil. Trata-se de uma série de aulas e ensaios recentes que reunimos num compêndio, fornecendo uma visão ampla e precisa do desenvolvimento do pensamento de Wieviorka e de seus temas de pesquisa.

Como o próprio autor ressalta num de seus artigos presentes nesta coletânea, ele é o herdeiro do método de Alain Touraine e seu sucessor como diretor do Cadis (Centre d'analyse et d'intervention sociologiques) da Ecole de Hautes Etudes en Sciences Sociales de Paris.

Desde seus primeiros trabalhos (o leitor poderá ter uma visão do conjunto de sua obra ao final deste volume), o tema de Michel Wieviorka cristalizou-se ao redor da violência e seus múltiplos prolongamentos e desdobramentos: terrorismo, violência urbana, racismo, ideologia, diferença cultural. Alguns dos seus textos tornaram-se clássicos e hoje são referências: *La France raciste, Sociétés et Terrorisme, La différence, La violence*. Longe de um pensamento dogmático, seus escritos dão conta de uma verdadeira paixão pela pesquisa de campo e, ao mesmo tempo, um interesse intelectual, que lhe permite dialogar com a filosofia e a psicanálise.

Tratamos de subdividir essa coletânea em quatro partes, em que cada uma contém um fio condutor específico ou principal. Na primeira parte, foram reunidos os textos ao redor de um dos desenvolvimentos mais importantes efetuados pelo autor a respeito do conceito de movimento e de antimovimento social. Na segunda, reunimos os textos ao redor de outro dos grandes temas de Wieviorka, a diferença cultural e, poderíamos acrescentar como corolário, a presença e atividade do preconceito. Na terceira, foi desenvolvida uma reflexão ao redor do método e da função do sociólogo, em particular, e do pesquisador, em geral, e sua relação com o seu tema de estudo. Nessas três partes, o leitor encontrará mais ou menos explícita e extensamente, uma reflexão sobre o sujeito, tema que interessa não apenas ao sociólogo, mas também ao psicanalista, ao psicólogo e ao pedagogo. A quarta parte compõe-se de um único artigo, um pouco mais extenso que os demais, mas que faz parte de uma reflexão a respeito do que, a grosso modo, poderíamos considerar como uma tentativa de resposta a uma pergunta que seria formulada aproximativamente como "Podemos viver juntos?" Uma preocupação do autor já expressa em outro contexto, sobretudo num diálogo com Jacques Derrida a respeito da hospitalidade.

A tradução tratou de, sempre que julgou necessário, acrescentar notas para esclarecer algum conceito referido, mas que não faz parte, obrigatoriamente, do repertório do leitor não especialista.

Ao final do volume, o leitor encontrará a bibliografia do livro, à qual acrescentamos, por tratar-se da primeira obra para o público de língua portuguesa, uma lista completa dos livros do autor publicados.

Por fim, os tradutores deste volume não podem deixar de expressar a honra de apresentar este trabalho e ao mesmo tempo a preocupação de, em não sendo sociólogos de formação, mas psicanalistas, terem estado à altura da tarefa. A revisão da tradução e o prefácio da Profª Maura Bicudo Véras conforta os tradutores quanto a seus temores e permite-lhes afirmar, com um certo alívio, que fizeram seu trabalho no limite de suas capacidades e de seus esforços.

Fábio Landa

Prefácio

Inicialmente, algumas notas explicativas a título de apresentação deste livro.

Escritos entre os finais da década de 1990 até 2003, os textos de Michel Wieviorka aqui reunidos vêm oferecer, ao leitor de língua portuguesa, temas e tendências do pensamento sociológico contemporâneo, questões cruciais do mundo em que vivemos.

O autor, referência obrigatória para os temas do racismo, segurança, violência, movimentos sociais, destacou-se em questões teóricas significativas, mas também em pesquisas empíricas, de alta relevância para o debate atual. Seus *La France raciste, La difference*, são reconhecidos internacionalmente, de inegável oportunidade no contexto atual. Participante do Cadis (Centre d'Analisys et Intervention Sociologique) da Ehess, École des Hautes Etudes em Sciences Sociales de Paris, tem realizado inúmeras pesquisas e trabalhos em colaboração com Alain Touraine.

Assim, seus temas, além de buscar refletir sobre a situação atual da sociologia – da teoria clássica aos debates contemporâneos –, ele os vê impregnados da historicidade dos últimos eventos, do fim da guerra fria ao terrorismo e antiamericanismo atuais.

Meu conhecimento mais direto com Michel Wieviorka deu-se no ano de 1999, quando fazia meu pós-doutorado junto ao IEP-Institut d' Etudes Politiques – Paris e assisti várias de suas conferências, especialmente sobre violência. Em 2003, através de um amigo comum, Fabio Landa, também participante do Cadis-Ehess, soube que M. Wieviorka visitaria São Paulo, a convite da USP. Consegui, como Presidente da Pós-graduação da PUC-SP, convidá-lo para conferência de abertura do semestre letivo da Pós-graduação. Nosso contato, então, foi estimulante e combinamos futura integração de esforços.

Em seguida, recebi pelo correio o conjunto destes textos, os quais organizei juntamente com Fabio Landa, que os traduziu. Dessa forma, coube-me fazer a revisão técnica da tradução em sociologia e este prefácio.

Impossível deixar de registrar aqui meu agradecimento a Fabio Landa pela primorosa tradução e por sua competência e amizade, a Michel Wieviorka pela confiança e generosidade em partilhar seus trabalhos com o público brasileiro, e a Edna R. Cordeiro, Secretária da Presidência da Pós-graduação, pela ajuda na digitação e pelo apoio a este trabalho.

Organizamos o livro em quatro blocos: Temas Sociológicos, Movimentos Sociais e o Sujeito, Identidades Culturais e Racismo, Violência e Insegurança. Constituem-se de questões analíticas em intensa relação com contextos históricos contemporâneos; assim, são recorrentes, como um grande pano de fundo ao longo do século XX, em suas mais profundas transformações, como o fim da guerra fria, a queda do comunismo e do muro de Berlim. Concomitantemente o autor se debruçou sobre problemas teóricos da sociologia tais como os conceitos de modernidade e pós-modernidade, mundialização, o fim dos meta-relatos e das utopias. Dando ênfase aos movimentos e lutas sociais, coloca o Sujeito como foco analítico e propulsor das mudanças sociais, revelando-se otimista diante dos problemas presentes: "um outro mundo é possível". Ao evitar tanto o "esquerdismo" quanto o "pensamento hipercrítico", por "paralisantes", percorre os clássicos da sociologia e aprofunda a velha polêmica conhecida: o fim das utopias daria à sociologia dos intelectuais um caráter instrumental ou, apesar dos inúmeros debates, permaneceria presa de novas ideologias?

As profundas transformações mundiais referidas – econômicas, políticas e culturais como, por exemplo, as do socialismo realmente existente, na experiência da União Soviética –, ensejaram mudanças nos movimentos sociais, entre as quais a perda da primazia do movimento operário e da própria indústria, com "novos" movimentos sociais, novos sujeitos coletivos, com múltiplos temas como a afirmação das identidades culturais, etnicidade, de gênero e de ecologia. Ainda aqui Michel Wieviorka reafirma seu otimismo, pois para ele a fragilidade dos Movimentos Sociais não irá perdurar: "a democracia não será sempre cinzenta".

Destaque para sua contribuição à teoria dos Movimentos Sociais através do conceito de inversão, ou seja, a passagem do movimento social ao antimovimento social:

PREFÁCIO

o antimovimento social retoma as características do movimento social fundindo-as e desnaturando-as, pervertendo-as [...] em nome de um projeto que se reduz à destruição da ordem estabelecida, como também dos que a encarnam. Ele não tem mais adversários, e sim inimigos [...] num combate impiedoso.

Dessa maneira, abrem-se perspectivas para compreender o terrorismo e a violência contemporâneos, apesar das novas roupagens e variações que nos desafiam hoje, formas também suscetíveis à análise sociológica enunciadas por Wieviorka.

Outro eixo analítico relevante é o da produção da diferença – o das identidades culturais e do racismo, igualmente circunstanciado historicamente desde o século XIX ("racismo clássico) em suas rupturas intelectuais, oscilando do "fundamentalismo" ao "individualismo moderno", à negação do sujeito individual – o anti-sujeito, até abranger diferentes políticas públicas a respeito, como é o caso do multiculturalismo. Em cena, a crise dos "totalitarismos", mas também do "Estado-Nação" e o futuro da democracia.

Ao abordar, no seio da Europa, um novo anti-semitismo e, na América, a discriminação também voltada a populações indígenas, imigrantes, afrodescendentes, explicita a produção do "Outro" como estranho, desde que ele se constitua obstáculo econômico social ou cultural, em uma sociologia da alteridade.

Trata-se de valiosa contribuição da editora Perspectiva ao público brasileiro, que, com certeza, terá seu reconhecimento e é uma das razões pelas quais torna-se imperativo deixar que o próprio leitor possa descobrir a riqueza do trabalho de Michel Wieviorka para entender e atuar no mundo em que vivemos.

Maura Pardini Bicudo Véras,
Reitora e professora livre docente do
Departamento de Sociologia da PUC-SP.

Temas Sociológicos

1. Um Outro Mundo É Possível

Existem expressões ou categorias que se impõem subitamente, mas correm o risco de envelhecer também rapidamente e desaparecer, para ceder lugar a outras. É assim que, nas Ciências Sociais, o debate mais importante do fim dos anos de 1970 até os anos 80 organizou-se ao redor da noção de pós-modernidade. Tratava-se então de dar conta da entrada da humanidade numa nova era e, pois, de pensar uma mudança histórica decisiva, planetária, mas perceptível na vida de sociedades em que a objetividade e a subjetividade separavam-se – de um lado, o universo da economia, dos mercados, da razão instrumental, da ciência e das tecnologias e, de outro, o universo das identidades, das comunidades, das afirmações culturais. As discussões foram rudes, uns defendendo o diagnóstico pós-moderno e fazendo-se mesmo os apóstolos deste (o pós-modernismo), outros preferindo falar de crise ou de novo estágio da modernidade, que se teria tornado, por exemplo, "tardia" – a "late modernity". Uma reviravolta dessas discussões ocorreu pela idéia, cara principalmente a Schmuel Eisenstadt ou Nilüfer Göle[1], de "multiple modernities", ou de modernidade "polimorfa", idéia que tem o mérito de indicar em que somos modernos, todos e no mundo inteiro, mas sem que seja possível reduzir a modernidade a uma modalidade única, nem aceder a ela por um "one best way".

---

1. N. Göle. "Snapshots on Islamic Modernities", *Daedalus, Multiple Modernties.*

4   EM QUE MUNDO VIVEREMOS?

O debate sobre a modernidade encontra-se, evidentemente, longe de estar esgotado. No entanto, em muitos aspectos, as preocupações deslocaram-se e a "mundialização" acabou por constituir-se no termo emblemático dos anos de 1990 e da atualidade[2].

A NOÇÃO DE MUNDIALIZAÇÃO

As primeiras questões surgiram desde o momento em que o termo se difundia, nas discussões eruditas, mas também, e sobretudo, no espaço público: o que deve ser entendido por mundialização[3] (termo que os franceses preferem ao de globalização)? Pode ser encontrado um acordo sobre sua definição? Estamos confrontados a um fenômeno de uma novidade radical, qual é o alcance de sua extensão recente? A mundialização (parece que um dos primeiros que lançaram na França essa temática, se não o termo, foi o líder do Front National, Jean-Marie Le Pen) apareceu inicialmente como um fenômeno econômico e político com implicações sociais e culturais. Para os mais críticos, a internacionalização das finanças e a abertura dos mercados que ela implica repousam sobre um liberalismo devastador e sem fronteiras. A liberação do comércio e dos fluxos de capital operam acima dos Estados, sem eles, contra eles, enfraquecendo sua soberania e implicando conseqüências dramáticas, socialmente (agravação das desigualdades) e culturalmente (subordinação das culturas locais ou nacionais a uma cultura internacional sob hegemonia norte-americana, fragmentação cultural, tentações comunitaristas, integrismos). Dessa perspectiva, a mundialização tem também o efeito de reforçar as distâncias entre o Norte e o Sul[4]. Para os seus arautos, pelo contrário, ela traz o progresso, contribui à riqueza geral, eleva o nível de vida em benefício de todos e dinamiza a criatividade cultural. Além do mais, beneficiaria o Sul e não apenas o Norte, seria uma chance para todos.

A favor de ou contra a mundialização: é assim que se configurou um debate relançado periodicamente, em particular por ocasião das grandes manifestações "antiglobalização"[5].

2. M .Wieviorka, "Sociologie post-classique ou déclin de la sociologie", *Cahiers internationaux de sociologie*, vol cviii, pp. 5-35. Ver infra pp. 37-65.

3. Cf. *La mondialisation*, onde Sylvan Allemand e Jean-Claude Ruano-Borbalan analisam as idéias preconcebidas concernentes a esse tema.

4. Uma das obras mais demonstrativas é a de J. Stiglitz, *La Grande Désillusion*.

5. Cf. D.Cohen, "Que faire d'antimondialisation ?", *Le Monde*, quinta-feira 6 de setembro de 2001, que examina um a um os sete pontos principais das argumentações opostas apresentadas por Alain Minc (a favor da mundialização) e Bernard Cassen (de Attac, que a critica); os textos de Alain Minc e Bernard Cassen apareceram no mesmo cotidiano alguns dias antes. A controvérsia desenvolve-se ao redor dos seguintes pontos: a regulamentação internacional dos mercados; o lugar dos Estados do terceiro-mundo na mobilização antimundialização; o impacto da globalização sobre a auto-suficiência alimentar da China ou da Índia; os elos entre mundialização e crises financeiras;

UM OUTRO MUNDO É POSSÍVEL

A novidade do fenômeno e sua importância histórica foram desde logo debatidas. Sublinhou-se assim que as descrições propostas retomam, em muitos aspectos, as temáticas do fim do século XIX e começo do século XX e, em particular, as análises marxistas de um Rudolf Hilferding ou de uma Rosa Luxemburgo. Dados numéricos foram avançados para assinalar que a economia contemporânea não é, apesar de tudo, mais "globalizada" do que às vésperas da Primeira Guerra Mundial, quando os capitais circulavam sem restrição, o padrão-ouro constituía uma moeda mundial e as migrações internacionais eram maciças. Ademais, a crítica da globalização, quando denuncia o papel das firmas multinacionais, não se afasta muito de análises (também nesse caso grandemente dominadas pelas referências ao marxismo) que, nos anos de 1960 e 70, tomavam como alvo essas mesmas firmas, bem como as análises atuais não poderiam fazer esquecer as amplas elaborações colocando numa perspectiva histórica a "economia-mundo" propostas também nos anos de 1970, por Immanuel Wallerstein ou Fernand Braudel[6]. No entanto, certos analistas consideram, pelo contrário, que a mundialização atual só se estabeleceu, sob muitos aspectos de maneira inédita, a partir da "revolução liberal" dos Estados Unidos de Ronald Reagan e da Inglaterra de Margaret Thatcher, no desmoronamento institucional do sistema econômico tal como estava organizado desde Bretton Woods.

A importância e extensão do fenômeno atual são igualmente objeto de controvérsias. Assim, certos economistas contestam as imagens de um planeta que se tornou um puro campo de forças do mercado. Sublinham o fato de que uma parcela considerável das trocas econômicas continua a efetuar-se no seio de espaços limitados, da Europa por exemplo, no caso das trocas da França e acentuam o papel desempenhado por diversas instâncias de regulação, mesmo que ele pareça insuficiente[7]. Porém, segundo a objeção que lhes é feita, não é porque a mundialização não seria tão maciça quanto poder-se-ia pensar que ela não constitui um fenômeno historicamente inédito e decisivo.

Enfim, a mundialização, na maioria das vezes apresentada como característica de grandes empresas e do capitalismo financeiro, não deveria ser encarada também por baixo, a partir das inumeráveis interações tecidas por não menos inumeráveis atores, a maior parte bem modestos,

---

o alcance da taxa Tobin, se devesse ser aplicada; a legitimidade das ONGS e a capacidade dos movimentos contestatórios de propor contra-projetos.

6. I. Wallerstein, *The Modern World System: Capitalist Agriculture and the Origins of the European World Economy in teh Sixteenth Century*; F. Braudel, *Le Temps du monde*, que constitui o terceiro volume de *Civilisation matérielle, économie et capitalisme: 15e-18e siècle* (*Civilização Material. Economia e Capitalismo nos séculos XV-XVIII*).

7. Cf., E.Cohen, *La tentation hexagonale: la souveraineté à l'épreuve de la mondialisation* e *L'ordre économique mondial: essai sur les autorités de régulation*.

EM QUE MUNDO VIVEREMOS?

os pequenos comerciantes, essas "formigas" que correm o mundo e que estudam, por exemplo, Michel Péraldi ou Alain Tarrius[8]? Não é ela, antes de mais nada, um imenso conjunto de interconexões e de redes, a ponto de se poder falar, como Manuel Castells[9], em sociedade de redes, ou considerar que se cria uma espécie de sociedade civil sem fronteiras[10], feita de redes e organizações "grassroots" interconectadas, uma espécie de "aldeia global"? Essa abordagem afasta-nos consideravelmente daquelas que vêem na mundialização o triunfo do capitalismo financeiro sem fronteiras, fala-nos de fato de outra coisa, a tal ponto que uma suspeita pode surgir: com essa expressão de mundialização, não estaríamos diante de uma noção que serve para qualquer coisa e, finalmente, de uma ideologia, com suas variantes críticas e elogiosas?

O fato é que importantes debates se dão a respeito da mundialização. Até onde ela coloca em questão os Estados e sua soberania, assim como a capacidade destes para desenvolver políticas econômicas? Pode-se aceitar a idéia de um impacto multidirecional sobre a cultura, por um lado com efeitos de fragmentação e, por outro, inversamente, um encorajamento à uniformização ou à homogeneização das culturas, sob o efeito de indústrias culturais mundializadas, no domínio do consumo ou da comunicação; por outro lado ainda, paradoxalmente, um dinamismo, uma criatividade aumentada e uma diversificação, dos quais, por exemplo, o patrão de Vivendi, Jean-Marie Messier, vangloriou-se em certo momento nas colunas do *Le Monde* (verão de 2001), confirmando, à sua maneira, as análises de Naomi Klein, que mostram como a diversidade cultural pode ser fonte de lucro para as grandes marcas?[11] É necessário aceitar a imagem, da qual Samuel Huntington fez-se o campeão, de um mundo em que algumas grandes civilizações preparam-se para um "choque" – o "choque" que dá título a um livro que fez grande estardalhaço?[12] Ou é preciso antes considerar que os fenômenos culturais, que a mundialização suscita ou exacerba, são sobretudo internos a nossas sociedades, no seio das quais chocam-se, mas também se misturam, hibridam-se e fecundam-se reciprocamente, ao longo de gigantescos processos de miscigenação?[13] Deve-se pensar que ela contribui, em conjunto, a uma melhora da vida social, ou

---

8. M. Péraldi (org.), *Cabas et containers*; e A. Tarrius, *La mondialisation par le bas*.

9. M. Castells, *L'ère de l'information 1* e igualmente *La galaxie Internet*.

10. Esses movimentos são freqüentemente associados ao nascimento de uma sociedade civil internacional. Cf. "La société civile mondiale: mythes et réalités", de Jean-Claude Ruano-Borbalan, *Sciences Humaines*. n. 130, e o dossiê "Une société civile internationale" sob a direção de B. Pouligny em *Critique Internationale*, n.13.

11. N. Klein, *No Logo* (*Sem Logo: a Tirania das Marcas em um Planeta Vendido*).

12. S. P. Huntington. *The Clah of Civilizations and the Renaking of the World Order* (*O Choque da Civilização e a Recomposição da Ordem Mundial*).

13. Cf. J. N. Pieterse, "Globalization as Hybridization", em M. Featherstone e col., *Global Modernities*.

UM OUTRO MUNDO É POSSÍVEL 7

acusá-la de desgastes consideráveis, no interior de toda sociedade e principalmente em detrimento daquelas do Sul? Se aceitamos as indicações de Richard Sennett[14], por exemplo, devemos sensibilizar-nos com modo pelo qual o capitalismo flexível da mundialização pesa sobre a vida dos assalariados e mesmo sobre sua personalidade, ao suscitar conflitos entre o que é valorizado pelo assalariado na empresa globalizada e fora dela, em particular na sua vida familiar. Porém, as novas formas de trabalho e emprego podem também constituir um progresso para porções significativas do mundo do trabalho. Da mesma forma, pode-se acusar a mundialização de afastar os países pobres da vida econômica moderna, aprofundar a disparidade entre o Norte e o Sul, ou reforçar a indiferença ao se tratar dos dramas da África; mas, pode-se também assinalar que, pelo contrário, ela aporta os frutos do progresso científico e técnico ao mundo inteiro, por exemplo em matéria alimentar.

A formulação dessas e outras questões conduz necessariamente a tomar partido, a decidir, mais ou menos claramente, a favor da mundialização ou contra ela. Uma tal alternativa coloca problemas delicados. Repousa, efetivamente, sobre a idéia de que é possível pensar a mundialização como um fenômeno complexo, seguramente, mas relativamente bem delimitado, com sua coerência interna, seus atores claramente identificados, seus processos precisamente definidos. Ora, quanto mais é objeto de uma reflexão séria, mais a noção escorrega entre os dedos dos pesquisadores para tornar-se uma representação que amalgama, como diz Alain Touraine, todo "um conjunto de tendências, todas elas importantes, mas pouco solidárias entre si [...]. A afirmação de que se cria uma sociedade mundial, de essência liberal, dirigida pelos mercados e impermeável às intervenções políticas nacionais, é puramente ideológica"[15].

A partir desse ponto, o debate corre o risco de reduzir-se a uma polêmica na qual a mundialização torna-se um mecanismo abstrato, assimilado ao bem, para uns, ao mal, para outros. Afinal, o termo se basta por si só, é suficiente pronunciá-lo para indicar que se dispõe de um princípio poderoso de compreensão do mundo.

As ciências sociais – e a sociologia em particular – têm o máximo interesse em afastar-se das controvérsias em que se trata de escolher um campo ideológico. Por outro lado, elas não poderiam permanecer surdas aos protestos que, de uma maneira ou de outra, colocam em questão a mundialização e configuram uma conflitualidade de implicações planetárias, mas também freqüentemente locais, regionais ou inscritas num quadro nacional. Se a mundialização convida a entrar em

---

14. R. Sennett, *The Corrosion of Character, The Personal Consequences of Work in the New Capitalism* (*A Corrosão do Caráter*).
15. A. Touraine, *Comment sortir du libéralisme ?* (*Como Sair do Liberalismo?*).

8 EM QUE MUNDO VIVEREMOS?

intensas e úteis discussões é, efetivamente, porque constitui doravante o alvo de numerosas e importantes lutas, ainda hoje difíceis de nomear de maneira satisfatória – lutas que foram primeiramente qualificadas de "antiglobalização" ou "antimundialização", depois de ação "por uma outra mundialização", "contra a mundialização neoliberal" e, mais recentemente, de "altermundialistas" enquanto que sociólogos de outras línguas que não o francês falam de movimentos "globais".

Pensar essas lutas, refletir sobre o que colocam em jogo é uma coisa, dar conta da mundialização é uma outra. Digamos claramente que as primeiras não se explicam pela segunda, nem os atores por sua descrição do sistema face ao qual se constituem e tampouco a ação coletiva por aquilo a que afirma opor-se. Quem teria se contentado, ontem, em explicar o movimento operário pelo capitalismo? A reflexão sobre os movimentos "globais" deve evitar deixar-se capturar pelos debates sobre a mundialização e atentar sobretudo para a consciência dos atores que se lhe opõem, sobre o sentido de sua ação, suas orientações e as relações sociais e políticas nas quais se constituem, agem e sobretudo que constroem ou transformam.

UM ESPAÇO PARA A AÇÃO

Onde começa e onde termina o espaço das lutas em questão? Algumas afirmam opor-se à mundialização, outras postulam uma outra mundialização, não liberal, outras ainda inscrevem-se no seio da mundialização liberal, não para contestar-lhe o princípio, mas para criticar este ou aquele de seus protagonistas.

Além do mais, hoje em dia, qual é a mobilização que não merece situar-se sob essa bandeira? Assim, a grande greve de novembro-dezembro de 1995, na França, foi freqüentemente interpretada como uma luta contra a mundialização e o neoliberalismo. Ora, no essencial, opunha-se a uma reforma que conduzia a colocar o Seguro Social sob controle do Parlamento e tirava sua maior força da recusa de medidas que concerne às aposentadorias complementares de assalariados protegidos (em particular nos transportes públicos), em suma, colocava face-à-face o Estado e os trabalhadores da SNCF (linhas de trem de média e longa distância) ou da RATP (metrô)[16].

Será necessário que um ator participe das grandes manifestações do movimento (Seattle, Gênova etc.) para que seja considerado como "antimundialização"? Se não, qual é o critério? A dificuldade é tanto maior que, se o quadro clássico das lutas sociais, o espaço nacional, é freqüentemente submergido por essas lutas, inversamente as mobilizações que poderiam ser concomitantemente sociais e internacionais não o são: o que dizer, por exemplo, dos conflitos suscitados pelo

16. A. Touraine, *Le Grand Refus*.

UM OUTRO MUNDO É POSSÍVEL

anúncio do fechamento da Usina Renault de Vilvorde, decisão que se inscrevia numa estratégia internacional da firma automobilística e que não suscitou realmente uma globalização da mobilização?

É bastante frágil a idéia segundo a qual o que caracteriza melhor os movimentos "altermundialistas" concerne às dimensões transnacionais da ação. A existência de elos internacionais entre os atores construindo-se essencialmente em quadros nacionais é, de fato, antiga – revela-se bastante precocemente na história do movimento operário no século XIX, ou do movimento de mulheres a partir do período entre-guerras. Por sua parte, os "novos movimentos sociais" dos anos de 1970, a começar pelo movimento antinuclear, desenvolveram-se, por vezes, com uma real capacidade para internacionalizarem-se. Talvez a novidade que faz da ação uma prática realmente "global" – capaz eventualmente de articular em tempo real a mobilização local e seus quadros regionais, nacionais e internacionais em interatividade imediata – apareça muito mais na capacidade dos atores de funcionarem em rede, conectando-se e desconectando-se quando bem o queiram. Os movimentos "altermundialistas" sabem utilizar os recursos das tecnologias mais modernas e não apenas em matéria de comunicação, o que não lhes impede absolutamente de exprimir as emoções e paixões de sujeitos individuais. A manifestação de Seattle não foi, como diz Paolo Ceri, "o primeiro movimento Internet [...], a primeira grande manifestação organizada "on line"[17]"? – observação que também era feita com freqüência a propósito do zapatismo, que poderia então merecer ainda mais o qualificativo de "primeiro".

É possível, numa primeira aproximação, distinguir três tipos de combates, analiticamente diferentes, mesmo se com freqüência interpenetram-se na prática:

– A ação de organizações, algumas delas especializadas num domínio particular, como os direitos do homem (Amnesty International, Survival International e Human Rights Watch), ou o meio ambiente (por exemplo, a Worldwide Fund for Nature e Greenpeace), outras mais generalistas e assim mais políticas ou ideológica (pensa-se sobretudo em ATTAC, surgida na França) e que se chamam, por vezes, tanto umas quanto as outras, as "Ingo" (International Non Governmental Organizations). Seu espaço de intervenção é planetário e, teoricamente, seus membros provêm igualmente do mundo inteiro. Algumas, como ATTAC, criticam violentamente a mundialização neoliberal, outras travam, sobretudo, combates tão "globais" que contribuem, como outros atores da mundialização, a abrir o mundo e a enfraquecer os Estados e as nações, quer se trate, por exemplo, de clamar pelo direito de ingerência, pelos direitos do homem (Amnesty International) ou protestar contra riscos ecológicos (Greenpeace).

---

17. P. Ceri, *Movimenti globali. La protesta nel XXI sicolo*, p. 14.

10 EM QUE MUNDO VIVEREMOS?

– As mobilizações por ocasião de um evento, as grandes manifestações: Seattle, Porto Alegre, Nice, Gênova etc., onde se mesclam todas as espécies de atores (Ingo, ONG[18], sindicatos etc.). Paolo Ceri assinala que havia cerca de 350 associações representadas em Seattle (por ocasião da reunião de cúpula da Organização Mundial do Comércio, em dezembro de 1999) e quase o dobro em Gênova (para protestar contra a reunião de cúpula do G8, em julho de 2001). As mais notáveis, cuja lista ele esboça nos dois casos, dão a cada vez a imagem de um inventário à la Prévert – o que não o impede de pensar que "ao invés de ser um elemento de fraqueza, a diversidade insólita constitui um elemento de força" para a contestação em seu conjunto[19].

– As campanhas, definidas por um tema, um problema preciso, um objetivo bem delimitado, contra um ator claramente identificado, por exemplo: contra tal empresa petrolífera, responsável por uma catástrofe ecológica; contra a desflorestação na Malásia, imputada entre outras à Mitsubishi e às lojas Do-it-Yourself; para obrigar a Union Carbide a assumir a responsabilidade da catástrofe de Bhopal; para que seja revisto um tratado internacional; para que cesse a pesca da baleia, contra as minas terrestres antipessoas etc.

Essa distinção em três categorias não nos diz se é preciso ater-se a uma imagem ampla ou, pelo contrário, estreita do conjunto dessas lutas e deixaremos, neste texto, a questão em aberto[20]. Pois um ator bem "local" pode livrar um combate de implicações planetárias, enquanto atores que agem num espaço mundial não contestam em absoluto a mundialização. Seria preciso falar de uma luta antiglobalização, por exemplo, quando em junho de 1995 uma manifestação de camponeses e indígenas mexicanos, vindos do Estado de Tabasco, prepara-se para ir diante da residência do presidente Ernesto Zedillo para pedir "democracia, liberdade e justiça social" e, no momento de passar diante da Bolsa, decide subitamente fazer dela um objetivo e ocupá-la durante duas horas, explicando que aí se encontra o exemplo mais cristalino das práticas que fizeram naufragar o México e seu povo?[21] De fato, as lutas que nos interessam aqui articulam habitualmente

---

18. Os artigos de S. Charnovitz, "Les ONG: deux siècles e demi de mobilisation", em *L'Économie politique*, n. 13, 1ª trimestre 2002 e de S. Brunel, "ONG e Mondialisation", *Cahiers Français*, 2001, n. 305, 11-12, apresentam as relações existententes entre ONG e mundialização, bem como sua evolução.

19. Idem, p. 12.

20. Diversos títulos tentaram, recentemente, apresentar a "nebulosa" das lutas antimundialização. Cf. em francês, principalmente, Ch.Losson & P. Quinio, *Génération Seattle: les rebelles de la mondialisation; I. Sommier, Les nouveaux mouvements contestataires à l'heure de la mondialisation*.

21. J. Karliner, "Grassroots Globalization: Reclaiming the Blue Planet", em K. J. Lechner & J. Boli (orgs.), *The Globalization Reader*, pp. 34-48.

os níveis local, regional, nacional e internacional. Em certos casos, um ator cujo espaço próprio é estreito, local, por exemplo, pode-se confrontar com uma firma multinacional: um protesto inscrito num quadro nacional pode colocar em questão o FMI ou o Banco Mundial, sob a forma de uma mobilização social, de greves, motins, como se observou na Argentina em dezembro de 2001 etc. Para analisar as lutas "altermundialistas", não basta prolongar o raciocínio espontâneo que pede que sejamos "pró" ou "contra" a mundialização, o que corresponde a julgar os atores em função de suas posições econômicas, políticas e ideológicas, a sustentar uns, criticar e combater outros, a partir de uma opção em que se escolheu o próprio campo. Uma tal atitude termina por retomar argumentos muito próximos, na realidade, daqueles que são utilizados no debate sobre a mundialização: os partidários da "mundialização feliz", tão cara a Alain Minc, ou são mais ou menos severos, ou então sustentam propósitos vagamente condescendentes em relação aos atores das lutas que dizem combatê-la. Inversamente, aqueles que os apoiam têm tendência a retomar por sua conta a crítica da globalização, sem a distância ou a reflexão que são a marca da análise.

Para escapar de uma oposição estéril, não basta estabelecer a lista dos argumentos dos dois campos, para depois examiná-los a uma certa distância. Tal iniciativa, sobretudo se for conduzida de maneira séria, só pode levar a uma imagem ambígua das lutas em questão e propor um diagnóstico confuso. É tão fácil mostrar que, por um lado, essas lutas portam toda espécie de esperança, denunciam formas importantes de dominação, algumas das quais relativamente bem delimitadas (o poder das multinacionais farmacêuticas, por exemplo), remetendo ao que Paolo Ceri denomina, nesse livro, a "verticalidade" da mundialização[22], ou bem elas podem definir questões de repercussão universal (em matéria de meio ambiente, por exemplo), e que, por um outro lado, as mesmas lutas são suscetíveis de promover interesses particulares (por exemplo os dos camponeses ameaçados economicamente), ou mancomunar-se com os piores nacionalismos, ou, em todo caso, amalgamar orientações e interesses heterogêneos sem unidade possível, a não ser a de uma posição de pura recusa onírica ou violenta do "sistema".

Não teremos avançado em absoluto ao estabelecer esse tipo de balanço. Melhor seria promover um outro procedimento. Se, na prática, as lutas "globais" parecem ambivalentes ou contraditórias, é porque mesclam toda espécie de atores e, mais profundamente, toda espécie de significações. A tarefa do sociólogo é, num primeiro momento, separar o que a prática amalgama, fazer aparecer, analiticamente, as diferentes significações da ação, os diferentes níveis em que esta se

22. Cf. P. Ceri, op.cit.

situa. É útil estabelecer, por exemplo, uma hierarquia dessas significações, conforme correspondam à defesa de interesses precisos e limitados, esforçar-se por exercer uma pressão política e institucional para obter mudanças negociadas, ou portar um questionamento fundamental. Um tal procedimento já permite situar as relações entre as formas organizadas de ação coletiva e as diversas ONG que nelas participam, por exemplo: algumas colocam em jogo as orientações mais gerais da vida coletiva, em escala planetária, outras correspondem sobretudo a interesses precisos, econômicos e até mesmo políticos, por vezes inclusive de maneira perversa, por exemplo quando uma ONG é tão somente uma criatura de um Estado (no jargão militante, fala-se então de uma ONG-GO).

Esse procedimento analítico pode ser completado, ou melhor, configurado por uma hipótese que veja nesses combates um conjunto nascente de contestações suscetível de revestir uma importância tão considerável, no mundo de amanhã, quanto o que pôde significar o movimento operário na era industrial. Em quais condições as lutas que nos interessam podem elevar-se a um alto nível de projeto, pensar globalmente sua ação, ao mesmo tempo inscrevendo-se, eventualmente, nos combates travados localmente ou no quadro das nações e dos Estados? Ou ainda, simetricamente, como as podem pensar localmente sua ação, ao agir de maneira global? Colocar essas questões é acordar-lhes um imenso crédito, é considerar que – para além de seus limites atuais, contradições, tendências a amalgamar significações disparatadas, algumas delas seguramente pouco interessantes, corporativistas ou nacionalistas, por exemplo – portam em si, virtualmente, uma carga de conflitualidade que faz delas a prefiguração ou o começo dos grandes movimentos de amanhã. Tentar responder a isso é dar-se os meios de testar a hipótese dessa virtualidade e de levá-la o mais longe possível.

De fato, dois raciocínios diferentes, mas não necessariamente contraditórios, podem orientar essa exploração. O primeiro examina as lutas "altermundialistas" à luz de suas significações, reais ou virtuais, que poderiam aproximá-las de um movimento social. O segundo consiste em privilegiar as dimensões políticas e históricas de sua ação. São pois duas vias ou hipóteses que se trata agora de explorar. Têm em comum o fato de procurar o que há de mais importante nas lutas "altermundialistas". Decorrem, porém, de dois registros separados, situam essas lutas em duas famílias sociológicas distintas – a dos movimentos sociais e a dos movimentos históricos.

A HIPÓTESE DO MOVIMENTO SOCIAL

Em que medida a ação "altermundialista" pertence à família dos movimentos sociais?

Três Concepções do "Movimento Social"

Para examinar essa hipótese, um rodeio histórico é necessário. O mais simples é então partir dos debates dos anos de 1960 e 70 ao redor da noção de movimento social e das três definições possíveis que emergiram.

Para diversas abordagens de tipo funcionalista, em ação desde os anos de 1950, o movimento social é uma ação coletiva resultante de uma crise, de mudanças profundas num sistema; constitui uma resposta às modificações relativas ou absolutas da situação de pessoas e de grupos, que reagem pela luta. Nessa primeira perspectiva, a teoria sociológica completa-se, eventualmente, por uma psicologia insistindo na noção de frustração relativa, a ação aparecendo então como a tradução de uma frustração. Precisemos que o marxismo pôde ter uma certa ligação com esse tipo de abordagem, principalmente quando explicava o movimento operário e suas lutas pelas contradições crescentes do sistema capitalista.

Uma segunda orientação, a partir do fim dos anos de 1960 (principalmente do historiador-sociólogo Charles Tilly), vê no movimento social uma conduta estratégica, instrumental, na qual o ator mobiliza meios, inclusive a violência, para chegar a seus fins.

A ação, nessa perspectiva, é racional, corresponde aos interesses do ator, que é coletivo (o que distingue essas teorias, por vezes chamadas "da mobilização dos recursos", das abordagens utilitaristas, explicando a ação pelos interesses individuais dos participantes, com o risco de interrogar-se sobre a passagem dos interesses pessoais à luta coletiva e sobre os paradoxos ou efeitos perversos de uma tal passagem). As pesquisas ligadas à "mobilização dos recursos" insistem sobre o caráter conflitual da ação, que não é redutível a uma conduta de crise, mas, pelo contrário, pensada com cálculo e reflexão. Acrescentemos que essas abordagens interessam-se fundamentalmente pelo nível político em que funcionam os atores, porque eles se esforçam, por exemplo, em penetrar no âmago de um sistema institucional ou aí se manter.

Enfim, para Alain Touraine, a partir dos anos de 1960, o movimento social é uma significação singular da ação coletiva, entre outras, na qual o ator engaja-se num conflito e não em condutas de crise, a um nível mais elevado, sociologicamente, que o considerado pelos teóricos da "mobilização de recursos". O movimento social, nessa perspectiva, contesta a um adversário social seu controle sobre as orientações principais da vida coletiva – o que Touraine denomina a historicidade.

Se aceitarmos, como será o caso, essa terceira definição do movimento social, torna-se possível dizer em que aspectos as dimensões de alcance geral estão eventualmente presentes nas lutas contra a mundialização liberal: essas dimensões não correspondem (como quereria a primeira das três famílias de pensamento que acabam de ser evocadas), a reações às mudanças ou a condutas de crise – embora essas reações certamente existam –; tampouco são ligadas a cálculos ou estratégias destinados a melhorar a relação entre a contribuição e a retribuição de um ator, ou a permitir-lhe reforçar sua influência política – mesmo se esses cálculos e estratégias seguramente estão presentes. Elas decorrem sobretudo de uma visão contestatária, procurando promover um contra-projeto, uma outra concepção do que poderiam ser as formas principais da vida coletiva e opondo-se, de uma maneira que também pode ser defensiva, ao modo pelo qual a mundialização é atualmente pilotada.

Três Estados do Movimento Social

O movimento social, no sentido preciso tomado aqui, é uma categoria sociologicamente "pura", uma significação da ação isolada das outras, analítica e teoricamente, cuja presença na prática é suscetível de imensas variações. Em certas experiências concretas, ou em certos momentos de uma experiência, o movimento social é bastante presente, bem formado, relativamente visível; em outras, parece pouco presente, fraco. Em outras ainda, sua marca parece estranha, tanto o discurso dos atores sociais parece concomitantemente portá-lo, pretender encarná-lo e desfigurá-lo. Por essa razão é necessário distinguir, com vistas à análise, entre três estados possíveis: aquele em que o movimento está constituído, aquele em que está mais ou menos desestruturado e aquele em que se inverte em seu contrário, para formar um antimovimento social.

Um movimento social constituído apresenta duas faces articuladas. Uma é ofensiva, porta um contra-projeto, ou mesmo uma utopia, e sabe desenvolver uma identidade positiva, como por exemplo, se nos referirmos ao movimento operário, a de trabalhadores produzindo as riquezas de que a sociedade como um todo tem necessidade. O ator, aqui, é sobretudo negociador, capaz de apoiar-se em sua identidade para entrar em discussões com adversários e parceiros. A segunda face é defensiva, popular, preocupada, enfim, em evitar a destruição de um ser social ameaçado ou devastado pelas condições nas quais opõe-se a seu adversário. O ator (para permanecer na referência ao movimento operário, seria, por exemplo, de maneira geral, o grupo dos trabalhadores não-qualificados) oscila freqüentemente entre a apatia e a ruptura violenta, sem grande capacidade para instalar-se num espaço de negociação. Na história do movimento operário, essas duas faces aproximaram-se para formar um grande movimento social, sob o impacto da organização científica do trabalho nas indústrias taylorizadas[23].

A desestruturação de um movimento social corresponde à dissociação das duas faces que acabam de ser descritas e à incapaci-

---

23. Cf. A. Touraine, M. Wieviorka e F. Dubet, *Le mouvement ouvrier*.

UM OUTRO MUNDO É POSSÍVEL

dade dos atores para refrear as lógicas centrífugas, que saem então vencedoras. Esse processo é particularmente visível nas conjunturas de crise do movimento, mas também, e sobretudo, nas fases de nascimento e de declínio histórico. A experiência do movimento operário mostra a luta como que fragmentada, quando o ator não é ainda, ou não é mais capaz de colocar verdadeiramente em questão as orientações principais da vida coletiva. Certos segmentos engajam-se então numa institucionalização precoce ou extrema, co-gestionária e não conflitual, outras privilegiam a ação puramente política, outras ainda estão como que enfurecidas e livram-se a uma violência social que impede toda negociação, enquanto que certos grupos, pelo contrário, negociam, mas a seu próprio favor, em função unicamente de seus interesses categoriais ou corporativistas.

A decomposição de um movimento declinante, ou suas dificuldades de integração em fase de nascimento, podem muito bem não se deter aí e conduzirem a um terceiro estado, o de antimovimento.

O antimovimento social faz do ator um Partido-Estado totalitário, uma seita ou um grupo terrorista, que destrói ao invés de procurar impor pelo conflito sua própria visão da historicidade. Não há tampouco adversário, mas um exterior do qual se é distante, ao qual se é indiferente, ou então um ou vários inimigos aos quais o ator opõe-se, não numa relação conflitual, mas numa confrontação implacável. A lógica da guerra, aqui, não é tanto o prolongamento da política por outros meios, segundo a fórmula clássica de Clausewitz, mas o triunfo do absoluto e do tudo ou nada.

Podemos agora indicar o que pode vir a ser uma abordagem das lutas "altermundialistas" em termos de movimento social: à primeira vista, essas lutas nascentes correspondem concretamente, hoje em dia, à imagem do segundo estado, aquele da estruturação frágil, muito mais do que aos outros dois estados possíveis. Porém, são também suscetíveis de se desviarem na direção da terrível figura do antimovimento, do qual o terrorismo internacional contemporâneo, mas também certas seitas (principalmente a seita Aum no Japão[24]) constituíram recentemente expressões espetaculares. Sob quais condições podem elas, no sentido inverso, afirmar-se cada vez mais claramente como movimento social plenamente constituído?

A EXPERIÊNCIA DO MOVIMENTO OPERÁRIO

Não existe razão alguma para conceber o mundo de amanhã estruturado da mesma maneira que o de ontem. Não se pode seriamente postular que as sociedades pós-industriais organizar-se-ão como as

---

24. S.Trinh, "Aum Shinrikyô: secte et violence", *Cultures et conflits* (Un nouveau paradigme de la violence), número especial, janeiro 1998, pp. 229-290.

sociedades industriais, com um conflito central do mesmo tipo, no qual um movimento social, desempenhando o mesmo papel que o movimento operário de ontem se oporia aos novos senhores da vida social, herdeiros de alguma maneira dos senhores do trabalho de ontem. Um dos argumentos mais poderosos dos pensadores da pós-modernidade foi o de afirmar o fim dos grandes relatos, o esgotamento histórico, não apenas do movimento operário, mas também do paradigma do movimento social que ele pôde constituir. Ao contrário, é útil para a reflexão sobre as sociedades contemporâneas rever como se estabeleceu, no começo da era industrial, um conjunto de lutas que permaneceu por longo tempo heterogêneo para chegar, em numerosos países, à formação de um grande movimento social, o movimento operário.

A partir do século XVIII, na Inglaterra e mais tarde em outras sociedades européias, o nascimento do movimento operário passou por lutas cuja unidade ou mesmo coerência eram problemáticas. O que há de comum, por exemplo, entre as destruições de máquinas, o "luddismo[25]" e outras condutas que se opõem à industrialização em nome da defesa do trabalho artesanal ou pré-industrial[26]; as greves operárias na indústria, que colocam em questão a exploração dos trabalhadores, mas seguramente não a própria indústria; as reflexões dos primeiros pensadores do socialismo; as tentativas para desenvolver os primeiros sindicatos; a invenção do mutualismo e das cooperativas; a emergência de forças políticas que começam a referir-se ao movimento operário; as grandes pesquisas e as campanhas de denúncia das condições de trabalho e de existência do proletariado urbano etc.? Será preciso esperar o fim do século XIX para que se imponha a imagem de um movimento capaz de pensar-se como tal, em sua integração e relativa unidade.

Existe aí uma grande fonte de reflexão para quem se interesse pelas lutas "altermundialistas". As primeiras mobilizações, no limiar da era industrial, colocaram em movimento atores que recusavam a entrada nessa era, enquanto outros começavam a instalar-se nela, contestando não a indústria, mas aqueles que a dirigem e apropriam-se de seus frutos. Da mesma maneira, os atores hostis à mundialização conjugam, de mil e uma maneiras, a recusa e o reconhecimento do caráter hoje em dia global da economia. O que introduz um princípio de diferenciação no âmago de suas lutas.

Efetivamente, algumas se opõem à mundialização, o que pode conduzi-las, por um lado, a apelar ao reforçamento dos Estados, que

---

25. Historicamente, conjunto de ações de um movimento de operários ingleses conduzidos por Ludd, procurando destruir as máquinas que consideravam como sua perdição (segundo *Dicionário da Encyclopaedia Universalis*). (N. da T.)

26. Sobre essa questão, complexa e bastante controvertida, é preciso reportar-se prioritariamente aos trabalhos clássicos de Eric Hobsbawn e de Edward P. Thompson.

seriam os únicos capazes de realmente desenvolver políticas econômicas e culturais para fazer frente às forças da economia mundializada e, por outra parte, a avançar a identidade nacional como principal resistência cultural a essas mesmas forças. É assim que encontramos figuras bem conhecidas do nacionalismo e do soberanismo na paisagem geral das lutas contra a mundialização e podemos mesmo verificar, em certos componentes dessas lutas na Europa e particularmente na França, um novo avatar da clássica conjugação do comunismo (ou do esquerdismo) e do nacionalismo. Outras lutas recusam as conseqüências da mundialização e constituem-se como figuras contestatárias de um mundo globalizado, cujo funcionamento entendem orientar diferentemente, o que leva seus atores a desenvolver uma ação internacional, a coordenar mobilizações locais ou nacionais, a entrar plenamente no universo da informação. Uma mesma luta, uma mesma organização, um mesmo indivíduo, são sempre suscetíveis de comportar essas duas tendências e viver sua confrontação interna.

O movimento operário só construiu-se ao reconhecer-se plenamente como ator estrutural das sociedades industriais, ao valorizar a ciência, o progresso, o desenvolvimento da produção e ao afastar-se das condutas hostis à indústria propriamente dita. Da mesma forma, uma condição que poderia fazer das lutas "altermundialistas" uma figura central do futuro é saberem afastar-se do nacionalismo, do soberanismo e, mais amplamente, de tudo o que nelas se limita a uma rejeição pura e simples da idéia de participar da vida de um planeta global ou globalizado, para impedi-las finalmente de esperar influenciá-lo do interior. Existe aí um problema que parece ter sido bem percebido pelos militantes de um movimento como ATTAC, pois, como indica Geoffrey Pleyers, em sua revista eletrônica encontram-se fórmulas do tipo "viva a mundialização! A liberalização chocou-se contra a mundialização"; ele próprio pensa poder afirmar que: "a partir de Porto Alegre, ninguém mais fala desse movimento em termos de antimundialização"[27]. A consciência do movimento que é antiliberal, é também mundial.

Para os atores da "altermundialização", o que está em jogo é cada vez menos acabar com a mundialização e cada vez mais pesar sobre sua definição e dizer: eis a mundialização que queremos e pela qual lutamos. O que quer dizer que não há para eles uma fatalidade, pensam ser possível remodelar o planeta, ter um peso em sua evolução: por pressões institucionais e políticas em diversos níveis, por mobilizações espetaculares, campanhas, grandes reuniões, mas também por uma ação no cotidiano.

---

27. G. Pleyers, *L'esprit de Porto Alegre, un mouvement contestataire dans la société informationnelle*, p. 29.

A NOVA QUESTÃO SOCIAL

Encontram-se constantemente, nos combates contra a mundialização, elementos que se referem ao sindicalismo, inclusive o mais clássico, as ideologias operárias ou mesmo as que propõem que os movimentos operários devam ter um papel primordial na gestão socialista da economia, os corporativismos, portados por grupos sócioprofissionais ou categorias operárias. Quando da contestação da cúpula da OMC, em dezembro de 1999, em Seattle, os efetivos mais ativos e numerosos foram fornecidos pelos sindicatos norte-americanos. Aliás, o líder do movimento mais conhecido hoje em dia, no mundo inteiro, é o dirigente de um sindicato de agricultores francês, José Bové, que não esquece de promover os interesses do seu setor (a produção do queijo Roquefort). Porém, a idéia presente na extrema esquerda, que vê na ação antiglobalização um prolongamento dos combates operários de ontem e da mesma natureza que estes, já que igualmente anticapitalistas, repousa sobre um erro fundamental. Ela acentua corretamente a injustiça e as desigualdades sociais que o neoliberalismo, associado à mundialização, reforça, mas continua a priorizar, para definir as vítimas, uma figura social de referência que não está distante do proletário explorado nas fábricas, do operário dominado nas relações de produção. O que permite passar de fato a um combate político em nome de um sujeito social fantasmático. É assim, em particular, que Toni Negri e Michael Hardt substituem, em seu recente best-seller[28], o proletariado operário pela figura das "multidões produtivas".

Ora, nas sociedades contemporâneas, a dominação direta, que ontem ocorria, no Ocidente, nas relações de produção industriais, na exploração dos trabalhadores, parece, senão diluir-se ou desaparecer, ao menos perder sua centralidade em favor de formas fragmentadas e diversificadas – são as "dominações ordinárias" de que trata Danilo Martuccelli[29], perceptíveis em todos as áreas da vida pública e privada. Hoje em dia, a "questão social" passa bem mais por, no mínimo, três outras lógicas. A primeira é a da exclusão: o grande drama, no seio de uma sociedade como a nossa, bem como em sociedades inteiras nos países do Sul, é de não serem, ou não serem mais, exploradas nas relações clássicas de trabalho, ou numa relação de tipo colonialista. A exclusão, para os que a vivem, equivale a serem colocados à parte, considerados como "descartáveis", a não serem mais incluídos nas relações, a não mais serem dominados – porque toda relação social inclui dimensões de dominação.

Menos espetacular, porém profunda, porque inscrita no quotidiano de múltiplas experiências pessoais, uma segunda lógica do social é

---

28. A. Negri, & M. Hardt, *Empire (Império)*.
29. D. Martuccelli, *Dominations ordinaires*.

UM OUTRO MUNDO É POSSÍVEL

a da alienação, indissociável do desenvolvimento do individualismo moderno. A alienação, desse ponto de vista, deve-se ao fato de que o indivíduo não é dono do seu destino e nem sequer possui categorias que poderiam permitir-lhe pensar sua experiência. O indivíduo, privado de uma inserção qualquer numa relação de dominação e, pois, numa relação que pode tomar um caráter conflitivo, é tão somente o que o sistema o faz ser, ou é abandonado por este, cujas categorias interioriza. É com referência a esse tipo de lógica que se constrói melhor o pensamento hipercrítico, que denuncia, como faz por exemplo Pierre Bourdieu, a dominação masculina[30], que se tornou de fato, em sua perspectiva, uma alienação interditando às mulheres pensar sobre o que suportam e mobilizar-se contra isso.

Enfim, uma terceira lógica, também indissociável do desenvolvimento do individualismo moderno, do qual é um dos aspectos constitutivos, é aquela que, segundo os termos de Alain Ehrenberg, pode chegar à depressão e corresponde mais amplamente às demandas crescentes – cada vez mais difíceis de satisfazer – de cada um para produzir uma individualidade, afirmar uma subjetividade. A pessoa singular é aqui a única responsável por sua existência, seus fracassos, suas dificuldades, não pode acusar um adversário, nem mesmo o sistema como um todo, por seu fracasso em não se tornar o que gostaria de ser, por não fazer o que gostaria de sua existência. A alienação interdita pensar sua situação, o individualismo mal-vivido, nos casos mais dramáticos, desemboca na depressão, que é antes uma lucidez exacerbada pela ausência de relações sociais e conflitos, pelas dificuldades de viver em universos em que os problemas da pessoa e das relações interpessoais tornam-se centrais e particularmente difíceis de serem vividos.

Um movimento social, aqui, deve ser capaz de conciliar um questionamento geral e, no caso planetário, com a consideração de esperanças, sofrimentos e dificuldades pessoais, deve conciliar o universal e o particular, um pouco como quando Marx dizia do proletariado operário que, ao desembaraçar-se de suas cadeias, ele libertará a humanidade inteira. Se a exclusão, a alienação ou o individualismo infeliz estão no âmago dos piores dramas sociais, então as lutas alter-mundialistas devem se lastrear com as expectativas e esperanças dos que deles sofrem e cuja subjetividade pessoal é negada, maltratada ou colocada duramente à prova. O paradoxo não é pequeno: esses combates, para colocar em questão processos, mecanismos e orientações sistêmicas, globais, devem efetivamente, na perspectiva do movimento social, agir o mais longe possível do sistema e o mais perto da pessoa singular, de suas dificuldades em assegurar uma subjetivação individual e em construir sua experiência. A ação deve cobrir um imenso espaço, já que se trata de articular a compreensão

---

30. *La domination masculine* (*A Dominação Masculina*).

crítica do sistema como um todo, planetário, de maneira a colocá-lo em questão, com a mobilização das expectativas ou necessidade mais subjetivas, mais pessoais. O que está em jogo não é apenas derrubar formas de dominação, nem acomodá-las, levando em conta – como convida enfaticamente Naomi Klein em *No Logo* – o fato de que modalidades extremas de exploração, – nos países emergentes – podem estar associadas à produção de bens destinados às expectativas dos países mais ricos. Está em jogo também permitir a cada um construir sua personalidade e controlar sua existência, dar-lhe um sentido, sem cair, no entanto, no narcisismo ou no egoísmo dos ricos.

A HIPÓTESE DO MOVIMENTO HISTÓRICO

A presença ou ausência de uma temática propriamente social, numa luta ou campanha contra a mundialização, não é necessariamente uma indicação da força ou fraqueza da mobilização. Pode ser uma indicação sobre sua natureza. Pois quanto menos a mobilização é social, mais ela pode ser política, questionando, então, no que apresenta de mais decisivo, os modos e processos de decisão (econômica e política) e não as relações entre atores sociais dominantes e atores dominados, vítimas, excluídos. É necessário evitar um sociologismo sumário, que só procuraria as significações mais elevadas das lutas "altermundialistas" em referência unicamente à hipótese do movimento social.

O Retorno do Político

Qual foi a aquisição mais espetacular das manifestações de Seattle (dezembro de 1999) ou de Porto Alegre I (janeiro 2001, I Fórum Mundial) e II (janeiro 2002)? Talvez seja ter posto fim à arrogância das elites econômicas que tinham adquirido o hábito de reunir-se em Davos, na Suíça, isoladas de muitas realidades, como se a economia neoliberal operasse naturalmente acima dos Estados e nações, como se, sobretudo, o primado da economia sobre o político fosse intangível, indiscutível, incontestável. Os participantes dessas grandes manifestações marcaram, à sua maneira, o retorno do político, ao obrigar também as grandes organizações internacionais (FMI, Banco Mundial etc.) a levar em conta suas críticas – mesmo excessivas –, ao impor uma reflexão e uma discussão a respeito de temas até então não abordados, ou abordados insuficientemente: a regulação internacional do comércio, a política do FMI etc. Assim, ao implodir a cerimônia de abertura em Seattle, ao retardar em seguida os trabalhos de abertura do "millenium round", os cerca de cinqüenta mil manifestantes politizaram ou repolitizaram um encontro que corria o sério risco de ser opaco e em muitos aspectos técnico, até mesmo tecnocrático.

UM OUTRO MUNDO É POSSÍVEL

Vista dessa maneira, a ação coletiva, em suas significações mais elevadas e decisivas, não constitui mais um movimento social, mas um movimento histórico ou, se preferirmos, político. Nessa perspectiva, que não é muito distante das abordagens ditas por vezes "neogramscianas"[31], duas dimensões distintas e complementares devem ser levadas em consideração. A primeira, que acaba de ser sublinhada, faz do ator uma figura que cria ou recria um espaço político, impõe a abertura de debates e principalmente repolitiza a economia. Essa figura encontra-se sob tensão entre duas orientações, sempre suscetíveis de coexistir mas também de combater-se, uma reformista, preocupada em criar ou favorecer condições de diálogo e mudança negociada, a outra radical, preocupada primeiramente em colocar em evidência o fechamento ou a arrogância dos senhores da economia e mais ou menos tentada por ideologias de ruptura.

Uma segunda dimensão da ação histórica consiste não mais em promover as condições do político, mas em instalar-se no campo político, que se inaugura ou alarga, para aí defender reivindicações políticas, pleitear soluções precisas, exigir respostas a problemas determinados. É assim que ATTAC, freqüentemente considerada como a ponta de lança da contestação antimundialização neoliberal, fez da "taxa Tobin" seu cavalo de batalha.

As Tentações da Violência

As hipóteses do movimento histórico e do movimento social pedem uma reflexão sobre os diversos "estados" possíveis da ação e, em particular, sobre os riscos de fraqueza ou mesmo de desvio do ator. Se a força e a grandeza da mobilização "altermundialista", como movimento histórico, consistem em impor o retorno do político, lá onde se exerce o primado da economia, se ela concretamente não cessou, desde meados dos anos de 1990, de reencantar a política, em particular com a afirmação declarada, em 1994, do movimento zapatista no Chiapas, existe um risco de ver esse esforço perverter-se em violência[32], em uma radicalização na qual o conteúdo político, mas também social e cultural da ação é abolido em condutas destrutivas e autodestrutivas. Essa inquietude pode remeter aquém da violência propriamente dita, em direção às suas fontes, aos comportamentos não ou antidemocráticos que eventualmente tentam certos grupos ou

---

31. Cf. J. Karliner, "Grassroots Globalization: Reclaiming the Blue Planet", em K. J. Lechner e J. Boli (orgs.), *The Globalization Reader*. Nesse livro a contribuição de Elaine Coburn.

32. F. Poupeau, "La contestation de la mondialisation en France", *Année sociale*, pp. 89-100, avança os debates sobre a violência e fornece um quadro das diferentes reações após as manifestações de Gênova.

organizações. Pode também se estender em direção às conseqüências da violência, às suas modalidades extremas, ao terrorismo, principalmente, como se este fosse suscetível de nascer no próprio seio do movimento e de suas lutas concretas – o que parece pouco verossímil[33].

Uma tal evolução não depende apenas do próprio ator, da presença em seu seio, por exemplo, de ideologias revolucionárias ou anarquistas, ou de sua imaturidade e incapacidade em dotar-se de um projeto e de uma definição clara de seu adversário. Ela é também, antes de tudo, função do comportamento de seus adversários e, mais freqüentemente, daqueles que encontra em seu caminho. Assim, se a violência permanece como a lembrança mais marcante da manifestação de Gênova (julho de 2001, um jovem militante italiano foi morto nas confrontações com as forças da ordem), talvez seja porque, entre os manifestantes, alguns aderiam ao anarquismo e mesmo ao gosto pela violência demonstrado principalmente pelos Black Blocks, esses "provocadores" herdeiros dos "autônomos" dos anos de 1980. Porém, a violência é antes devida à repressão e ao comportamento das forças da ordem, assim como à negligência do poder político italiano, por trás delas[34]. As reuniões posteriores em Liège, Gand, Bruxelas, Barcelona, Madri ou Sevilha, desenrolaram-se sem incidentes, o que reforça a análise que imputa as violências de Gênova, não aos manifestantes, mas à repressão.

Para além da questão da violência ao vivo nas manifestações, é preciso interrogar-se de maneira mais profunda sobre o espaço da violência no seio do movimento, tal como o condiciona o contexto geopolítico. Os atentados terroristas de 11 de setembro de 2001 marcaram, desse ponto de vista, uma inflexão, talvez inaugurando uma nova era. Indicam, pela intensidade do terrorismo em questão, mas também pela réplica americana (de início sustentada e assumida por numerosos Estados no mundo), que a época em que a economia parecia conduzir sozinha o mundo foi ultrapassada e que daí em diante a guerra e os comportamentos militares dos Estados retomam importância. Não são apenas as forças do dinheiro que comandam, como se pôde pensar nos anos de 1980 e mesmo nos de 90, mas também as lógicas guerreiras, sejam estatais ou terroristas. Num tal contexto, os movimentos históricos, que anteriormente reinjetavam o político em universos dominados pela economia, correm o risco de serem desestabilizados e alguns de seus componentes arrastados aos jogos da violência e das armas. Não assistimos, por exemplo, José Bové visitar Yasser Arafat na primavera de 2002, como se sua ação devesse incluir dimensões que não são seguramente as da confrontação direta com

33. Cf. J. Montès, "Mouvements anti-mondialisation: la crise de la démocratie représentative", Etudes Internationales, pp. 773-782.

34. Cf. L. Prieur, A. Papathéodorou, J-P. Masse & G. Pinalie, *Gênes. Multitudes en marche contre l'Empire*.

UM OUTRO MUNDO É POSSÍVEL 23

a economia global e que nada acrescentam à politização do debate econômico e social? Em algumas semanas, entre julho e setembro de 2001, com a manifestação de Gênova e os atentados contra o Pentágono e o World Trade Center, a contestação "altermundialista" entrou numa nova época, marcada, por uma parte, pela tentação da violência e, por outra, pela de tomar partido, ao menos ideológico, nos conflitos armados. O peso do novo ingrediente é considerável, o que resume corretamente Paolo Ceri, ao escrever: "depois de Gênova, o movimento temia, sobretudo a repressão; após Nova York, teme sobretudo a guerra"[35]. Formulemos de outra maneira: a conjuntura dos anos 2000 é mais favorável à militarização da ação do que à sua politização.

Movimento social ou movimento histórico? Seria prematuro propor um julgamento, demasiado categórico, sobre a validade relativa das duas hipóteses principais, que a contestação alter-mundialista evoca em suas dimensões mais positivas. Além do mais, essas duas hipóteses não são incompatíveis. Pelo contrário, nada impede tomar uma ou outra como utensílios analíticos permitindo examinar as condutas concretas dos atores, nada proíbe distinguir, analiticamente, as lógicas de movimento social e as lógicas de movimento histórico ou, se preferirmos, lógicas remetendo ao funcionamento de nossas sociedades e do planeta, bem como às relações sociais que têm aí lugar e lógicas ligadas à mudança política e ao desenvolvimento.

AS IDENTIDADES CULTURAIS

Desde o fim dos anos de 1960, o desenvolvimento dos particularismos culturais se determina, no mundo inteiro, por inumeráveis demandas de reconhecimento no espaço público, mais freqüentemente o nacional, mas não apenas – certas reivindicações, por exemplo, a reparação da escravidão e do colonialismo, tais como foram formuladas por ocasião da Conferência das Nações Unidas contra o racismo (Durban, agosto/setembro de 2001), desenrolam-se em escala trans e internacional. Essas dimensões culturais, sempre mais ou menos associadas a desigualdades sociais, encontram-se em numerosos combates "antimundialização". De fato, os atores avançam freqüentemente em uma especificidade étnica, religiosa, nacional ou histórica para rejeitar a mundialização em nome da defesa de uma cultura ameaçada pela combinação do mercado e da cultura internacional de massa. Porém, ocorre também que demandem produzir eles próprios suas formas de vida cultural, poder autotransformar-se, afirmar-se inclusive em sua capacidade criadora, e assim, em sua capacidade para produzir suas próprias evoluções culturais, sem serem manipulados por, ou subor-

---

35. P. Ceri, op. cit., p. VIII.

dinados às, indústrias culturais hegemônicas. Presentes também no coração das sociedades do Norte, essas dimensões identitárias não se limitam apenas aos países do Sul, ou a grupos cujo conhecimento teria mais a ver com a etnologia do que com a sociologia; não são apenas vestígios de culturas em vias de erradicação por causa da modernidade triunfante. São da ordem da invenção ou da produção e não apenas da ordem da reprodução e da resistência. Desse ponto de vista, é preciso acordar a mesma importância a José Bové – já mencionado, mas dessa vez por sua "french touch"– que ao subcomandante Marcos, quando este lembra o caráter indígena do movimento "zapatista" que dirige – movimento cuja aparição, na mídia internacional, em janeiro de 1994, constitui aos olhos de numerosos analistas o ponto de partida, ou um dos primeiros momentos fortes, da contestação da mundialização neoliberal. Se não existe razão alguma para pedir aos atores "altermundialistas" que evitem portar a bandeira das diferenças culturais que participam em seus combates, é preciso, no entanto, alertá-los sobre os perigos que espreitam toda afirmação identitária: essa pode sempre transformar-se, por exemplo, em comunitarismo, integrismo ou sectarismo. Quando as identidades culturais não são concebidas como espaços de criatividade e invenção, quando não se apresentam como tais e limitam-se a priorizar a herança do passado e a simples recusa da destruição, não são absolutamente capazes de projetar-se de maneira dinâmica e inventiva para o futuro, constituem uma força regressiva para o movimento ao qual se integram e torna-se difícil articular sua promoção às perspectivas democráticas. As identidades podem reforçar tanto um movimento social quanto um movimento político, ao aportar um enraizamento na experiência vivida e imaginária dos atores. Porém, também podem conduzir ambos às piores derrapagens.

ANTICAPITALISMO, ANTIIMPERIALISMO E ANTIMUNDIALIZAÇÃO

O Anticapitalismo

As lutas antimundialização apresentam-se de bom grado como anticapitalistas. De fato, são sobretudo hostis ao caráter liberal ou neoliberal do capitalismo contemporâneo e sua intenção não é tanto acabar com o capitalismo, mas controlá-lo e limitar seus aspectos mais brutais, mais devastadores. Por exemplo, como dissemos acima, ATTAC defende a taxa Tobin que deve, em seu espírito, evitar ou penalizar os comportamentos especulativos, moralizar de alguma maneira o capitalismo, mas não fala em acabar com este último – ainda que, para muitos de seus militantes, a taxa Tobin seja apenas um primeiro passo, um grão de areia, que poderia entravar todo o mecanismo capitalista. Da mesma forma, numerosas associações mobilizam-se para impor uma transparência na vida econômica, fazer frente à corrupção, demandar aos Estados mais eficácia frente à criminalidade financeira ou colocar um termo aos paraísos fiscais.

Ao se darem assim objetivos razoáveis, ao visarem corrigir e regular o capitalismo, os atores se fortalecem, por um lado e, de outro, se enfraquecem. Se Fortalecem na medida em que podem promover perspectivas realistas, suscetíveis de alimentar negociações ou mesmo parcerias com os responsáveis políticos, na cena política internacional, interestatal. É interessante constatar que a taxa Tobin tornou-se objeto de debates políticos em diversas arenas nacionais e internacionais. Porém, os atores se enfraquecem porque perdem o que a crítica mais radical do capitalismo pode comportar como carga utópica ou contra-projeto. A partir do momento, efetivamente, em que os atores exercem uma pressão política ou institucional, mais do que procurar introduzir uma ruptura radical com o capitalismo, que não se trata mais de abolir, eles não têm mais que definir um contra-projeto e desenhar com vigor a imagem de um outro mundo que lhes serviria de horizonte. O anticapitalismo pôde, no passado, nutrir tais perspectivas e dotar-se de utopias durante cerca de dois séculos – o socialismo ou o comunismo. Porém, com o desmoronamento histórico do comunismo real, tanto a Leste como a Oeste, esse tipo de utopia não tem nenhum espaço legítimo autorizando sua promoção. Os movimentos antimundialização são hostis ao neoliberalismo, mas não podem encontrar num anticapitalismo radical a base na qual fundar a imagem de um contra-projeto. E se não for aí, será possível em outra parte?

Os atores altermundialistas só podem tentar instalar-se em um alto nível de projeto se procurarem seus contra-projetos e utopias em outra via que não seja a derrubada do capitalismo. Eles têm boas razões para querer controlá-lo e moralizá-lo, porém têm tudo a perder ao abandonar-se às retóricas que reduzem sua ação a uma luta anticapitalista.

O Antiimperialismo

Numa obra recente, Chalmers Johnson vê na palavra "globalização um termo esotérico para aquilo que, no século XIX, era simplesmente chamado imperialismo:"[36] a idéia de mundialização não mascara, na realidade, uma dominação bastante localizada, que pode ser bem resumida pela noção de imperialismo? As multinacionais, por exemplo, não são antes de mais nada americanas, os principais centros do poder político e econômico mundial não estão localiza-

---

36. C. J. Blowback, *The Costs and Consequences of American Empire*, p. 205.

dos nos Estados Unidos, a cultura, a consumação e a comunicação de massa não operam sob a hegemonia norte-americana?

A tentação de fazer das lutas antimundialização uma ação sobretudo antiimperialista e antiamericana é real em seu seio; essa dimensão é uma das componentes da ação. É assim que Johan Galtung, ativista e intelectual orgânico importante do pacifismo, pede que se fale não de "globalização", mas de americanização e da dominação militar, política, econômica e cultural dos Estados Unidos sobre o mundo. Ele defende uma globalização equitativa, que veria as Nações Unidas assegurarem a coexistência das nações e a diversidade cultural e política na unidade[37].

Certos analistas e atores chegaram mesmo a falar, em alguns casos, de um combate contra a "recolonização", da qual a mundialização seria a causa. Assim, na Índia, pôde-se sublinhar a continuidade de certas lutas atuais com o movimento de Gandhi, em suas dimensões anticoloniais, porém aproximando-se do nacionalismo ou mesmo do soberanismo. A firma Cargill, em particular, foi contestada no momento em que recebeu do governo indiano o direito de explorar uma mina de sal na região de Kutch, sendo que Gandhi havia feito do sal, precisamente, um tema importante da luta anticolonial.

Enfim, a associação entre mundialização e imperialismo é freqüentemente sugerida ou mesmo reforçada pela evocação do imperialismo mediático, com a idéia de um papel-chave da mídia americana, a começar pela todo-poderosa CNN, que se teria revelado na virada dos anos de 1980-90, por ocasião da repressão do movimento da praça Tienamen (junho de 1989) e depois com a guerra do Golfo[38]. Segundo essa idéia, cujo promotor mais influente é talvez Herbert Schiller, os fluxos de comunicação provêm dos Estados Unidos ou são orientados por estes em proveito do reforçamento do poder da mídia americana e, mais amplamente, do domínio da economia e da política americanas, em detrimento da capacidade dos países dominados de produzir sua cultura e informação. Uma tal afirmação é demasiado simplista para poder ser aceita. Deixa de lado o formidável crescimento de alguns lugares de produção de indústrias culturais não norte-americanas, cujo impacto pode revelar-se regional, continental, ou mesmo trans ou internacional: o México, o Brasil para a televisão e principalmente as novelas, a Índia para o cinema, Hong Kong etc. Existem regiões, espaços "geolingüísticos", segundo a expressão de John Sinclair, Elizabeth Jack e Stuart Cunningham[39], que possuem

---

37. J. Galtung, "Americanization versus Globalization", em E. Rafael (org.), *Identity, Culture and Globalisation*, pp. 277-289.

38. L. A. Friedland, *Covering the World*.

39. J. Sinclair, E. Jack & S. Cunningham, "Peripheral Visions", em J. Sinclair et al. (orgs.), *New Patterns in Global Television: Peripheral Vision*, retomado em *The Globalization Reader*, op. cit., p. 302.

UM OUTRO MUNDO É POSSÍVEL

centros de produção áudio-visual. A própria CNN, como se observou quando das operações militares dos Estados Unidos no Afeganistão, após o 11 de setembro, sofre a concorrência, em seu terreno, de uma cadeia do Quatar, Al Jazzira. E, sobretudo, a tese do imperialismo mediático deixa de lado os fenômenos de hibridização, de circulação, de troca que fazem com que a mídia americana impregne-se de elementos culturais, que importa antes de eventualmente exportá-los. A circulação das informações e imagens não se reduz, seguramente, a um fluxo em sentido único.

A Antimundialização

O debate sobre as dimensões realmente imperialistas, ou mesmo pós-coloniais, do que se denomina mundialização é certamente interessante; porém, o procedimento que adotamos consiste em afastar-nos do debate para examinar o que essa dimensão traz ou custa às lutas antimundialização, quando estas se apropriam desse aspecto para transformá-lo em centro de seu pensamento. A resposta é bastante simples: o antiimperialismo transforma em luta ideológica hostil aos Estados Unidos, ou mesmo diretamente em antiamericanismo, um feixe de contestações que, sem exonerar esse país de suas responsabilidades, não deixam de visar outras questões, as quais não colocam necessariamente ou principalmente esse país na berlinda. Quer se trate dos fluxos financeiros e dos mercados, da cultura e das identidades, da comunicação e das redes, quer se trate, em outras palavras, dos lugares e atores cujas decisões exerçam uma influência econômica e cultural sobre o mundo todo, o poder não está sempre localizado nos Estados Unidos e quando está, não é obrigatoriamente redutível à nação ou ao Estado americano. Aliás, a consciência dos atores engajados em lutas concretas, sobre questões reais, é freqüentemente estrangeira a todo questionamento unívoco e sistemático desse país, do qual, além do mais, provêm muitos militantes, organizações e recursos para a ação.

A observação das trocas e mudanças culturais, em escala planetária, proíbe outorgar aos Estados Unidos um papel em sentido único: mais vale aqui seguir um antropólogo como Arjun Appadurai, quando mostra como em toda parte no mundo inventam-se identidades e formas culturais, que dependem de fluxos dos quais os Estados Unidos podem ser o receptáculo, mas de cuja iniciativa não detêm o monopólio[40].

O antiimperialismo constrói artificialmente um único inimigo das lutas, os Estados Unidos, politiza e ideologiza a ação ao impedir a definição de problemas e questões que não lhe seriam redutíveis. Propõe, finalmente, uma opção clara e que fecha o debate: em lugar

---

40. A. Appadurai, *Après le colonialisme. Les conséquences culturelles de la globalisation.*

de encorajar os atores a abraçar este ou aquele elemento de um vasto conjunto de problemas em que se jogam diversas formas de dominação, exclusão, alienação e negação da subjetividade pessoal, o antiimperialismo convida-os a travar um combate necessariamente político contra a superpotência americana. Para que a ação antimundialização possa definir problemas que lhe sejam próprios, tanto em termos sociais, culturais, ambientais etc. como em termos políticos, ela deve evitar deixar-se invadir por uma temática que faria dos Estados Unidos o lugar único ou a fonte exclusiva das infelicidades do planeta.

TRÊS DESVIOS

Já ao examinar a questão das identidades culturais ou a influência das ideologias anticapitalistas e antiimperialistas, enfatizamos os riscos ou dificuldades que podem afastar as lutas altermundialistas de seu nível mais alto enquanto projeto. É chegado o momento de encarar de maneira sistemática esses riscos e dificuldades.

Quer tendam a constituir-se sobretudo como um movimento social ou como um movimento político, as lutas antimundialização portam necessariamente em si uma carga de contestação crítica; para assentar solidamente sua protestação e apoiá-la sobre argumentos construídos e racionais, são capazes de mobilizar conhecimentos, competências e perícia em todos os domínios: tecnológico, científico, jurídico, econômico etc. Enfim, serão tanto mais poderosas e duráveis na medida em que seus atores possam referir-se a uma identidade, seja cultural, social ou outra. Essas três dimensões – crítica, perita e identitária – são indispensáveis à ação, com a condição de serem articuladas e colocadas a serviço de um projeto que as ultrapasse, mesmo se limitado a um tema preciso, circunscrito a um tipo de problema específico.

Porém, um perigo espreita constantemente os atores, o da autonomização de uma ou outra dessas dimensões e sua tomada do poder político ou ideológico.

1. O fenômeno mais espetacular corresponde ao domínio do esquerdismo conjugado ao pensamento hipercrítico. Quando a mobilização apresenta-se ou é apresentada como uma simples denúncia, uma pura crítica do sistema ou de tal ou qual de seus elementos, quando tudo o que não está com ela suscita suspeita e calúnia e esforço algum é tentado, considerado ou sobretudo aceito, para construir uma relação conflitual com a parte adversa, isso significa então que o movimento se fecha numa lógica de recusa, de ruptura, de rejeição de toda pressão negociadora, de qualquer esforço para contribuir em mudanças graduais, nas reformas, na participação do maior número possível em reflexão e em debates sobre o que seria conveniente mudar. O pensamento hipercrítico desemboca assim em duas perversões. Por

uma parte, sobretudo, paralisa os esforços do ator para construir-se de outro modo que uma força de recusa, destrói o que ele pode aportar como contra-projeto, como perspectiva suscetível de alimentar uma relação conflitual com um adversário. Por outra parte, de maneira complementar, sobretudo em suas variantes extremas, chega a considerar os atores como não-atores, alienados, incapazes de pensar-se por si-mesmos e de pensar na dominação que precisa ser abalada, a exclusão com que se deve acabar. O pensamento hipercrítico é paradoxal, pois propõe aos atores mobilizarem-se com base numa teoria que os enfraquece ou nega. Torna-se rapidamente, de fato, não a marca da força de uma luta, mas a de sua fraqueza, de sua recuperação pela extrema esquerda ou da entrada na arena de intelectuais cujo discurso (como o puramente "anti-sistêmico") corre o risco de substituir a ação. Espera muito das contradições do sistema, de suas crises – que seriam devidas, por exemplo, ao esvaziamento rural, ao esgotamento ecológico ou à democratização – e bem pouco, na realidade, da mobilização dos atores e de sua participação nos conflitos.

Uma variante paradoxal desse tipo de pensamento é dada pelas ideologias libertárias e anarquistas, quando são levadas ao extremo no seio das lutas antimundialistas. Essas ideologias defendem, efetivamente, o desaparecimento das normas e controles e são hostis a qualquer forma de organização de tipo estatal ou supra-estatal, supranacional. O resultado é que, finalmente, elas convergem com o neoliberalismo mais desregrado contra o qual estão em campanha. Sua presença torna impossível, ou ao menos muito difícil, admitir a idéia de uma luta visando transformar ou exercer uma pressão sobre os mecanismos concretos da mundialização e sobre as instâncias que se supõem regulá-la, tais como a Organização Mundial do Comércio (a World Trade Organization – wto); contribui a tornar particularmente confusa uma reunião como a de Seattle (dezembro de 1999), enquanto outros encontros ficam permeáveis à violência – os Black Blocks, particularmente ativos em Gênova (julho de 2001), já estavam presentes em Seattle, onde teriam causado milhões de dólares de prejuízos.

2. Bem longe do pensamento hipercrítico, a lógica da perícia, na medida em que, entregue a si-mesma, exerce uma forte dominação sobre a ação, também pode conduzir ao enfraquecimento dos atores. As organizações antimundialização não cessam de dotar-se de toda espécie de fontes especializadas, observatórios, centros de documentação etc. Têm seus especialistas, capazes de analisar racionalmente os problemas que se colocam, desenvolver argumentos sólidos, ajudá-las a apresentar contraproposições frente a projetos que contestam. Não deixam a seus adversários o monopólio da razão e da ciência. Porém, quando se tornam puras forças de modernização e instâncias de elaboração de programas, tendem a constituir-se como elites hiperins-

30   EM QUE MUNDO VIVEREMOS?

titucionalizadas, organizações de contra-perícia cujos membros não são muito diferentes dos especialistas que agem nas esferas oficiais, governamentais ou supranacionais, no FMI, no Banco Mundial etc. Correm o risco de perder sua dinâmica contestadora, seus aspectos de protesto, sua capacidade de mobilização da base, uma certa radicalidade, em proveito de sua participação nos jogos institucionais nos quais se comparam projetos e argumentos, mas sem grande conflitualidade. Essa tendência é tanto mais perniciosa que importantes recursos são colocados à disposição das ONGS, inclusive quando engajadas nas lutas antimundialização, por grandes organizações internacionais do tipo Banco Mundial, FMI, mas também Unesco, Nações Unidas etc; ora, esses recursos alimentam, por vezes, redes ou centros destinados a fundamentar uma perícia pelo lado das ONGS.

As Nações Unidas e suas agências aprenderam há muito a integrar as Ingos (International Non-governamental Organization) em seu funcionamento. Acordam a milhares dentre elas um "estatuto consultativo" ("consultative status"), conferem-lhes um papel bastante ativo em seus programas; um caso limite é dado pela Unaids Programme (The Joint United Nations Programme on HIV/AIDS), já que Ingos são colocadas em seus próprios órgãos de direção – mas o fenômeno é excepcional, mais do que exemplar. Quando das grandes conferências das Nações Unidas – por exemplo, no quadro da década das mulheres (1975-1985) ou em 1995, em Pequim; sobre o meio ambiente, como a cúpula da Terra no Rio de Janeiro, em 1992 e depois em Kioto –, conferências paralelas são organizadas pelas Ingos e pelas NGO (Non-governamental organization). Tudo isso pode atuar no sentido de um reforçamento das tendências à perícia no seio dos movimentos implicados e, assim, no sentido de uma institucionalização precoce e uma dissolução de sua capacidade de conflitualização. Tudo isso pode igualmente favorecer uma radicalização aparentando-se a outro desvio já assinalado, o do pensamento hipercrítico, como já se constatou por ocasião da conferência de Durban sobre o racismo (verão de 2001). Tudo isso pode, além do mais, autorizar manipulações pelos centros de poder, estatais ou econômicos, quando estes criam ou controlam NGO ou Ingo que são tão somente um meio, para eles, de fazer seus interesses prevalecerem.

3. O fechamento identitário. Enfim, um terceiro desvio ameaça os movimentos antimundialização: a tendência à retração identitária já mencionada. É preciso assinalá-la novamente, já que tanto é improvável que se desenvolvam, no futuro, lutas desprovidas de qualquer referência a uma identidade, tanto esse tipo de referência, quando é exacerbada e domina a ação, só pode voltar-se contra o projeto de participar numa luta global no seio da mundialização. O desenvolvimento das identidades desemboca sobretudo, nessa perspectiva, na

UM OUTRO MUNDO É POSSÍVEL

fragmentação e na violência: guerra civil, purificação étnica, "djihads" de toda espécie etc. Comunitarismo, integrismo, sectarismo, totalitarismo: esses grandes flagelos de nosso tempo espreitam, nos casos extremos, os atores que se fecham em sua identidade, apelam à sua pureza ou homogeneidade e travam um combate particular, sem carga universal, que tende a tornar-se o de um antimovimento social. Porém, é verdade que muitos atores vão no sentido inverso, falando de si próprios em termos de um novo tipo de cidadania, procurando aparecer como cidadãos, que criticam os políticos e sobretudo os grandes desse mundo por confiscarem o poder. Tais atores querem uma democracia mais participativa, pretendem encarnar a sociedade civil e encontram sua identidade na reconstrução pela base da democracia – donde a importância simbólica de Porto Alegre como lugar de encontro (por duas vezes, em 2000 e depois em 2001), visto que essa cidade é conhecida no mundo inteiro por experimentar, precisamente, formas novas de democracia local[41].

Assim, os atores das lutas antimundialização sempre correm o risco de serem tentados por três desvios. O primeiro é o da radicalização, que substitui o conflito pela ruptura e fecha-se na postura hipercrítica de suspeita, denúncia e suposta alienação das vítimas. O segundo inscreve-se nas tendências à perícia, na qual o conflito se dissolve. O terceiro, enfim, chega a diversas formas de retração identitária, que transformam a ação em antimovimento só podendo agir no exterior segundo um modo de invectiva e violência. Uma condição decisiva, para que se formem no futuro poderosos movimentos, de dimensões tanto sociais quanto históricas, é que cada um desses três desvios seja impossível, mas sem que por isso os elementos a partir dos quais se desencadeiam sejam reduzidos a nada. As lutas antimundialização são necessariamente críticas, porque colocam em questão situações adquiridas, formas de dominação e exclusão que devem ser evidenciadas e denunciadas. Elas têm necessidade de cientistas, juristas e especialistas que lhes forneçam as armas da razão. E fazem avançar, de maneira fundada, identidades, pertinências culturais que se negam a serem reduzidas à insignificância, resistem à perversão ou ao empobrecimento pelas forças do mercado e do neoliberalismo. Contudo, nenhuma dessas três dimensões poderia, isoladamente, definir o cerne da ação ou ocupar em simesma o lugar de projeto, nenhuma define uma questão positiva, nem permite colocar em ação uma relação social ou política. Cada uma só pode desempenhar um papel complementar, apesar do quão vital possa parecer aos olhos do ator.

41. Cf. M. Gret& Y. Sintomer, *Porto Alegre: l'espoir d'une democratie* (*Porto Alegre: A Esperança de uma Outra Democracia*), M. Hassoun, *Porto Alegre: voyage en alternative.*

O TERRORISMO GLOBAL

Seria profundamente injusto ver, nas lutas concretas contra a globalização liberal, um antimovimento qualquer, social ou histórico. No máximo, convém ser sensível a seus desvios, que os afastam de um movimento social constituído ou de um movimento histórico capaz de reencantar a política e conferir-lhes a postura de combates que os aproximam de uma grande recusa anti-sistêmica.

No entanto, a mundialização define também, em múltiplos aspectos, o inimigo, a problemática e o quadro de verdadeiros antimovimentos, a começar por aquele constituído pelo terrorismo que manifestou-se de maneira exuberante em 11 de setembro de 2001.

Naquele dia, efetivamente, o fenômeno terrorista entrou espetacularmente numa nova fase de sua história, ao mesmo tempo em que o mundo inteiro entrava numa nova era. Depois desse evento fundador, não pensaremos mais o planeta como antes – um evento que, aliás, não sabemos sequer nomear de outra maneira do que por sua data, "o 11 de setembro". Do ponto de vista que nos interessa aqui, o essencial é que o terrorismo exprimiu-se como um antimovimento global, ao inverter algumas das mais altas significações esboçadas ou portadas pelas lutas contra a mundialização liberal. No terrorismo pesa, freqüentemente, um antimovimento e ele foi comumente internacional[42]. Porém, hoje em dia, sua natureza não é internacional, mas global. Não se trata mais da violência extrema dos anos de 1970 e 80 que, embora internacional, permanecia confinada nos limites impostos pelo quadro da guerra fria e essencialmente referia-se à causa palestina. Nem mesmo é o terrorismo dos anos de 1980 e 90, dominado pelo islamismo que o anuncia e prepara, mas do qual distingue-se, no entanto, em certos aspectos.

Pois através do que é imputado à rede de Bin Laden – uma rede de fato conhecida há muitos anos, não apenas pelos especialistas, mas também pela mídia –, o terrorismo saiu do quadro da questão nacional e, mais amplamente, dos dados da geopolítica tal como era contestada pelos atores terroristas do passado. Torna-se global, no sentido em que a economia é globalizada, porta em si uma crítica da mundialização, o que causa embaraço aos protagonistas de combates que a colocam também em causa e, no entanto, nada têm a ver com o uso da violência cega e assassina.

Originalmente, o islamismo radical conjugava o protesto social dos pobres, deserdados e principalmente dos camponeses despojados

---

42. Permito-me enviar a meus livros: *Sociétés et terrorisme* e *Face au terrorisme*, e, sobre o terrorismo global, a meu artigo "Terrorismes, une rupture historique", *Ramses*, pp. 29-42. Ver infra, pp. 225-244.

de suas terras, a mobilização de camadas médias fervorosamente religiosas e dos intelectuais muçulmanos, para quem política e religião são indissociáveis. Incluía pessoas formadas, médicos, técnicos, engenheiros, o que não deve surpreender-nos encontrar nas redes atuais. Inscrevia-se num quadro estatal, social e nacional – Irã, Argélia etc. – e colocava em questão um ou outro regime. Se os atores não se limitavam ao Estado-nação em que se haviam constituído, funcionavam essencialmente num perímetro regional – por exemplo Irã, Síria, Líbano. Como no período anterior, em que o terrorismo estava dominado pelas referências à causa palestina, os primeiros protagonistas de um islamismo radical e assassino eram geralmente ligados ou mesmo enfeudados a um Estado "patrocinador", o qual, eventualmente, encarregava-os de realizar tarefas que não ousava confiar à sua diplomacia ou ao seu exército oficial. Com Bin Laden, porém, trata-se de um outro fenômeno, que funciona em rede ou, mais possivelmente, em rede de redes, sem implantação nacional e também sem que os atores possam ser identificados a uma base ou camada social qualquer: os exilados vindos de diversos países árabes ou muçulmanos para se treinarem nos campos afegãos, bem como as elites educadas que perpetraram o ataque de 11 de setembro de 2001, não se definem por um projeto político para seu próprio país, a não ser secundariamente, mas por seu engajamento num combate planetário, que seria artificial explicar pelas origens sociais ou nacionais destes ou daqueles. São verdadeiramente atores globalizados. Sua violência não se inscreve num espaço político onde se possa negociar, ela é metapolítica, guerreira e puramente terrorista.

Esses terroristas são tão "globais" que sabem utilizar a Internet e as tecnologias modernas de comunicação e estão integrados ao capitalismo financeiro mais "in", a tal ponto que se suspeita: não teriam antecipado, a partir de seus atos, para realizar lucros na bolsa através de um "delito de iniciados"? Sabem ligar-se ou desligar-se, para formar o que os especialistas chamam "redes adormecidas". E se tomaram como base o Afeganistão, não era para serem os quase-mercenários de um Estado "patrocinador", como foi o caso antigamente de um certo número de grupos, mas para tirarem partido de um Estado inexistente na cena internacional onde, mais do que protegidos, eram benvindos. O que torna opacos seus cálculos políticos ou geopolíticos: contrariamente ao terrorismo dos anos anteriores, não anunciam reivindicações claras que dariam à sua ação um caráter instrumental, não exprimem demandas políticas negociáveis, nem mesmo um projeto tendo um mínimo de realismo, como era o caso quando grupos referidos à causa palestina tinham por principal objetivo impedir qualquer solução negociada entre Israel e a OLP.

Esse terrorismo global, altamente flexível, nem por isso tem menos implicações geopolíticas bastante diretas. Tão severa ou fundamentalmente anti-sionista e anti-semita quanto a violência extrema dos grupos islamistas do passado, é profundamente antiamericano; e sem abandonar em absoluto os temas ligados ao conflito entre Israel e os palestinos, sem desfazer-se do ódio aos judeus, faz aparecer outros objetos, lugares e espaços de tensões guerreiras, a começar pela região do subcontinente indiano. Com ele, precisa-se a imagem de violências internacionais, não mais centradas essencialmente sobre o Oriente Médio, a imagem de um planeta multipolar onde os conflitos parecem jogar-se ao redor de múltiplos nós. A fragmentação do mundo – não mais estruturado pela guerra fria – desenha inumeráveis linhas de fratura, atuais ou virtuais, das quais algumas imprevistas ou novas, seja no seio de certos países (Argélia, Arábia Saudita, por exemplo), seja entre Estados e essa desestruturação política e geopolítica pode ser ativada por seitas ou organizações terroristas, cuja capacidade de causar prejuízos é desproporcional.

Por outra parte, o terrorismo global leva ao extremo uma lógica mediática que seus predecessores haviam apenas esboçado e que apresenta uma dupla característica: ele é efetivamente o produtor do espetáculo – e que espetáculo! superior a tudo que Hollywood pôde imaginar no gênero – e, ao mesmo tempo, produtor, por assim dizer, de um antiespetáculo, de um vazio absoluto: afora as imagens de arquivos, não vemos os terroristas, só podemos tentar imaginar seu modo de funcionamento, seus encontros, suas discussões internas ou levar-nos a suputações sobre seus cálculos e estratégias futuras. Com eles encontramo-nos, em matéria mediática, no excesso e na falta, em roteiros incríveis, dignos dos melhores autores de ficção política e na ausência de dados fiáveis.

Enfim, o terrorismo global repousa sobre um martirismo inédito. Guerra do Irã contra o Iraque, com seus jovens mártires, os "bassidjis", ação do Hezbollah libanês e, mais recentemente, atentados perpetrados por jovens palestinos sacrificando-se para contribuir à sua maneira à segunda Intifada: o islamismo já dispõe de uma longa história em que se combinam orientações ao mesmo tempo destruidoras e suicidárias. Porém, os terroristas do 11 de setembro de 2001 não agiram no calor da revolta, da revolução ou da guerra, a partir de uma experiência vivida de miséria e abandono, sob a pressão direta e constante de um grupo ou comunidade; seu desespero havia tido amplamente o tempo de esfriar, sua cólera ou raiva, de transformar-se em estratégia determinada. Eram indivíduos isolados de sua população de origem, mas também da imersão nos campos de treinamento, tendo acedido à educação, ao saber moderno e a amplas relações com o Ocidente, tendo mesmo por vezes, ao que parece, vivido em família nos Estados Unidos ou na Europa. Organizada, determinada e planificada de longa data, sua violência mortífera é talvez o que há de mais misterioso nessa complexa situação.

UM OUTRO MUNDO É POSSÍVEL 35

Fica evidente o motivo para que esse fenômeno interpele tão fortemente os atores "altermundialistas". Propõe, com efeito, uma figura que inverta, em muitos aspectos, os termos do combate desses últimos, ao retomar-lhes algumas de suas categorias mais decisivas. Denuncia igualmente os Estados Unidos, que transforma no mal absoluto, o que coloca os militantes americanos da luta antimundialização, mais que os outros, numa posição insustentável: não seriam traidores de seu país, cegos à violência destruidora que os atingiu, quando participam a manifestações que criticam os Estados Unidos e sua potência política e econômica? O terrorismo global funciona também em rede e visa o World Trade Center, símbolo da mundialização econômica, templo do capitalismo mais moderno. Porém, recusa todo debate e mesmo toda reivindicação explícita e leva ao extremo a lógica da guerra em detrimento da lógica da política, maximamente distante de qualquer reivindicação social ou cultural.

Esse terrorismo talvez seja, numa escala muito mais ampla, o equivalente do que foi o terrorismo anarquista dos anos de 1892-1894 na França: o anúncio em negativo, altamente mortífero, invertido sob a forma de um antimovimento, do que era o germe de e tornar-se-ia, a seguir, um importante movimento – no caso, na época, o movimento operário. Até agora, o mundo árabe-muçulmano ficou à parte, em seu conjunto, das lutas antimundialização, mesmo se um Fórum Mundial sobre a OMC (entre outros encontros) teve lugar em Beirute em novembro de 2001, ou se a IV conferência islâmica geral da Liga Islâmica Mundial (abril de 2002, em Meca) tinha por tema "a nação islâmica e a mundialização". Entretanto, pode-se pensar que o islã hoje em dia está cada vez mais moderno, ou na modernidade em que o terrorismo global de Bin Laden é um dos signos precursores dessa modernidade crescente, que verá cedo ou tarde a construção de movimentos altermundialistas no seio das sociedades muçulmanas, ou portados por grupos referidos ao islã. Porém o caminho que poderia levar do antimovimento ao movimento será longo e caótico.

Assim, a cena das contestações da mundialização compreende atores que exprimem o nascimento, ainda confuso, de um movimento pelo instante mal definido, tentados, sob muitos aspectos, a se desviarem, enquanto outros expressam a entrada numa nova era na qual apresentam-se em forma de antimovimento. A vocação da sociologia não é de formular previsões ou predições. Mas como não pensar que, quanto mais se construirão as lutas contra a globalização liberal para impor, através de seus protestos, reformas políticas, formas de regulação da vida econômica, internacionais, regionais (no sentido em que a Europa, por exemplo, é uma região) e locais, mais suscitarão a formalização de novos espaços de debates e vida pública, e serão capazes de mobilizar atores vindos dos países do Sul (intenção que começaram a evidenciar o primeiro e sobretudo o segundo fórum de Porto Alegre, de janeiro de 2001), mais se afastarão de seus pecados de juventude e mais fecharão o espaço da violência, talvez mesmo do terrorismo, no qual contribuirão, em todo caso, ao cortar de suas bases e de suas simpatias, populares e intelectuais?

2. Sociologia Pós-clássica ou Declínio da Sociologia?

A sociologia clássica ficou para trás, e seu apogeu data certamente dos anos de 1950, no momento do funcionalismo triunfante. Ambiciosa tentativa de articular os pensamentos dos autores clássicos da disciplina – a começar por Max Weber, Émile Durkheim, Vilfredo Pareto, bem como o economista Alfred Marshall – o orgulhoso dispositivo teórico elaborado por Talcott Parsons desde o fim dos anos de 1930, com *The Structure of Social Action* (*A Estrutura da Ação Social*), constituiu efetivamente o máximo de integração nunca antes conhecido na sociologia. Sua tese da convergência fez dele o teórico da unidade intelectual das grandes correntes do pensamento social que o precederam, a encarnação de uma síntese da qual seus predecessores não podiam ter consciência. Porém, essa obra revelou-se ser uma espécie de estátua de gigante com pés de barro, e, desde os anos de 1960, ela foi severamente questionada, de fora da sociologia pelos movimentos sociais que vinham criticá-la mesmo nos Estados Unidos, e de uma certa forma desmentir sua validade, e de dentro, pelo crescente poder de correntes, que ao renovar as abordagens da disciplina, traduziram também a decomposição e assim o fracasso da síntese parsoniana.

Conceber o momento parsoniano como o apogeu da sociologia clássica, é então sugerir primeiramente que a partir da metade do século XX, uma crise cada vez mais profunda afetou esta disciplina, encorajando tendências centrífugas e indo no sentido de sua fragmentação. Porém, é também introduzir uma interrogação fundamental sobre o futuro da sociologia. Estaria ela condenada a desestruturar-se até perder toda importância na vida intelectual? Não estaria ela antes no meio do caminho, compelida a transformar-se, a operar uma mutação para entrar numa era pós-clássica que lhe assegure um lugar respeitável na reflexão e no pensamento social? A perspectiva de uma desobstrução, de um *aggiornamento* que está longe de terminar, implicaria o abandono puro e simples dos grandes paradigmas de nossa disciplina, ou pediria, pelo contrário, que se reflita também sobre a continuidade que tornaria legítima e desejável a manutenção do uso da palavra "sociologia"?

O COMEÇO DA DESINTEGRAÇÃO DA SOCIOLOGIA CLÁSSICA

Nos anos de 1960 e 70, ainda era possível propor uma imagem relativamente integrada da sociologia a partir de quatro pontos cardeais[1].

Um primeiro conjunto de trabalhos continuava a encontrar sua inspiração no funcionalismo parsoniano. Ao final da II Guerra Mundial, numerosos pesquisadores vindos do mundo inteiro para seguir os ensinamentos de Talcott Parsons, ou de seus próximos, contribuíram para a difusão desse pensamento e nele inspiraram-se mais ou menos amplamente, contribuindo para internacionalizá-lo e para formar epígonos em sua própria sociedade. A influência do funcionalismo permaneceu considerável, por muito tempo, para além das fronteiras dos Estados Unidos, inclusive nos países do bloco comunista, em que a sociologia acadêmica – a única a poder ser verdadeiramente representada nos encontros internacionais como aqueles organizados pela AIS (Associação Internacional de Sociologia) – foi dominada por suas orientações. O funcionalismo ao desenvolver a imagem de uma sociedade, podendo idealmente adquirir o aspecto de uma pirâmide integrada – com valores no seu cimo, em seguida, normas e enfim, papéis e expectativas de papéis –, ao interessar-se pelos fenômenos de estratificação e de mobilidade social, e podendo acomodar-se a variantes de esquerda, eventualmente de um certo marxismo, tanto quanto de direita, não desapareceu subitamente da cena intelectual. Nos anos de 1970 e 80, importantes tentativas, como a de Jeffrey Alexander[2], tentaram salvar grandes territórios e elaborar um neofuncionalismo capaz de responder a certas críticas enérgicas com relação à construção de Parsons. Porém, esses esforços nunca puderam restaurar a supremacia intelectual que fôra a do funcionalismo dos anos de 1950.

---

1. Para uma primeira formulação dessa imagem cf. A. Touraine, "Sociologies et Sociologues" em M. Guillaume (org.), *L'État des sciences sociales en France*, pp. 134-143, e nessa obra também M. Wieviorka, "Le déploiement sociologique", pp. 149-155.

2. Conforme a série de quatro volumes inaugurada por *Theoretical Logic in Sociology*.

SOCIOLOGIA PÓS-CLÁSSICA OU DECLÍNIO DA SOCIOLOGIA? 39

Um segundo conjunto de pesquisas depende de um pensamento crítico bastante associado ao estruturalismo. Na esteira dos movimentos sociais e políticos dos anos de 1960, que freqüentemente a simples evocação do ano de 1968 basta para simbolizar, as referências a Marx, a Nietszche e à segunda Escola de Frankfurt animaram trabalhos que desenvolviam uma abordagem crítica. Esta, de uma certa maneira, podia acomodar-se ao funcionalismo ou tecer algumas relações com ele – falou-se aliás, na época, de "estruturo-funcionalismo". Em suas versões críticas, o marxismo de Nicos Poulantzas e, sobretudo, o de Louis Althusser denunciavam o Estado e seus aparelhos a serviço do capital e analisavam o desenvolvimento das relações de produção, suscitando pesquisas cujos principais domínios concretos foram a Cidade, principalmente com Manuel Castells e, ao menos na França, a Escola (École de Hautes Études en Sciences Sociales), especialmente com Christian Baudelot e Roger Establet. Por outra parte, o neomarxismo de Pierre Bourdieu, mais sensível às dimensões culturais da reprodução da dominação social, exercia uma influência considerável, e jamais desmentida enquanto a obra de Herbert Marcuse, e principalmente sua descrição do homem unidimensional, beneficiava-se, pela mediação dos movimentos estudantis, de um sucesso não negligenciável. E distanciando-se claramente do marxismo, outras orientações do pensamento crítico reconheceram-se na obra de Michel Foucault, na sua denúncia da microfísica do poder, que faz com que ele se exerça em múltiplos lugares, e mesmo, de uma certa maneira, na análise que podia propor Erving Goffman das instituições totais, como a do hospital psiquiátrico.

Uma terceira orientação importante da sociologia interessava-se pelos sistemas políticos, pela estratégia e pela racionalidade dos atores, encontrando suas aplicações tanto na análise das relações internacionais, da paz e da guerra, particularmente em Thomas Schelling e Raymond Aron, quanto na análise das grandes organizações, como por exemplo Herbert Simon ou Michel Crozier.

Enfim, uma quarta orientação importante da sociologia colocava os conflitos no âmago da vida coletiva, e interessava-se pelos atores e pelos movimentos sociais. Podia encontrar sua inspiração num certo marxismo, que se referia mais ao jovem Marx do que ao Marx de após a "ruptura epistemológica" da qual falava Althusser. Podia afastar-se claramente do funcionalismo com Alain Touraine, mas não rompia necessariamente de maneira completa com ele, como se pode pensar ao ler-se, por exemplo, as obras de Lewis Coser sobre o conflito, cuja inspiração refere-se a Marx, mas também a Georg Simmel[3].

---

3. L. A. Coser, *The Functions of Social Conflict, The Free Press of Glencoe*, e *Continuities in the Study of Social Conflict.* Estes dois textos foram reunidos para a tradução francesa, *Les foncions du conflit social.*

40 EM QUE MUNDO VIVEREMOS?

Essa estruturação da sociologia, apresentada aqui de maneira sumária, não colocava totalmente em causa a dominação do funcionalismo, e em todo caso não dava a imagem de uma total fragmentação, mesmo se os debates pudessem tomar um aspecto ideológico particularmente agudo, sobretudo nos países onde os marxistas e não-marxistas ou antimarxistas opunham-se, de maneira por vezes paradoxal, tanto que se podia passar com relativa facilidade de uma representação dita marxista das classes sociais a uma outra, baseada nas categorias de estratificação social, como, igualmente, uma alta figura do pensamento marxista como Gramsci – grande redescoberta do começo dos anos de 1970 –, podia ser lido em uma perspectiva funcionalista. Mas evidentemente o que podia, nos anos de 1960, ainda ser considerado como uma crise maior do funcionalismo americano, na época bem analisada como tal por Gouldner[4], era o começo de um declínio histórico do pensamento, encarnando o máximo de integração possível para a sociologia clássica.

A DESARTICULAÇÃO

O que era apenas uma primeira fase de desintegração acelerou-se, com efeito, consideravelmente nos anos de 1970. Porque ao mesmo tempo em que os paradigmas do funcionalismo faziam cada vez menos sucesso, os outros grandes modos de abordar a sociologia transformavam-se, separavam-se e davam lugar a novas correntes, mesmo se com uma nova roupagem. Tratava-se de fato do retorno de modalidades de pensamento experimentadas há muito tempo.

O pensamento crítico conheceu um pico nos anos de 1970, encontrando-se na vanguarda, ainda mais que parecia levar uma versão ou uma legitimação científica a movimentos de contestação política com uma tonalidade de esquerdismo ou da radicalidade. Depois, entrou numa fase de declínio, no mesmo momento em que se extinguiam o esquerdismo e as ideologias de ruptura revolucionária (ou outra), em que prosperava o pensamento neoliberal e em que se prenunciava o fim da guerra fria. E, no entanto, ele não desapareceu; sobretudo crispou-se, para não ser mais do que um pensamento da alienação e da falsa consciência, preocupada em denunciar os poderes e evidenciar determinismos inexoráveis mais do que analisar a vida social, ou então se dissociou da sociologia, para animar correntes hipercríticas referindo-se (voltarei a isso) ao pós-modernismo, ou a esta ou aquela contestação concreta, por exemplo, nos "gay and lesbian studies".

---

4. A.W. Gouldner, *The Coming Crisis of Western Sociology.*

SOCIOLOGIA PÓS-CLÁSSICA OU DECLÍNIO DA SOCIOLOGIA? 41

A sociologia da decisão, como diz Alain Touraine no seu prefácio à tradução francesa do livro de Hans Joas *La créativité de l'agir* (*A Criatividade do Agir*), "levou cada vez mais longe o estudo de estratégias racionais, mas elaboradas em ambientes complexos e bastante imprevisíveis"[5]. Ao mesmo tempo, a reflexão estratégica, aplicada às relações internacionais e à guerra, foi desestabilizada pelo desenvolvimento do terrorismo internacional depois do islamismo. A tendência à privatização da violência, ao enfraquecimento de numerosos Estados, à multiplicação de conflitos ditos de "baixa intensidade", ao apagamento da distinção entre civis e militares na maior parte das situações de violência armada – o universo de Clausewitz, que podia ainda fascinar Raymond Aron, está em múltiplos aspectos ultrapassado, as regras clássicas da guerra ficaram obsoletas, as ameaças e os desafios são em grande parte inéditos, imprevistos, e o fim da guerra fria veio ampliar as conseqüências dessa evolução. Digamos em resumo: a sociologia da decisão, e mais amplamente, o que se pode chamar a sociologia política, são progressivamente conduzidas a considerar estratégias bem limitadas, porque trazidas por atores tendo apenas uma fraca capacidade a pensá-las em relação com sistemas de ação aparecendo como bastante incertos. Para ela, a tarefa tornou-se tão mais difícil quanto ator e sistema parecem não estar muito em correspondência.

Ao mesmo tempo em que atores e sistemas pareciam assim dissociar-se da sociologia, a favor de pensamentos – sendo alguns críticos, mas tornando-se pura denúncia e outros estratégicos, mas com interesses bem estreitos –, um espaço abria-se para correntes até então bem mais minoritárias. Alguns se referem a um interacionismo simbólico e a uma fenomenologia que encontram diversas expressões no que por vezes chamou-se Escola de Palo Alto, em Erving Goffman, na etnometodologia. Eles propõem estudar as interações por meio das quais construir-se-ia a vida social, deixando de lado, pelo essencial, tudo o que remete à história e à política e concentrando-se sobre a experiência da vida cotidiana. Uma variante desses procedimentos, que entretanto deles se distancia realmente, foi dada pela abordagem dita das "convenções" (Luc Boltanski e Laurent Thévenot), tendo como projeto dar conta da maneira pela qual se constituem lógicas coletivas a partir de acordos e de compromissos entre atores, não através de seus jogos, mas, sobretudo nas justificativas sobre as quais repousam seus acordos e compromissos. Outras correntes quiseram, no enfraquecimento do funcionalismo e do marxismo, lá onde ele era poderoso, preencher o vazio sociológico que constatavam ao propor o oposto de um grande sistema ou de um grande relato e ao desenvolver a idéia de que a sociologia só pode repousar sobre o postulado do individualismo metodológico. Reduzindo efetivamente os comportamentos

5. A. Touraine, "Préface", em *La créature de l'agir*, p. III.

sociais aos de indivíduos colocados nos mercados, essas correntes surfaram no espírito da época e acompanharam a onda ideológica, política e econômica neoliberal, das quais foram a expressão sociológica, explicando que é preciso partir dos comportamentos individuais para compreender a vida social que, segundo elas, organiza-se, estrutura-se e transforma-se a partir de sua agregação. Ao mesmo tempo, essas correntes utilitaristas desenvolveram a idéia de efeitos perversos, resultados não intencionais da ação, consecutivos precisamente à agregação dos cálculos e interesses individuais – idéia da qual Albert Hirschman demonstrou, de maneira estupenda, o caráter profundamente reacionário[6].

Enfim, o grau zero do pensamento sociológico foi atingido quando, no começo dos anos de 1980, a rejeição dos grandes sistemas, dos quais o funcionalismo parsoniano e o marxismo foram as duas principais ilustrações, tomou o aspecto de uma visão dessocializada da vida social, reduzida ao choque dos individualismos e à imagem do vazio social.

O MOMENTO PÓS-MODERNO

A decomposição da sociologia clássica não seria, simplesmente, uma das expressões da crise da modernidade e de sua ultrapassagem pela entrada numa era pós-moderna? Essa hipótese levou pelo menos dez anos para constituir-se e depois animar importantes debates internacionais nos anos de 1980.

Uma primeira fase foi preparada pelos debates e interrogações do fim dos anos de 1960, quando se começou a falar de sociedade pós-industrial (Daniel Bell, Alain Touraine). Numa conjuntura de mudanças culturais e sociais consideráveis, colocaram-se então em atividade os primeiros elementos e as primeiras variantes da crítica pós-moderna da modernidade e de seus complementos, principalmente pós-colonial e pós-nacional.

De Auguste Comte a Max Weber, a sociologia clássica havia sido profundamente associada à modernidade, que ela esforçou-se para pensar, a ponto que se poderia chamá-la sociologia moderna. Inaugurado no fim dos anos de 1970, o momento das teses e dos intercâmbios sobre a pós-modernidade constituiu uma ruptura, não tanto porque propunha novos aportes analíticos, mas em razão do diagnóstico histórico que propunha. Os teóricos da pós-modernidade não inventaram absolutamente novas categorias, eles não introduziram maciçamente novos paradigmas, quer se tratasse de sua intervenção no seio das ciências sociais ou, sobretudo, da arquitetura. Eles sublinharam, prin-

---

6. A. Hirschman, *Deux siècles de rhétorique réactionnaire*, (*Retórica da Intransigência: Perversidade, Futilidade, Ameaça,*

SOCIOLOGIA PÓS-CLÁSSICA OU DECLÍNIO DA SOCIOLOGIA? 43

cipalmente, a urgência e a necessidade de pensar uma mudança histórica marcada essencialmente pela idéia de uma fragmentação do que a modernidade articulava ou podia ainda pretender associar. O próprio do pensamento pós-moderno, em suas inúmeras variantes, é ter primeiramente dissociado as categorias fundadoras da modernidade, e assim marcado a separação irredutível da objetividade e da subjetividade; da razão e das identidades; do mercado e das técnicas de um lado e particularismos culturais de outro; e em segundo lugar, ter tomado em conjunto, contra a herança do Iluminismo, o partido das convicções, das identidades, dos particularismos culturais. O pós-modernismo, nessa perspectiva, teorizou a passagem do projeto moderno, de impor a razão face à tradição, a um questionamento da própria racionalidade, o que pode conduzir às imagens de uma modernidade fragmentada, ou, como o dizem numerosos autores hoje em dia, a de múltiplas modernidades – segundo o título do importante colóquio de Jerusalém (julho de 1999): lá onde a modernidade lutava contra as crenças, a pós-modernidade coloca a questão do conhecimento, diz Serge Moscovici, a ponto de que "nossa visão pós-moderna retoma essencialmente numerosos traços que se podia reconhecer outrora na antimodernidade"[7].

Em certos casos, as teses pós-modernas, encorajadas a avançar nesse sentido pelos avatares do pensamento da "desconstrução", pareceram chegar à negação mesmo de todo projeto sociológico. Para certos autores, a crise da modernidade só podia levar ao fim da sociologia, à fragmentação pós-moderna dessa disciplina, por exemplo, num grande número de sociologias mais ou menos fechadas, voltadas para si-mesmas já que ligadas exclusivamente a este ou aquele particular – "Black sociology", "Gay and Lesbian Studies" etc. – dando a imagem, no seio mesmo da disciplina, de uma tendência a dissociar os valores universais da razão, e os particularismos da cultura a partir de um questionamento radical do universalismo. Este universalismo, como dizem numerosos grupos contestadores, não recobriria um vasto conjunto de fenômenos de dominação, não seria a formalização ideológica de interesses particulares, o discurso dos Brancos acomodando-se à pobreza e à exclusão dos Negros, o dos machos continuando a oprimir as mulheres, o da arrogante nação americana etc.? Seria assim que o tema recorrente da crise da sociologia tornou-se o tema do declínio e da decomposição da disciplina, por exemplo em Irving Louis Horowitz[8]?

Porém, se o pensamento pós-moderno esteve indissociavelmente ligado à imagem de um questionamento profundo do próprio projeto da sociologia moderna ou clássica, é também porque ele deu conta,

7. S. Moscovici, "Modernité, sociétes vécus et sociétés conçues", em F. Dubet & M. Wieviorka (orgs.), *Penser le sujet, Autour d'Alain Touraine*.

8. I. L. Horowitz, *The Decomposition of Sociology*.

à sua maneira, de fenômenos que traduzem, não somente a fragmentação cultural de numerosas sociedades, mas também, a crise de suas instituições e, afinal, o esgotamento de sua capacidade de assegurar sua integração. Não apenas o tema da desinstitucionalização conheceu um eco importante na literatura sociológica, mas também, e sobretudo, é a idéia propriamente dita de um fim da idéia de sociedade que foi por vezes explorada, inclusive de uma certa maneira, na série de obras de Georges Balandier que começam seu título por "de", nos anos de 1980 e 90[9]: poder-se-ia falar ainda de sociedade se as relações entre os indivíduos e os grupos não são mais regulados por instituições e mediações políticas, por negociações organizadas, mas unicamente pelo mercado, o choque dos particularismos culturais ou a violência? A sociologia clássica interessava-se por sociedades para as quais pode-se postular ou considerar a possibilidade de uma certa correspondência entre os valores, as normas e os papéis, e nas quais as instituições desempenham um papel central; e seu evolucionismo, mais ou menos pronunciado, terminava pela idéia de que cada conjunto societal define-se por seu lugar na modernização geral, no processo universal do progresso. Ora, essa correspondência parece cada vez mais artificial, desmentida nos fatos, ao mesmo tempo em que a idéia de um *one best way*, para o progresso ou nas etapas de crescimento, aparece como uma pura ideologia.

Levando a crítica da modernidade mais além, o pensamento pósmoderno insistiu por vezes, como por exemplo com Jean-François Lyotard, sobre o fim dos "grandes relatos", a começar por aqueles dos movimentos sociais cujo paradigma havia sido fornecido pelo movimento operário. O pensamento pós-moderno desenvolveu inclusive a idéia de uma perda de sentido generalizado, por exemplo, com Jean Baudrillard. Porém, o pensamento pós-moderno mais animou o debate no seio da sociologia do que contribuiu para colocar em questão a existência propriamente dita desta como disciplina. É assim, em particular, que, sensíveis aos problemas debatidos pelos pensamentos "pós-modernos", mas recusando homologar as imagens do mundo nas quais elas desembocavam, certos sociólogos preferiram interrogar-se sobre as condições de uma rearticulação do que a pósmodernidade dissocia. Questão que se encontra no âmago do trabalho de Jürgen Habermas sobre o agir comunicacional, e que voltamos a encontrar em Alain Touraine para quem: "Sem a Razão o sujeito se encerra na obsessão de sua identidade; sem o Sujeito, a Razão torna-se o instrumento do poder [...] será possível que duas figuras da modernidade, que se combateram ou ignoraram, falem enfim uma a outra

---

9. G. Balandier, *Le détour : pouvoir et modernité* (*O Contorno: Poder e Modernidade*); *Le désordre: éloge du mouvement* (*A Desordem: Elogio do Movimento*,); *Le dédale: pour en finir avec le xxe. Siècle* (*O Dédalo: para Finalizar o Século xx*) .

e aprendam a viver juntas?"[10] Em todo caso, a reflexão sociológica propriamente dita nunca esteve muito distante da filosofia política e da filosofia moral. O que coloca uma questão importante, na medida em que ela com freqüência pareceu estar no seu rastro, como se o lugar central do debate corresse o risco de escapar à sociologia para situar-se na filosofia – voltaremos a isso.

O debate sobre a pós-modernidade está hoje em dia esgotado, ou foi apropriado pelas falsas elites que o transformaram numa nova casuística sem surpresas; o tema durou muito tempo, enquanto que se desencadeava um outro grande discurso de saída da modernidade, e assim também da sociologia clássica, em torno do tema da globalização.

PENSAR A GLOBALIZAÇÃO

No mundo inteiro, a globalização aparece como um tema econômico, político e cultural, mais que social propriamente dito. Reencontrando, em muitos aspectos, temas que foram centrais nos debates do começo do século xx, em particular entre os marxistas (Rudolf Hilferding, Rosa Luxemburgo), renovando as análises relativas ao poder das multinacionais, particularmente densas nos anos de 1960 e 70, a crítica das formas contemporâneas da internacionalização do capitalismo – e principalmente do capitalismo financeiro –, suscitou com efeito vivas discussões entre economistas e críticos da economia, sobre sua natureza, sua novidade, sua intensidade, sua realidade mesmo. A globalização coloca em questão os Estados e sua capacidade, ou sua vontade, de colocar em ação políticas econômicas nacionais, ou inscritas num espaço regional (Europa por exemplo), o que a torna um motivo central de debates políticos. Ela se traduz, em termos culturais, por um duplo processo de homogeneização da cultura sob a hegemonia norte-americana, e de fragmentação, o que pode conduzir a debates extremamente animados, ligados principalmente às inquietações suscitadas pelo avanço recente do Islã e os sucessos do islamismo a partir da revolução iraniana – como não mencionar aqui o impacto que exerceu a tese de Samuel Huntington sobre o choque de civilizações? Enfim, a globalização exerce um efeito maior sobre a vida social *stricto sensu*, indissociável como é de um capitalismo flexível, para retomar a expressão de Richard Sennett[11], que pesa sobre a própria existência dos trabalhadores, sobre sua personalidade, fabricando no mundo inteiro numerosos abandonados, e gerando desigualdades por vezes consideráveis.

---

10. A. Touraine, *Critique de la modernité* (*Crítica da Modernidade*).
11. R. Sennett, *The Corrosion of Character, The Personal Consequences of Work in the New Capitalism* (*A Corrosão do Caráter*).

46 EM QUE MUNDO VIVEREMOS?

Para a sociologia, a temática da globalização é muito freqüentemente uma facilidade, uma explicação para tudo, um princípio explicativo, com efeito, muito pouco social, passando-se por uma análise: existiria um mecanismo mundial, pilotado por um capitalismo internacional desregrado, cujo modo de funcionamento implica inelutavelmente o crescimento das desigualdades sociais, a desestruturação dos Estados-nações, a radicalização e o risco de choque das identidades culturais. Essa afirmação poderia conduzir a analisar os atores e as lógicas de ação da globalização, o que é, na realidade, principalmente assegurado pelos economistas e pelos cientistas políticos. Ela conduz sobretudo a uma sociologia preguiçosa, que pensa os fatos sociais em termos de respostas ou de reações à evolução de um sistema, ao negligenciar todas as mediações institucionais e políticas entre o sistema de globalização e aqueles que a sofrem, e ao subestimar a capacidade de ação de todos os atores que se situam entre as elites planetárias e aqueles que suportam, de uma maneira ou de outra, os efeitos ou as conseqüências de suas estratégias. A sociologia não progredirá se ela se ativer à imagem de uma globalização que traz um princípio geral de explicação aos problemas sociais contemporâneos. Um tal princípio, efetivamente, conduz tudo a um sistema ou a processos e mecanismos quase abstratos, de tanto que seus protagonistas são longínquos; introduz a idéia de um determinismo associal, no qual as forças implacáveis do capitalismo internacional, desencarnadas ou encarnadas por atores indefiníveis, fora de toda relação social, moldariam, sem controle nem sanção, um universo fcito de desigualdades sociais, e de uma combinação de massificação cultural e de expressões radicalizadas de retração identitária. Além do mais, constrói a imagem de um mundo em que os Estados e as nações ou são condenados à impotência ou são subordinados a um poder imperial, à hegemonia norte-americana. Um mundo onde, salvo revolta violenta, não haveria absolutamente espaço e pertinência para a ação política dos Estados, das nações e dos partidos que animam a vida institucional. Um mundo que teria entrado no fim da História, não tanto, como quereria Francis Fukuyama[12], em função do triunfo teórico do mercado e da democracia, mas em função de formas de hegemonia cultural e de dominação econômica interditando qualquer contestação.

Pelo contrário, e tão discutíveis quanto sejam as diversas formalizações disponíveis, o destaque da globalização é a ocasião para a sociologia distanciar-se mais ainda da sociologia clássica, mesmo resistindo às concepções devastadoras do pós-modernismo. A sociologia moderna construiu-se, essencialmente, ao redor da idéia de

---

12. Para um retorno sobre a tese do fim da História, lançada em 1989, cf. F. Fukuyama, "La posthumanité est pour demain", *Le Monde des débats*, pp. 16-20.

sociedade; a sociedade sendo ela mesma bastante freqüentemente concebida como um conjunto cujas divisões, conflitos estruturais ou tensões, inerentes à mobilidade social e às desigualdades sociais, não impedem, pelo contrário, pensar a unidade. O corpo social é, com efeito, ao mesmo tempo um e plural do ponto de vista da sociologia moderna, e sua unidade pode ser definida em termos culturais, e então, sobretudo, em referência à idéia de nação, ou em termos políticos e institucionais que remetem, desta forma, ao Estado. Sociedade, nação e Estado definem os três registros integrados que definem a modernidade segundo Daniel Bell[13], e que constituem o quadro da análise sociológica tradicional. A literatura sociológica clássica não cessou de circular entre esses registros, a ponto de por vezes identificá-los entre si. Ora, já com os debates relativos à pós-modernidade, e mais ainda com aqueles que se referem à globalização, em cada um desses registros, mudanças consideráveis, perceptíveis a partir dos anos de 1960, colocaram em questão a idéia de uma forte correspondência entre a sociedade, a nação e o Estado.

De uma parte, cada uma dessas noções deve ser reexaminada. Alguns falam, como vimos, de fim da idéia de sociedade, outros, de ultrapassamento dos Estados até mesmo de desaparecimento gradual – o que seria um Estado cujas decisões são subordinadas não ao jogo de relações entre Estados, mas às decisões de atores econômicos que moldam o espaço mundial da economia global? Outros consideram ainda que entramos numa era pós-nacional, e evocam, segundo, principalmente, o historiador Eric Hobsbawn, a hipótese do declínio histórico da nação. Se a escala de problemas sociais, econômicos ou culturais pode coincidir com a de uma nação e de um Estado, eles parecem cada vez mais freqüentemente só poder ser tratados politicamente por uma ação local, municipal por exemplo, ou regional ou no quadro de fórmulas políticas ultrapassando os Estados-nações, por exemplo, no quadro da Europa e de suas instituições, sem mencionar o das organizações transnacionais ou internacionais.

Não é mais possível postular uma unidade sistemática da sociedade, da nação e do Estado como única realidade para a análise sociológica, e tampouco um horizonte único, possível ou desejável. As relações sociais clássicas, próprias à era industrial, com seus conflitos e suas negociações e suas formas de institucionalização num quadro nacional (Estado-providência, social democracia, por exemplo), enfraqueceram-se ou até mesmo dissolveram-se sob o efeito da abertura econômica e do mercado; a consumação de massa e as estratégias dos produtores de bens culturais não levam em conta fronteiras; os grandes fenômenos culturais contemporâneos operam em escala planetá-

---

13. *Les contradictions culturelles du capitalisme* (edição original: *The Cultural Contradictions of Capitalism*).

48 EM QUE MUNDO VIVEREMOS?

ria, quer se trate do renovado encantamento do mundo pela religião, fenômeno em que o islã e o islamismo são apenas uma figura entre outras, ou diásporas, cada vez mais numerosas, densas e complexas. Múltiplos atores aprenderam, após os ecologistas dos anos de 1970 e 80, a pensar globalmente, mesmo quando se trata para eles de agir localmente, e seu internacionalismo é bem mais enraizado nos projetos e atividades, que escapam ao quadro nacional da ação comum na época do movimento operário, cujo internacionalismo ou foi abolido pelos eventos mais importantes – por exemplo, na Europa, com a guerra –, em 1914, ou foi pervertido com o comunismo real.

A globalização, se não nos satisfaz a atitude preguiçosa, que faz dela o *deus ex machina* da análise sociológica, é um conjunto de processos que convida a pensar, de uma parte, as novas formas que assumem as relações sociais, os Estados e as instituições, as identidades culturais coletivas; e de outra parte, a dissociação desses subconjuntos. No prolongamento dos debates, abertos pelo pensamento pós-moderno, a introdução do tema da globalização é uma etapa que obriga a reflexão a fazer o percurso do geral, do global, do universal, para o singular, o local, e à própria pessoa – diremos aqui: ao sujeito. Sua contribuição é igualmente importante na medida em que permite distanciar-se das conclusões mais radicais da reflexão pós-moderna.

O pós-modernismo, como identificação positiva à crítica radical da modernidade, desenvolveu-se num contexto que era ainda o da guerra fria. Onde o Oeste e o Leste, o capitalismo e o comunismo encarnavam duas versões opostas, e mesmo inimigas, da razão, o pensamento pós-moderno introduziu uma outra clivagem, uma outra oposição entre o universalismo formal da razão e do direito, encarnado pelo mercado e a ciência, bem como pelos direitos do homem, e o relativismo da diferença, em jogo na diversidade das culturas ou na potência das convicções enraizadas em contextos concretos. O pensamento pós-moderno marcou a fratura ou as rupturas que afligem a modernidade, significou também escolhas políticas e históricas, optando pelo campo da autenticidade pessoal, da diferença cultural, das comunidades. Depois ocorreram a queda do muro de Berlim, a debacle do comunismo e o esgotamento do conflito entre as duas versões da razão que podiam representar o Leste e o Oeste. O grande debate que opôs esses dois universalismos não é mais de atualidade, donde, como vimos, a idéia do fim da história, relançado em 1989, por Francis Fukuyama. Porém, se o debate, que opõe o universalismo dos direitos do homem e do mercado ao relativismo dos pós-modernos, pode ajudar a compreender certas formas extremas de tribalismo e de violência, ele não corresponde absolutamente à experiência vivida da grande maioria dos habitantes do planeta, para quem a autenticidade das culturas, a religião, a memória, a valorização de sua diferença operam num mundo em que eles encontram, também, as solicitações do mercado e o aporte dos direitos do homem. O tema da globalização introduz a idéia de uma certa unidade econômica e financeira do mundo no qual vivemos, ao mesmo tempo em que reconhece a importância da pluralidade e da heterogeneidade das formas culturais e sociais que engendra ou reforça. Tem o mérito de convidar-nos à recusa de uma escolha entre a tese da uniformidade como única alternativa, que pode ser simbolizada pela idéia do fim da história, e a tese das conseqüências mais extremas do diferencialismo e da fragmentação cultural, que pode ser significada, por exemplo, pela idéia de um choque de civilizações. Examinada atentamente, a globalização não significa a oposição irredutível de McDonald e Djihad, mas sim a participação a uma vida social em que McDonald e Djihad remetem a duas faces de uma mesma realidade vivida, a duas versões simultâneas e, na maior parte do tempo, indissociáveis, de nosso presente e nosso futuro.

O SUJEITO

Para pensar essas duas faces do mundo presente, não podemos nos contentar apenas em constatar que elas são ao mesmo tempo dissociadas e, excetuando-se os casos extremos de opressão ou de violência, co-presentes. Temos necessidade de especificar as modalidades, mais ou menos bem sucedidas, de sua articulação. Esta não pode encontrar-se do lado do sistema pois, como indicam as análises da globalização e como já haviam constatado os primeiros pensadores pós-modernos, a tendência geral é de uma separação dos registros, de uma dissociação da razão e das culturas, de uma desestruturação dos conjuntos relativamente integrados, formados pelas sociedades nacionais e seus Estados. A articulação ou a rearticulação do subjetivo e do objetivo, do universal e do específico, da razão e das culturas etc. não pode ser encarada de cima, no seio de sistemas ou de subsistemas cujas lógicas vão num sentido oposto. É o motivo pelo qual certos pesquisadores parecem abandonar pura e simplesmente o projeto de pensá-la, para interessar-se, em primeiro lugar, por sistemas sem atores – tal como Niklas Luhmann – ou para reduzir o ator a uma falsa consciência, a uma alienação que o subordine inteiramente ao poder dos dominantes, cujas categorias ele interiorizaria. É o motivo também pelo qual a via mais promissora consiste em partir de baixo, da pessoa singular, não como indivíduo participante da vida coletiva, como consumidor agindo sobre os mercados, mas como sujeito.

Talvez seja a exploração dessa perspectiva que possa fazer reviver o projeto sociológico. Sem desinteressar-se pelo ponto de vista do sistema, a sociologia, ao longo dos últimos vinte anos do século xx, efetivamente, não cessou de operar um processo, seguramente caótico, de retorno ao sujeito. É verdade que ela não o havia jamais abandonado completamente ou perdido de vista. Porém, sobretudo a partir

50 EM QUE MUNDO VIVEREMOS?

dos anos de 1960, quando o funcionalismo decompôs-se, as orientações que mais se impuseram, no mais das vezes, minimizaram-no ou negaram-no. Evidentemente, ao apelar à "morte do sujeito", a sociologia crítica associada a diversas variantes do estruturalismo terá sido a mais extrema nessa negação. Em suas versões marxistas (Louis Althusser), neomarxistas (Pierre Bourdieu) ou não marxistas e de inspiração nietzchiana (Michel Foucault), o pensamento estruturalista atacou o poder, a dominação e a alienação, denunciando as ilusões da referência ao sujeito, o erro que consiste em acreditar em sua autonomia, a ignorância dos mecanismos, instâncias e outras estruturas que regulam e determinam a existência dos dominados. A sociologia política, ao interessar-se pelas condutas estratégicas, racionais, desenvolvidas em universos cada vez menos previsíveis, foi dominada por paradigmas utilitaristas confiantes na racionalidade instrumental, mesmo limitada, e que não deixavam grande espaço à criatividade do ator, à sua capacidade de constituir-se como sujeito de sua própria existência: a racionalidade não é a subjetividade, e o cálculo, ou o interesse, se caracterizam o indivíduo racional, não fazem dele necessariamente um sujeito.

Da mesma maneira, as diversas correntes, formando a nebulosa da qual vimos que inclui a sociologia fenomenológica, o interacionismo simbólico, os autores por vezes reunidos sob a égide da "Escola de Palo Alto", a etnometodologia etc., não se interessaram tanto pelo sujeito, nem mesmo pela intersubjetividade, quanto pelas interações, consideradas em geral sem qualquer referência à história e à política, e freqüentemente limitadas a um número muito restrito de indivíduos. Para Erving Goffman, que foi a figura principal no seio dessa nebulosa, o sujeito individual não é muito mais do que uma capacidade de adaptação na qual se trata, em função de uma situação e no quadro de uma interação, de conseguir assegurar a apresentação de si, a "face".

Contudo, hoje em dia, redescobrimos o sujeito; e a tese principal que este texto gostaria de defender é que ao fazer do sujeito o coração da análise sociológica, estaremos bem melhor aparelhados para entrar no século XXI.

A idéia de sujeito opõe-se, antes de mais nada, a todo determinismo, à idéia de que a ação é o fruto de determinações objetivas, de leis, por exemplo, como quer um pensamento positivista. Ela se opõe, da mesma maneira, ao pensamento hipercrítico, que só quer ver nas condutas sociais a expressão de uma dominação estrutural – nesse sentido, o pensamento de Pierre Bourdieu, como observamos claramente em seu livro *La domination masculine* (*A Dominação Masculina*), permanece decididamente estrangeira, até mesmo hostil à idéia de sujeito, diferentemente do pensamento de Michel Foucault que havia evoluído sensivelmente ao final do seu percurso.

SOCIOLOGIA PÓS-CLÁSSICA OU DECLÍNIO DA SOCIOLOGIA? 51

Ser sujeito é ser ator de sua existência. Criar sua história pessoal, dar um sentido à sua experiência. Porém, não confundamos uma categoria abstrata e analítica – o sujeito –, com uma realidade concreta, histórica –, a pessoa humana. O sujeito, tal como nós o entendemos aqui, de acordo com Alain Touraine[14], é a capacidade de colocar em relação os dois registros que na existência de uma pessoa são-lhe dados como distintos e que, se não, correm o risco de uma dissociação total: por um lado, sua participação ao consumo, ao mercado, ao emprego como atividade remuneradora, o acesso à razão instrumental, a pertinência a um mundo "objetivo", e de outro lado, sua ou suas identidades culturais, o acesso ao trabalho como atividade criadora, sua religião, sua memória, sua vivência, suas crenças, sua subjetividade.

Pode-se dizer de outra maneira: o sujeito é, em cada pessoa, a capacidade de lutar contra a dominação da razão instrumental, contra o universalismo do direito e da razão quando, em lugar de trazer a emancipação, chegam a negar a pessoa, a fazer dela um consumidor sem alma, um agente mais ou menos manipulado pelas indústrias culturais ou pela publicidade, um trabalhador submetido ao taylorismo, privado de autonomia no trabalho e despojado dos frutos de sua atividade. E o sujeito é também, simultaneamente, a capacidade de rebelar-se contra a subordinação à comunidade, de subtrair-se à lei do grupo, às injunções de uma memória, às normas e aos papéis fixados por uma cultura, uma religião, uma seita. O sujeito é a afirmação da liberdade pessoal. Porém, essa definição é parcial, deve ser imediatamente completada pelo que constitui a outra face do sujeito, sua capacidade não defensiva e contestadora, mas sim de engajamento construtivo, sua criatividade. O sujeito, com efeito, é também a possibilidade de escolher participar, consumir, de ser um indivíduo racional e ao mesmo tempo optar por sua identidade, sua comunidade, sua memória, de fazer essas escolhas. O sujeito é a capacidade, a uma só vez, de ligar os dois registros desconectados da modernidade e de apoiar-se em um deles face ao outro; é a força e a liberdade, de um lado, de lutar contra os mercados e o consumo, contra o liberalismo puro, em nome de convicções, de uma cultura, de uma subjetividade, de solidariedades coletivas, de valores morais, e, por outro lado, de apoiar-se na razão e no individualismo para não ser vítima da dominação das comunidades. Para uma pessoa, o sujeito é o traço de união, permitindo conciliar o universalismo e o particularismo, o objetivo e o subjetivo, em lugar de colocá-los em oposição. Acrescentemos que uma tal definição comporta, necessariamente, uma característica complementar e fundamental, ou seja, não pode haver o sujeito pessoal sem o reconhecimento do sujeito no Outro.

---

14. Conforme aqui os trabalhos recentes de Alain Touraine e a obra coletiva *Penser le sujet. Autour d'Alain Touraine*, bem como F. Dubet, *Sociologie de l'expérience* (*Sociologia da Experiência*).

A UTILIDADE DO CONCEITO DE SUJEITO

Partir do sujeito, na análise, é abrir numerosas perspectivas. As primeiras, ainda bastante simplesmente, consistem em estudar diretamente o trabalho do sujeito, o sujeito em ação na prática individual, nas instituições, na ação coletiva. O conceito, aqui, é um instrumento analítico, uma luz apontada para o concreto, uma hipótese que, em sendo pertinente, deve produzir um conhecimento novo ou renovado.

A Corporeidade

A pessoa humana não é apenas espírito, ela é igualmente corpo e há cerca de vinte anos a sociologia acorda um lugar crescente ao corpo. Este não é mais apenas o que a natureza, e depois a sociedade, fazem dele. Por um lado ele é, e será cada vez mais, o que cada um se esforça por fazer dele; um corpo construído e não apenas adquirido ou mortificado, um corpo até mesmo moldado, transformado através de esforços em que ele é trabalhado, dominado, tomado sob controle. Esse ponto de vista pode remeter às análises clássicas de Norbert Elias sobre a civilização como processo individualista de domínio e de interiorização de pulsões e de afetos. Porém, desemboca também, e sobretudo, na idéia de uma capacidade aumentada dos homens para modificar sua corporeidade e para desenvolver uma atividade criadora a partir de seu corpo, ou com ele, no esporte, na dança, no espetáculo, por exemplo, como começaram a analisar certos pioneiros dos *Cultural Studies*, tal como Stuart Hall ou Paul Gilroy. Por outro lado, o corpo é suscetível de sofrimento e de alteração – ele é sobre o quê se exerce fisicamente a dominação, ele é parte integrante do sujeito que antes mesmo de construir-se, deve salvar-se, existir, defender-se, por vezes, de maneira desesperada.

A referência ao sujeito corporal, tanto como envelope material de uma criatividade aumentada, quanto como matéria-prima sobre a qual se exerce a dominação, é indissociável de uma sensibilidade cada vez maior à dor e ao sofrimento, passa por tomar em consideração, progressivamente, o ponto de vista das vítimas, dos doentes, dos sujeitos em sofrimento, remete à recusa crescente de reduzir a medicina ao tratamento técnico e científico da doença. Significa que o sistema de saúde se encarregue constantemente do doente ou de seus próximos, torna incontornáveis os grandes debates sobre a eutanásia.

As Instituições

O estudo das instituições tem muito a ganhar também com a introdução do ponto de vista do sujeito. Classicamente, as instituições

SOCIOLOGIA PÓS-CLÁSSICA OU DECLÍNIO DA SOCIOLOGIA? 53

são pensadas como o lugar da socialização, da ordem, do serviço público. Nessa perspectiva, elas, concretamente, dão forma à idéia abstrata de sociedade, ao assegurar, ao mesmo tempo, a conformação dos indivíduos com os valores gerais da sociedade, a manutenção da ordem pública e a solidariedade coletiva. Sabemos que essa concepção das instituições está, hoje em dia, sem fôlego, que elas têm cada vez mais dificuldades em assumir suas funções tradicionais, que elas se desinstitucionalizam. Porém, isso deve conduzir a afirmar seu fim? O tema do sujeito, aí também, permite pensar o *aggiornamento*, e assim a mutação. Ao invés de desaparecerem ou de se retraírem em concepções necessariamente cada vez mais autoritárias e repressivas de seus papéis, as instituições, efetivamente, podem aparecer como a condição e o lugar em que os sujeitos se constituem e funcionam. A família, por exemplo, era ontem, ao menos em parte, a célula institucional em que, teoricamente, eram transmitidos valores e uma herança cultural, eventualmente também material; era um espaço de socialização. Ela aparece cada vez mais como um espaço em que, dentre muitas outras formas, que como ela têm a ver com a democracia, desenvolvem-se relações afetivas e asseguradoras, que fazem dela o lugar de produção e de valorização de sujeitos; ela é então, nesse caso, um lugar de aprendizagem da autonomia pessoal e de respeito da alteridade. Ela permanece uma instituição, mas perde seu caráter mais ou menos sagrado, deixa de projetar-se sobre eventuais sujeitos, para tornar-se a condição propriamente dita dessacralizada, mas altamente valorizada, de sua constituição e de seu funcionamento.

Consideremos agora uma outra instituição importante, a Escola. Esta, na perspectiva clássica, assegura a socialização das crianças, que se preparam para tornar-se indivíduos conformes às normas e expectativas da sociedade. Ela os molda em função das expectativas do mercado de emprego, torna-os conscientes de seus futuros deveres cívicos ou familiares e, mais amplamente, na relação à coletividade nacional. Porém, cada vez mais ela se torna um lugar em que professores e administração centram-se no aluno e consideram que ele deve não apenas ser instruído, mas também escutado e compreendido. Em curso de desinstitucionalização, a escola é um espaço onde se trata então de trocar, comunicar, preparar o aluno para ser uma pessoa capaz de autonomia, capaz também de transformar-se no decurso de sua existência, de fazer frente a situações novas. Ela tende a constituir a criança como sujeito, e não apenas como objeto de programas de educação e de ensino. O que não quer dizer, evidentemente, que o professor não tenha mais nada a fazer do que estar à escuta dos alunos.

Assim, desenha-se para a sociologia um imenso campo de trabalho que consistiria em estudar as instituições, não apenas nas crises ou dificuldades em assumir suas missões clássicas, mas também sob o ângulo do sujeito, quer se trate de seus funcionários, que uma tal perspectiva impede de reduzir a um papel abstrato de agente impessoal, quer seja dos indivíduos para os quais são convocadas a tratar, administrar ou servir: usuários, administradores etc.

Poder-se-ia criticar as observações acima – sobre o corpo, a família ou a Escola – de servirem como suporte a uma ideologia senão de ricos ao menos de camadas médias, bem como encontrar na observação empírica elementos para apoiar tais críticas. Porém, o problema, para quem quer projetar-se no futuro, é precisamente que os ambientes populares e, mais ainda, os meios mais desfavorecidos acedem mais dificilmente que outros à expressão corporal, à família democrática ou a uma escola de qualidade e, mais amplamente, a instituições respeitosas do sujeito: a implicação, para a sociologia, é então pensar as condições suscetíveis de favorecer a produção cada vez mais democrática de sujeitos incessantemente mais numerosos e ativos; ela consiste aqui, segundo a bela expressão de Robert Fraisse, em refletir o que poderiam ser as políticas do sujeito[15].

Os Movimentos Sociais

Um raciocínio comparável pode ser aplicado à ação coletiva e à sua expressão sociologicamente mais elevada: os movimentos sociais. Aqueles que correspondem melhor à emergência do sujeito, no mundo contemporâneo, são aqueles nos quais a dimensão de afirmação cultural e a reivindicação de um reconhecimento das particularidades do ator estão associadas a um combate destinado a reduzir uma dominação social e a colocar em questão um princípio de hierarquia, são aqueles que combinam demandas culturais e sociais. Em certas experiências, o ator é sobretudo identitário, cultural, o que faz dele um movimento socialmente indeterminado e eventualmente a expressão de camadas médias, até mesmo de grupos dominantes capazes de combinar, por exemplo, liberalismo econômico, do qual eles aproveitam, e afirmação comunitária. Em outros, as dimensões culturais cedem lugar a preocupações puramente sociais, à luta contra a exclusão ou a pobreza. Em outros ainda, os deserdados, os camponeses desenraizados, os pobres, os excluídos dão peso a sua ação com significações religiosas ou étnicas. A sociologia, ao introduzir a hipótese do sujeito em cada uma dessas lutas, deve trazer-lhes uma luz decisiva: quanto mais os atores são capazes de pedir, ao mesmo tempo, reconhecimento cultural e justiça social, e de reivindicar o respeito de sua personalidade, ao mesmo tempo que o acesso eqüitativo aos recursos da sociedade colocam em evidência a pessoa, sua dignidade moral e sua integridade física, mais se pode considerar que eles inventam

15. R. Fraisse, "Pour une politique de sujects singulaires", em F. Dubet e M. Wieviorka (orgs.), *Penser le sujet...*, pp. 551-564.

o futuro e aproximam-se da figura do movimento social de amanhã. Quanto mais eles se radicalizam e passam à violência, restringindo-se à simples afirmação de um ser cultural, ou ainda, limitando-se a reivindicações exclusivamente econômicas, menos sua ação faz apelo ao sujeito, à sua autonomia, à sua capacidade complexa de engajamento/desengajamento, e menos sua ação permite a expressão direta do sujeito: entra-se aqui numa outra categoria de problemas.

A FALTA E A INTERDIÇÃO DO SUJEITO

O sujeito, com efeito, jamais se exprime, plenamente, em ação concreta. Não apenas sua afirmação nunca é completa, inteira e, digamos, quimicamente pura, mas aparece sempre, na prática, mesclada a outras dimensões da ação. E com bastante freqüência, é, para ele, impossível traduzir-se em ato, está impedido de expressão, privado de recursos que lhe permitiriam formar-se e afirmar-se diretamente: sua formação passa por processos complexos incluindo uma fase de separação, de eventual ruptura das normas. É por esse motivo que a hipótese do sujeito pode fornecer uma chave de leitura em negativo, em termos de falta. Neste sentido, duas eventualidades merecem ser examinadas aqui.

A Violência

Um primeiro caso concerne às situações nas quais a ação aparece em contradição com a imagem de um sujeito atuando. Isso se dá, principalmente, quando a barbárie e a violência extrema são portadas por indivíduos e grupos que operam como dominadores, dispondo de um poder de opressão que termina por não reconhecer o sujeito no Outro – o dominado, o subordinado –, a negá-lo e assim a comportarem-se como não-sujeitos, até mesmo como anti-sujeitos. O racismo, por exemplo, é uma naturalização do Outro que constitui uma negação da alteridade, equivalendo a uma interdição para ele de ser sujeito. O racismo raramente é puro, exclusivamente instrumental; ele repousa, por exemplo, em doutrinas, ideologias, preconceitos, acompanha-se, quando se torna concreto, de discursos que visam a dar-lhe uma legitimidade ou uma justificação, não se basta a si-mesmo, precisamente porque seu autor sabe, mais ou menos confusamente, que a negação da subjetividade, imposta ao Outro, representa um preço para sua própria subjetividade.

A partir do exemplo do racismo, é possível considerar a possibilidade de análises mais elaboradas, em que certas dimensões da barbárie ou da violência – o que num outro vocabulário poder-se-ia chamar mal – são incompreensíveis se não se introduz o ponto de vista do sujeito. Os paradigmas tradicionais são aqui singularmente insuficientes, quer eles se inscrevam na perspectiva da racionalidade instrumental, quer na perspectiva da cultura. Assim, uma análise exclusivamente utilitarista, que faz da violência um instrumento ou um recurso, não pode explicar por si só a crueldade, o excesso que acompanha todas as experiências de uma certa importância; e um raciocínio centrado sobre a idéia de cultura, de tradição, de comunidade tampouco dá conta, por si só, dos processos políticos, dos cálculos dos atores e do caráter racional de seus atos. A destruição dos judeus pelos nazistas, por exemplo, pôde ser analisada como uma modalidade extrema da modernidade, reduzida à racionalidade, à burocracia, ou para falar como Hannah Arendt, à banalidade do mal; simetricamente, outras análises insistiram sobre a cultura alemã da época e – tese de D. Goldhagen[16] – sobre a pregnância considerável de um anti-semitismo esperando apenas as condições favoráveis para exprimir-se. Porém, o esclarecimento que traz o tema do sujeito poderia, aqui, permitir articular esses dois tipos de abordagem, ao sugerir, por exemplo, que a cultura anti-semita dependia de um nacionalismo frustrado, de uma subjetividade infeliz ou que a crueldade extrema dos campos de concentração e de seus guardiões permitiria aos assassinos, como muito bem disse Primo Levi, de sentir menos o peso de seu crime: para circular da tese da racionalidade instrumental à tese de uma certa determinação cultural, talvez seja esclarecedor introduzir a idéia de um sujeito frustrado, mas também de um sujeito abolindo-se em atos bárbaros que apenas os excessos de crueldade permitem, paradoxalmente, assumir. A crueldade, que acompanha os genocídios e outras purificações étnicas, enquanto que não lhes é necessária tecnicamente, é, nessa perspectiva, a marca do trabalho psicológico do sujeito que não é um sujeito ou que não é mais um sujeito para aproximar-se da figura invertida do anti-sujeito. O que evidentemente não quer dizer que não haja jamais instrumentalidade na crueldade, que pode também ser utilizada como um recurso.

A Privação

Uma segunda configuração corresponde às situações em que indivíduos e grupos são, de imediato, definidos pela privação, pela opressão, pela dominação, pela rejeição. Nessas situações lhes é mais ou menos difícil, até mesmo impossível e proibido, constituírem-se como sujeitos por um poder que lhes é mais ou menos possível identificar. Assim, podem apresentar condutas ou discursos contestatórios, um esforço para construir um conflito com um adversário se este pode ser reconhecido; mas, nessas situações, constata-se também, o silêncio e enfim, a autodestruição, que ainda aí podem ser esclarecidas a partir da hipótese do sujeito interdito. A sociologia do trabalho, por exemplo, sabe há muito tempo que, quando uma ação operária, ad-

---

16. *Les bourreaux volontaires de Hitler* (*Os Carrascos Voluntários de Hitler: o Povo Alemão e o Holocausto*).

mitida e institucionalizada, não pode se desenvolver na empresa, as condutas deslocadas de retardamento da produção ou de absenteísmo vêm exprimir o desejo dos operários de dominar seu trabalho e de controlar os frutos de sua atividade criadora; ela sabe também que o alcoolismo e o suicídio, no meio operário, devem muito à incapacidade dos mais desprovidos em dar um sentido à sua existência, para construir-se como atores de sua produção e como contestatórios, opondo-se aos donos do trabalho. Da mesma forma, as condutas de rebelião, a violência urbana, se examinadas à luz da hipótese de um sujeito negado, espezinhado, desprezado, submetido ao arbitrário do racismo ou da injustiça, encontram um esclarecimento que completa de forma útil os raciocínios clássicos em termos de crise, de disfunção, ou ainda em termos de cálculo ou de "mobilização de recursos".

Em resumo, parece-me que uma via promissora para a sociologia, ao entrar numa era pós-clássica, passa pela colocação em destaque do sujeito e eventualmente de sua figura invertida, o anti-sujeito.

PODE A SOCIOLOGIA EVITAR A DECOMPOSIÇÃO?

As questões que acabam de ser abordadas concernem a certas hipóteses que a sociologia pode pretender desenvolver ou ao menos testar, para enfrentar as mudanças que transformam a vida social e as relações intersocietais. Porém, a sociologia não é exterior aos campos que ela estuda, o sociólogo está sempre necessariamente concernido por seu objeto, direta ou indiretamente, e as análises precedentes, se elas têm alguma pertinência, conduzem a uma reflexão sobre a disciplina propriamente dita, sobre seu lugar na pólis, sobre o engajamento eventual do sociólogo.

Uma Disciplina Universal

Nos anos de guerra fria, a sociologia procurou manter uma unidade planetária, ao recusar cortar as relações entre o Leste e o Oeste em nome dos valores universais e mais precisamente da razão. Os sociólogos ocidentais, quando puderam, ajudaram seus colegas do Leste a existir como sociólogos e a resistir à subordinação total da disciplina aos regimes que, quando a reconheciam, faziam dela uma pretensa "ciência" que não devia ser outra coisa que um instrumento do poder. Foi uma das grandes funções da AIS (Associação Internacional de Sociologia), principalmente, manter os laços freqüentemente vitais para eles, com os sociólogos do Leste, ajudando-os a sobreviver e evitando que sua presença internacional se reduzisse a delegações de *aparatchiks* mais ou menos zelosos a serviço de regimes totalitários. Colocada sob o signo da razão, mas também, quando era o caso, da resistência, a unidade da disciplina transcendia então a fronteira dos

58   EM QUE MUNDO VIVEREMOS?

regimes políticos e dos jogos da geopolítica. Além do mais, como vimos, o paradigma funcionalista, dominante no Oeste, ao menos até os anos de 1960, dominou amplamente a sociologia no Leste: além das referências obrigatórias ao marxismo-leninismo, a sociologia no Leste encontrou, por muito tempo, sua principal inspiração nas categorias parsonianas. A recusa de um corte total entre o Oeste e o Leste operou-se sob a hegemonia da sociologia norte-americana, mesmo se animada por pesquisadores entre os quais alguns bastante críticos em relação aos paradigmas funcionalistas. O fenômeno de uma relação dominada por uma tradição sociológica pôde ser tanto mais clara que, fora dos países ocidentais (incluindo a América Latina) e a Europa soviética, ela própria sob influência americana, não existiam absolutamente tradições e ensinamentos, a *fortiori* pesquisas, propriamente sociológicas. O Oeste dispunha assim de um quase-monopólio, senão da produção de conhecimentos, ao menos da elaboração ou da proposição de paradigmas. E se, em certas épocas, pôde-se falar de crise da sociologia, por exemplo, na obra clássica de Gouldner, foi em conseqüência das tensões e transformações internas à sociologia no Ocidente. O número de sociólogos permanecia limitado, e eles se concentravam, essencialmente, na Europa e nas Américas do Norte e Latina.

Hoje em dia tudo mudou, a guerra fria ficou no passado. No entanto, talvez seja preciso, completar o que acaba de ser dito sobre as relações Oeste-Leste, pela evocação, mesmo rápida, de países onde a sociologia era viva e ativa, em situações políticas, que a seguir evoluíram consideravelmente. No Chile, por exemplo – onde a experiência da Unidade Popular mobilizou numerosos sociólogos, que logo conheceram a repressão, a ditadura militar de Pinochet, depois a entrada na era do mercado e da democracia –, um debate muito intenso foi lançado por J. J. Brünner, sociólogo que passou à prática política, foi ministro do governo Frei no momento (1997) em que anunciou o crepúsculo da sociologia: esta seria, daí por diante, menos capaz de dar conta do presente do que o romance, o jornalismo, o cinema ou a televisão. Seria preciso ver nessa crítica os propósitos desabusados de um sociólogo que se tornou ator político, constatando com realismo a desconexão da análise sociológica com a realidade? Ou seria preciso, ao contrário, encontrar aí a ideologia de um pensador que se batia ontem com a ditadura e que hoje se teria instalado num sistema neoliberal em que se esforçaria por proceder a um fechamento do passado? De qualquer maneira, nesse tipo de situação, a sociologia parece ou colocada em questão, ou levada a refugiar-se nos bastiões universitários, em todo caso enfraquecida por ocasião de grandes mudanças políticas e econômicas[17].

---

17. Cf. artigo de C. M. Casassus , "Crépuscule ou renouveau de la sociologie: le cas chilien", *Cahiers Internationaux Sociologie*, vol. cviii.

A sociologia é uma disciplina que, ao redor do mundo, conta com dezenas de milhares de praticantes, cujo trabalho consiste em produzir e difundir seus conhecimentos, sem falar de pessoas em número muito maior que, tendo recebido uma formação sociológica, faz uso dela, mas não como sociólogos, e sim na edição, no jornalismo, nas empresas, nas grandes organizações etc. E quando, justamente, ela se desenvolve de maneira considerável[18] é que a disciplina se encontra sob tensão, por várias razões e em múltiplos registros.

Especialistas ou Críticos?

O próprio modelo de prática concreta da sociologia, desde sempre, mas de maneira cada vez mais aguda, está dissociado entre duas orientações principais. Por um lado, uma primeira tradição – que pode tomar o aspecto de uma sociologia crítica, mais do que reivindicar modelos de mudança progressivos, negociados, reformadores –, considera que a sociologia deve intervir nos grandes debates que animam a pólis, que é participante ativa na vida das idéias, de maneira geral, que ela não está nunca muito afastada da ação política ou social. Essa concepção implica um engajamento do pesquisador que não é apenas definido por seu papel na produção de conhecimentos, e que passa a papéis mais normativos – temas clássicos, seguramente, quer se trate, por exemplo, da Escola de Frankfurt, da sociologia marxista, tão ativa nos anos de 1960 e 70, ou ainda das preocupações de Max Weber em *Le savant et le politique*. Porém, esse tema está hoje em dia totalmente renovado em função do esgotamento dos grandes combates do passado, do declínio histórico do movimento operário, do crepúsculo da figura clássica do intelectual engajado, do naufrágio do comunismo, do fim das lutas de libertação nacional e mais profundamente, da rejeição – que nada diz ser definitiva – das ideologias de ruptura e dos projetos revolucionários. Essa rejeição, em numerosos sociólogos, teve como corolário uma tentação oposta, a de se distanciar do engajamento para servir o príncipe, constituir-se num especialista ou num intelectual orgânico de poderes ou de atores institucionalizados. Assim sendo, a questão do engajamento do sociólogo é a questão da capacidade, para aquele que quer manter o projeto de uma intervenção direta na vida da pólis, de se proteger de duas tentações extremas. Trata-se para ele de encontrar sua via entre, por um lado, o puro pensamento da recusa, o protesto ou a denunciação como modo de análise, o engajamento hipercrítico e, por outro lado, a prática da especialidade que se separa das expectativas populares, tende a opor-se aos atores contestatórios que parecem colocar em questão a ordem ou a razão, e corre o risco

---

18. O que não exclui situações em que os efetivos diminuem, principalmente em importantes universidades nos Estados Unidos. Cf. I. L. Horowitz, op. cit.

60   EM QUE MUNDO VIVEREMOS?

de aparecer como um instrumento de legitimação a serviço dos atores dominantes ou de forças sociais e políticas instituídas.

O engajamento da sociologia permanece para muitos uma exigência ética e profissional, mas que procura cada vez mais seu caminho entre essas duas tentações. Insisti até aqui sobre a utilidade de adotar o ponto de vista do sujeito: ele pode também ajudar-nos a examinar esse problema. Nessa perspectiva, o sociólogo que se recusa tanto a promover ideologias de ruptura quanto ser o conselheiro do "príncipe" ou dos contra-poderes institucionais, ou mesmo, simplesmente, a curvar-se diante das injunções de dinheiro e da lei do mercado, pode-se dar, a título de engajamento, o de funcionar como ator intelectual do desengajamento. Sua função é, então, a de produzir os conhecimentos que permitam aos atores sociais e políticos formarem-se, constituírem-se como sujeitos coletivos, no respeito e na valorização da subjetividade individual.

Essa orientação do sociólogo, que coloca o sujeito no âmago de sua reflexão, mas também de sua própria intervenção, reclama assim uma mutação em relação às modalidades clássicas do engajamento e entra em tensão com as figuras heróicas do passado, que funcionam com o modelo da vanguarda. Porém, ela difere também do modelo do especialista, hoje em dia tão mais poderoso, que tem ligação com a sociologia e se pode chamar profissional. O sociólogo profissional é um especialista, possui um saber e uma prática que o identificam à racionalidade e que ele utilizará não nos debates políticos mais ou menos ideológicos, mas para servir de maneira quase técnica aos que o demandam, por exemplo, atores políticos, chefes de empresa, sindicatos e outras organizações, aparelhos administrativos, estatais, quando não, é para assegurar a reprodução da disciplina no ensino ou a redação de manuais destinados a um público de estudantes. Simplificando ao extremo, diria que a sociologia européia permanece basicamente aberta às concepções clássicas do engajamento, ou amplamente desejosa de referir-se a suas modalidades herdadas do século XIX, com sociólogos preocupados em funcionar como intelectuais, intervir no debate público, estar presentes nas páginas de "idéias" ou nas rubricas políticas dos meios de divulgação, participar nas discussões em que intervêm também filósofos e historiadores, enquanto que a sociologia nos Estados Unidos é fundamentalmente profissional. Mas, cada vez mais, sociólogos na Europa intervêm como "consultores" ou conselheiros, e nos Estados Unidos, existem numerosos fragmentos da sociologia, mais ou menos dispersos, dos quais alguns constituem verdadeiras capelas militantes, muito engajadas, próximas, por vezes, do *politically correct*. Até aqui, as duas concepções principais da sociologia, a engajada e a profissional, souberam coexistir e mesmo comunicar entre si, principalmente nos quadros nacionais. Mas, pode-se perguntar se a dissociação não está à espreita. De uma parte,

SOCIOLOGIA PÓS-CLÁSSICA OU DECLÍNIO DA SOCIOLOGIA? 61

em vários países, os efetivos crescentes da disciplina produzem, efetivamente, subconjuntos importantes de sociólogos que dispõem, de ambos os lados, de uma massa crítica suficiente para não ter mais necessidade de debater entre si. Nesse caso, corremos o risco de caminhar em direção a uma separação entre sociólogos preocupados em mudar o mundo, e outros, fechados num profissionalismo, que os corta de certos debates centrais para sua sociedade e os encerra em redes maciças e poderosas, mas definidas apenas por interesses corporativistas ou profissionais. Ora, cada vez mais, a pressão econômica e a aceitação do princípio do mercado pelas autoridades acadêmicas – sobretudo nos países onde cada universidade se beneficia de amplos degraus de autonomia em relação ao Estado – submetem os cursos de sociologia e, por vezes, a própria existência da disciplina no ensino, às lógicas orientadas pela concorrência com outras disciplinas, pelo dinheiro e pela demanda, o que não vai, seguramente, no sentido de uma promoção do engajamento.

Fragmentação

A partir do momento em que a sociologia se desenvolve por toda parte, num mundo, a uma só vez, globalizado e fragmentado, tensões correm o risco de se desenvolver, ao mesmo tempo em que a própria disciplina se globaliza e se fragmenta. Globalizar-se corresponde, de fato, para ela, em colocar-se sob a hegemonia da sociologia norte-americana, de sua língua, de suas categorias, com o perigo de ver um pseudo-universalismo sociológico – contudo ele mesmo fragmentado nos Estados Unidos – impor sua lei etnocêntrica, empobrecendo efetivamente a produção de conhecimento no mundo.

O perigo oposto é o da fragmentação, no qual se constituem bastiões nacionais e regionais dissociados desse pretenso universalismo e definindo-se, em relação a ele, por um princípio de pura oposição, a mais não seja lingüístico. Observa-se, assim, perfilarem-se agrupamentos na Ásia ou no mundo árabo-muçulmano que se definem pela ruptura. E as associações que reúnem os sociólogos de língua francesa, portuguesa ou outra, embora não sejam definidas por um combate radical contra o imperialismo ou a hegemonia norte-americana, não são menos suscetíveis de radicalizar-se.

Existe aí um desafio maior para a sociologia. Aqueles que estudam a questão, tal como Immanuel Wallerstein quando de sua presidência da AIS (1994-1998), procuram respostas permitindo não opor o inglês (e a imposição de modos de pensar que acompanham a dominação lingüística) a outras línguas, reduzidas à sua revolta e aos seus recursos necessariamente mais modestos, mas articular os dois, de uma maneira pluralista. É dessa maneira, por exemplo, que foi proposto promover o uso dito passivo de outras línguas diferentes da

62 EM QUE MUNDO VIVEREMOS?

própria: numa reunião, cada um se exprime na sua língua materna, e espera-se de todos que tenham a capacidade, senão de exprimir-se em todas as línguas em presença, ao menos de compreendê-las. Os sociólogos debatem muito a diversidade cultural e o interesse e as dificuldades do multiculturalismo: seus debates estarão tão mais à altura desses dados, quanto saberão encontrar as modalidades lingüísticas, que lhes permitam comunicar reconhecendo suas próprias diversidades lingüísticas. Eles se colocam a questão de como conciliar o universal e o particular, mais do que colocá-los numa oposição, numa luta típica da pós-modernidade e de um mundo globalizado: é ocupando-se de suas próprias lutas intestinas, resolvendo esse problema para si, aprendendo a viver juntos com suas diferenças lingüísticas que eles adquirirão uma grande credibilidade. Existe aí uma implicação tão mais importante que ela toca o cerne do projeto intelectual da disciplina. Se a internacionalização da sociologia, ao invés de promover uma ultrapassagem dos particularismos nacionais ou outros, corre o risco de exacerbá-los, então convém colocar a questão do estatuto não apenas político, mas também intelectual e epistemológico das produções sociológicas regionais, nacionais, até mesmo locais. É então necessário prosseguir o debate, que nos anos de 1980, tomou o aspecto de oposição entre o universalismo de uma sociologia, estendendo-se de maneira uniforme ao mundo inteiro, e o projeto de um "indigenismo" desembocando na multiplicação das *indigenous sociologies*, como disse Akinsola Akiwowo[19]. Mas seria preciso, como se pergunta Jean-Michel Berthelot, considerar que "a determinação social e cultural dos conhecimentos deve aplicar-se à sociologia bem como aos outros sistemas de conhecimento"[20], com o perigo, que ele próprio assinala, de "submeter o conhecimento sociológico à determinação exclusiva de seu contexto de produção... (o que equivaleria) declará-la como valor relativo"? O problema não seria, de preferência, aprender a conciliar as perspectivas cessando de opô-las frontalmente, sem tampouco tentar dissolver uma na outra?

Acrescentemos aqui um ponto essencial: essas questões são planetárias, mas elas operam também no seio de cada sociologia nacional, e em particular no mundo anglo-saxão, onde domínios inteiros do saber se autonomizam – nos domínios das comunicações, do urbanismo, dos estudos sobre a saúde, da criminologia etc. –, como notam os responsáveis de um dossiê consagrado a esses problemas na revista *Sociologie et Sociétés*, que observam também "novas perspectivas

---

19. Cf. A. Akiwowo, "Universalism and Indigenisation in Sociological Theory: Introduction", em *International Sociology*, e "Indigenous Sociologies. Extending the Scope of the Argument", idem.

20. J-M. Berthelot, "Les nouveaux défis épistémologiques de la sociologie", em *Sociologie et Sociétés*.

SOCIOLOGIA PÓS-CLÁSSICA OU DECLÍNIO DA SOCIOLOGIA? 63

intelectuais e sociais, como o feminismo, os *cultural studies*, o pós-modernismo ou os estudos gay e lesbianos que deslocam literalmente a sociologia nas estantes das livrarias"[21].

Entre a Filosofia Política e as Ciências da Natureza

As observações precedentes constituem algumas interrogações relativas à sociologia propriamente dita, a suas transformações internas. Elas devem ser completadas por outros questionamentos que se referem às relações futuras entre a sociologia e outros domínios do saber, e que poderiam ser estendidos aos problemas de seu lugar em relação aos diversos atores da vida social, a começar pelos meios de divulgação – deixaremos de lado esse ponto preciso.

Não há nenhuma razão para postular a estabilidade da divisão atual das disciplinas na ordem do saber. Num passado recente, a tentativa de desenvolver a sociobiologia mostrou que era possível colocar em questão a célebre fórmula de Durkheim, segundo a qual convém explicar o social pelo social, ao propor estudar os comportamentos sociais como comportamentos naturais; essa tentativa só conquistou pouco terreno, e de maneira desigual segundo os países. Porém, tudo o que concerne ao corpo humano por um lado, e à ecologia por outro, sugere que importantes transformações poderão, no futuro, afetar as relações entre a cultura e a natureza e obrigar a sociologia a pensar diferentemente a natureza e sua própria relação às ciências "duras". E sobretudo, justamente quando não podemos mais considerar que o indivíduo é um ser da natureza, com suas necessidades ou sua agressividade, e quando nos distanciamos da idéia, segundo a qual o papel da sociedade é de frear e controlar essas necessidades ou essa agressividade pela socialização, constatamos que as ciências da natureza progridem a grandes passos, inclusive nos domínios que dizem respeito, de preferência, em geral, às ciências do homem e da sociedade. As ciências cognitivas e as neurociências, em particular, propõem modalidades de abordagem que já absorveram, em muitos aspectos, uma parte do que dizia respeito até então à psicologia; poderiam, igualmente, no futuro, ao apoiar-se nos formidáveis progressos da informática, invadir o domínio da sociologia. Um teste decisivo, no futuro, será dado na maneira pela qual o paradigma da complexidade e da imprevisibilidade, cada vez mais aceito pelas ciências ditas "exatas", irá impor-se também à sociologia.

Além disso, disciplinas vizinhas da sociologia sofrem mudanças, como, por exemplo, a antropologia, em certos casos, decide estudar as sociedades ocidentais com o uso de instrumentos que foram forjados

---

21. P. Bernard, M. Fournier, & C. Saint-Pierre, "Présentation. Au-delà de la crise, un second souffle pour la sociologie", em *Sociologie et sociétés*, vol xxx, n. 1, p. 3.

para o estudo de sociedades coloniais ou exóticas. Seus objetos, mas também seus métodos, aproximam-na da sociologia, como podemos observar quando um antropólogo estuda as lutas urbanas, o funcionamento das instituições políticas ou as relações familiares numa situação européia: assim, o uso do método de observação participante vale tanto para ela quanto para a sociologia. É verdade que a antropologia desviou-se muito da sociologia, que ela foi por muito tempo sensível sobretudo à existência de sistemas de ordem e à reprodução de conjuntos societais, enquanto os sociólogos interessavam-se mais à crise e à mudança. É verdade também que a antropologia foi mais marcada que a sociologia pelo estruturalismo. Porém, ela evolui e se abre também à questão do sujeito.

Poderíamos fazer observações do mesmo tipo a respeito da História, principalmente, quando ela decide interessar-se pelo tempo presente, correndo o risco de invadir diretamente o território da sociologia, ou quando ela entra em tensão com a memória, portada não apenas pelos lugares, mas também pelas pessoas e grupos que reclamam dela para sua subjetividade mais ou menos infeliz. Da mesma forma, quanto mais a sociologia abre-se ao sujeito, mais se torna absurdo distinguí-la maciçamente da psicologia. No âmago das ciências humanas, é bastante provável que operar-se-ão, no futuro, processos de decomposição e de recomposição dos territórios e das competências, sendo que alguns estão já esboçados.

O problema é ainda mais complexo, quando se trata das relações entre a sociologia e as filosofias política e moral, e podemos nos indagar se a sociologia não corre o risco de ser encurralada entre as ciências da natureza, em plena expansão, e as filosofias política e moral, que têm sobre ela a imensa e paradoxal vantagem de poderem se permitir articular análise teórica e proposições normativas, sem terem de se preocupar em produzir conhecimentos empíricos relativos ao problema tratado. Assim, constata-se que o grande debate contemporâneo sobre o multiculturalismo, seguramente viu sociólogos participarem ativamente da discussão. Porém, esta foi de longe dominada pela filosofia política. A especificidade dos sociólogos, num tal debate, deveria ser a de aportar um saber preciso sobre a maneira pela qual as diferenças culturais reproduzem-se e produzem-se; sobre as tensões que esses processos induzem no seio das sociedades consideradas; ou ainda de dar conta do trabalho dos atores relacionados sobre si-mesmos: eles apenas o fazem de maneira muito restrita, aventurando-se, de preferência diretamente, num terreno em que os filósofos políticos e morais, bem mais à vontade, propõem e discutem concepções do justo e do injusto, do bem e do mal, e sugerem políticas de vários tipos.

A sociologia encontra-se aqui embaraçada, na medida em que ela hesita em decidir entre uma concepção engajada e uma outra, que eu chamei profissional. Se ela se engaja, corre o risco de ser capturada nos debates em que sua especificidade de produção de conhecimento dissolve-se em proveito de preocupações mais filosóficas e políticas. E se ela se deseja especialista, profissional, ou ainda de maneira demasiado exclusiva, limitada a uma fenomenologia do existente, corre o risco de não encontrar seu lugar no debate público, onde os atores preferem ser esclarecidos sobre o bem e o mal, o justo e o injusto, do que sobre os mecanismos e os jogos de atores pelos quais a vida coletiva se transforma.

3. Um Velho Tema Revisitado: Sociologia e Ideologia

Em sua breve existência – aproximadamente dois séculos – a palavra "ideologia" tomou diversas significações, variáveis segundo os períodos, mas também, segundo quem a empregava e a primeira impressão, para quem quer refletir em seu tratamento pelas ciências sociais, é a de uma grande confusão. A lista impressionante de livros e artigos que colocam em relação a sociologia e a ideologia – milhares de textos – aumenta, num primeiro tempo, a dificuldade, tanto que variam as definições, os pontos de vista, os modos de abordagem.

Contudo, é possível encontrar uma certa clareza e propor um raciocínio coerente. Nosso fio condutor conjuga uma perspectiva propriamente sociológica – ao examinar o que fazem os sociólogos da noção e das realidades da ideologia – e uma leitura histórica. E essa leitura inscreve-se numa iniciativa comparativa, esforçando-se por relacionar dois grandes períodos, ao tomar em conta a ideologia pela sociologia. O primeiro período é aquele em que a modernidade parece definir-se pelo recuo da tradição, mais particularmente da religião, e pelo progresso vitorioso da Razão e da ciência. A ideologia é então, essencialmente, para alguns, um novo avatar da religião que mascara as verdadeiras relações sociais. Ela é, pelo contrário, para outros, o discurso que promete a emancipação dos dominados, apoiando-se sobre a perversão ou a corrupção da razão, ela depende da "razão irracional" da qual fala Raymond Aron[1]. O paradoxo, digamos ime-

---

1. *L'opium des intellectuels* (*Ópio dos Intelectuais*).

68 EM QUE MUNDO VIVEREMOS?

diatamente, é que o marxismo encontra-se aqui implicado nos dois campos: efetivamente, de uma parte, a referência a Marx fornece às ciências sociais e ao pensamento crítico em geral, uma de suas fontes mais sólidas. E de outra parte, o marxismo impõe-se, no século XX, como a ideologia por excelência.

O segundo período, pelo contrário, é aquele em que a modernidade parece não deixar lugar à pós-modernidade, em todo caso, entrar numa fase nova, "tardia" diz-se por vezes, em que ela se define de preferência como a separação crescente da razão e das identidades, em particular religiosas. Nessa segunda fase, que é aquela em que vivemos atualmente, a ideologia não é mais identificável a um problema ou a um debate central, ela parece estranha à história que se desenrola. Por um lado, ela se apaga para deixar lugar às religiões e às seitas, ao islã, à renovação do cristianismo, a Aum ou a Rael. E por outro lado, ela torna-se uma preocupação geral para toda abordagem sociológica preocupada em conhecer a subjetividade dos atores e em poder apreciar a consciência que eles têm do sentido de sua própria ação. Por um lado, dito de outra maneira, a crença torna-se metapolítica, metasocial, pois remete à fé, ao sagrado e não mais apenas às convicções enraizadas na vida social e política; e por outro lado, ela torna-se uma questão geral, mas sem alcance histórico preciso, define uma tarefa geral da sociologia, ao menos cada vez em que esta estuda a ação, mas sem estar, a partir daí, enquadrada nos debates que colocavam em jogo, sob múltiplos aspectos, uma filosofia da história.

A ERA DA IDEOLOGIA

O termo ideologia foi completamente fabricado por Destutt de Tracy[2], no contexto do Primeiro Império, no fim do século XVIII, a partir do grego eidos (idéia) e logos (razão, discurso), tendo como projeto criar uma ciência dos fenômenos mentais e estudar a formação das idéias a partir das sensações. Uma célebre observação de Napoleão desqualificando os "ideólogos", quer dizer, os pensadores liberais que lhe eram hostis, deu, precocemente, à ideologia um caráter pejorativo do qual ela dificilmente se desfez – mesmo se, a seguir, os regimes comunistas tomaram bastante a sério esse termo, a ponto de dotarem-se de Secretários da ideologia, isto é, de altos responsáveis políticos encarregados, como Suslov, de codificar o pensamento e formalizar as categorias oficiais do discurso político.

Durante todo um longo período, que só terminou no final dos anos de 1980 do século XX, a noção de ideologia ocupou, seguramente, um espaço polissêmico mas que sobretudo só coincidia muito par-

2. Filósofo francês, publicou em 1801 um livro chamado *Eléments d'Idéologie* (N. da Ed.).

UM VELHO TEMA REVISITADO: SOCIOLOGIA E IDEOLOGIA   69

cialmente com aquele das preocupações da sociologia então nascente, depois chegando, de Emile Durkkheim a Max Weber até Talcott Parsons, à maturidade. Por um lado, ela ultrapassava essas preocupações já que remetia a debates políticos centrais, a grandes interrogações históricas. Ela alimentava então discussões nas quais o sociólogo, se estava presente, era apenas um intelectual entre outros para debater os problemas do mundo, os conflitos de classe, o socialismo, a escolha entre a esquerda e a direita, a guerra fria etc. E por outro lado, a ideologia só parecia constituir, para a sociologia, um caso entre outros de um fenômeno muito mais geral, que é aquele das crenças e dos valores. Nessa segunda perspectiva, o termo mesmo de ideologia era pouco usado – não o encontramos praticamente entre os sociólogos clássicos, Durkeim, Weber ou Pareto por exemplo, que, no entanto, interessavam-se persistentemente pela família geral dos fenômenos de crença, no seio dos quais a ideologia pode encontrar seu lugar.

Existe assim, nessa fase da história que vai da invenção do termo ao fim dos anos de 1980, ao mesmo tempo excesso e falta na consideração do tema da ideologia pela sociologia ou pelos sociólogos.

Modernidade da Ideologia. O Marxismo.

É possível distinguir dois sentidos principais para definir o uso da palavra ideologia. Numa primeira acepção, a ideologia é, de mil maneiras diferentes, uma idéia falsa, uma representação mais ou menos falaciosa da vida social ou de um de seus aspectos, eventualmente bem limitado. O primeiro uso, vamos chamá-lo "modesto" ou como Karl Manheim, "particular"[3] – voltaremos mais adiante à abordagem desse autor.

Numa segunda família de acepções, a ideologia não se refere tanto, ou não necessariamente, a uma percepção errônea do social, mas a uma visão geral, abraçando a história e a política e outorgando-se, eventualmente, a legitimidade que a ciência pode conferir. Ela torna-se um sistema geral, indissociável de uma mobilização política e, mesmo se repousa em afirmações altamente contestáveis, até mesmo simplesmente falsas, ela não é uma percepção errônea do real que seria possível desfazer pela crítica. Ela é, na terminologia de Mannheim, "total". Encontra-se no âmago, principalmente, do fenômeno totalitário, em que depende, como bem disse Hannah Arendt, da procura de uma idéia, da lógica de uma idéia que libera aquele que a porta de toda necessidade de uma relação à experiência concreta e à realidade[4]. Na ideologia "total", não existe absolutamente evento histórico que não possa ser interpretado segundo um quadro pré-esta-

3. *Ideologia e Utopia.*
4. H. Arendt, *Le système totalitaire* (*Sistema Totalitário*).

belecido. Os analistas da ideologia dividem-se entre aqueles que lhe postulam, necessariamente, uma irracionalidade e aqueles que recusam esse ponto de vista: é preciso em todo caso admitir que a força das ideologias que qualificaremos de "grandes" para distinguir das ideologias "modestas", é que elas combatem, ou pretendem combater, o irracional e afirmam apoiar-se na razão.

As ideologias marxistas, que dominaram amplamente o período histórico que nos interessa, apresentam um aspecto altamente paradoxal, ou seja, que originalmente, em Marx e em Engels, elas estabeleceram-se contra a tradição, contra todo retorno a qualquer espécie de sagrado, a um sentido conferido em nome de um princípio metassocial, religioso. Elas se apresentam, pelo contrário, como a forma acabada de uma certa modernidade. O pensamento de Marx é profundamente moderno, refere-se à razão contra o obscurantismo das tradições, mas também contra as mistificações ideológicas que, segundo ele, mascaram, protegem e promovem os interesses dos dominantes.

Para Marx, a ideologia deve ser combatida, ela constitui uma espécie de inversão da realidade, que provém das condições materiais de existência humana. Nas linhas célebres de *A Ideologia Alemã*, ele explica que a ideologia é o fato de que os homens se vêem ao contrário, de cabeça para baixo. A ciência, tal como ele a concebe, tem pois por objeto recolocar as idéias no lugar, a cabeça para cima. A ideologia é o contrário da verdade e do saber, que devem ser colocados a serviço da ação, da luta contra a injustiça social e até mesmo da Revolução. Os marxistas vão combatê-la identificando-se à ciência – o paradoxo é então que eles próprios se constituem assim, pelo menos aos olhos de seus adversários, em ideólogos construindo verdadeiros sistemas ideológicos. O marxismo foi assim uma crítica da ideologia que se transformou – mas até que ponto? – em grande ideologia.

A característica específica do marxismo terá sido a de fornecer então, aos intelectuais, partidos e regimes, um pensamento cujo estatuto permaneceu por muito tempo senão confuso, ao menos controvertido: durante muito tempo, não se podia nunca dizer, exatamente, se nos confrontávamos a um conjunto de instrumentos de análise, não mais contestáveis que outros em ciências sociais; ou a uma ideologia referindo-se abusivamente à ciência, para revelar-se como um recurso indissociável da ação. Constituiu-se assim um espaço de debates em que o marxismo pôde mostrar uma imagem de combate em duas frentes: contra a religião – "o ópio do povo" como dizia Marx – e contra as ideologias que ocultam a exploração dos proletários e asseguram a reprodução da burguesia, enquanto que por outro lado, era criticado por só ver, naqueles que se referiam a ela, os veículos de um instrumento de combate propriamente ideológico.

Acrescentemos que o marxismo, como grande ideologia, não foi, historicamente, o único em cena. O nazismo, em alguns aspectos,

UM VELHO TEMA REVISITADO: SOCIOLOGIA E IDEOLOGIA 71

tentou também funcionar apoiando-se na ciência, principalmente procurando nesta argumentos em favor de suas teorias sobre a raça. Mas não havia debate possível com o nazismo, enquanto que um grande debate, no qual argumentos puderam ser trocados, teve lugar por mais de um século entre os "marxistas" e seus adversários políticos e intelectuais – incluindo eventualmente os sociólogos.

Face ao Marxismo

Esse debate só se estabeleceu, verdadeiramente, a partir do momento em que os atores referindo-se a Marx chegaram ao poder. Pois a partir daí, um certo discurso marxista (sabe-se que o próprio Marx, certa vez, recusou dizer-se "marxista") tornou-se o discurso de um Estado totalitário – a União Soviética –, ao mesmo tempo em que esse Estado e seu discurso podiam constituir uma referência poderosa para numerosos partidos comunistas, para inúmeros intelectuais, para toda espécie de movimentos de libertação. Durante toda sua existência histórica, o marxismo oficial, submetido a Moscou, sofreu a concorrência de diversas variantes cuja referência também era Marx: trotskistas, maoístas etc., com um sucesso crescente perto do fim. E alguns pensadores tentaram, por vezes, salvar de alguma maneira Marx do marxismo e mostrar que o primeiro não tinha grande coisa a ver com o que foi feito de seus escritos pelo segundo[5].

Houve uma contribuição específica dos sociólogos nesses inúmeros debates?

A sociologia, inicialmente, forneceu alguns intelectuais importantes, nos dois campos. Por um lado, efetivamente, vários sociólogos argumentaram, essencialmente a partir do final da Segunda Guerra Mundial, mais precisamente no contexto da guerra fria, no sentido de contestar as afirmações que alimentavam o discurso marxista nas suas diversas variantes políticas ou intelectuais. Daniel Bell, Edward Shils, Seymour Martin Lipset nos Estados Unidos, Raymond Aron na França, Ralf Dahrendorf na Alemanha, e muitos outros, perguntaram-se de onde provinha a força das idéias marxistas ou comunistas e a que se devia seu poder de sedução; discutiram os textos e seu conteúdo, quer se tratasse de Marx e Engels ou de seus epígonos, analisaram as realidades sociais, econômicas e políticas do mundo contemporâneo, para sublinhar o caráter errôneo, ideológico, das afirmações do campo oposto. Em resumo, mobilizaram suas capacidades para criticar as ideologias marxistas, com o risco, por vezes, de eles próprios se comportarem mais como ideólogos de seu campo do que como puros cientistas. E por outro lado, alguns sociólogos escolheram ver no marxismo, sob esta ou aquela variante, ao mesmo tempo, uma fonte

5. Cf. J-P. Faye, *Le siècle des idéologies*.

para sua própria atividade científica e um conjunto de idéias podendo fundamentar sua proximidade ou sua adesão a um projeto político e assim, um engajamento mais ou menos definido. Esse fenômeno nunca foi tão marcante quanto no fim desse período histórico, no pós-guerra e até nos anos de 1960 e 70, como nos Estados Unidos – C. Wright Mills, Irving L. Horowitz (ao menos durante um certo tempo) ou na França, Lucien Goldman, Henri Lefebvre, pesquisadores mais ou menos ligados ao Partido Comunista ou, mais tarde, marcados pelo pensamento do filósofo Louis Althusser, por exemplo, o Manuel Castells de "La question urbaine", ou de orientações esquerdistas, por exemplo, Christian Baudelot e Roger Establet, incluindo numerosos pesquisadores redescobrindo Antonio Gramsci ou Georg Lukacs etc. Esse tipo de combate em que cada um podia qualificar o adversário de "cão de guarda", segundo a célebre expressão de Paul Nizan, terá produzido obras sociológicas de peso? Podemos duvidar. Os sociólogos que se engajaram nessa via ou escreveram seus textos mais importantes fora de um engajamento direto, na luta que eles consideravam como antiideológica, ou não deixaram uma verdadeira obra sociológica. Notaremos, no entanto, no caso francês, que o marxismo contribuiu para o desenvolvimento de dois campos concretos de pesquisas: o da sociologia urbana e o da sociologia da educação.

Não seria preciso ir ainda mais além, nessa idéia de combates nos quais os sociólogos, sejam quais forem suas afirmações, são sempre suscetíveis de serem ideólogos aos olhos de outros sociólogos, como se só pudesse haver, afinal, uma sociologia "burguesa" oposta a uma sociologia "proletária"? Robert Nisbet, num livro clássico, *La tradition sociologique*, associa certos sociólogos a ideologias: Le Play, "o conservador por excelência", Marx, "a encarnação do radicalismo de seu tempo", Spencer, "um liberal"[6] etc. E para outros sociólogos, ele assinala que é mais complicado – mas que está excluída a possibilidade de dissociar completamente os sociólogos de toda pertinência ideológica – sua teoria geral, sendo que existe uma tendência dominante na sociologia que depende de um paradoxo:

o paradoxo da sociologia – trata-se, efetivamente, como tento demonstrar, de um paradoxo criativo – é o seguinte: ainda que ela se associe à corrente modernista, por seus objetivos e pelos valores políticos aos quais ela faz referência, seus conceitos essenciais e seus pressupostos a tornam muito mais próxima, de maneira geral, do conservadorismo político[7]

para ele, a sociologia está tensionada entre duas ideologias maiores.

Porém, acrescentemos ainda algo a respeito da sociologia, no âmbito dos países do bloco soviético durante a guerra fria. No Leste, em toda essa época, por um lado, o poder se outorgava o monopólio

6. R. Nisbet, *La tradition sociologique*, p. 31.
7. Idem, p. 32.

UM VELHO TEMA REVISITADO: SOCIOLOGIA E IDEOLOGIA

da ciência e o que outros chamavam de ideologia era, para ele, uma visão científica do funcionamento social ou da mudança histórica, proclamada, na realidade, de maneira cada vez mais superficial. Porém, por outro lado, deixava um certo lugar à sociologia, disciplina reconhecida oficialmente, sob a condição, precisamente, de que ela fosse uma "ciência". Ora, concretamente, a maior parte dos sociólogos dos países do bloco soviético, quando não eram puros e simples *aparatchiks*, eram muito marcadamente portadores de categorias que eram freqüentemente as do funcionalismo americano, categorias que provinham, conseqüentemente, do mundo do adversário. Em todo caso, mesmo que o combate intelectual fosse violento, a vida sociológica conseguiu não ser totalmente bloqueada pela cortina de ferro. Sociólogos vindos do Leste puderam sempre assim estar em contato com seus colegas ocidentais, principalmente no seio da Associação Internacional de Sociologia.

O que é Ideologia?

Durante esse longo período, sociólogos quiseram igualmente fazer da ideologia um objeto de estudo para sua disciplina. Os esforços podiam inscrever-se no quadro dos debates evocados acima, mas então se distanciavam, necessariamente, de suas dimensões mais abertamente polêmicas.

A primeira tarefa consistiu em definir esse objeto tão singular, tão confuso e tentar fazer dele um conceito. Karl Marx aparece então como uma figura fundadora e indispensável da reflexão propriamente sociológica, em particular, quando explica que a ideologia é condicionada pelas relações sociais de produção[8]. Existe nisso, efetivamente, um aspecto sociologicamente essencial, pois se trata de postular que a ideologia não pode ser compreendida fazendo abstração das estruturas sociais, das relações sociais e da existência dos atores sociais que a carregam. A idéia de construir uma sociologia das ideologias[9], como propôs o sociólogo francês Pierre Ansart, em meados dos anos de 1970, está estreitamente ligada a essa idéia precisa e culmina no projeto de uma disciplina que merece toda consideração, com a condição de não confundi-la com o combate antiideológico. A sociologia das ideologias, explica Ansart, não tem de verificar uma lei geral do tipo: toda ideologia é determinada por um certo estado da sociedade. Ela não é nem uma teoria, nem uma história das idéias políticas, seu propósito é compreender as ideologias que ela estuda " e assim distinguir como fun-

---

8. Os textos mais importantes de Marx, desse ponto de vista, encontram-se em *A Ideologia Alemã*, mas, também na *Crítica da Filosofia do Direito de Hegel*, bem como nos dois ensaios reunidos sob o título *A Questão Judaica*.

9. P. Ansart, *Les idéologies politiques*.

74 EM QUE MUNDO VIVEREMOS?

cionam as relações entre a prática e a simbolização, entre a ação e a teoria, entre o campo das práticas sociais e o das expressões ideológicas"[10].

Não seria uma tal sociologia, em definitivo, um elemento de um subconjunto um pouco mais vasto, a sociologia do conhecimento? Entre Karl Marx e os sociólogos dos anos de 1960 e 70, é preciso introduzir um sociólogo que constitui um elo decisivo: Karl Mannheim. Como diz Raymond Boudon,

toda excursão na literatura relativa à ideologia comporta uma parada obrigatória: Karl Mannheim, cuja obra clássica *Ideologia e Utopia*, apresenta-se como o documento fundador de uma nova disciplina: a sociologia do conhecimento[11].

Se tratamos de definir e em seguida analisar as ideologias, é preciso aceitar – indica Mannheim, no conjunto de artigos redigidos entre 1929 e 1931 e reunidos em *Ideologia e Utopia* – distinguir duas acepções do termo: uma, "particular", que faz dele um "disfarce" mais ou menos consciente da natureza real de uma situação, e mais precisamente, uma crença ligada a interesses particulares; outra, "total", que faz da ideologia uma visão de mundo guardando certos elos com a estrutura social em seu conjunto. Sobretudo, Karl Mannheim fala de ideologias para "mentalidades", que correspondem ao mundo de ontem, e de utopias para idéias que seriam antecipatórias. Segundo ele, a mudança histórica faz com que certas idéias sejam ultrapassadas; se elas subsistem, é então como ideologias, em atraso e servindo a legitimar a ordem existente, a defender o *status quo* ou a entreter sua nostalgia, em proveito, conseqüentemente, de forças sociais dominantes ou conservadoras, enquanto que as idéias que se referem à superação da ordem estabelecida ou que carregam essa promessa seriam do registro da utopia.

Uma tal abordagem, saudada em seu tempo por Louis Wirth, que redigiu o prefácio à edição inglesa de *Ideologia e Utopia* (1936), foi largamente criticada, porém, tem o mérito de liberar a noção de ideologia dos debates mais polêmicos. Começa por fazer dela um objeto sociológico. Na atmosfera febril e inquieta dos anos de 1930,

procura-se em vão, uma análise dos fatores e dos processos que estão na base de nosso caos social e intelectual. Por contraste [...] a obra do professor Mannheim ergue-se como uma análise erudita, sóbria e crítica das correntes e dos estados sociais de nossa época atual que se relacionam ao pensamento, à crença e à ação[12].

A partir de Mannheim, a sociologia poderá, principalmente, definir a ideologia como uma crença. É assim que se torna possível ca-

10. Idem, p. 8.
11. *L'idéologie*, p. 67 (*A Ideologia ou a Origem das Idéias Recebidas*).
12. L. Wirth, "Préface", em Karl Manheim, *Idéologie et utopie*, p. 10.

UM VELHO TEMA REVISITADO: SOCIOLOGIA E IDEOLOGIA

racterizar a ideologia por suas diversas dimensões. Edward Shils, por exemplo, propõe na *International Encyclopedia of the Social Sciences*, ver nela um sistema de crenças que apresenta oito características principais: formulação explícita, vontade de reunir, de distinguir-se em relação a outros sistemas de crenças, fechamento à inovação, prescrições intolerantes, promulgação passional, exigência de adesão, associação com instituições[13].

Sobretudo a partir do momento em que as ideologias são consideradas como crenças, é possível sair dos procedimentos pré-sociológicos que visam mostrar que elas não dizem a verdade ou das polêmicas que buscam nela a mentira e o erro, para colocar a questão essencial: como acontece que tais crenças existam, como funcionam elas, como se difundem, como pesam sobre as práticas? "Por que se acredita tão facilmente em idéias falsas?", pergunta Raymond Boudon numa obra que é inteiramente consagrada a essa questão, por que tais abusos são possíveis, por que as "más interpretações", que repousam "sobre teorias científicas, mas falsas ou duvidosas, ou sobre teorias indevidamente interpretadas", podem-se propagar?[14] A resposta que ele propõe: porque existem efeitos situacionais, posicionais e disposicionais, cognitivos ou afetivos, efeitos de comunicação (mais que de imitação), efeitos epistemológicos e tudo isso faz com que não se possa colocar a ideologia no âmbito da irracionalidade.

A sociologia pode orientar-se para toda espécie de pesquisas, que consiste em examinar como as idéias se autonomizam ou não das práticas materiais e da vida social, dito de outro modo, como são socialmente determinadas ou não, por exemplo, em função das posições sociais daqueles que as professam, e como, pelo contrário, ou até que ponto, elas dependem de um desenvolvimento e de uma história que lhes seriam próprios, internos; como se difundem, e como, em particular, as idéias do grupo dominante influenciam o conjunto da sociedade, como os grupos dominados podem desfazer-se das idéias que contribuem para sua dominação e dotar-se de idéias que lhes são próprias.

Uma Sociologia dos Intelectuais?

Nessa perspectiva, a ideologia é um discurso de ação do qual é possível especificar algumas funções eventuais: esse discurso é suscetível de opor-se a outros discursos, pode ser uma arma de combate – Lênin foi muito longe nessa via, afirmando em *Que Fazer?* (1902) que "a única possibilidade é a de escolher entre a ideologia burguesa

13. E. Shils, "The Concept and Fonction of Ideology", em *International Encyclopaedia of the Social Sciences*, vol. 7, pp. 66-76.

14. R. Boudon, op. cit., p. 45.

76 EM QUE MUNDO VIVEREMOS?

e a ideologia socialista". A ideologia, explica assim Jean Baechler[15], tem as funções de: reunião, justificação, velamento, designação, percepção. Ela corresponde às demandas a ponto de, segundo ele, poder tomar o aspecto de uma oferta. Ela passa pelos sistemas que podem absorver os elementos não-ideológicos e diversificar-se. Ela tem sua eficácia.

Tratando-se, segundo toda evidência, do que chamamos as "grandes" ideologias, tais observações não apenas inscrevem-se no quadro das preocupações da sociologia do conhecimento[16], mas também colocam em evidência uma figura indispensável, a do intelectual. Com efeito, não existe grande ideologia sem funcionários, sem esses atores específicos que a organizam simbolicamente, mas também, com muita freqüência, a sua prática. As idéias, desse ponto de vista, só existem porque são portadas por esses atores específicos. A ideologia, efetivamente, é indissociável da ação, ela tem necessidade de ser formalizada em palavras, fórmulas, discursos que constituem o elã dessa ação, ela tem necessidade de atores cujo papel é fazer de certas idéias verdadeiras alavancas. "Pode-se dizer que o padre está para a religião, como o intelectual para a ideologia" diz Daniel Bell[17].

A partir disso, a análise sociológica das ideologias pode trazer sobre esses intelectuais, seus interesses como grupo social, seu estatuto, seu lugar na sociedade, como também, menos cinicamente, distanciar-se das dimensões instrumentais, em que fundamentam sua intervenção, para se concentrar em seu papel de fornecedor ou de inventor de sistemas de idéias. É assim que a sociologia dos intelectuais pode afastar-se do pensamento pré-sociológico, que se contenta em situar os intelectuais num campo contra um outro, cada um outorgando-se o monopólio da seriedade e da legitimidade, inclusive científica, para organizar-se, grosso modo, ao redor de três paradigmas principais, os quais reconhecem, todos, seu papel essencial na produção, difusão e funcionamento das ideologias. O primeiro paradigma é o da frustração, no sentido das linhas que Tocqueville consagra aos filósofos franceses sob o Antigo Regime, que ele compara aos seus homólogos ingleses ao insistir sobre sua maior ou menor proximidade em relação ao poder: os intelectuais são tanto mais radicais, nessa perspectiva, quanto mais frustrados porque estão afastados do curso dos acontecimentos[18]. O segundo paradigma faz dos intelectuais calculadores, para quem as idéias professadas fundamentam estratégias de poder,

---

15. *Qu'est-ce que l'idéologie?*.

16. R. K. Merton, *Social Theory and Social Structure* (*Sociologia: Teoria e Estrutura*).

17. *La fin de l'idéologie*, p. 47 (*Fim da Ideologia*).

18. A. de Tocqueville, *L'Ancien Régime et la révolution*, p. 238 (*O Antigo Regime e a Revolução*).

UM VELHO TEMA REVISITADO: SOCIOLOGIA E IDEOLOGIA

por exemplo, de tipo leninista. O terceiro, enfim, vê neles produtores de sentido, profissionais do discurso e da formalização dos símbolos, especialistas capazes de bem exprimir as esperanças e os entusiasmos dos atores sociais fundindo as idéias e a ação.

Uma regressão ameaça constantemente a sociologia dos intelectuais, porque, de acordo com o paradigma seguido, é claro que as simpatias e as antipatias ideológicas atuam no sociólogo: analisar os intelectuais por seus cálculos, por exemplo, é fazer pouco caso das convicções e dos engajamentos; da mesma forma, falar de frustrações para então aí associar o caso dos intelectuais mais radicais, mas também mais contestadores, é desqualificar, de imediato, o pensamento e, "a ideologia" da qual são portadores, é sugerir, até mesmo afirmar, que quanto mais se está longe dos acontecimentos mais se é suscetível de estar do lado da ideologia. O problema da ideologia dos sociólogos é certamente estrutural, ligado à atividade sociológica propriamente dita: pode o sociólogo ser um puro erudito, seus escritos aportam demonstrações, provas, que lhes confeririam valor científico? Não seria ele antes um intelectual, que participa na vida geral da comunidade ao apoiar-se eventualmente sobre seu próprio saber, mas sem trazer necessariamente os argumentos científicos que poderiam justificar sua intervenção no espaço público? Imensa questão, cuja formulação varia ainda mais, segundo as culturas políticas: nos Estados Unidos, dizer de um sociólogo que ele é um intelectual é antes uma maneira de desqualificá-lo como sociólogo; na França, dizer de um sociólogo que ele não é um intelectual, é imediatamente depreciá-lo!

Porém, todas essas discussões sobre a ideologia e os que lhe dão forma, não estariam hoje em dia ultrapassadas, correspondendo a uma outra época?

DE UMA MARGEM À OUTRA

O Fim da Ideologia

A partir dos anos de 1950, um tema tornou-se recorrente: a era da ideologia chega ao fim, explicaram numerosos intelectuais e dentre eles, os sociólogos que se opunham mais claramente ao marxismo e ao comunismo. Retomando uma obra que, sob o título de *O Fim da Ideologia*, havia conhecido um importante sucesso nos anos de 1950, Daniel Bell lembra que não se tratava

de uma obra isolada. Por seu caráter de advertência, ela participava na guerra de idéias que se desenrolava nos meios intelectuais, sobretudo na Europa, com respeito à União Soviética e ao stalinismo. Por um lado, havia Jean-Paul Sartre e Maurice Merleau-Ponty na França; os que tinham retornado ao Leste como Bertold Brecht e Ernst Bloch na Alemanha; e Georg Lukacs, a eminência parda que tinha saído da sombra. Por outro

78 EM QUE MUNDO VIVEREMOS?

lado, encontravam-se homens como Albert Camus, Raymond Aron, Arthur Koestler, Ignazio Silone, George Orwell e Czeslaw Milosz[19].

São alguns desses homens que, com Daniel Bell, vão lançar a idéia de "fim da ideologia". Albert Camus, desde 1946, utiliza a expressão; Raymond Aron, em *Opium des intellectuels* (1955) conclui por um capítulo que se interroga: "Fim da Época Ideológica?" e esse tema anima, a partir dessa época, numerosos debates, colóquios ou publicações. E quando Seymour M. Lipset reedita seu *Political Man* em 1981, ele acrescenta diversos textos sobre o tema.

Contudo, será necessário esperar cerca de trinta anos antes que se possa verdadeiramente falar, a respeito do comunismo senão do marxismo, de fim da ideologia. Efetivamente, Aron e outros tinham mostrado a que ponto o caráter científico das afirmações marxistas sobre a sociedade industrial, sobre as classes sociais ou sobre os Estados Unidos era falacioso. Porém, a fascinação que exerciam as idéias e os intelectuais ligados à "ideologia" permaneceu considerável até os anos de 1970 e, embora a URSS tenha podido aparecer muito cedo como um modelo inaceitável, uma burocracia ou uma *statocratie*, segundo o termo de Cornelius Castoriadis[20], não faltavam referências históricas concretas na China, nas guerrilhas, nos movimentos de libertação nacional, nem autores importantes que se distinguiam dos comunistas e que continuavam a exercer uma atração poderosa sobre os intelectuais e sobre a juventude das sociedades ocidentais.

De fato, foi preciso aguardar que essas sociedades se encontrassem duplamente órfãs dos princípios que estruturavam sua existência social e política para que se pudesse verdadeiramente entrar no fim da ideologia.

De uma parte, essas sociedades assistiram, efetivamente, ao declínio do movimento operário que deixou de aparecer, mais ou menos rapidamente, como a figura central da vida coletiva, como o movimento social a partir do qual se organizava o debate político, bem como toda espécie de contestações, por vezes, bem distantes da oficina e da indústria: nas universidades, nos bairros, nos campos, por exemplo. Em certos países, essa constatação pôde ser feita rapidamente e sem drama. Na França, país-rei da ideologia e onde coexistiam, não sem tensões, um Partido Comunista poderoso, organizações esquerdistas florescentes em conseqüência das lutas de maio de 1968 e uma *intelligentsia* fortemente impregnada de idéias marxistas ou marxizantes, o declínio do movimento operário só foi percebido tardiamente. No fim dos anos de 1970 e começo dos anos 80, uma pesquisa, que dirigi com Alain Touraine e que tratava precisamente sobre esse declínio, foi não apenas difícil de ser efetuada junto aos operários – precisa-

19. D. Bell, op. cit., p. 362.
20. *Devant la guerre* (*Diante da Guerra*).

UM VELHO TEMA REVISITADO: SOCIOLOGIA E IDEOLOGIA

mente porque ela formulava hipóteses pouco gratificantes sobre o fim do movimento operário como movimento social – mas também difícil torná-la aceitável por seus resultados que feriam uma parcela considerável da *intelligentsia* francesa[21] ainda em meados dos anos de 1980. Contudo, a partir do momento em que, como escreveu André Gorz, tornou-se conveniente dizer seu "adeus ao proletariado"[22] e em que a sociedade deixava de ser estruturada pela oposição central entre o movimento operário e os donos do trabalho, tornava-se cada vez mais artificial referir-se à classe operária para pensar o porvir da vida coletiva e lutar pelo fim da injustiça social anunciando um futuro radioso. Nessas condições, a grande ideologia esgotada e declinante que havia dominado até então, perdia sua capacidade de atração, sua força de mobilização.

Por outro lado, todo o planeta tinha se tornado, de uma certa maneira, órfão da guerra fria e, assim, de um conflito maior que exercia também um papel decisivo de estruturação da vida coletiva, mas dessa vez em escala mundial. A partir do momento em que a URSS deixava de existir, e mesmo antes, talvez desde a chegada ao poder de Mikhael Gorbatchev e, portanto, desde a Glasnost e a Perestroika e, em todo caso desde a queda do muro de Berlim em 1989. O combate entre o Oeste e o Leste perdia toda sua significação e os debates sobre a ideologia marxista ou comunista – que tinham, no entanto, perdido amplamente sua capacidade mobilizadora já há muito tempo, em todo caso pelo menos na URSS – tornavam-se também artificiais ou puramente retóricos. O fim da ideologia, anunciada há mais de trinta anos, tornava-se então verdade histórica e Francis Fukuyama, com um artigo e depois um livro proclamando o *Fim da História*[23], e o triunfo universal do mercado e da democracia, podia de alguma maneira colher os louros, aparecendo como o intelectual capaz de teorizar o que o evento (a queda do muro) vinha significar: o que outros antes dele, há muitos anos, tinham cansado de proclamar, o fim da ideologia.

Uma certa posição, uma postura, mais do que uma sociologia, parecia assim triunfar. A de Raymond Aron, cujo encontro com Jean-Paul Sartre, por ocasião da campanha "um barco para o Vietnã", cerca de dez anos antes, e no momento em que eles não se falavam mais há muitos anos, tinha anunciado o triunfo dessa posição. De fato, um campo intelectual e sobretudo político tinha vencido, mas isso se devia pouco à especialidade disciplinar de um pensador como Aron. A sociologia enquanto tal não estava verdadeiramente referida.

21. A. Touraine, M. Wieviorka & F. Dubet, *Le Mouvement ouvrier.*

22. *Adieux au prolétariat* (*Adeus ao Proletariado: Para Além do Socialismo*)

23. F. Fukuyama, *La Fin de l'histoire et le dernier homme* (*Fim da História e o Último Homem*).

Retorno a 68

1989 parece ter marcado definitivamente o fim senão da era, ao menos de uma era da ideologia. Porém, antes de entrar completamente no exame dos tempos presentes, um derradeiro retorno ao passado se impõe: as mobilizações contidas na simples evocação do número "68", em numerosas sociedades, não significariam já a entrada numa fase de declínio histórico do marxismo e do comunismo e, portanto, da ideologia "total"?

É bem verdade que, sob muitos aspectos, as contestações estudantis da época, e depois as que se seguiram em seu rastro – feministas, regionalistas, ecologistas, antinucleares etc.–, no começo dos anos de1970, abriam uma "brecha" cultural, como disseram Edgar Morin, Claude Lefort e Cornelius Castoriadis[24]. Elas marcaram, à sua maneira, a entrada numa nova era, a pós-industrial. As sociedades ocidentais viviam os últimos lampejos do movimento operário, ao menos enquanto figura central da vida coletiva; "novos movimentos sociais", com forte carga cultural, preparavam-se para tomar seu lugar, figura contestadora, seguramente, ainda nascente mas que se anunciava tão importante para os tempos pós-industriais quanto havia sido o movimento operário na era precedente. Para falar como Mannheim, o momento não seria já o da utopia e não mais o da ideologia?

É preciso, antes de mais nada, lembrar a que ponto a sociologia interpelada por esses movimentos, lutas e eventos, dividiu-se e transformou-se. Assim, o funcionalismo parsoniano, tão poderoso no mundo anglo-saxão, entrou em sua fase de decomposição como bem mostrou Alvin Gouldner[25]. Numerosos sociólogos escolheram um ou outro campo: a contestação ou a ordem. Em certos países, principalmente nos Estados Unidos, os atores de 1968 e os "novos movimentos sociais" ulteriores pensaram-se através de categorias que não tinham nada ou bem pouco a ver com as ideologias marxistas do momento. Porém, em outros lugares, e principalmente na França e na Itália, a característica específica da contestação foi que ela trazia novos temas sociais ou culturais, mas os interpretava através de velhas categorias, nas diferentes variantes de um marxismo que exerceu uma dominação intelectual poderosa até quase a metade dos anos de 1970.

Seguramente, um novo vinho fermentava, mas em velhos odres, onde ele se degradou rapidamente: o esquerdismo, conjugado, com freqüência, a um estruturalismo mais ou menos pronunciado, certamente contribuiu para destruir os novos movimentos sociais, ao

---

24. E. Morin, C. Castoriadis & C. Lefort, *Mai 1968: la brèche*.
25. A. W. Gouldner, *The Coming Crisis of Western Sociology*.

UM VELHO TEMA REVISITADO: SOCIOLOGIA E IDEOLOGIA

perverter sua carga de novidade em benefício de ideologias revolucionárias. Nessa paisagem, o mais importante, do ponto de vista que nos interessa aqui, é a maneira pela qual puderam então opor-se os sociólogos mais engajados nos debates da época. Alguns só quiseram ver a dominação da ideologia sobre as novas contestações, mobilizaram-se tanto mais contra elas quanto tinham o sentimento de confrontarem-se a discursos irracionais, a atores com quem não era possível debater. Assim, Raymond Aron, na nota para uma reedição, após 1968, de *L'opium des intellectuels*, evoca três temas "ideológicos" que animaram, segundo ele, a contestação estudantil de maio de 68: a crítica da sociedade de consumo, o apelo à democratização e a recusa da hierarquia na relação pedagógica. Esse sociólogo, que não tardará a definir-se como um "espectador engajado", combate a ideologia dos atores, como o fazia em 1955, situando-se do lado da razão contra o que ele considera como preconceito ou ignorância. Porém, diz ele, livrava-se então "à crítica por comparação entre a ideologia e a realidade", o que era possível porque os "preconceitos de ontem referiam-se a uma realidade que devia encarnar a Razão histórica, a União Soviética"[26], ao passo que em 1968, segundo ele, as referências a Cuba, Mao ou um "futuro desconhecido", tornavam impossível uma crítica, uma discussão baseada em argumentos. De uma certa maneira, Raymond Aron exprime um começo de consciência, ele sente que se está entrando num novo período, que se está saindo da era clássica das ideologias – não aceita a idéia de que essa novidade poderia ser positiva, tanto ele quer, por fim, enxergar apenas uma coisa: o fato de que a nova contestação esteja como que encapsulada nos velhos discursos, nas velhas ideologias, nas mesmas, porém revistas e corrigidas, que ele já criticava acerbamente em 1955. Ele pressente o caráter rapidamente delirante dessas novas variantes da ideologia, que efetivamente desembocará, em alguns casos, sobretudo na Itália, no terrorismo de extrema esquerda. Em seu combate, levado em nome da razão sociológica e filosófica, ele exprime o sentimento de ter podido argumentar, anteriormente, contra a ideologia marxista ou comunista e de não mais poder fazê-lo em 1968.

Pelo contrário, Alain Touraine ao tomar partido pelo movimento, valorizou essas novas orientações que formam, segundo ele, a figura nascente das grandes discordâncias que, no futuro, vão animar a sociedade pós-industrial. E se ele constata, como Aron, a dominação das ideologias marxistas, recusa-se a se desfazer de tudo indiscriminadamente: suas intervenções no debate público e mesmo na ação, serão marcadas pela preocupação de defender o que ele julga positivo no movimento, contra o esquerdismo que se apodera dele, pretende

---

26. R. Aron, op.cit, p.14.

82 EM QUE MUNDO VIVEREMOS?

dar-lhe sentido e, finalmente, arrasta-o para lógicas que só podem enfraquecê-lo e deteriorá-lo[27].

Os "novos movimentos sociais" aparecidos em 1968 anunciaram certamente o fim da era industrial clássica e o nascimento de uma nova era, que será a seguir batizada de muitos nomes – pós-moderna, de consumo, de comunicação, pós-nacional, de rede etc. Evidenciaram o começo de uma inversão da ideologia "total" combatida pelos adversários de Moscou na guerra fria, ao dar a variantes novas, extremistas, hipercríticas, por exemplo maoístas, a possibilidade de exprimir-se segundo modalidades que tornar-se-ão cada vez mais delirantes, porque sem contato com a realidade, até, como já foi dito, transformarem-se em terrorismo. Porém, não efetuaram completamente o salto para a nova era que só se efetua, verdadeiramente, ao final dos anos de 1980.

SOCIOLOGIA E IDEOLOGIA APÓS O FIM DA IDEOLOGIA

Atualmente, não existe uma poderosa ideologia "total", um grande sistema pretendendo encarnar tudo ao mesmo tempo e, com uma real capacidade de dominação e de mobilização, o povo, a ciência e o progresso – a "historicidade do termo perdeu seu contexto", diz Daniel Bell com muita precisão[28]. Mas perdemos, também, o hábito de pensar a modernidade como a marcha triunfante da razão, vemos nela, de preferência, uma tendência à dissociação da objetividade e da subjetividade, uma tensão entre a razão, a ciência, a tecnologia ou o mercado por um lado e, por outro lado, convicções, paixões, identidades culturais[29].

O Reencantamento do Mundo

Retornemos, uma última vez, a Marx. Para ele, "a religião é o suspiro da criatura arrasada pela infelicidade, a alma de um mundo sem coração, da mesma forma que ela é o espírito de uma época sem espírito. É o ópio do povo". Quem falaria assim hoje em dia? Existe aí um paradoxo suplementar. A noção sociológica de ideologia construiu-se, em boa parte, a partir da crítica do fato religioso, pensado como um obstáculo à modernidade. Ora, após um longo período em que as ideologias modernas foram criticadas, por suas implicações políticas e porque pareciam outorgar-se, indevidamente, o discurso da

---

27. Cf. principalmente A. Touraine, F. Dubet, Z. Hegedus & M. Wieviorka, *Lutte étudiante*. Eu escutei várias vezes Touraine lamentar não ter dado a esse livro o título: *La fin du gauchisme*.

28. *La fin de l'idéologie*, p. 403 (*Fim da Ideologia*).

29. Cf. A. Touraine, *Critique de la modernité* (*Crítica da Modernidade*).

UM VELHO TEMA REVISITADO: SOCIOLOGIA E IDEOLOGIA 83

ciência e da razão e associá-lo ao progresso da humanidade, eis que o fato religioso não apenas volta a disseminar-se no mundo inteiro, mas não é mais tratado como um obstáculo à modernidade contemporânea. Pelo contrário, ele é percebido e cada vez mais tratado como um elemento constitutivo.

Sejamos, porém, um pouco mais precisos. No momento em que o combate contra as ideologias "totais" e então essencialmente o marxismo atingia seu apogeu, havia uma espécie de acordo entre intelectuais beligerantes para afastar o fato religioso da cena do debate. No entanto, é verdade que a religião teve um lugar real na luta ideológica e política contra o marxismo. Foi o caso, sobretudo, na Polônia, onde a principal força de resistência ao regime comunista foi o catolicismo – a esquerda de então, nesse país, precisou efetuar um trabalho considerável sobre si-mesma para compreendê-lo e tirar as devidas lições políticas[30]. Porém, no conjunto, a religião interessava muito pouco às ciências sociais do tempo da guerra fria. É preciso dizer, ainda, que a partir de Max Weber, os sociólogos tinham aprendido a pensar o desencantamento do mundo e o declínio do religioso.

Mas entrávamos num período em que o fato religioso, sendo apenas uma configuração, porém certamente a mais decisiva, do crescimento geral das identidades, convicções e paixões no espaço público, é reconhecido como capital para as ciências sociais, a ponto que se pôde falar de "retorno de Deus", enquanto que os trabalhos se multiplicavam sobre o islã e o islamismo, mais do que sobre qualquer outra religião, mas também sobre as transformações contemporâneas do cristianismo ou sobre a difusão das religiões orientais. O mais impressionante, do ponto de vista que nos interessa aqui, é que de modo algum a religião é tratada pela sociologia como uma espécie de sucedâneo da ideologia. O sociólogo não combate mais, como no tempo das paixões antiideológicas, ele estuda. Não participa, como tal, às mobilizações públicas daqueles que se inquietam com o islã, por exemplo. Ele constitui o fato religioso como objeto, eventualmente, com uma certa inquietação que, no entanto, não anima, ou pelo menos não perceptivelmente, sua atividade de pesquisador. Não se define, ao menos não explicitamente, por posições a favor ou contra. O que não quer dizer que o combate não exista, mas sim que ele se dá em outro lugar, com outros protagonistas. É impressionante constatar que nenhum sociólogo, hoje em dia, por exemplo, critique o fato religioso enquanto tal, inquiete-se com ele, veja nele uma regressão ou uma

30. Adam Michnik desempenhou aqui um papel decisivo. Cf. Seu livro *L'Eglise et la gauche*, que mostra, justamente, como a dissidência polonesa ao reconhecer a importância da resistência católica ao totalitarismo preparou-se verdadeiramente para desempenhar um papel político maior distanciando-se das ideologias clássicas da esquerda, ainda muito impregnada pelo pensamento marxista sobre a religião.

ameaça para a vida coletiva: desse ponto de vista, a sociologia saiu totalmente do evolucionismo e de sua identificação ao Iluminismo e aos progressos da razão contra as tradições e os obscurantismos. A sociologia está tão desconectada dessas lutas que se torna quase sem se dar conta, relativista, já que para ela as religiões são objetos e não mais inimigos ou adversários e que, como objetos, são tão respeitáveis como qualquer outro. Ela pode observar a guerra dos Deuses, mas não participa dela.

Uma tal situação não impede que haja polêmicas, como as que observamos aparecer, por exemplo, na França, ao tratar-se de seitas. Porque nesse caso, pelo contrário, a razão parece subitamente opor-se às convicções, os valores universais ao particularismo da seita, como no tempo das lutas do Iluminismo para "esmagar o infame", como dizia Voltaire. O que faz surgir duas posições possíveis para o sociólogo: ou, num espírito que pode encontrar seu pleno reconhecimento em Max Weber, o sociólogo pode demandar que se encare as seitas como outros fenômenos religiosos, o que pode chegar a uma tolerância que muitos, na sociedade em geral, considerarão excessiva e perigosa, ou então, o sociólogo pode engajar-se numa crítica ativa das seitas, mas, nesse caso, correndo o risco de ressuscitar modalidades de pensamento herdadas do Iluminismo e de um combate geral contra o obscurantismo religioso, um combate que não parece mais de atualidade hoje em dia. Acrescentemos que uma vez mais as culturas políticas variam de um país a outro e que a tolerância às seitas é muito maior nos Estados Unidos e mais amplamente no mundo anglo-saxão, mas também no Japão (onde a palavra designa de fato uma multiplicidade de igrejas) do que num país como a França.

As seitas mais comentadas, nesses últimos anos, assemelham-se, em muitos aspectos, às ideologias totais evocadas para a época anterior. Quer se trate da Cientologia, ou, sobretudo, da seita Aum no Japão, ou ainda de Rael, elas mantêm uma relação estreita com a ciência. Aum desenvolveu-se ao mobilizar numerosos cientistas, aos quais ela dava mais possibilidade de exercer seu talento do que a indústria e a pesquisa japonesas[31]. Quanto a Rael, esta seita ganhou notoriedade ao mesclar, numa mesma e surpreendente equação, a convicção religiosa, a ciência (com o anúncio de um programa de clonagem humana reprodutiva) e o dinheiro, já que ela prospera ao apelar ao mercado e à demanda (de pessoas ou casais dispostos, por uma razão qualquer, a pagar duzentos mil dólares pelo nascimento de um clone humano desejado).

Saímos da época em que a ideologia, como tal, mobilizava os sociólogos, ou alguns dentre eles, como fenômeno total. Porém, não é o fenômeno religioso em sua remodelação atual que parece autorizar

---

31. Cf. S. Trinh, "Aum Shinrikyô: secte et violence", *Cultures et Conflits*, pp. 229-290.

UM VELHO TEMA REVISITADO: SOCIOLOGIA E IDEOLOGIA

uma reativação desse tipo de mobilização. Vimos sociólogos tomarem, por exemplo, partido por Salman Rushdie, acusado de blasfêmia pelo aiatolá Khomeiny e vítima de uma "fatwa" que é um verdadeiro apelo ao assassinato. Porém, essa defesa não foi jamais uma crítica ao islã ou uma aceitação do princípio da blasfêmia, ela foi antes de mais nada, a defesa do direito de pensar e de escrever e a recusa da intimidação e do terror. No mundo inteiro, o islã é fonte de inquietação, sobretudo quando uma amálgama funde, num mesmo medo, o terrorismo islamita e as formas não políticas e ainda menos radicais do fenômeno. Porém, os sociólogos não são absolutamente os vetores dessas inquietações, pelo contrário, eles aparecem sobretudo como aqueles que analisam este ou aquele aspecto do fato religioso em questão e, mais freqüentemente, são criticados por não serem suficientemente sensíveis aos perigos que ele veicularia.

Face às Ideologias "Modestas"

Por um lado, o esgotamento dos regimes comunistas e das ideologias marxistas, em todas as suas variantes. Por outro lado, o crescimento de crenças religiosas face às quais existe inquietação, porém, não verdadeiramente debate, e em todo caso nem mesmo o gênero de intervenção de sociólogos como no período anterior. Seria preciso então considerar que a sociologia não tem mais que se ocupar com a ideologia, que esta não lhe diria mais respeito? Que, como diz Daniel Bell, "a ideologia tornou-se uma palavra irremediavelmente decadente"[32]?

Isso seria esquecer a outra dimensão da noção de ideologia que remete ao sentido "modesto" ou "particular" da expressão e, pois, à idéia de representações falsas deste ou daquele aspecto da vida coletiva, de uma situação, de uma ação. O sociólogo encontra-se confrontado, a partir do momento em que estuda os atores, a discursos que não são jamais desprovidos de ideologias, no sentido modesto do termo, quer dizer, de representações de sua ação ou de sua situação que comportam necessariamente dimensões falsas, distorcidas, até mesmo alienadas. É exatamente por onde pode começar seu trabalho: evidenciar o sentido da ação por trás ou através das ideologias dos atores. Estas podem ser tão impregnadas de sentido que é possível até mesmo falar de alienação – o ator então interiorizou as categorias daqueles que o dominam, ele é incapaz de pensar de maneira própria ou autônoma; elas podem também, pelo contrário, ser inexistentes, o ator tendo então uma consciência de sua ação tão plena e elaborada quanto o que pode dizer dela o sociólogo. Pode-se admitir que a maior parte do tempo, o sociólogo está confrontado a atores cujo discurso situa-se

32. Op. cit., p. 403.

entre esses dois extremos: raramente, o sentido da ação é totalmente exterior à consciência dos atores ou inteiramente identificável a ela.

Com mais freqüência, a sociologia distingue-se do discurso dos atores, de suas representações, para constituir-se como discurso que fornece o sentido da ação, a análise da situação e das relações sociais que estão em jogo. O sociólogo está, eventualmente, em relação direta com os atores no momento de colher informações: conduz uma observação participante, dirige as entrevistas, passa questionários, coleta documentos etc. Depois se afasta e, longe dos atores, elabora sua análise, relê as notas de sua observação, examina o conteúdo das entrevistas, procede ao tratamento estatístico de seus dados etc., para chegar às conclusões. Mais freqüentemente, o sociólogo parece agir sem se preocupar com qualquer retorno aos atores. Por vezes, no entanto, ele procede à "restituição", por reconhecimento, por amizade, ou com a esperança de fornecer um esclarecimento útil àqueles que estudou.

Digamos de outra maneira: em seus procedimentos mais correntes, a sociologia propõe uma análise que se afasta da ideologia "modesta" dos atores, sem procurar absolutamente combatê-la ou enfraquecê-la. Seu discurso está destinado então, a um espaço outro que o dos atores. O sociólogo dirige-se aos seus pares ou a um público mais amplo, toma como testemunha, por fim, a opinião geral. Quando o sociólogo não está, ou não está mais, investido na luta contra uma ideologia "total" ou num combate ao seu lado, sua pesquisa, com maior freqüência, está destinada a exercer um impacto intelectual num espaço de debates ou, ao menos, de difusão de idéias que está em defasagem com relação à experiência vivida dos atores estudados.

Com o esgotamento – provisório? – das ideologias "totais", qual poderia ser a atitude dos sociólogos face às ideologias "particulares"? Poderiam satisfazer-se de estarem mais próximos da verdade do que os atores, sem se interrogar muito sobre o que estes poderiam fazer de suas análises? Não seria preciso que entrassem em contato com eles, precisamente para ajudá-los a liberar-se de sua ideologia? E nesse caso, com qual finalidade, qual visão da relação entre atores e analistas?

De uma forma geral, os sociólogos hesitam em formular tais questões e ainda mais a engajar-se na via de respostas concretas. Sua tarefa não é, simplesmente, produzir conhecimento, demonstrar proposições, com o risco de afastar-se mais ou menos maciçamente das ideologias espontâneas dos atores? Além do mais, se eles se esforçam por abordar os atores propondo-lhes suas análises, não haveria o perigo de fazer os atores, e eles mesmos, correrem grandes riscos? Efetivamente, o sociólogo que pretende permanecer em contato com os atores, uma vez coletados os dados dos quais ele tem necessidade para sua análise, rapidamente corre o risco de cair na figura do intelectual, e de aí encontrar uma ou outra das duas variantes principais possíveis: a que consiste em constituir-se como ideólogo de tipo leninista, funcionando como uma vanguarda, convencida da incapacidade dos atores a ter minimamente consciência do sentido de sua ação, e a que consiste em aparecer como um intelectual orgânico, o porta-voz do ator que só pode estar submetido à sua ideologia. E do ponto de vista dos atores, observa-se o perigo que existe em aceitar submeter-se aos ideólogos que deteriam o sentido da ação: o risco é o da heteronomia, na qual o ator é incapaz de pensar por si mesmo, risco cuja versão extrema, como dissemos, é a alienação.

É por isso que a sociologia tem o maior interesse de explorar procedimentos completamente diferentes. Não seria possível criar as condições de uma troca, de uma confrontação, de tal maneira que o ator pudesse estar cada vez menos na ideologia e cada vez mais dispor de um saber sociológico sobre sua ação? Antes de examinar o que pode implicar uma resposta positiva a esta questão, é preciso ainda responder a uma questão prévia, que é de fato uma poderosa objeção a esse tipo de procedimento.

Vimos acima que as ideologias só existem porque têm uma certa força; é o elemento que permite ou reforça a mobilização. Enfraquecê-las, não seria privar os atores de um recurso essencial? A substituição da ideologia pelo ponto de vista da análise contribuiria necessariamente, em todos os casos, para aumentar a capacidade de ação? Isso não é evidente.

Admitamos que sim: então, só deveria se engajar nesse tipo de procedimento, no caso, atores que pensamos serem úteis à sociedade, pelos quais o sociólogo tem uma real empatia. E que fazer de atores inquietantes, trazidos, por exemplo, pelo racismo ou engajados na violência? A passagem da ideologia à análise, não correria o risco de elevar sua capacidade de ação, de reforçar conseqüentemente seu racismo ou sua violência?

De fato, para começar a refletir em tais questões, o melhor talvez seja considerar alguns casos concretos em que essas questões colocaram-se agudamente.

O Teste de Campo

Em meados dos anos de 1970, Alain Touraine propunha utilizar um método novo, a intervenção sociológica, para estudar a ação coletiva e mais precisamente os movimentos sociais[33]. Estive associado às primeiras utilizações desse método, sob sua direção, em seguida, adotei-o em numerosas ocasiões, em trabalhos visando principalmente o terrorismo, o racismo, a violência urbana, os dirigentes de uma gran-

---

33. Para uma apresentação desse método, cf. A. Touraine, *La voix et le regard.* Para um balanço dessas pesquisas que se referiam a esse método, de 1976 a 1996, cf. F. Dubet e M. Wieviorka, "Touraine and Method of Sociological Intervention".

de empresa pública ou em estudo de atores nascentes nas sociedades pós-comunistas. Muito sucintamente, direi que esse método consiste em propor aos atores estudados, que participem em reuniões de grupo, organizadas de tal maneira que eles encontrem, num primeiro momento, toda uma série de interlocutores, parceiros ou adversários de sua ação, para em seguida debaterem com os pesquisadores sobre a análise que estes lhes propõem do sentido de sua ação.

Porém, se evocamos esse método aqui é particularmente pelo tratamento das ideologias "modestas" ou "particulares" que ele permite. Com efeito, do ponto de vista que nos interessa, esse método visa, num primeiro momento, enfraquecer a ideologia dos atores estudados, graças principalmente aos debates nos quais essa ideologia se confronta ao real, isto é, na prática, ao discurso de outros atores. Estes, efetivamente, por sua simples presença, impedem que os membros do grupo que os acolhem desenvolvam representações demasiado artificiais de sua relação: quando terroristas de extrema esquerda, por exemplo, discutem longamente, tendo como interlocutores operários de base que lhes explicam sua hostilidade à violência perpetrada em seu nome, fica-lhes difícil, em seguida, continuar a dizer que encarnam um combate anticapitalista eficaz e que representam plenamente as expectativas da classe operária.

Esse método tem assim o efeito de substituir, nos atores estudados, ao menos durante o tempo da pesquisa, a ideologia pela análise. Efetivamente, os sociólogos – na medida em que apresentam, num segundo momento, suas análises aos atores estudados, defendendo seu raciocínio passo a passo – convencem os atores, mais ou menos, a adotá-los e constatam que de fato os atores se apropriam e se servem deles, por exemplo, para refletir sobre suas lutas do passado de uma maneira completamente nova ou para modificar sua concepção da ação.

Evocarei aqui três experiências precisas para tentar tirar delas lições de caráter geral. A primeira é uma pesquisa conduzida com os militantes da luta antinuclear no final dos anos de 1987[34]. Um dos pontos fortes da análise, à qual esses militantes haviam resistido fortemente, era que seu movimento podia elevar-se a um projeto de alto nível, na medida em que, ao invés de insistir sobre o medo do nuclear na opinião pública, chegasse a organizar a crítica política e social dos dirigentes tecnocráticos responsáveis pelo programa eletronuclear francês. Ora, no momento em que a pesquisa chegava ao seu fim, ocorria um incidente, nos Estados Unidos (a disseminação de produtos radiativos perigosos pela central nuclear de Three Miles Island), que foi amplamente difundido pelos meios de divulgação. Nas instâncias do movimento, esse incidente foi a ocasião para preparar uma

---

34. A obra que foi publicada sobre esta experiência é: A. Touraine, Z. Hegedus, F. Dubet, & M. Wieviorka, *La prophétie anti-nucléaire.*

UM VELHO TEMA REVISITADO: SOCIOLOGIA E IDEOLOGIA

campanha de opinião; mas lá onde, espontaneamente, o movimento dirigia-se no sentido de basear essa campanha sobre o tema, "o nuclear é perigoso", os militantes que tinham participado da intervenção sociológica foram atrás e conseguiram que o tema da ação fosse, "o nuclear é utilizado pelas elites tecnocráticas que acreditam poder afirmar que não existe perigo algum", o que é desmentido pelo incidente de Three Miles Island. Assim, esse exemplo, embora particularmente limitado, sugere que a análise, ao substituir a ideologia espontânea do ator, pode torná-lo capaz de uma mobilização melhor fundamentada, que se verificará, no caso, eficaz.

Segundo exemplo, o terrorismo. Conduzi um denso programa de pesquisas sobre o terrorismo, que repousava sobre diversas intervenções sociológicas, algumas das quais com antigos terroristas (sobretudo bascos do ETA, e italianos das Brigadas Vermelhas, de Prima Linea etc.)[35]. O mais interessante, do ponto de vista que nos interessa aqui, é o impacto indireto desses trabalhos. Por duas vezes, efetivamente, soube que meus resultados tinham servido para dissuadir os atores políticos – uma vez no México e outra em Paris –, de passar à luta armada ou de apoiá-la. A análise, nesse caso, que se ocupava amplamente das ideologias dos atores terroristas e que havia tido, como principal efeito, sua desconstrução, desembocava assim na recusa de certos atores de engajar-se nessa via. Ela tinha elevado a capacidade de ação democrática desse atores e enfraquecido suas tendências a tomar o caminho da violência.

Enfim, um terceiro caso, o do racismo[36]. Havia formado em Roubaix, uma cidade do norte da França, duramente atingida do ponto de vista econômico, um grupo de cerca de dez pessoas dos meios populares, cujo discurso racista era constante, visando, em particular, os imigrantes. Ora, quanto mais a pesquisa progredia, mais o discurso racista espontâneo dissipava-se em proveito de outros temas distintos da questão dos imigrantes. O grupo não apenas discutia questões sociais e culturais com seus interlocutores, mas também, numa segunda fase da pesquisa, quando eu propunha uma análise do racismo espontâneo de seus membros, ele parece aceitá-la, retomando-a, discutindo-a, apropriando-se dela. Ao menos num primeiro instante. Porque no momento em que me regozijava ao observar a ideologia racista recuar a tal ponto, no seio do grupo, em proveito da análise, ocorreu que, nos momentos finais da existência do grupo e, pois, da pesquisa, jorraram propósitos racistas, de uma violência inaudita, piores do que jamais havia podido escutar no início e na fase preparatória da pesquisa. Efetivamente, essas pessoas que viviam em condições extremamente duras, tinham sabido apropriar-se bastante bem e até mesmo

---

35. Cf. M.Wieviorka, *Sociétés et terrorisme*.
36. Cf. M. Wieviorka, *La France raciste*.

co-produzir a teoria de seu racismo, cujas fontes sociais, políticas e culturais tinham-se tornado claras para elas. Porém, não tinham a menor condição de transformar essa teoria em ação ou em práticas, sabiam que desde que voltassem para suas casas, reencontrariam suas dificuldades habituais de existência: as fontes de sua infelicidade, mas também de seu discurso de ódio racista permaneciam imutáveis. A pesquisa não havia elevado sua capacidade de ação, mas, pelo contrário, acentuado seu desvio, no sentido de um racismo exacerbado por sua impotência em transpor em atos, as conseqüências de uma análise que tinham podido formular de maneira relativamente abstrata. O que nos lembra que, seguramente, as ideologias encontram suas fontes nas idéias mas também nas condições reais de existência.

As pesquisas que acabam de ser rapidamente evocadas sugerem que é possível criar uma relação de co-produção e de discussão do saber sociológico no campo, ao criar uma dinâmica de pesquisa à qual participam tanto o sociólogo quanto aqueles que ele estuda. Indicam que é possível criar as condições para que entre os atores a análise substitua, ao menos parcial ou provisoriamente, a ideologia. Sugerem também que uma tal substituição pode desembocar numa elevação da capacidade de ação dos participantes, mas isso só é possível sob certas condições. A experiência de Roubaix, particularmente dolorosa para os pesquisadores que a viveram, indica efetivamente que o retorno à ação depende de numerosos elementos, que podem influenciar de maneira significativa, não no sentido do enfraquecimento, mas, pelo contrário, no reforçamento da ideologia.

Pensar os Movimentos Sociais e o Sujeito

4. Pensar os Movimentos Sociais após a Queda do Comunismo[1]

O comunismo está no passado, mesmo que possam subsistir alguns traços importantes dele na China ou em Cuba principalmente, mesmo, também, que antigos comunistas retomem a vida pública, eleitos democraticamente e isso sem ter rompido completamente com as ideologias do passado – é verdade também que os ditadores retomam, por vezes, o poder por vias democráticas, como foi o caso, por exemplo, do presidente Banzer na Bolívia.

EM RELAÇÃO AO COMUNISMO: UM BALANÇO GLOBALMENTE NEGATIVO

Os Movimentos Sociais Contribuíram para a Liquidação do Comunismo?

No momento em que o declínio do comunismo apareceu como inelutável – a partir de 1989, como lembra Georges Mink em seu texto de apresentação do colóquio – o balanço e as perspectivas para a sociologia dos movimentos sociais não eram particularmente encorajadoras. Em primeiro lugar, o balanço: o único país do Império Soviético que havia conhecido um poderoso movimento social evi-

---

1. Texto da conferência no Cefres, Praga, em março-2002.

94 EM QUE MUNDO VIVEREMOS?

denciando o fim do comunismo era a Polônia. Solidariedade, com efeito, havia constituído um movimento social total, articulando dimensões propriamente sociais, operárias, a outras, nacionais e religiosas, bem como a outras ainda, políticas, democráticas. O filme de Wajda, *O homem de Ferro*, retraçou bem a história desse movimento total, cujos componentes, no começo desarticulados e mesmo opostos, surgindo historicamente no decorrer de temporalidades distintas, não cessaram de aproximar-se para se conjugarem no seio de uma mesma luta, sem por isso se fundirem inteiramente. E a principal conclusão a que chegou a pesquisa feita por Alain Touraine, com François Dubet, eu e uma equipe de pesquisadores poloneses encabeçada por Jan Strzelecki, foi que a noite de 11 de dezembro de 1981, se marcava a interdição do movimento, marcava também, e sobretudo, o declínio do comunismo, já que o regime político era compelido a transformar-se numa junta militar. Mas, nos anos de 1960, 70 e 80, para além da experiência polonesa, falávamos – para a "Outra Europa" – mais de dissidência do que de movimentos sociais; falávamos mais de resistência – por vezes reduzida, em alguns países, a um pequeno grupo de indivíduos –, freqüentemente portada por uma imensa força moral, por uma consciência nacional ou religiosa, ou ainda por um espírito democrático, do que de ação coletiva suscetível de construir novas relações sociais. Tínhamos também mais presentes algumas grandes insurreições – Berlim em 1953, Budapeste em 1956, Praga em 1968, na Polônia, aliás, também – seguramente próximas, em certos aspectos, de um movimento social ou trazidas por ele, mas reprimidas com suficiente brutalidade e rapidez para que suas dimensões de construção de relações sociais, que são a característica dos movimentos sociais, não tivessem absolutamente o tempo de se desenvolver.

O comunismo dificultava ainda mais a formação de movimentos sociais na mesma medida em que ele próprio se tomava como movimento social das sociedades industriais e tinha-se apropriado do vocabulário e das categorias do movimento operário. O que assinalo como anedota havia tornado nossa pesquisa, na Polônia, em 1980-1981, por vezes um tanto surrealista: os operários, com quem refletíamos sobre o sentido de sua ação, reprovando-nos por falar de sua luta em termos que eram freqüentemente os de seu adversário, sempre dispostos para falar de classe, de classe operária, de movimento operário etc. Porém, não dispúnhamos de palavras novas, nem eles tampouco.

A Ilusão

No fim dos anos de 1980, a Glasnost e a Perestroika anunciavam imensas transformações na União Soviética, e não era absurda a hipótese que a saída do comunismo, nesse país, como no resto do Império, podia ser portada de alguma maneira pela afirmação de novos atores coletivos. É assim que, com Alexis Berelowitch, e por iniciativa de Alain Touraine, encontrei-me à frente de uma pesquisa que se interessava pela formação dos mais diferentes atores na União Soviética; pesquisa, ela mesma, inscrita num programa que logo igualmente dirigi e que colocava as mesmas questões na Polônia, na Checoslováquia e na Romênia – aproveito para agradecer ao Cefres, que muito nos ajudou na época.

Contentar-me-ei aqui em fazer algumas observações sobre o período de 1990-1995, na Rússia, onde havíamos também constituído uma equipe mista franco-russa – saúdo de passagem a memória do sociólogo Léonid Gordon, falecido recentemente, grande conhecedor do mundo dos mineiros e que sem sua colaboração a pesquisa não teria provavelmente sido possível. No começo desse período, que foi o da liquidação da União Soviética e da entrada efetiva no pós-comunismo, podia-se crer na formação de novos atores nos diversos domínios da vida pública. Um poderoso movimento de mineiros havia sugerido, por vezes, comparações com o Solidariedade, sobretudo em seus começos, o movimento ecologista desenvolvia-se em todo o território russo – é preciso dizer que os danos causados pela industrialização ou pela planificação soviéticas eram aterradores –, novos agentes empreendedores afirmavam-se, parecendo mesmo capazes, aqui e acolá, de associar seu desenvolvimento com a construção da democracia e dispostos então a contribuir com ela de maneira coletiva. A vida intelectual era intensa, partidos políticos pareciam dever estabelecer-se, em suma, a sociedade parecia acordar, dando uma real importância às diversas formas de ação coletiva. Podia-se, razoavelmente, dizer que a saída do comunismo passaria pela formação de movimentos sociais.

Rapidamente, contudo, o sociólogo de movimentos sociais iria desencantar-se. Todos esses atores decompunham-se diante de nossos olhos. O movimento dos mineiros decompôs-se em parte no álcool, o movimento ecologista perdeu sua carga de conflitualidade para sobreviver principalmente sob a forma de avaliações de peritos e de "eco-business", esperando muito dos financiamentos estrangeiros, ou de sua capacidade de fazer *lobbying* local; os novos agentes empreendedores afastaram-se da idéia democrática, tornando-se cínicos, colocando-se a sonhar com um modelo "chileno", conjugando a livre empresa e a ditadura; os partidos políticos permaneceram num estado de protopartidos, a vida intelectual cessou de ser efervescente etc. Sob muitos aspectos, a sociedade russa evitou o caos graças aos antigos atores, os do sistema soviético, mantidos em suas antigas funções, e simplesmente reconvertidos, particularmente na vida política e administrações locais, ou nas grandes empresas, privatizadas ou não.

Esse fenômeno, de esboço e depois de recaída dos movimentos sociais, parece-me conduzir à seguinte interpretação: os atores do começo dos anos de 1990 começam a agir no momento em que o regime

96 EM QUE MUNDO VIVEREMOS?

está suficientemente enfraquecido, para que se elevem as contestações que ele continha e impedia até o momento de exprimirem-se, e está suficientemente forte para ainda ser um adversário, o mesmo para todos. Alguns anos mais tarde, as águas separam-se, os problemas não apontam mais para um adversário único – o Partido no poder e seus representantes; não é mais necessário acabar com uma dominação, o expurgo ocorreu, o regime não é mais um obstáculo ou um horizonte. E numa conjuntura de grandes dificuldades econômicas, de inquietações, de sentimento também de abandono total do político, os atores coletivos desfazem-se, cada um retira-se para sua esfera privada, apóia-se em redes de solidariedade interpessoal ou familiar. O país, no caso da Rússia, não conhece o caos. Contrariamente ao que anunciava o título de um livro do meu amigo Jacques Sapir, ele cede, e os atores e movimentos sociais perdem a vitalidade.

Talvez essa imagem de sociedades sem movimentos sociais seja hoje em dia um tanto excessiva. Porém, no conjunto, as sociedades pós-comunistas parecem ter tido necessidade de um longo período de vazio social, de apatia, ao mesmo tempo que tratava-se de inventar novas formas de vida econômica. Além do mais, elas foram menos sensíveis do que outras sociedades àquilo que, no Ocidente, foi o centro de numerosos debates ao longo dos anos de 1980 e 90: a afirmação de identidades culturais buscando reconhecimento no espaço público. Enquanto que a filosofia e as ciências sociais, após a arquitetura, apaixonavam-se, no Ocidente, pela pós-modernidade, depois que importantes debates desenvolviam-se ao redor da diferença cultural e do lugar que ela reivindica no seio das sociedades, as ciências sociais e a filosofia nos antigos países do Império pouco participavam nesses debates, ou apenas artificialmente, salvo talvez em certos aspectos: a questão cigana, por exemplo, ou ainda a propósito do racismo e da questão do separatismo (penso na Chechenia). Ora, se a temática dos movimentos sociais renovou-se no Ocidente, é, em boa parte, nos anos de 1980 e 90, ao dar uma importância considerável ao desenvolvimento de conflitos em torno de demandas culturais – penso, particularmente, em todas as discussões ao redor das questões do reconhecimento da etnicidade, das culturas dos imigrados, do gênero e das relações de sexo, de religião etc.

DEPOIS DA GUERRA FRIA, DEPOIS DO COMUNISMO

O fim do comunismo não é apenas o esgotamento de um tipo de regime político, mas é também a liquidação relativamente brutal de um conflito que estruturava as relações geopolíticas numa escala planetária; é o fim da guerra fria. Do ponto de vista dos movimentos sociais, esse fim corresponde à entrada numa nova era: a dos movimentos em que a luta se desenvolve com relação à mundialização,

PENSAR OS MOVIMENTOS SOCIAIS APÓS A QUEDA DO COMUNISMO   97

isto é, precisamente, a um mundo que não é mais estruturado por um conflito tão central.

Depois da Guerra Fria

Grandes manifestações, como em Seattle, Porto Alegre, Gênova ou Nice, campanhas contra uma multinacional, ou sobre uma questão precisa, uma ação estruturada, passando pelas organizações transnacionais, elas mesmas por vezes mundializadas e globalizantes, para impor o respeito dos direitos do homem ou a proteção do ambiente: há alguns anos, a imagem de um conjunto de lutas contra a globalização neoliberal impõe-se, algumas para opor-se ao fenômeno e resistir a ele, outras para promover uma outra mundialização.

Nem todas essas lutas decorrem do conceito de movimento social, e, em todo caso, afastam-se da definição que delas poderia ser dada há apenas trinta anos, quando se esboçavam os "novos movimentos sociais" caros a Alain Touraine – movimentos de mulheres, luta antinuclear, movimentos regionalistas, de estudantes etc. A principal novidade é que a ação não tem mais como quadro principal o Estado-nação, como era freqüentemente o caso nos anos de 1970. Com efeito, ocorria habitualmente na época, que a mobilização fosse internacional, que, por exemplo, os militantes antinucleares alemães, belgas ou suíços viessem participar na luta contra a construção de uma central nuclear na França – mas no conjunto, as lutas eram pensadas e organizadas no quadro do Estado-nação. Com certeza, simetricamente, constata-se que a recusa da mundialização liberal é portada, hoje em dia, em numerosos países, pelos atores soberanistas ou nacionalistas, para os quais a promoção do Estado-nação é a única resposta aceitável. Porém, os atores mais centrais, do ponto de vista do conceito de movimento social, funcionam atualmente em redes, conectam-se e desconectam-se, engajam-se e desengajam-se sem estar encerrados muito rigorosamente nesse quadro; pode-se mesmo falar, por vezes, de "globalização" para designar uma ação ao mesmo tempo local e global. A partir dessa perspectiva, as implicações da ação tornam-se planetárias, mas podem ter implantações bem localizadas, os atores pensam globalmente e agem localmente, quando não ocorre exatamente o contrário, contestando a dominação dos que decidem, os quais a partir dos centros de poder eventualmente bastante longínquos, organizam sua existência, destroem os recursos naturais, reforçam seu poder de maneira tecnocrática, contribuem para acentuar as desigualdades sociais ou a enfraquecer as identidades culturais.

O fim da guerra fria permitiu a globalização da economia, mas também a dos movimentos sociais, e também pesou, de maneira paradoxal, sobre a capacidade desses movimentos de esboçar utopias, contraprojetos associados a uma crítica radical do mundo tal qual ele é. Efetivamente, os movimentos antiglobalização definem, de preferência, seus adversários em termos econômicos. Lutam contra as empresas multinacionais, contra o capitalismo desenfreado, em particular quando este é dominado pelas lógicas financeiras, e são, por vezes, tentados por pulsões antiamericanas que se querem antiimperialistas. Porém, observando-se mais atentamente, a prática e o discurso anticapitalistas não são de uma radicalidade extrema, mesmo se o esquerdismo e o marxismo florescem aqui e acolá. Assim, por exemplo, um movimento tão radical e crítico como o Attac, quando avança uma reivindicação concreta, defendendo a taxa Tobin[2]. Então, ele mobiliza-se não por uma supressão do capitalismo, mas por uma regulação e, assim, no caso em questão, por uma regulamentação que evite as especulações mais abruptas. O anticapitalismo é aqui reformista, e finalmente moderado, e não é acompanhado pela descrição de uma utopia qualquer. O que se explica, ao menos em parte, pela desqualificação das utopias e outros contraprojetos de sociedade dos quais se havia apropriado o comunismo. Quem ousa, hoje em dia, afora alguns fundamentalistas marxistas, trotskistas principalmente, falar de um homem novo, ou louvar o ideal de uma sociedade comunista afinal plenamente realizada? O naufrágio do comunismo não obrigou apenas as democracias a se pensarem, privando-as das facilidades que trazia a confrontação com uma alternativa marcada pelo totalitarismo; esse naufrágio obriga também os movimentos sociais a inventarem outras perspectivas históricas, diferentes daquelas que oferecia o anticapitalismo clássico, mesmo se eles estão em luta contra o capitalismo. O que não é um problema maior quando a implicação desses movimentos é limitada, não econômica ou social *stricto sensu*, ou quando se trata, por exemplo, de ambiente, mas torna-se um problema para eles quando se trata de sair do neoliberalismo.

Depois do Comunismo

A princípio, o comunismo foi uma ação política inteiramente voltada para o projeto de tomar o poder do Estado, depois, no Leste, foi um poder do Estado. Mas é impossível pensá-lo fora do movimento social ao qual ele se referiu constantemente, o movimento operário. Nos casos mais favoráveis, o comunismo, ainda bem longe de todo

---

2. Esta taxa seria proporcional ao montante das transações financeiras efetuando-se nos mercados mundiais. Foi inventada pelo economista americano James Tobin em 1971. É um princípio de taxação original que foi freqüentemente estudado mas que ainda não foi jamais aplicado. A taxa Tobin é vigorosamente defendida por grupos de cidadãos e altermundialistas como Attac, mas conhece também críticas violentas por parte dos partidários do liberalismo (Espace citoyen – Gouvernance et Démocracie – Conseils – www.gouvern.org). (N. da T.)

PENSAR OS MOVIMENTOS SOCIAIS APÓS A QUEDA DO COMUNISMO 99

acesso, mesmo parcial, ao poder do Estado, podia aparecer como o prolongamento ou resultado político do movimento operário. Porém, mais freqüentemente, o Partido e mais ainda o Partido-Estado não cessaram de subordinar o movimento operário, desprezando os sindicatos – no máximo "trade-unionistas" dizia Lênin –, rejeitando-os ou confinando-os a papéis subalternos, ou mesmo destruindo-os, como foi o caso imediatamente após a Revolução russa (remeto a respeito desse tema aos trabalhos de Victoria Bonnell).

Nossas sociedades deixaram de ser industriais, estruturadas por um conflito central em que o movimento operário se colocava frente aos donos do trabalho, e o fim do comunismo coincide claramente com o das sociedades industriais. Ele marca, assim, o fim de uma época em que o movimento social estava necessariamente subordinado à ação política, ela mesma voltada necessariamente ao poder do Estado. Desde os anos de 1970, os novos movimentos sociais, no Ocidente, começavam a distanciar-se desse modelo, de uma parte emancipando-se, em alguns lugares, de toda subordinação a um partido, e de outra, distinguindo-se de qualquer idéia de tomada do poder do Estado, e mesmo de todo projeto de institucionalização e de acesso ao sistema político. Mas, o verdadeiro conhecimento do que foi o comunismo real passou por seu esboroamento, e assim ficou estabelecida a idéia, no seio dos movimentos sociais atuais, de que sua submissão ao político ou o projeto de aceder ao poder político lhes são mortais. Certamente, essa idéia não é nova, mas o que começa a agir, ainda que timidamente a meu ver, é a capacidade de formulá-la num vocabulário com categorias novas. Foi preciso que saíssemos, ao mesmo tempo, da era industrial e da era do comunismo, para que os atores começassem realmente a inventar as palavras e as fórmulas que correspondam a essa saída. Assim, uma diferença fundamental entre o Solidariedade, em 1980-1981, que já nos fazia sair do comunismo (mas não da era industrial) e o movimento zapatista do Chiapas, a partir de 1994, do qual se pode dizer que é um ator "pós-guerrilha" é que o segundo propõe fórmulas, imagens, símbolos, palavras novas lá onde o primeiro permanecia em muitos aspectos prisioneiro de fórmulas, símbolos, imagens ou palavras do passado. Assim, Lech Walesa era um operário em muitos aspectos bem tradicional em seus valores, suas atitudes, e seu vocabulário; jamais poderíamos imaginá-lo com o gorro caro ao subcomandante Marcos – o qual explica que o gorro lhe permite ser visto: os indígenas eram invisíveis no México do começo dos anos de 1990, é escondendo o rosto que deixam de sê-lo.

Um outro ponto que merece ser assinalado: o engajamento, no modelo comunista, e mais amplamente, na era industrial, significava a abnegação, e pois a submissão da pessoa singular ao projeto coletivo – e de fato, normalmente, aos chefes e ao partido. Bem antes do fim do comunismo, e contra os comunistas, os novos movimentos sociais colocaram em causa essa submissão, que implicava também um princípio de satisfação postergada – os militantes queriam doravante viver sua ação sem contradição com seus ideais de emancipação pessoal e coletiva, não queriam mais sacrificar o presente na perspectiva de amanhãs promissores. Com o fim do comunismo, a questão está então resolvida bem mais sistematicamente: nos movimentos sociais atuais, a ação coletiva não poderia repousar sobre a negação do sujeito pessoal, sobre a de-subjetivação do ator.

Enfim, o comunismo implicou a primazia absoluta de uma figura social, a do operário, do proletário cuja emancipação, explicava Marx, libertará a humanidade como um todo de suas cadeias. É o que reforçou a centralidade absoluta do movimento operário, inclusive nas situações em que outras figuras podiam esperar constituir-se como atores coletivos – mulheres, minorias religiosas, nacionais etc. A partir do momento em que saímos do comunismo, podemos pensar mais facilmente a diversidade ou a pluralidade dos movimentos sociais e colocar a questão não mais de sua subordinação a um dentre eles, mas de sua capacidade a se articular uns com os outros.

Os movimentos sociais estão liberados do domínio, mesmo indireto e simbólico, de tudo o que foi trazido pelo comunismo, inclusive em suas relações com o movimento operário. Por vezes, são ainda sensíveis a uma temática esquerdista ligeiramente retocada. Mas no conjunto, parece-me que o período do pós-comunismo foi para eles o de um expurgo, em que se formam e exprimem, ao afastarem-se das categorias do velho-mundo, ao sonharem com a democracia e não com o poder, ao se esforçarem por conciliar o respeito do sujeito singular e os interesses do coletivo, e ao reconhecerem a existência de diferenças culturais, freqüentemente indissociáveis de desigualdades sociais, e cada uma suscetível de alimentar mobilizações que, mesmo esparsas ou fragmentadas, pertencem à família dos movimentos sociais.

É preciso refletir sobre uma dimensão fundamental da vida social e política no antigo mundo soviético e comunista: o desenvolvimento, a partir de 1989, de antimovimentos sociais, de fenômenos nacional-populistas, racistas e xenófobos. Desenvolvimento que conjuga a nostalgia do passado e a segurança que ele proporcionava, e a preocupação, entre os mais ricos, de se diferenciar dos pobres. Desenvolvimento que não é próprio à Europa central – tem-se, por exemplo, na França um Front National que se apóia, em parte, sobre a transferência do eleitorado comunista ao nacional-populismo: o "esquerdolepenismo". O que está de acordo com minha idéia geral: vivemos doze anos de expurgo, no qual os movimentos sociais mal existiram. Esse período possivelmente deverá se prolongar. Ele não é eterno. A democracia não será sempre cinzenta.

PENSAR OS MOVIMENTOS SOCIAIS APÓS A QUEDA DO COMUNISMO   101

Conclusão

Gostaria de concluir, aqui em Praga, a partir de algumas observações de Jacques Derrida sobre o comunismo e o marxismo. Voltando, num diálogo com Elisabeth Roudinesco[3], a suas análises de *Spectres de Marx* (*Espectros de Marx*), Derrida lembra que o comunismo foi para muitos homens e mulheres uma idéia indissociável de um ideal de justiça. E sobretudo, diz ele, a respeito do "cataclisma" denominado "esboroamento" do modelo soviético do comunismo e da dita "morte de Marx", de uma melancolia, de um "semifracasso" do qual ele afirma:

> Não creio que ele registra apenas a morte de um certo modelo comunista. Chora por vezes sem lágrimas, e sem saber, freqüentemente com lágrimas e sangue, sobre o cadáver do político. Chora o conceito mesmo do político em seus traços essenciais, e mesmo nos traços específicos de sua modernidade (o Estado-nação, a soberania, a forma-partido, a topologia parlamentar mais autorizada).

Idéia importante, e que remete a uma hipótese que avancei quando das conseqüências da ação coletiva na Rússia, depois dos movimentos do começo dos anos de 1990. Com efeito, estas apresentam uma dimensão de abandono do político, recusa de todo projeto de mudança pela ação coletiva do político, mostram um fenômeno, já assinalado por todos, de que o declínio do comunismo significa, de maneira decisiva, o esgotamento do político – um fenômeno que é talvez datado, limitado a um determinado período histórico. Assim, a sociologia dos movimentos sociais pode parecer, por um certo tempo, poder e dever prescindir de uma reflexão sobre o político, sobre a complementaridade do social e do político, sobre seus modos de articulação possíveis. A sociologia dissociou-se em duas vertentes principais, uma (que podemos chamar as teorias da mobilização de recursos) pensa o social como voltado para o político em termos estratégicos, instrumentais, como se, precisamente, nada tivesse ocorrido no mundo soviético; como se as idéias que animam essa corrente, nascidas nos anos de 1960 e desenvolvidas nos anos de 1970, pudessem permitir continuar a pensar os movimentos sociais de amanhã. Não creio nisso. A outra vertente (que remete à sociologia touraniana) – para resumir – é paradoxalmente liberada pela queda do comunismo real, como tentei mostrar acima, e é, ao mesmo tempo órfã do político e, sobretudo, encontra dificuldade para pensar o social em sua relação ao político.

---

3. J. Derrida & E. Roudinesco, *De quoi demain...*.

5. As Duas Faces dos Movimentos Sociais

Os movimentos sociais têm duas faces. Protagonizada mais freqüentemente por atores dotados de um princípio positivo, recursos econômicos, simbólicos, culturais, políticos, uma delas traz ao movimento sua capacidade de formular um projeto, uma utopia, uma pretensão histórica; essa face positiva do movimento é também aquela que aceita de bom grado a negociação, que reconhece mais facilmente que se trata de opor-se a um adversário claramente definido. A outra face dos movimentos sociais define-se não por um princípio positivo, mas pela privação, ela é de preferência portada por atores caracterizados pela ausência de recursos econômicos, simbólicos, culturais, políticos. Ela é mais tentada por condutas de ruptura, tem o sentimento de opor-se não tanto a um adversário social claramente definido mas a um sistema abstrato, mais ou menos longínquo, mas dispondo de representantes locais. E antes de ser capaz de portar em si mesma um contraprojeto, uma pretensão histórica, ela espera, sobretudo, que a ação liquide com a ordem estabelecida.

Um movimento social é tanto melhor constituído na medida em que essas duas faces possam se articular uma à outra, completarem-se, apoiarem-se. É assim que na pesquisa da qual culminou em nosso livro *Le Mouvement ouvrier* (*O Movimento Operário*), Alain Touraine, François Dubet e eu mesmo, no prolongamento dos trabalhos anteriores de Touraine, propusemos ler em três tempos a história do que foi o movimento social das sociedades industriais. Num primeiro momento, opera-se a formação de cada uma das duas faces da

104 EM QUE MUNDO VIVEREMOS?

consciência operária – e, pois, do movimento operário – por muito tempo bem distantes uma da outra: de um lado a consciência orgulhosa dos operários qualificados, de outro lado, a consciência proletária dos trabalhadores sem qualificação. Num segundo tempo, efetua-se sua aproximação, nas indústrias que colocam em ação a organização científica do trabalho: é então que o movimento social encontra-se plenamente constituído, no seu apogeu. Depois, numa terceira fase, essas duas faces separam-se, é o momento do declínio do movimento, um declínio histórico. O movimento operário não será mais um movimento social, no sentido preciso dessa expressão; ele se desestrutura, ao mesmo tempo em que se esboçam novos conflitos sociais. O que acontece então, quando o movimento social se decompõe? O que ocorre com seus componentes principais? Uma tal decomposição não esclareceria muitas condutas sociais? E se recusamos as imagens ingênuas, os "grandes relatos", como disseram os pensadores pós-modernistas, que querem que um grande movimento social deixe a cena social, enquanto um novo movimento entraria, por uma outra porta, já bem constituído, tudo isso na harmonia; como pensar as formas extremas e eventualmente inquietantes, que podem ser assumidas por essa decomposição, mas também pelo nascimento de novos atores ainda frágeis e suscetíveis de radicalização?

Para responder a essas questões, uma noção – a de antimovimento social –, que tomei então de Alain Touraine, pareceu-me útil no momento em que eu lançava meus primeiros trabalhos sobre o terrorismo. O antimovimento social retoma as categorias do movimento, mas fundindo-as e desnaturando-as, pervertendo-as. Ele não articula mais as duas faces do movimento, ele as funde em nome de um projeto que se reduz à destruição da ordem estabelecida, como também dos que a encarnam. Ele não tem mais adversário, e sim inimigos, ele não está engajado num conflito suscetível de institucionalizar-se, mas num combate impiedoso. Ele não é mais portado por um projeto, mas por uma ideologia delirante. As seitas, os totalitarismos, quando nascidos de uma contestação social, têm a ver com a família dos antimovimentos. A noção pareceu-me particularmente eficaz, como veremos, para analisar o terrorismo de extrema esquerda na Europa, as Brigadas Vermelhas italianas, a Fração Armada Vermelha alemã principalmente, mas também certas expressões do terrorismo internacional, mais notadamente a que se refere à causa palestina. Eu a completei por uma outra noção, a de inversão, esse termo designando, no meu jargão, o processo sociológico através do qual os atores passam do movimento ao antimovimento, por exemplo, no caso do terrorismo de extrema esquerda, ao se referir aos operários e a seu movimento de maneira cada vez mais artificial, ao matar em seu nome, enquanto eles não querem a violência, ao colocar em primeira linha uma pretensão histórica que não corresponde mais às

AS DUAS FACES DOS MOVIMENTOS SOCIAIS 105

suas expectativas concretas. Sobre essas noções de antimovimento e de inversão, espero haver dito o suficiente, e permito-me remeter, para mais detalhes, ao meu livro *Sociétés et terrorisme* (*Sociedades e Terrorismo*).

Ao longo dos anos de 1980 e 90, eu me encontrava desesperado sociologicamente, da mesma maneira que numerosos outros pesquisadores dos movimentos sociais. Com Touraine, eu havia conhecido o nascimento, mas também, logo em seguida, o esmagamento militar do Solidariedade, na Polônia, por um Partido Comunista que se tornara uma junta militar. Antes mesmo que ocorresse tal esmagamento, eu havia seguido, atentamente, o começo de sua decomposição, o crescimento, em seu seio, de um nacional-populismo progressivamente ativo. Em meu próprio país, constatava que os novos movimentos sociais dos anos de 1970 encontravam-se decadentes, bem pouco ativos, e, mesmo sem fazer menção ao terrorismo, eu observava perfilarem-se problemas sociais inquietantes, novos ou renovados. Os bairros populares tornavam-se espaços que era preciso considerar, daí em diante, pelo ângulo da violência, do motim, da delinqüência, da "Galère" (gíria: viver o dia-a-dia sem ganha-pão assegurado) dos jovens, como muito bem mostrou François Dubet numa obra que porta esse título[1]. A figura do trabalhador imigrante deixava lugar ao do jovem "beur" (gíria: árabe de origem magrebina), ou da "beurette" (gíria: moça árabe de origem magrebina), o que poderia até ser positivo, mas Gilles Kepel nos falava das "banlieues de l'islam"[2] (subúrbios do islã), quando a violência islamita tornava-se um problema internacional podendo atingir o solo francês. Um novo racismo despontava, antiimigrantes, carregado de medo e de ódio, capitalizados por um partido político que deixava de ser um grupúsculo a partir de 1983, o Front National. Os tempos não eram mais favoráveis aos movimentos sociais, tinham por preferência condutas de uma outra natureza.

Nesse contexto, a noção de movimento social, completada pela de antimovimento social, podia ajudar-nos a compreender também essas condutas inquietantes, aparentemente distanciadas de todo movimento social, bem como, mais amplamente, podia ajudar-nos a pensar as transformações da sociedade.

A DESESTRUTURAÇÃO DE UM MOVIMENTO SOCIAL

Em agosto de 1980, o mundo inteiro descobria, impressionado, o nascimento, na Polônia, de um movimento que era mais do que social, era total: o Solidariedade, com efeito, era um poderoso movi-

1. *La galère.*
2. Título, também, de seu livro que apareceu em 1987.

106 EM QUE MUNDO VIVEREMOS?

mento operário, plenamente constituído, mas também um movimento nacional, carregado por uma consciência, ao mesmo tempo, cultural, histórica e religiosa, e um movimento democrático, cujo sentido havia sido definido pelos intelectuais antitotalitários. O filme de Wajda, *O Homem de Ferro*, pode ser criticado enquanto obra cinematográfica, mas sociologicamente é particularmente esclarecedor. Esse filme retrata bem a maneira pela qual aproximaram-se, por ocasião do nascimento do Solidariedade, os três componentes do movimento total, anteriormente dissociados e assincrônicos.

Um ano mais tarde, tomei consciência, por ocasião do primeiro e único Congresso que conheceu o Solidariedade como sindicato livre, em Gdansk, de uma profunda evolução, já bem marcada: a face defensiva, popular do movimento, não apenas ganhava peso, mas tornava-se cada vez mais inquietante. Numa conjuntura de grandes dificuldades econômicas, em que os produtos de base faltavam em certas cidades, numa conjuntura também de impasse político, que não deixava mais esperança às negociações com o poder, a consciência social transformava-se em cólera popular, como, por exemplo, as marchas da fome, a consciência nacional tornava-se nacionalismo, que pedia não mais a afirmação de uma identidade polonesa, mas uma ruptura, que podia tornar-se violenta para com os dominadores estrangeiros, os soviéticos. E essa conjugação de nacionalismo e começo de raiva social, tendo como fundo um impasse político e uma crise econômica, desembocava, o que me deixava estupefato, num começo de anti-semitismo no seio desse movimento; um anti-semitismo portado pelos "verdadeiros poloneses", mas também exprimido, por exemplo, pelo número 2 do sindicato, Jurcik, o grande líder das lutas operárias de 1970.

OS MOVIMENTOS DE DESERDADOS

O movimento social engaja-se na via do antimovimento cada vez que se afasta de um princípio de conflitualidade social, cada vez que deixa de definir-se em referência a um combate que o opõe estruturalmente a um adversário no âmago de uma relação social – o quadro clássico de uma tal relação sendo aquele do Estado-nação, mas não necessariamente. Essa evolução da qual pudemos observar um começo de exemplo com o Solidariedade, passa pela radicalização das posições, mas também, e sobretudo, pela transformação do conflito em guerra com um inimigo exterior ou interior.

Os grandes movimentos islamitas dos anos de 1970 e 80 não são antimovimentos, ou não necessariamente. Porém, com freqüência, trilham o caminho que conduz a isso, comportam tendências nesse sentido, como vimos principalmente na Argélia e, antes, no Irã. Um caso preciso poderia ilustrar essa observação, aquele do movimento dos

AS DUAS FACES DOS MOVIMENTOS SOCIAIS 107

deserdados, no Líbano do fim dos anos de 1960 e começo dos anos de 1970. Esse movimento, no começo, mobiliza os pobres, sobretudo rurais, nas regiões chiitas do país. Ele é conduzido por uma figura carismática, o imã Moussa Sadr, mas ele é social antes de ser religioso, pede medidas econômicas em favor dos deserdados. Depois, esse movimento desestrutura-se, seu líder é assassinado em condições que nunca foram elucidadas e, nos anos de 1980, dá lugar ao Hezbollah, um movimento religioso, guerreiro, por vezes terrorista, que se define antes de tudo pela guerra contra Israel, ao mesmo tempo em que pratica a exemplaridade, isto é, que se encarrega do que ele antes pedia ao Estado pelas pressões conflituais. A educação, a saúde, abastecimento de água, principalmente, são organizadas pelo Hezbollah nos territórios onde se implantou; abandonando uma atitude reivindicatória sobre esses assuntos, ele pretende assegurar sua realização concreta. A exemplaridade, na qual o ator se auto-responsabiliza ao invés de engajar-se num conflito, constitui uma etapa intermediária na formação de movimentos comunitários, a partir dos quais, em certos casos, o ator passará à guerra, se for em relação ao exterior, à violência e ao ódio, e no interior, à procura desenfreada da pureza do grupo, e assim à eliminação de tudo o que não lhe é homogêneo – em suma, vai aproximar-se ainda mais do antimovimento.

Assim sendo, podemos avançar uma segunda observação teórica: um antimovimento pode constituir-se a partir de um movimento social impossível, ao transitar por apelos à comunidade religiosa e, não mais social, ao afastar-se da conflitualidade social e política inicial. A passagem à violência, ao ódio, às condutas ativas de guerra, até mesmo de terrorismo corresponde a um processo de estabelecimento de comunitarismo que pode incluir também os elementos pacíficos, não-violentos e, em particular, o que chamei de exemplaridade. Por isso, quando os atores decidem auto-responsabilizar-se ao invés de reivindicar num quadro de conflito, é preciso sempre se interrogar: essa fase pode muito bem tanto despertar admiração, quanto justificar uma grande inquietação a seguir.

O TERRORISMO DE EXTREMA-ESQUERDA DOS ANOS DE 1970-80

No começo dos anos de 1970, esboçou-se, em particular na Alemanha e na França, um terrorismo de extrema-esquerda que vai durar até a segunda metade dos anos de 1980. Imediatamente, o fenômeno remete a uma teoria dos movimentos sociais, porque seu nascimento se faz num clima social e político que é o do declínio do movimento de 1968. Na Itália, onde o terrorismo foi maciço e diversificado, constata-se que de fato ele corresponde a uma dupla lógica, à telescopagem de dois processos.

De uma parte, o terrorismo italiano, ao nascer, inscreve-se numa matriz ideológica de tipo marxista-leninista e fala em nome do movimento operário. De início, os terroristas aparecem quando então as lutas operárias são numerosas e densas e, com freqüência, estão presentes nas indústrias, nas oficinas, nos lugares de discussão. Porém, no conjunto, a tendência é ao seu distanciamento desses lugares e dos atores propriamente operários e a violência terrorista aparece cada vez mais artificial em relação às expectativas dos operários, bem como em relação à idéia que eles fazem da luta social. Aqui, a violência torna-se antimovimento não por transformação do movimento operário propriamente dito, mas pela intervenção de atores políticos e intelectuais que lhe são exteriores. Esses atores tentam manter um sentido sociologicamente elevado, o do movimento social teórico, enquanto na prática, e contrariamente ao que escreveram Pissorno e Crouch, o movimento operário vive não o ressurgimento dos conflitos de classe, mas seu declínio histórico. O antimovimento social é sobretudo a inversão do movimento social, que se torna uma ideologia cada vez mais separada da população que ela pretende encarnar e mobilizar, ao mesmo tempo que a violência torna-se cada vez mais terrorista, cada vez menos compreensível para os operários.

A experiência italiana não pára aí. Porque, sobretudo a partir do fim dos anos de 1970, as organizações terroristas, a começar pelas Brigadas Vermelhas, são penetradas por jovens, que batem às suas portas, que sonham brincar com o "camarada P 38", e que trazem com eles, não mais as significações do antigo movimento social, as do movimento operário, mas novas expectativas. Essas expectativas são as de uma juventude que quer viver de uma outra maneira, cuja cultura reclama uma autonomia pessoal, comunicação e relação, uma juventude que se sente estrangeira em sua própria sociedade – Alain Touraine lembra-se seguramente desses jovens que diziam ser os "índios metropolitanos". Esses jovens são por vezes portados, principalmente, pela cólera social dos excluídos, eles sabem que os estudos não os conduzem a parte alguma, eles querem consumir. Porém, carregam, também e sobretudo, o anúncio de um novo movimento social, de fortes dimensões culturais. Simplesmente, as expectativas ligadas a esse novo movimento não são escutadas, nem tomadas em consideração por nenhum ator do sistema político italiano, esses jovens têm raiva e querem recorrer às armas. Nessa segunda lógica, a passagem à luta armada corresponde não mais ao declínio do movimento social, como na lógica precedente, mas à emergência de um movimento social que não encontra suas formas de tratamento político, ou mesmo que não chega verdadeiramente a se constituir.

Porém, podemos acrescentar ainda: essa segunda lógica vai penetrar as organizações terroristas nascidas na fase precedente, é incapaz de inventar suas próprias palavras, suas próprias categorias, e vai entrar em conflito com a primeira lógica, da qual toma emprestadas suas formas de organização e em grande parte seu vocabulário, suas categorias, exercendo sobre ela uma pressão impressionante. Assim, o antimovimento social, constituído pelo terrorismo, resulta do choque da coexistência impossível dos dois antimovimentos, sendo que um deles – a montante –, marca o fim do movimento operário, enquanto que o outro – a jusante –, assinala as primeiras manifestações de um novo movimento. Podemos propor, assim, uma terceira observação teórica: com o terrorismo, os antimovimentos sociais podem corresponder ao declínio, ao nascimento ou à conjunção do declínio e do nascimento de um movimento social, do qual eles constituem a figura invertida, portada por atores específicos – funcionários, intelectuais, políticos, eventualmente os religiosos. Exprimem-se como um movimento social, quando não são mais um movimento ou quando este ainda não se constituiu e exprimem-se em seu lugar que está vago. E ao inverter o movimento social, opõem-se ao que dele resta, caso se trate do movimento operário, da mesma forma que destroem o que tenta nascer caso se trate de um novo movimento social. O antimovimento constituído pelo terrorismo não é apenas a figura invertida do movimento, é também uma força de destruição que enfraquece o que dele subsiste ou esboça os primeiros passos.

Acrescentarei aqui uma observação mais próxima da atualidade. O que o "11 de setembro" revelou, com Ossama Bin Laden e Al Quaida, é um terrorismo que leva mais além esse tipo de lógica. Efetivamente, os ativistas islamitas desse terrorismo guerreiro afastaram-se consideravelmente de sua própria sociedade – Arábia Saudita, Egito, por exemplo – e de suas contestações internas, desviaram-se para separar-se de toda vida comunitária, de toda comunidade concreta e construíram um sentido novo, religioso que propõe uma guerra e não mais uma ação social ou seu prolongamento. Seu terrorismo foi muito longe na perda de sentido e na reinvenção de um sentido, na inversão, muito mais, por exemplo, do que o terrorismo dos mártires palestinos, cuja ação está profundamente enraizada no desespero de uma população concreta, no seio da qual eles habitam.

AS CONDUTAS JUVENIS DE CÓLERA E DE VIOLÊNCIA

No começo dos anos de 1980, na França, os bairros populares, o que chamamos freqüentemente de "banlieues" (subúrbios), termo que não é completamente apropriado, apareceram de uma forma nova. Fala-se então dos "verões quentes", descobre-se os "rodeios", nos quais os jovens terminam por queimar o carro de luxo que haviam roubado e com o qual haviam circulado em alta velocidade em seu bairro, ensaios de motim agitam várias cidades, a França descobre a violência urbana. É verdade que tudo mudou a partir dos anos de

1960 e mesmo começo dos anos de 1970. As "banlieues" em questão, onde a habitação social havia sido fator de progresso, são agora habitadas pelas populações oriundas em grande parte da imigração, o desemprego e a exclusão tornaram-se uma realidade maciça, o tecido político e associativo clássico desfez-se e descobre-se o que François Dubet chamará, num livro de referência que já citei, a "Galère". Os jovens, oriundos ou não da imigração, circulam num espaço em que eles passam da cólera e da raiva à delinqüência, à autodestruição, por vezes à ação organizada contra o racismo, um espaço em que, freqüentemente, entediam-se, andam como baratas tontas, "galeram" – a palavra faz referência às Galeras, que eram os navios do rei cujos remos, numerosos, eram acionados pelos "galerianos", os condenados a um trabalho e a condições de existência extremamente penosas.

O que me interessa nessa experiência da "galera" é o elo que ela mantém com um movimento social. Os mesmos jovens que se entregam à delinqüência, que passam ao motim, que encontram recursos numa economia subterrânea ou ilegal, que se voltam para o islã etc., não têm nada a ver diretamente com um movimento social. Porém, suas condutas esclarecem-se à luz da noção de movimento social. Efetivamente, quando o movimento operário declina, quando perde sua centralidade, sua capacidade de dar sentido a muitos aspectos da vida coletiva, é que se constitui nos bairros anteriormente operários, a "galera" dos jovens. Contrariamente a seus pais, eles não têm mais as referências sociais que conduziam a sociedade industrial e seu movimento social e é no declínio desse movimento e de suas formas organizadas – políticas, sindicais, associativas – que eles se dão outras referências – culturais ou religiosas – penso em particular o islã – ou que eles mergulham na delinqüência e nas condutas de destruição e de autodestruição.

Não se trata evidentemente de explicar inteiramente a "galera" pela decadência do movimento social; mas de dizer que, ao menos em parte, esse declínio ajuda a compreender as condutas juvenis de delinqüência, mas também as de raiva e a demanda de uma sociedade mais justa. O que me conduz a uma quarta observação teórica: o movimento social, quando existe, traz um princípio de conflitualidade que estrutura a vida coletiva; quando ele declina, esse princípio desaparece e desenvolvem-se, em seu lugar, condutas de uma outra ordem, como a delinqüência, a qual devem muito ao vazio que deixa atrás de si, mesmo se elas não falam mais como um movimento social e são o resultado da atividade de atores que não têm nada a ver com ele.

FRENTE AO RACISMO

A partir dos anos de 1980, estudei o racismo, inclusive utilizando o método de intervenção sociológica que havia sido criado por Alain

AS DUAS FACES DOS MOVIMENTOS SOCIAIS 111

Touraine nos anos de 1970 para estudar os movimentos sociais. As noções de movimento social e de antimovimento social podem nos ajudar a abordar o fenômeno?

Na França, como em outros lugares do mundo ocidental, os anos de 1980 foram marcados por uma profunda inflexão do racismo. Este se tornava um novo racismo, segundo numerosos pesquisadores, um *New racism*, segundo Martin Barker, um *symbolic racism*, segundo os psicólogos e cientistas políticos americanos, um racismo "diferencialista", como disse na França Pierre-André Taguieff. O mais importante para meu propósito aqui é que esse racismo exigia a exclusão, o separar, o expulsar ou a desqualificação de populações acusadas de serem diferentes culturalmente. Os imigrantes na Europa ou os negros americanos são então acusados de não se conformarem aos valores da sociedade dominante e de serem irredutivelmente incapazes de uma tal conformidade.

O desenvolvimento desse novo racismo deve-se, em grande parte, à mudança que atingiu as sociedades implicadas da era industrial à era pós-industrial. A mão-de-obra barata, pouco especializada, da qual anteriormente a indústria tinha uma necessidade enorme para as tarefas não qualificadas, tornou-se, bastante rapidamente, amplamente supérflua e o problema social não era mais de super explorá-la. O racismo de inferiorização, que concorre para instalar os trabalhadores imigrados ou os negros no plano mais baixo do trabalho industrial e a mantê-los nessa condição, era menos pertinente do que aquele exigindo que pura e simplesmente se desfizesse dessas populações, ou ao menos que se deixasse de ajudá-las. E o movimento operário – seus sindicatos, seus partidos, bastante enfraquecidos pela saída da sociedade industrial – não podia constituir uma barreira ou uma resistência frente a esse novo racismo. Ele não é, evidentemente, responsável pelo aumento desse novo racismo, mesmo se, com freqüência, os operários nacionais "de cepa", na Europa, ou brancos, nos Estados Unidos, são os mais ativos dentre os racistas. Sua parte, na explicação, lê-se em negativo: é na brecha deixada pelo seu declínio que se ativam as novas expressões do racismo.

Entre elas, algumas estão bem longe de tomar o aspecto de uma ação coletiva. A segregação, por exemplo, passa freqüentemente pelos mecanismos aparentemente invisíveis do mercado. Porém, em certos casos, existe ação coletiva, por exemplo: grupos de skinheads, organização de um partido político capitalizando e encorajando o racismo popular. É possível mostrar que o fenômeno skinhead, em sua origem, na Inglaterra, traduza a decomposição do movimento operário, proponha um estilo, um "look", que é tudo o que resta da classe operária e de suas poderosas comunidades. Da mesma forma, os trabalhos de sociologia política mostraram que uma parte importante do eleitorado do Front National, na França, provém da classe operária e é até mes-

112   EM QUE MUNDO VIVEREMOS?

mo formada de desiludidos do Partido Comunista – Pascal Perrineau pôde, assim, falar de "esquerdo-lepenismo". Porém, é mais interessante mostrar que esse desenvolvimento do racismo é também uma perversão do desenvolvimento dos novos movimentos sócio-culturais nas sociedades ocidentais. A partir dos anos de 1970, com efeito, assistimos, por toda parte, a afirmação de atores coletivos que pedem direitos culturais, que querem ser reconhecidos no espaço público, *hic et nunc*, e também do ponto de vista de seu passado, de sua história, de sua memória. Esses novos pedidos ou pedidos renovados que desembocam em grandes debates sobre o lugar da diferença cultural, sobre o multiculturalismo como resposta eventual etc., podem ser considerados como expressões, ainda no nascedouro, do que serão os grandes movimentos sociais de amanhã. Não vou desenvolver esse ponto, remeto ao livro de Alain Touraine, *Pourrons-nous vivre ensemble?* (*Poderemos Viver Juntos?*), ou ao meu, *La Différence* (*A Diferença*). O importante aqui é observar que, quando as diferenças culturais não encontram seu lugar na sociedade, quando elas não recebem o tratamento político permitindo-lhes serem reconhecidas, quando não são encorajadas a respeitar os valores universais do direito e da razão, alimentam então as lógicas do racismo do qual serão eventualmente portadoras. A fragmentação social e cultural é indissociável do desenvolvimento do racismo. Este, por uma parte, desenvolve-se no seio do grupo dominante, que se sente ameaçado em sua integridade e torna-se nacionalista, encontra-se também entre as minorias que se fecham em lógicas comunitárias, até mesmo integristas – observa-se assim, por exemplo, o anti-semitismo desenvolver-se entre os negros americanos ou no seio de populações oriundas da imigração na Europa, mas também toda espécie de confrontações que podemos chamar étnicas, sem falar do que um sociólogo belga, Jean-Michel Chaumont, chamou *La concurrence des victimes* (*A Concorrência das Vítimas*) . Não reduzo, evidentemente, essas expressões do racismo a uma explicação simplista; mas penso que existe nele uma dimensão de novo movimento social impossível, de conjugação de uma afirmação cultural e de reivindicações sociais que não chegam a transformar-se em ação e em conflito institucionalizado. O novo racismo, desse ponto de vista, e isso dará origem a uma quinta observação teórica: é uma doença infantil dos novos movimentos socioculturais, seu desvio em direção ao comunitarismo e para além disso quando as condições de formação de um conflito, e assim de um movimento social, não se encontram reunidas.

Porém, acrescentemos uma observação empírica. No começo dos anos de 1990, pude observar em Sarcelles, cidade da região parisiense que conta com uma poderosa comunidade judaica, um anti-semitismo bastante presente entre os jovens originários da imigração magrebina, mas também entre os jovens das Antilhas, que são franceses já há muitas gerações. Esses jovens dizem que os judeus conseguem organizar-se em comunidade e assim aceder ao poder e aos seus recursos, enquanto eles mesmos não são absolutamente capazes de uma tal organização. Seu anti-semitismo estava ligado não a uma existência comunitária, por exemplo, muçulmana ou árabe, mas, pelo contrário, ao sentimento de um déficit, de uma falta de comunidade. O que faz disso um fenômeno que se aproxima um pouco do que disse da "galera" um pouco acima.

Assim, a partir de uma experiência pessoal de pesquisa, pode-se mostrar que a sociologia dos movimentos sociais não deve limitar-se ao estudo dos movimentos sociais constituídos, nem mesmo ao estudo de suas formas nascentes ou hiper-institucionalizadas. Ela pode trazer sua contribuição ao estudo de condutas que se afastam disso, ou porque elas distanciam-se de qualquer referência a um movimento social, na delinqüência juvenil, por exemplo, ou porque elas continuam a se referir ao movimento social, mas de maneira totalmente artificial, como é o caso de certas formas de terrorismo. Uma tal contribuição esclarece o mal, o lado sombrio da vida social. Mas também traz um esclarecimento sobre a possibilidade que do mal nasça o bem, permite compreender como a violência, o ódio, o racismo prefiguram e anunciam atores ainda inexistentes ou impossíveis dos novos movimentos sociais. É por isso que não se pode separar a sociologia dos antimovimentos sociais da sociologia dos movimentos sociais: elas formam um todo, mesmo se uma persegue o mal e a outra o bem.

6. Movimentos e Antimovimentos Sociais de Amanhã[1]

Por volta do final dos anos de 1970, começo dos anos 80, a idéia pós-modernista do fim das grandes narrativas fornecia uma espécie de despedida aos movimentos sociais. Havíamos saído, irremediavelmente, da época em que o movimento operário estruturava a vida coletiva das sociedades industriais. Os "novos movimentos sociais", dos quais haviam falado os sociólogos Alain Touraine[2] e Alberto Melucci[3], estavam falidos, ou quase, e nas ruínas do movimento social, dois fenômenos da maior importância deveriam ocupar, daí em diante, os sociólogos ou os filósofos políticos: de uma parte, o desenvolvimento do individualismo moderno, longe de toda ação coletiva; de outra parte, o das diferenças culturais percebidas como mais próximas do tribalismo e, até mesmo, num outro vocabulário, do antimovimento social do que do movimento social.

O PARADIGMA FUNDADOR

Dentre as diversas acepções que podem ser dadas à noção de movimento social, existem duas principais, entre as quais é preciso es-

1. Uma parte desse texto foi apresentada no colóquio Marx Internacional, Nanterre, setembro 2001, uma outra por ocasião de uma homenagem a Alberto Melucci, desaparecido em outubro 2002, em Milão.
2. Cf., por exemplo, *Le retour de acteur.*
3. Cf. "The New Social Movements: A Theoretical Approach", *Social Science Information*, pp. 199-226.

116 EM QUE MUNDO VIVEREMOS?

colher, ou que em todo caso, é preciso, ao menos, distinguir – era, de preferência a posição de Alberto Melucci, – e tentar conciliá-las. Uma, segundo principalmente Charles Tilly e Anthony Oberschall[4], chama-se movimento social às condutas racionais, instrumentais pelas quais um ator coletivo tenta instalar-se ao nível de um sistema político, de aí se manter, de estender sua influência mobilizando recursos que podem incluir a violência. A outra, de acordo com Alain Touraine[5], vê, no movimento social, a ação de um ator dominado e contestador, opondo-se a um adversário social para tentar apropriar-se do controle da historicidade, isto é, das principais orientações da vida coletiva.

Tomada nessa segunda acepção, nos anos de 1960, o movimento operário trouxe, à sociologia dos movimentos sociais, seu paradigma fundador. Como veremos, isso ocorreu tardiamente já que o ator vivia, concretamente, os últimos dias de sua existência histórica. Esse paradigma repousava sobre cinco pontos principais.

O Quadro do Estado-nação

Esse paradigma abordava o ator, no quadro dos Estados e das nações, no seio dos quais desenvolvia-se a sociedade industrial; postulava, dito de outra maneira, uma forte correspondência e uma certa integração dos registros sociais, políticos e culturais. Seguramente, não subestimava a capacidade dos operários em tecer relações internacionais e de proclamar o caráter geral, universal e, portanto, planetário de seu combate – "proletários de todos os países, uni-vos" diz uma célebre frase de Marx. Porém, é no quadro dos Estados-nações que o paradigma se estabelece, e que foi, aliás, essencialmente estudado pelos historiadores ou pelos sociólogos.

Uma Dominação

O movimento operário construía-se a partir de uma situação, ou numa relação de dominação na indústria, na oficina, lá onde se exercia a dominação dos donos do trabalho, e onde alguns operários profissionais, caracterizados por sua consciência orgulhosa, eram despossuídos de sua capacitação – enquanto isso, que outros operários não qualificados, seguidos de operários especializados, cuja consciência era de preferência proletária, foram preferencialmente definidos pela privação de qualquer relação positiva a suas obras.

---

4. Cf. A. Oberschall, *Social Conflict and Social Movements*; C. Tilly, *From Mobilization to Revolution, Reading*.
5. Cf. *Production de la société*.

Uma Ação Propriamente Social

O mundo operário pôde, em certas situações, passar a imagem de fortes comunidades operárias, com uma cultura própria, com necessidades específicas, temas que foram tratados por historiadores ou sociólogos britânicos, tais como Edward P. Thompson ou Richard Hoggart, ou ainda, o sociólogo francês Maurice Halbwachs[6]. Porém, a cultura operária não permite dar conta da ação operária, salvo, por vezes, quando uma mobilização defensiva repousa sobre uma comunidade operária ameaçada em sua própria existência, por exemplo, quando uma mina, ou indústria, que permite viver uma região inteira, fecha suas portas. A cultura operária existe, ela não está no âmago da relação social na qual o ator social se constrói.

Movimento Social e Político

O movimento operário, no sentido preciso dado a essa expressão por Touraine, é um ator social, ou antes, uma das dimensões, sociologicamente a mais elevada, de uma figura social concreta não é um ator político. Em alguns de seus componentes ou em certos momentos de sua história, é explicita e vigorosamente hostil a toda relação com partidos políticos, orgulhoso, então, de sua independência – foi o caso, em particular, com o sindicalismo de ação direta. Porém, o modelo principal de sua relação ao político é aquele em que ele se alça do nível social ao nível político por intermédio de um partido que lhe permite aceder ao poder do Estado ou de pretender acender a isso, sob formas revolucionárias ou reformistas, comunistas, social-democratas ou outras. Freqüentemente, os operários foram os grandes perdedores dessa relação, que de fato terminava por subordinar sua ação à do partido, o que foi, em particular, muito bem teorizado e com um total desprezo, por Lênin.

Um Sujeito Social

Enfim, o operário, que se inscreve por sua ação numa lógica de movimento social, é portador de uma subjetividade que será definida em termos sociais, possui uma consciência de classe ou uma consciência operária que remete ao sentido que pode dar à sua ação, mesmo se o sentido da ação não for, jamais, inteiramente redutível à consciência do ator. Seguramente, é sujeito, um sujeito definido socialmente.

---

6. E. P. Thompson, *La formation de la classe ouvrière anglaise, A formação da classe operária inglesa*; R. Hoggart, *La culture du pauvre*; e as obras clássicas de Maurice Halbwachs.

118 EM QUE MUNDO VIVEREMOS?

Assim, cinco características principais permitem fundar o paradigma do movimento operário como movimento social das sociedades industriais, como "o" movimento social.

OS NOVOS MOVIMENTOS SOCIAIS

Por volta do fim dos anos de 1960 e começo dos anos de 1970, o movimento operário vivia suas derradeiras iniciativas, mesmo se Alessandro Pizzorno e Colin Crouch[7] acreditavam reconhecer, nas lutas daquele momento, um ressurgimento dos conflitos de classe. Ao mesmo tempo, novas contestações animavam a cena social, autorizando redefinir, de um mesmo fôlego, o tipo societal em que surgia a ação e a própria ação, onde Alain Touraine e Alberto Melucci veriam "novos movimentos sociais". Entrávamos nas sociedades pós-industriais cujas figuras contestadoras não eram mais tanto o movimento operário, em declínio, mas as lutas estudantis, antinucleares, regionalistas, de mulheres etc.

Dessa forma, o movimento social encontrava um novo *elã*, em muitos aspectos, distinguia-se do movimento operário. Porém, nem sempre de maneira marcada ou verdadeiramente renovada.

O mesmo Quadro do Estado-nação

O ator continuava sendo definido no quadro de Estados-nações, tinha suas especificidades, suas formas organizacionais essencialmente nesse quadro, mesmo se a concomitância de lutas pudesse dar a imagem de um fenômeno planetário. Dizer "68", por exemplo, ainda hoje, é evocar um conjunto de contestações estudantis, depois, em certos casos, operárias, que começam no Estados Unidos, desenvolvem-se na Europa, na América Latina, mas também no Japão. Em certos casos contudo, a ação começa, mais do que no passado, a ser transnacional. É assim que na Europa, na segunda metade dos anos de 1970, as mobilizações contra a construção de centrais nucleares reúnem os militantes antinucleares vindos com freqüência de diversos países.

Um Adversário Social menos Claramente Identificado

O ator, nesses diversos "novos movimentos sociais", custa a definir um adversário social claramente identificado, e nas pesquisas que lhe propõe uma imagem desse adversário, ele resiste. Na França, como mostrou uma pesquisa dirigida por Alain Touraine[8], os militantes antinucleares, cuja luta, se a compararmos com outras mobilizações,

---

7. *The Resurgence of Class Conflict in Western Europe since 1968.*
8. *La prophétie antinucléaire.*

MOVIMENTOS E ANTIMOVIMENTOS SOCIAIS DE AMANHÃ   119

foi a mais capaz, em seu tempo, de conflitualizar a ação, hesitaram bastante em admitir que se mobilizavam contra um adversário social novo, ou seja, os aparelhos tecnocratas procurando reforçar sua dominação sobre a sociedade ao impor um programa eletro-nuclear conforme a seus interesses e suas competências. O movimento social aqui se constrói menos claramente ou diretamente numa situação de dominação social evidente, num conflito entre adversários sociais identificando-se claramente.

Uma Forte Carga Cultural

O ator, no conjunto, define-se então por uma forte carga cultural; ele contesta diretamente as orientações culturais das sociedades nas quais vive. Os "novos movimentos sociais" colocam em questão a autoridade sob todas as formas – o que é, hoje em dia, violentamente criticado ao maio-68 num país como a França –, eles se sentem atingidos pela crítica então florescente do consumo de massa, da publicidade, da manipulação das necessidades, denunciam as indústrias culturais, mas também, as condições difíceis da vida estudantil, sua "miséria". O cerne da mobilização antinuclear é portado pelos ecologistas, e mais tarde, os militantes ambientalistas serão centrais em múltiplas lutas em que trata-se finalmente de impor um outro modelo de relação cultura/natureza do que aquele que impõem as firmas multinacionais e os Estados que as sustentam. O movimento de mulheres encontra-se sob pressão, entre aquelas que falam sobretudo de igualdade e aquelas que apregoam uma diferença, o que remete rapidamente, aí também, a uma afirmação cultural. Os movimentos regionalistas e outros fenômenos de *ethical revival* colocam em destaque as exigências de reconhecimento antes de tudo cultural. Estes movimentos apóiam-se numa história, numa língua, em tradições, mesmo correndo o risco de inventar uma história, uma língua e tradições. Em suma, talvez sejam, sobretudo os "novos movimentos sociais", "novos conhecimentos culturais".

Uma Outra Relação com a Política

Com freqüência, os atores dos anos de 1970 quiseram repensar, de maneira apaixonada, sua relação com a política. Em certos casos, afirmaram que tudo é político, o que, na melhor das hipóteses, era uma maneira de liquidar a oposição entre privado e público sobre a qual repousam, freqüentemente, as formas de dominação: ao proclamar a dissolução das fronteiras entre esfera pública e esfera privada, queriam colocar fim às relações de poder que não são jamais questionadas, porque elas são "privadas", e não devem ser expostas. Em outros casos, quiseram marcar sua distância, irredutível, com o político: o problema, para os militantes da contracultura, por exemplo, não era

120 EM QUE MUNDO VIVEREMOS?

o de aceder ao poder, e em particular ao poder do Estado, era inventar novas maneiras de viver juntos. Porém, entre o "tudo político" e a rejeição total ao político, o mais decisivo, para esses atores, é a maneira pela qual eles foram, com freqüência, incapazes de distanciar-se das ideologias do momento que, sob toda espécie de variações, os convidavam, finalmente, a submeterem-se a projetos ou pretensões políticas herdadas do passado, a se radicalizarem, a se quererem revolucionários e a pensarem nos termos e categorias do esquerdismo. Em certos casos, os atores institucionalizaram-se; assim, a ecologia política tornou-se, com freqüência, uma ecologia politiqueira, ao mesmo tempo em que suas idéias mais inovadoras eram mais ou menos adotadas em todo o tabuleiro político, como se tivessem passado do estatuto de força contestatária ao de movimento de modernização. Em outros casos, radicalizaram-se, por vezes, combatendo o esquerdismo e as ideologias revolucionárias para finalmente abolirem-se ou nelas desaparecerem, ao menos parcialmente: os movimentos de mulheres, por exemplo, contribuíram para explodir os grupos esquerdistas dos anos de 1970, a quem elas criticavam, do interior, seu machismo e seu gosto pelo poder, mas se restabeleceram mal, e algumas caíram em formas de radicalidade não longe daquelas que antes combatiam.

Um Sujeito Cultural

Esses "novos movimentos sociais" interessavam-se bastante pela subjetividade dos atores pessoais e coletivos, não aceitavam mais o modelo da satisfação postergada, a espera dos amanhãs radiosos, queriam viver *hic et nunc* as relações sociais e interpessoais para as quais se mobilizavam. Em certos casos, isso pode voltar-se para a busca do puro gozo, ao hedonismo, em outros, à prática de utopias comunitárias das quais subsistem os traços principalmente na Alemanha. Sobretudo, isso queria dizer que o sujeito pessoal era valorizado naquilo que podia remeter a formas de invenção ou de criatividade cultural, bem como ao compartilhar de valores. O sujeito do movimento operário era social, o dos novos movimentos sociais era cultural.

A era dos "novos movimentos sociais" ficou no passado, e corresponde talvez principalmente a uma fase de transição entre o movimento operário e os movimentos sociais de amanhã. Há muitos anos não há mais movimento estudantil, os ecologistas, como pudemos observar, institucionalizaram-se, o feminismo tornou-se, sobretudo, uma combinação de pressão política modernizadora e de reflexão intelectual e filosófica, marcando seguramente uma virada na história dos movimentos de mulheres e os regionalismos também transformaram-se – alguns encerrando-se numa espiral de violência, outros tornando-se forças de modernização ou novos poderes políticos. E as

MOVIMENTOS E ANTIMOVIMENTOS SOCIAIS DE AMANHÃ 121

contestações novas ou renovadas fazem-nos pensar que tudo muda sobre cada um dos cinco pontos principais de nossa análise.

OS MOVIMENTOS SOCIAIS DE AMANHÃ

Consideremos, mesmo superficialmente, as mobilizações mais visíveis desses últimos anos. Algumas delas são clássicas, por exemplo, sindicais e políticas, mas não parecem em absoluto pretender à historicidade. Outras se apresentam modificando, por vezes de maneira radical, o que poderia caracterizar o movimento operário ou os "novos movimentos sociais". Quer se trate de afirmações identitárias, quando elas não se contentam com um fechamento comunitarista e resistem – voltaremos a isso – às tendências sectárias, nacionalistas ou terroristas que poderiam tentá-las, quer se trate de combates globais, pelo meio ambiente, ou pelos direitos do homem ou, ainda, de lutas contra a mundialização neoliberal, constata-se que os atores afastam-se consideravelmente do paradigma fundador apresentado acima.

O Quadro Enfraquecido do Estado-nação

O quadro do Estado-nação certamente não desapareceu, porém, ele não é mais tão fundamental quanto antigamente. Deixou de corresponder estreitamente à imagem da sociedade, e observamos, dia após dia, que as categorias da vida social, *stricto sensu*, da vida política e da cultura são cada vez menos integradas. Assim sendo, os atores contestatários atuais mobilizam-se em outros espaços, em outros quadros. No caso de diferenças culturais, estas são freqüentemente transnacionais, diaspóricas, suscetíveis de reivindicar um dia aqui, outro dia lá. Quando as comunidades armênias obtêm na França o reconhecimento oficial do genocídio turco, seu combate não terminou; quando os curdos bloqueiam as estradas na Alemanha, é para pesar sobre a situação na Turquia. O islã, contrariamente a uma interpretação simplista das teses de Samuel Huntington sobre o choque de civilizações, é uma força de contestações e de ações que podem operar no mundo inteiro, sob a forma, seguramente, de antimovimento terrorista, mas também sob muitas outras formas suscetíveis de fazer dele um movimento sociocultural. Os atores das lutas contra a mundialização liberal desejam, por vezes, voltar a uma maior presença do Estado e a uma maior influência da noção de soberania nacional, mas, sobretudo, contribuem para reabrir o espaço do político, para impor debates sobre as formas de regulação da vida econômica que não se limitam, seguramente, ao quadro deste ou daquele Estado. Também os movimentos globais não pensam mais em termos de Estado e de nação, salvo precisamente ao clamar pelo direito de ingerência, para ultrapassar as concepções clássicas da soberania dos Estados.

O Reconhecimento

As contestações, hoje em dia, não encontram sua fonte principal numa situação direta e evidente de dominação, como no tempo da sociedade industrial. Seguramente, elas podem colocar em questão as desigualdades ou a injustiça social, mas o que mobiliza os atores é principalmente de uma outra natureza. As expectativas de reconhecimento, o sentimento de ser desprezado, a dificuldade de encontrar seu lugar na sociedade podem estar carregadas de exigências sociais, às quais são freqüentemente ligadas, mas não se inscrevem diretamente numa relação clássica de dominação. O ator é, com freqüência, definido mais pela exclusão, pela não-relação que o mantém à margem de uma modernidade da qual ele gostaria de participar, do que pela dominação propriamente social.

O Lugar Central da Cultura

A cultura tornou-se central e altamente conflitiva, em oposição ao modelo paradigmático do movimento operário. Os atores que se perfilam hoje em dia, efetivamente, querem, se eles se aproximam do ideal do movimento social, inventar, criar, produzir sua existência e isso passa, para alguns dentre eles, pela participação aos engajamentos em que, com eles, a cultura se inventa, cria e transforma. As exigências de reconhecimento cultural não fixam as identidades e as diferenças culturais em lógicas de pura reprodução, elas fazem, de preferência, da possibilidade de desenvolver formas de vida cultural, o cerne de suas preocupações.

Uma Outra Relação com a Política

A partir do momento em que o quadro de ação não é mais necessariamente o Estado-nação, e que as exigências são culturais e não apenas ou principalmente sociais, no sentido clássico do adjetivo, a relação dos atores com a política transforma-se também consideravelmente. Não pode mais ser questão de apropriar-se do poder de Estado, nem de impor um socialismo qualquer – a experiência e depois o desabamento do comunismo real estão aí, de qualquer maneira, para lembrar no que culminam os desvios nesse sentido. Pelo contrário, os atores podem contribuir para reconstruir espaços políticos, pesar para que existam lugares de regulação econômica ou para que se desenvolvam uma justiça e um direito verdadeiramente internacionais. Afinal, a principal aquisição de Seattle ou de Porto Alegre não foi ter colocado fim à arrogância de Davos e das elites econômicas? O próprio dos movimentos de amanhã é que lhes é preciso reconstruir ou construir espaços políticos e jurídicos no seio dos quais poderão,

MOVIMENTOS E ANTIMOVIMENTOS SOCIAIS DE AMANHÃ

a seguir, funcionar como atores contestatários. Antes de poderem ser eles mesmos, é preciso criar as condições para sua existência, bem além das formas clássicas dos Estados.

Um Sujeito nem Social nem Cultural

Enfim, os movimentos atuais deixam um lugar crescente, ou mais visível que anteriormente, à subjetividade dos indivíduos que neles se engajam ou reconhecem. Essa subjetividade é pessoal, própria à pessoa singular, ela é menos adaptada aos valores culturais do grupo que se mobiliza do que aos "novos movimentos sociais". É por isso que o engajamento, aqui, articula-se com a possibilidade do desengajamento: cada um quer poder escolher seu combate, sua mobilização, sua identidade coletiva, mas também administrar sua participação ao seu modo, em seu ritmo e poder interrompê-la se o desejar. Assim sendo, o sujeito não é mais social, nem cultural, ele é essa virtualidade que atingirá, ou não, a capacidade de criar sua trajetória, produzir sua existência, definir suas escolhas, inventar, desenvolver uma criatividade própria.

O que dever ser dito em outros termos. No começo dos anos de 1980, era tentador opor duas grandes abordagens de nossas sociedades: a primeira insistindo, como, por exemplo, de Gilles Lipovetsky[9], sobre o individualismo moderno ou o vazio social, a segunda, pelo contrário, como por exemplo, de Michel Maffesoli, ao interessar-se pelo tribalismo, isto é, pelo desenvolvimento de diferenças culturais. Efetivamente, é tempo de deixar de opor as duas abordagens e os fenômenos sobre os quais elas se apóiam. O individualismo moderno fabrica sujeitos indeterminados, social e culturalmente, mas que são ainda suscetíveis de fazer escolhas, incluindo-as nas identidades coletivas. Os movimentos sociais de amanhã são aqueles que não apenas repousam em escolhas pessoais, eventualmente custosas, dolorosas ou efetuadas em situações dramáticas, mas que autorizam seus membros a continuar existindo como sujeitos singulares, e mesmo a desenvolver sua capacidade de subjetivação. Os movimentos sociais de amanhã – mas os chamaremos ainda assim? – conjugarão as exigências de reconhecimento cultural e o apelo ativo e respeitoso ao sujeito pessoal; ao mesmo tempo, deverão saber articular essas dimensões com outras, mais classicamente sociais, de luta contra a injustiça e as desigualdades.

---

9. G. Lipovetsky, *L'ère du vide. Essais sur l'individualisme contemporain* (*A Era do Vazio. Ensaio sobre o Individualismo Contemporâneo*); M. Maffesoli, *Le temps des tribus. Le déclin de l'individualisme dans les sociétés contemporaines* (*O Tempo das Tribos. O Declínio do Individualismo nas Sociedades de Massa*).

124 EM QUE MUNDO VIVEREMOS?

OS ANTIMOVIMENTOS SOCIAIS

As Duas Faces do Movimento Social

Quer se trate do movimento operário ou dos "novos movimentos sociais" dos anos de 1970, a imagem de um ator contestando uma dominação para tentar apropriar-se do controle da historicidade é ainda insuficiente. Por um lado, ela identifica o ator concreto, histórico, aquele que se mobiliza nesta ou naquela luta real, a um princípio abstrato, a uma significação particular de sua ação; ora, o movimento social nunca se dá de maneira pura, ele aparece necessariamente mesclado a outras dimensões. Na prática, uma greve, uma manifestação, uma mobilização, um conflito amalgamam, por exemplo, exigências sociais limitadas, até mesmo egoístas ou corporativistas, reivindicações políticas, reações à crise econômica no limite da violência etc.: o movimento social é apenas um componente eventual de uma tal amálgama, e que pode se mostrar fraco em relação aos outros. E, por outro lado, um movimento social apresenta necessariamente não uma, porém duas faces que se apresentam segundo modalidades extremamente variáveis de uma experiência a outra, ou, para uma mesma experiência, de um período a outro, até mesmo de uma conjuntura a outra. Todo movimento social, efetivamente, comporta uma face ofensiva, que corresponde à capacidade do ator para definir um projeto, uma utopia a levar adiante, apoiando-se numa identidade forte e uma concepção alternativa da vida coletiva; essa face é mais disposta à negociação do que a face defensiva do movimento, em que o ator está sobretudo preocupado em não ser destruído, ou devastado pela dominação exercida por seu adversário social e no qual ele se esforça para poder comer, viver, existir, no limite sobreviver, salvar sua pele, seu ser. Assim, como pudemos observar na história do movimento operário, os operários qualificados tiveram um princípio positivo a destacar: seu papel na produção, seu saber fazer, seu ofício; eles foram também sempre mais negociadores do que os outros, e trouxeram à consciência operária sua face ofensiva. Em suma, os operários sem qualificação particular, os que apenas tinham sua força bruta de trabalho, trouxeram à consciência operária, sobretudo, sua face defensiva. E o movimento operário só esteve plenamente constituído como movimento ao integrar essas duas faces na indústria taylorizada.

Desvios

O desvio de um movimento social sobrevém ou torna-se ameaçador, quando suas duas faces têm dificuldade em se articular e as diferentes dimensões do ator concreto não conseguem mais se integrar. Um tal fenômeno, multiforme, ocorre, mais freqüentemente,

MOVIMENTOS E ANTIMOVIMENTOS SOCIAIS DE AMANHÃ 125

em período de crise, quando as dificuldades econômicas ou políticas, por exemplo, enfraquecem toda contestação social, transformam as condutas conflitivas em condutas reativas e até mesmo em violência. Quando o sistema político é bloqueado, por exemplo, interditando todo tratamento político das demandas sociais, ou quando o desemprego e a exclusão tornam-se realidades maciças, e a ação operária parece rapidamente corresponder, não a um movimento capaz de colocar em questão as orientações gerais da vida coletiva, mas, bem mais, a duas lógicas separadas: uma delas, de pressão exercida apenas pelos trabalhadores protegidos, para defender seus interesses categoriais ou corporativistas, e a outra, de reação mais ou menos desesperada de salariados sem proteção face às supressões de empregos e ao fechamento de indústrias.

O desvio é também mais provável em período de nascimento ou de declínio histórico de um ator do que no momento de sua maturidade. Ele é então, efetivamente, mais frágil, torna-se mais difícil estar seguro de si, de sua força, ele é mais tentado, por um lado, pelo compromisso com seu adversário social, por outro lado, pela intransigência, pela radicalidade, pela violência e recusa de toda troca, de toda negociação. É por isso que não se deve, necessariamente, opor a institucionalização de um movimento social e as condutas de raiva ou de violência que podem referir-se a ele: são duas expressões, seguramente opostas, de um mesmo fenômeno, ou seja, a dificuldade do movimento para integrar suas principais dimensões em conflito de projeto em alto nível.

Figuras do Antimovimento

O desvio é extremo quando o ator, que se exprime em nome de um movimento social, propõe dele uma expressão de fato invertida, uma espécie de seu contrário. A abertura, a generosidade, o caráter universal do projeto deixam lugar ao sectarismo; a contestação de um adversário torna-se um apelo à sua destruição como inimigo. Não há mais conflito, porém uma pura relação de força, uma relação amigo/inimigo – para falar como Carl Schmitt –, que se aparenta à guerra. A violência encontra rapidamente seu lugar aqui, negação do conflito, pura ruptura que desemboca apenas na destruição e, em certos casos, na autodestruição.

O totalitarismo, o sectarismo, e também o terrorismo são fenômenos que dependem, em muitos aspectos, de um antimovimento. Neles, a contestação se inverte, para tornar-se apelo à pureza interior contra o exterior, que se tornou força do mal a ser combatida e para autorizar o estabelecimento de um poder absoluto, não democrático, negador dos sujeitos pessoais. A referência ao movimento social não desaparece, é simplesmente onírica ou artificial. O ator fala em nome, por exemplo, da classe operária, o que lhe permite declarar a guerra aos sindicatos (foi o caso desde a chegada ao poder de Lênin), ou substituir a prática da greve e da negociação pela do assassinato de dirigentes patronais, como fizeram os terroristas italianos de extrema esquerda, acreditando expressar as expectativas de operários nos quais, na verdade, provocavam repulsa.

É possível observar antimovimentos que correspondam a cada uma das três figuras do movimento social que distinguimos.

O totalitarismo, quando se referia à classe operária, e o terrorismo anarquista ou marxista-leninista, que teve uma certa importância, em vários países, na fase de nascimento ou de declínio da sociedade industrial, dependem, com toda evidência, de uma inversão do movimento operário. O mesmo terrorismo quando deu forma às expectativas difusas da juventude, principalmente na Itália, mesclando temática operária e referências às exigências culturais, não levadas em conta pelos partidos institucionais, ao menos em parte, inverteu assim os "novos movimentos sociais" da época, para tornar-se antimovimento. E os fenômenos como a seita Aum no Japão, conhecida por ter jogado gás sarin nos corredores do metrô de Tóquio em 1995, ou Al Qaida, a organização terrorista dirigida por Ossama Bin Laden, marcam, à sua maneira, a entrada numa nova era em que as implicações culturais tornam-se metapolíticas, combinação de religião e de política e em que as frustrações de atores incapazes de construir as contestações dos movimentos sociais de amanhã, culminam no ódio, na raiva e na violência, tanto mais assassina quando ela é fria, instrumental, refletida, desterritorializada e, em todo caso, não confinada ao quadro do Estado-nação e ao mesmo tempo suscetível de passar pela autodestruição do ator.

7. Sujeito e Anti-Sujeito: o Caso do Comunismo

FUNCIONAMENTO E HISTÓRIA DO COMUNISMO

O que guardamos do funcionamento social e político no fenômeno comunista – tenho presente, sobretudo a experiência da União Soviética e de seus satélites – é antes de tudo a imagem do esmagamento ou negação do sujeito individual. A pessoa, com efeito, estava subordinada ao grupo, à sua lei, seu projeto, seus valores e àqueles que se supunha encarná-los: o partido e seus líderes. Esse tipo de imagem, porém, é particularmente redutor. Depende exclusivamente da análise sincrônica, considera um modo de funcionamento e, além do mais, simplifica-o.

A partir daí, ela esquece a perspectiva diacrônica, negligencia o exame dos processos que resultam no evento totalitário, ou dele se aproximam e que repousam, mais ou menos amplamente, sobre adesões livres, e a decisão de pessoas que escolhem individualmente juntar-se à ação coletiva, identificando-se com ela enquanto seres responsáveis. O fenômeno comunista, desse ponto de vista, não foi uma simples ilusão e sim carregado pela chama de milhões de engajamentos pessoais. Foi pleno de esperança, fé e convicção de que, engajando-se, os comunistas iriam, simultaneamente, construir-se a si próprios como sujeitos singulares, contribuindo num primeiro momento para liberar o proletariado – e no mesmo movimento a humanidade inteira – e depois construir um homem novo. A liberação coletiva desembocaria no socialismo ou no comunismo e, portanto, em formas

128 EM QUE MUNDO VIVEREMOS?

de socialização e vida coletiva a serviço do homem. O coletivo estaria a serviço do individual, que se realizaria no primeiro e graças a ele – essa utopia encontra-se, evidentemente, em outros grandes projetos, como por exemplo, o *kibutz* israelense. As ideologias iniciais não pretendiam, pois, destruir o sujeito pessoal, mas, ao contrário, apoiar-se nele e oferecer-lhe todas as suas possibilidades. Primeiramente, faziam apelo às esperanças individuais dos que aderiam e faziam a escolha pessoal de inventá-las ou associar-se para combater com elas, por elas, através delas. Em segundo lugar, prometiam a cada sujeito pessoal a oportunidade de construir, na ação coletiva e, a seguir, na organização da sociedade comunista, um mundo que lhe permitiria realizar-se plenamente.

Porém, o engajamento parecia sem retorno e não permitia considerar um possível desengajar-se, a não ser a um preço considerável. Engajar-se era subordinar toda sua vida ao projeto político e social de emancipação e, depois, ao sistema político e social que podia estabelecer-se. Era viver e agir de uma certa maneira para preparar uma vida na qual se viveria, a seguir, de uma outra. Pode-se falar de gratificação postergada ou, no vocabulário dos atores, da preparação de "um amanhã radioso". O sujeito pessoal, de imediato, era submetido de fato a uma causa que lhe demandava, de certo modo, colocar-se em suspenso, esperar, sacrificar-se. Por essa razão, uma das modalidades da ruptura com o comunismo passará pela rejeição da satisfação postergada: o discurso dos militantes dos novos movimentos sociais, do feminismo ou das lutas ecologistas, desde o começo dos anos de 1970, recusa os modos de agir em que a experiência vivida do engajamento é contrária ao tipo de relações que se deseja inventar, na luta e por ela. Esses militantes querem viver, em suas lutas, as relações interpessoais que prefiguram o tipo de sociedade que se esforçam por inventar.

Em seguida, uma vez a luta vitoriosa (no Leste) ou, ao menos, o partido poderosamente constituído e mais ou menos institucionalizado (no Oeste), o lugar da subjetividade individual não parou de regredir e ser combatido pelos aparelhos e poderes. Nos casos mais extremos, os regimes (ou, no Oeste, as seitas esquerdistas, mais ainda que os partidos comunistas), uma vez formados, não quiseram deixar nenhum espaço à subjetividade individual e às formas de contestação ou, simplesmente, de desengajamento individual. Durante todo o tempo em que o fenômeno comunista esteve numa dinâmica ascendente, todo mundo devia dele participar, não havendo lugar para outra coisa. O sujeito pessoal não tendo seu lugar aqui – salvo para perverter-se na fascinação pelo líder e a submissão completa ao poder, chefes e partido –, a resistência revestia-se de duas formas principais: ou era uma oposição aos valores no qual o comunismo avançava, ou criticava-o por não respeitá-los, como uma espécie de fundamentalismo, de apelo à pureza fundadora, da qual o trotskismo sempre constituiu

SUJEITO E ANTI-SUJEITO: O CASO DO COMUNISMO

a expressão mais elaborada. É quando esse tipo de resistência não encontra mais nenhum espaço, quando o totalitarismo está em seu apogeu, mais próximo de seu conceito para depois começar seu declínio, que a resistência retrai-se em dissidência. O dissidente pode dar um conteúdo social, nacional, religioso ou político a sua ação: ele aparece, antes de tudo, como o portador de uma singular força moral ou ética, de uma vontade tão mais notável, que o custo de sua resistência só pode ser considerável.

No entanto, tratemos de não reduzir o comunismo "real" a seu projeto totalitário, nem mesmo às imagens precedentes. Na prática, sempre subsistiram lugares, espaços e formas de retirada ou evitamento, assim como capacidades dos atores para não terem, como única escolha, o alinhamento prático e ideológico ou a dissidência. O totalitarismo soviético tem uma história, incluindo em particular seu apogeu, que se deu a meu ver sob Stálin – noto, de passagem, que Hannah Arendt compara o nazismo e o stalinismo, mas sua análise do totalitarismo pára aí. Antes e depois desse momento de apogeu, o comunismo não está assim tão próximo do conceito de totalitarismo e em nenhum domínio ele é perfeito. Tem mesmo necessidade, para funcionar, de deixar graus de liberdade ou autonomia à sociedade. Por exemplo, na época soviética os chefes de empresa na Rússia sabiam, sem qualquer diretiva e contra os princípios de base ostentados pelo regime, firmar acordos de trocas com os colegas e estabelecer modos informais de produção, comunicação ou gestão. Da mesma forma, a dissidência – dizê-lo não significa minimizar sua importância – manteve relações ao longo dos anos de 1970 e 80, por mil e um canais, com uma *intelligentsia* menos engajada e até comunicou-se com o poder.

Além disso, o comunismo não teria conhecido seu sucesso histórico sem referir-se a um movimento social: o movimento operário. Em sua fase ascendente, o comunismo pretendeu constituir a mais alta figura desse movimento, em nome do qual freqüentemente falava. Detentor do sentido da história colocava-se em posição de dominação quanto a ela, afirmando elevar ao nível da história uma classe operária que, de outra forma, como dizia Lênin, limitar-se-ia a ser "trade-unionista". Quando chegou ao poder, o comunismo continuou a proclamar-se a mais alta expressão do movimento social, mas agora ele o destrói e aliena-o, como mostrou a historiadora Victoria Bonnell a respeito do sindicalismo na União Soviética nascente. Ora – remeto aqui às últimas obras de Alain Touraine –, o movimento social é a expressão, na ação coletiva, da subjetividade individual.

É preciso, pois, aceitar a idéia de que, em sua fase nascente ou ascendente, ou de oposição política ao poder, o comunismo apoiou-se, ao menos parcialmente, nas subjetividades individuais transcrevendo-se em ação política (o Partido), mas também social (o sindicato, o movimento operário). Era então portador de esperanças e estava

130 EM QUE MUNDO VIVEREMOS?

mesmo referido ao humanismo. Era liberador e, enfim, fundador do sujeito, na medida em que seus atores e projeto revelavam, àqueles que se juntavam a eles, uma virtualidade, uma possibilidade de tornar-se senhor de sua vida e de produzir sua própria história. Já aí, porém, a subjetividade, tal qual presente no movimento social, deve ser-lhe alienada. Desde que se torna poder, sistema, regime, partido poderoso, o comunismo opõe-se ao sujeito, a ponto de, nos casos extremos, pretender controlar e reger até as consciências individuais. O momento mais impressionante, desse ponto de vista, é certamente aquele em que se opera a inversão que leva, das esperanças e do apelo, às subjetividades dos que participam no movimento comunista, à negação dessa subjetividade: penso, em particular, nos grandes processos da época stalinista. Porém, talvez seja preciso propor um raciocínio mais elaborado e dizer que, mesmo quando se apóia na subjetividade individual, o comunismo já carrega em si a marca de sua negação. Aqueles que o portam combinam, de imediato, o sujeito e o anti-sujeito, o espaço ou a esperança para o sujeito pessoal e sua inversão, presente ou futura.

O ESPAÇO DO COMUNISMO

O fenômeno comunista exerceu um impacto considerável na África, que dele ainda não se restabeleceu, ou na América Latina, onde o regime cubano ainda está no poder. Ainda reina, por certo enfraquecido e em muitos aspectos desnaturado, na China ou no Vietnã. Entretanto, quando se trata de refletir sobre a experiência contemporânea das sociedades então denominadas "ocidentais", é preciso recusar reduzir o comunismo "real" apenas à sua experiência soviética, mesmo se lhe acrescentarmos a da ex-Iugoslávia. O "muro" que caiu em 1989 (e do qual lembro que só havia sido construído em 1961) não marcava uma muralha entre dois universos totalmente distintos, um totalmente comunista e o outro não menos totalmente não-comunista. De fato, seria mesmo interessante distinguir, no Oeste, países como os da Europa latina, onde o comunismo constituiu uma realidade maciça (França, Itália, Espanha...) e outros na Europa, sem mencionar Estados Unidos ou Canadá, onde nunca foi importante ou quase desapareceu, muito antes da era de sua grande decomposição histórica.

Ora, da mesma forma que o apogeu na URSS corresponde à época stalinista, pode-se mostrar que o comunismo no Ocidente começou seu declínio histórico nos anos de 1960, para acelerá-lo nos anos de 1980. O "muro" ao cair separava dois conjuntos onde, de ambos os lados, o comunismo já havia de fato entrado na fase terminal de seu declínio histórico.

Hoje em dia, o comunismo está desacreditado quase em toda parte e, com ele, muito mais do que apenas um tipo de regime, partido ou ação política.

SUJEITO E ANTI-SUJEITO: O CASO DO COMUNISMO   131

Não é possível analisar aqui o processo de declínio que conduziu a esse descrédito, tanto no Oeste quanto no Leste. De um lado, fatores externos como a guerra fria, ganha pelo adversário. Porém, de outro lado, fatores internos como o próprio esgotamento do processo e de seus atores, tanto no Oeste quanto no Leste: deve-se considerar, por exemplo, que a desestruturação dos partidos comunistas italiano ou francês deve alguma coisa ao esgotamento do comunismo na URSS; mas ela se explica também pelas transformações próprias às sociedades ocidentais, que passam da era industrial à pós-industrial e nas quais o comunismo aparece como uma ideologia datada, desgastada e inapropriada, inclusive do ponto de vista das expectativas daqueles mais privados de recursos ou mais dominados.

A GRANDE TRANSFORMAÇÃO

No Oeste, a decomposição do comunismo, principalmente na França ou Itália, não significou o esboroamento do Estado, de um regime, de uma ideologia imposta a toda a sociedade, como na Rússia soviética. Efetuou-se mesmo através de processos mais gerais, que não podem de maneira alguma ser reduzidos apenas às imagens do declínio, ou mesmo da decadência. Esses processos, que implicaram a marginalização acelerada do comunismo, podem ser lidos segundo três eixos principais.

Em primeiro lugar, esses processos são sociais. A França ou a Itália pertence a um grupo de países que saíram da era industrial. Sociologicamente, essa saída significa o fim do conflito central opondo, estruturalmente, o movimento operário e os donos do trabalho. Ainda existem, certamente, operários e patrões, indústrias, sindicatos, greves etc. Contudo, não é mais realista afirmar que a classe operária constitui o sal da terra e deve dirigir a vida coletiva. O Partido comunista, ao pretender encarnar no mais alto nível o proletariado operário, só podia ser derrotado pela perda da centralidade do movimento social na sociedade industrial; ademais, revelou-se incapaz de integrar o crescimento de novas reivindicações, esperanças sociais das quais lhe é difícil encarregar-se e, em todo caso se mantém fiel a sua ideologia clássica.

Em seguida, os processos que conduziram à marginalização do comunismo são políticos e institucionais. Ao longo da era industrial, a França e mesmo a Itália estabeleceram instituições que devem muito às lutas e reivindicações operárias: um Estado-providência, serviços públicos e, mais amplamente, modos de intervenção do poder público que foram afetados nos anos de 1980 e 90, que mais não seja com o desenvolvimento do neoliberalismo e a escolha desses países de participarem à economia mundial e contribuírem à construção de uma Europa que consiste, antes de mais nada, em um mercado e suas instituições. O comunismo resistiu mal às formas de modernização

132 EM QUE MUNDO VIVEREMOS?

que, sem chegarem sempre a traduzir um sucesso das ideologias liberais, implicam muito freqüentemente o retraimento do Estado ou o *aggiornamento* de suas instituições. Só pôde fazê-lo afastando-se de seus ideais de emancipação geral, ao aliar-se com os corporativismos (na função pública ou em empresas melhor protegidas) ou ao funcionar de uma maneira mais ou menos fundamentalista; e encontrou-se constantemente sob tensão entre duas necessidades que constituíram para ele um cerco mortal: para existir politicamente, precisou compor-se com forças reformistas, o que assina sua morte ideológica; e, para existir ideologicamente, precisou manter uma postura de ruptura e exterioridade institucional que o marginaliza.

Porém, é sobretudo em matéria cultural que as mudanças são mais decisivas. Insistirei aqui sobre dois pontos, cuja oposição só é aparente. De uma parte, as sociedades ocidentais estão engajadas em processos de um individualismo crescente. De outra parte, conhecem um desenvolvimento das diferenças coletivas que se pode observar em inúmeros domínios: regionalismos, afirmações religiosas, etnicidade, "gênero", deficiência transformada em diferença etc.

O individualismo não implica apenas um desejo de participação na vida moderna, a preocupação de aceder ao dinheiro, à consumação, à educação para seus filhos etc. Implica também um desejo de ser sujeito pessoal de sua existência, dono de sua própria história, trajetória e inclusive de sua memória. O indivíduo moderno consome, mas também pretende produzir a si mesmo. O que nos situa nos antípodas do projeto comunista, mesmo se este promete e mesmo, parcialmente, assegura a satisfação das necessidades de consumo e fala de um homem novo. O comunismo, no Oeste, pode ainda tentar a promessa de satisfazer as aspirações individuais de consumo, o acesso de todos à educação ou à saúde. Porém, não tem nada para dizer ao sujeito moderno e, mesmo se os partidos comunistas ocidentais distanciam-se da experiência totalitária, eles permanecem fortemente identificados com esta.

Quanto às diferenças coletivas, que tomam o aspecto de uma afirmação cultural, também estão longe de poderem estabelecer um elo positivo com o comunismo. Recorrem, com efeito, a políticas de reconhecimento que não aceitam ver-se subordinadas a um discurso de classe ou a uma ideologia preconizada por um partido ou vanguardas que pretendam deter o sentido da história. Funcionam no registro de uma historicidade que lhes é própria.

O paradoxo é que esses dois fenômenos, ambos opostos ao comunismo e suscetíveis de contribuir para seu declínio, alimentam-se reciprocamente. O individualismo moderno, com efeito, nutre a proliferação de identidades coletivas, na medida em que estas se estendem, diversificam-se, desenvolvem-se por fragmentação e hibridação, não apenas segundo lógicas de reprodução mas, cada vez mais, segundo

SUJEITO E ANTI-SUJEITO: O CASO DO COMUNISMO   133

lógicas de produção. São da ordem do *achievement*, bem mais que da *ascription*: as pessoas aderem a elas, escolhem-nas, engajam-se nelas, mas também se desengajam a partir de decisões e não mais, como no passado, pela tradição ou porque não têm nenhuma alternativa a não ser aquela que consiste em adotar a identidade dos pais ou do meio familiar.

Entramos pois em uma nova era no Ocidente, em que as contestações e as lutas pelo reconhecimento cultural alimentam-se do individualismo e traduzem a subjetividade pessoal de seus atores. A saída do mundo antigo não apenas se opera, no Ocidente, ao mesmo tempo que a entrada no mundo novo, mas encontra-se mesmo acelerada, sem que a cena social e cultural possa aparecer como vazia – contrariamente ao que puderam pensar alguns bons espíritos do começo dos anos de 1980, tal como Gilles Lipovetski.

A PURIFICAÇÃO

Porém, e no Leste? A grande diferença, parece-me, deve-se ao fato de que os dois processos – de decomposição do mundo antigo e de composição do novo – não podem estar no mesmo tipo de relação. O comunismo aqui era central e federava, ideológica e politicamente, teórica e praticamente, toda a vida dos países atingidos e, salvo na Polônia como Solidariedade, nunca foi minado pela combinação que acaba de ser evocada, pelas contestações articulando subjetividade individual e afirmação coletiva. Mesmo no momento em que se desfaziam, as contestações coletivas foram muito limitadas e os atores que se esboçaram timidamente, na conjuntura da Perestroika, decompuseram-se rapidamente: o sindicalismo dos mineiros esgotou-se, os partidos políticos permanecem protopartidos, os movimentos ecologistas enfraqueceram-se etc.; remeto aqui ao livro que escrevi, com Alexis Bérélowitch, precisamente sobre essas questões. De fato, o momento da recomposição de uma vida pública animada pelas afirmações sociais e culturais só me parece poder constituir-se após um longo período de purificação, no decorrer do qual muitos fenômenos inquietantes podem ser observados: processos populistas ou nacional-populistas, pulsões autoritaristas, apelos à regressão comunista. O indivíduo consumidor encontra seu lugar nas sociedades pós-comunistas, já o sujeito pessoal muito mais dificilmente.

O NOVO CONTEXTO

A queda do muro de Berlim modificou completamente a paisagem ideológica tanto no Oeste como no Leste, porém as mudanças às quais está associada devem muito aos processos que a precederam, também tanto no Oeste quanto no Leste. Ela radicalizou a tomada de consciência de um esgotamento, sem retorno possível, da ideologia

134   EM QUE MUNDO VIVEREMOS?

comunista – a ponto de alguns considerarem que vivíamos o fim da ideologia em geral. Evidentemente, acelerou o aumento concomitante de dois fenômenos, o individualismo moderno e o desenvolvimento da natureza das diferenças culturais e, de outra parte, contribuiu para a expansão, no pensamento social, de duas temáticas passíveis de serem associadas, a do sujeito pessoal ou individual e a do reconhecimento das diferenças culturais.

O individualismo moderno e mesmo o tema do retorno do sujeito são no conjunto menos problemáticos, menos debatidos do que o desenvolvimento das identidades culturais e, ao longo dos anos de 1980 e sobretudo de 1990, importantes debates desenrolaram-se nesse registro.

Em geral, três discussões tiveram lugar, freqüentemente na maior confusão, porque se mesclavam constantemente. O debate a princípio deu-se em torno da natureza dessas diferenças: seriam dominadas pelo comunitarismo e opostas à modernidade? Não estariam sobretudo inclusas na modernidade, enquanto invenção de novas modalidades de entrada na modernidade, ou contribuição à invenção, como foi dito, de modernidades múltiplas ou plurais? Não traduziriam antes a entrada numa era pós-moderna, em que a razão e as identidades separam-se, enquanto a política é abandonada e os Estados-nações enfraquecem-se? A essas questões sociológicas acrescentam-se rapidamente outras, que dependem da filosofia política e jurídica: frente às identidades coletivas que demandam reconhecimento no espaço público e reivindicam direitos culturais, o que é justo ou injusto, bom ou mau, desejável ou não, o que preconizar?

Enfim, a experiência de alguns países que, explicitamente, estabeleceram dispositivos ligados ao multiculturalismo (a começar pela Austrália e o Canadá) convida a refletir sobre as medidas institucionais que tentam articular democracia e reconhecimento das diferenças, universalismo e particularismo, equidade e igualdade.

Esse conjunto de preocupações pode levar-nos de volta ao tema do sujeito, tal como ele se apresenta após o declínio histórico do comunismo. Pois vemos, cada vez mais, esse tema ocupar o lugar central, antes detido pelas utopias ou pelos projetos comunistas e o pensamento social deixar de centrar-se na análise dos sistemas, para dedicar-se àquela dos atores.

De uma parte, tomamos cada vez mais o sujeito pessoal como a referência a partir da qual pode-se julgar a política: nessa perspectiva, uma boa política de saúde é a que se centra na pessoa enferma e não apenas na enfermidade; uma boa política educativa interessa-se pelo aluno e não somente pelo sistema de educação etc. De outra parte, nossos julgamentos sobre as identidades coletivas são comandadas pelo lugar que elas concedem ao sujeito pessoal: o reconhecimento e ainda menos a tolerância não podem ser acordados às minorias

SUJEITO E ANTI-SUJEITO: O CASO DO COMUNISMO 135

que negam os sujeitos pessoais; o direito à liberdade religiosa termina onde começa a seita, isto é (mas aqui a discussão é complexa), onde os sujeitos pessoais são negados, pulverizados, impedidos ou até manipulados. Mesmo o debate entre *liberals* e *communitarians*, em sua versão inglesa, ou entre *républicains* e *démocrates*, em sua variante francesa, não escapa à centralidade do tema do sujeito; assim, a discussão pôde ser formulada da seguinte maneira: se assumimos que nosso objetivo quanto à educação é criar as melhores condições para que se construam sujeitos, o que vale mais, quando lidamos com crianças oriundas de uma minoria cultural: levar em conta sua identidade familiar, reconhecê-la ou mergulhá-las num ambiente que as insira diretamente nos valores universais, tais como os encarna a sociedade em seu conjunto?

Sabemos que as diferenças coletivas podem desembocar em antimovimentos sociais, isto é, em condutas em que a identidade coletiva dota-se de inimigos e não de adversários, recolhe-se sobre si mesma, para considerar o exterior somente como uma ameaça ou um obstáculo e prepara-se para lutar, em seu seio, contra tudo que possa colocar em questão um ideal de pureza ou de homogeneidade. Nesse caso, a afirmação identitária não se pode acomodar com a democracia e tampouco com a existência de sujeitos singulares. A imagem de identidades coletivas associadas harmoniosamente à subjetividade individual de seus membros e inseridas na vida moderna é apenas uma abstração e, entre esta e a imagem oposta do antimovimento, é possível desenhar toda espécie de figuras intermediárias, nas quais o sujeito singular é mais ou menos maltratado, mas também preservado.

Até 1989 (se quisermos tomar essa data como simbólica do fim do comunismo), a imagem mais significativa do antimovimento pretendendo ainda uma certa legitimidade podia ser imputada ao totalitarismo soviético. A democracia ocidental podia ser pensada, bastante sumariamente, com referência a um adversário exterior. Com a queda do muro, não podemos mais dizer que o mal está fora e que encarnamos o bem. O que 1989 trouxe, ideologicamente, é a necessidade de pensar o mal, os fenômenos de inversão, a formação de antimovimentos, a negação do sujeito pessoal, como fenômenos que se constroem no âmago de nossas sociedades e não no exterior delas. Mais ainda, devemos habituar-nos a ver, nos diversos fenômenos contemporâneos, tendências opostas, tensões e virtualidades que fazem com que possam dirigir-se tanto no sentido da produção e do respeito do sujeito pessoal e das identidades coletivas, quanto no de sua negação e destruição. Porém aí, em contrapartida, a história do comunismo real não deve ser esquecida, porque, em sua longa fase constitutiva, ela também está carregada de tais tendências contraditórias, em que se mesclam o sujeito e o anti-sujeito – até o triunfo do segundo, no apogeu do totalitarismo.

Diferenças Culturais e Racismo

8. As Diferenças Culturais e o Futuro da Democracia

De uma sociedade a outra e de um período histórico a outro, a natureza das identidades culturais varia e com ela as grandes questões colocadas pelo racismo, a xenofobia e a capacidade da democracia de enfrentar esses desafios. A pesquisa em ciências políticas e sociais não tem nada a ganhar ao querer muito rápida ou superficialmente minimizar as diferenças que separam, por exemplo, os países europeus e os da América Latina, da América do Norte, da África ou da Ásia, ou ainda as que se manifestam no interior desses vastos espaços. Tampouco avança ao postular uma continuidade sistemática de puras lógicas de reprodução e, assim, a subestimar ou negar a mudança e as rupturas, que são sempre suscetíveis de modificar em profundidade as características dessas diferenças e suas implicações. Porém, um relativismo extremo, que postularia a irredutibilidade de cada experiência considerada ou de cada momento, constitui também um perigo, porque impede a comparação e a perspectiva geral. Assim, este texto se esforça em propor uma análise que, tendo sido elaborada a partir de conhecimentos adquiridos essencialmente da experiência "ocidental" e num lapso de tempo bem curto na escala da história (ao todo, dez anos), esforça-se por não ceder ao canto das sereias do etnocentrismo ou do anacronismo e possuir um alcance senão universal, ao menos mais amplo.

Um ponto de partida útil pode ser o 11 de setembro de 2001 nos Estados Unidos e mais precisamente a interpretação desses atos terroristas prevalentes em certos meios, em particular, no seio dos *establishments* políticos: no prolongamento da famosa tese do cientista

140 EM QUE MUNDO VIVEREMOS?

político americano Samuel Huntington, muitos, efetivamente, viram nessa violência extrema uma expressão do choque de civilizações, um choque entre o Ocidente e o Islã definidos cada um como grandes conjuntos civilizacionais. Interpretação que foi contestada, em termos, com freqüência relativamente abstrata, referidos, por exemplo, aos textos sagrados dessa religião, para dizer que, pelo contrário, o islã pode muito bem conciliar-se com o Ocidente, ou para lembrar que ele não se reduz, longe disso, aos desvios islamitas e menos ainda ao terrorismo no qual culminam alguns desses desvios.

Todavia, é preciso prolongar essa linha de argumentação caso se queira verdadeiramente responder a Samuel Huntington e considerar seriamente o desafio que constitui a religião muçulmana, entre outros particularismos culturais. Esse desafio, e é nisso que reside o essencial, não é apenas externo, não se limita ao choque ou ao encontro de civilizações, não se reduz aos riscos de choque e de violência entre unidades culturais desarticuladas ou no máximo em contato ao longo de eventuais fronteiras comuns. Remete não apenas à distância espacial entre "eles" e "nós", mas, pelo contrário, à existência e ao desenvolvimento de particularismos culturais que brotam no seio de "nossas" sociedades – como das "suas". Se por exemplo, o islã, principalmente, mas não exclusivamente, concerne aos países como a Itália, a França, a Espanha, a Alemanha, o Reino Unido etc., não é apenas porque se trata de uma religião dominante ou exclusiva de outros países com os quais existem relações mais ou menos harmoniosas ou tensas, mas é também porque está presente no coração da Itália, da França etc., onde constitui uma religião certamente minoritária, mas de efetivos não desprezíveis: assim, avança-se normalmente (mas sem demonstração muito séria, precisemos), o número cinco ou seis milhões de muçulmanos para a França. E simetricamente seria uma manifestação de cegueira em relação à experiência histórica das sociedades muçulmanas, o fato de não enxergar que elas são, de maneira mais ou menos ampla, uma parte ativa da modernidade e assim trabalhadas, em seu interior, por movimentos culturais que devem muito às sociedades dita ocidentais.

É preciso pois refletir não apenas distinguindo e opondo o fora e o dentro, o "eles" exterior e o "nós" interior, mas também, prioritariamente, examinando as afirmações culturais que existem no seio de nossas sociedades e que, ao mesmo tempo podem guardar algum elo com o exterior. Como apareceram, como se desenvolvem e se transformam, o que reclamam para seus membros? O exame propriamente sociológico dessas diferenças não deve ser confundido, mas prolongado por uma reflexão mais filosófica sobre o que pedem como tratamento político: o que pode ser justo ou injusto, bom ou mau, de se estabelecer como resposta a suas expectativas, mas também aos eventuais perigos que podem encarnar?

AS DIFERENÇAS CULTURAIS E O FUTURO DA DEMOCRACIA

Porém, não devemos contrapor uma visão sumária, centrada no funcionamento das sociedades nacionais, à visão planetária proposta por Samuel Huntington. No mundo contemporâneo, a globalização econômica, a comunicação moderna, as redes, a generalização da cultura e do consumo de massa, a multiplicação das diásporas e dos fluxos migratórios impedem os raciocínios demasiado simples que encerram a reflexão no quadro único dos Estados-nações e de suas relações. Os problemas internos a nossas sociedades são indissociáveis e freqüentemente inextricáveis dos problemas internacionais ou transnacionais, o "dentro" só se compreende referindo-se ao "fora" e vice-versa.

DOIS FENÔMENOS MAIORES

O Crescimento das Diferenças Culturais

No mundo inteiro, o crescimento das afirmações culturais efetuou-se, a partir do final dos anos de 1960, sob freqüentemente duas formas principais, mas não necessariamente em duas grandes vagas.

Uma primeira expressão dessas diferenças assumiu o aspecto, em todos os domínios, de contestações culturais novas ou renovadas que demandam um reconhecimento do ator que as carrega no espaço público. É assim que apareceram então, ou reapareceram, movimentos étnicos ou regionalistas que por vezes se dizem "nacionalistas" – na França, por exemplo, o movimento bretão se relança, após ter sido desconsiderado por causa de suas simpatias pró-nazistas durante a Segunda Guerra Mundial; o movimento *occitano* conjuga aspirações culturais a reivindicações econômicas dos viticultores; um pouco mais tarde, o movimento corso manifesta-se, imediatamente, atraído pela violência. Na mesma época, em numerosos países, nasce um movimento homossexual, enquanto que o feminismo volta a ser uma importante força contestadora. Em alguns países, dentre os quais a França é o caso mais espetacular, os judeus se "etnicizam", tornam-se visíveis no espaço público. A deficiência, a doença grave ou crônica deixam de ser puras deficiências para demandar serem consideradas como diferenças. Na França, por exemplo, os surdos-mudos demandam poder existir em sua cultura, participar da vida pública usando a linguagem dos sinais. Rompem com um modelo que, no geral, só lhes deixava uma escolha terrível: ou viver entre eles, em guetos para surdos-mudos onde podiam desenvolver à vontade sua cultura e viver em sua linguagem, ou participar na vida geral, mas como se não fossem deficientes, como se não tivessem nenhum problema. Uma característica importante dessa primeira modalidade de afirmação da diferença é que, no conjunto, sua carga propriamente social é fraca

142   EM QUE MUNDO VIVEREMOS?

ou indeterminada. As demandas de reconhecimento não se encontram especialmente carregadas de uma temática social, falam muito pouco em nome de uma classe que seria dominada ou em nome dos pobres, excluídos ou vítimas de injustiças propriamente sociais. É preciso dizer que esses movimentos culturais constituem-se antes da guerra do Kipur e do choque petrolífero subseqüente (1973), antes da crise econômica inaugurada precisamente em 1973-1974, e que – mas na época não se sabia ainda – dá lugar de fato, em inúmeros países, a uma mutação total, social, cultural, política e econômica.

A partir do fim dos anos de 1970, por vezes mais cedo, por vezes mais tarde, desenvolvem-se outras expressões da diferença cultural que, contrariamente às da época anterior, têm por característica principal conjugar demandas de reconhecimento propriamente cultural e demandas sociais. Dois tipos de movimentos devem ser distinguidos analiticamente, mesmo se na prática uma mesma ação possa combinar esses dois tipos. De uma parte, a diferença cultural pode ser reivindicada por atores debatendo-se com uma profunda exclusão, vítimas da injustiça social, levados a viverem fortes desigualdades. Nesse caso, não é raro que o racismo venha reforçar as dificuldades propriamente sociais e contribuir à resposta que constitui então a afirmação de uma identidade. Assim, para poder suportar uma existência dolorosa, condições de trabalho no limite do intolerável ou um salário miserável, pessoas para quem, além do mais, um engajamento político ou social está descartado ou parece inacessível vão atribuir a certos marcos culturais um sentido central. É o caso principalmente da religião. Na França, que continuarei a evocar para ilustrar meu objetivo, as populações oriundas da imigração voltam-se, amplamente, para o islã, não tanto por fidelidade aos valores e à religião de seus pais mas porque ele confere um sentido à existência numa sociedade que tende a menosprezá-los, rejeitá-los, desqualificá-los ou excluí-los. A religião participa de um esforço não para excluir-se mas, pelo contrário, para encontrar um lugar na modernidade.

De outra parte, a diferença cultural pode corresponder, ao menos parcialmente, à preocupação de grupos dominantes, ou pertencentes à maioria cultural da sociedade que acolhe e para quem um vivo sentimento de ameaça sobre sua identidade por exemplo, nacional, vai de par com o desejo de distinguir-se dos setores mais despojados da sociedade. A afirmação identitária permite aos menos pobres manterem-se à distância dos pobres, sobretudo quando são oriundos da imigração ou quando é possível identificá-los a um território ou a uma região. É assim que o nacionalismo do Front National na França, do Vlaams Blok em Flandres, da Liga do Norte na Itália, do FPO de Haider na Áustria etc. ou é trazido por pessoas em queda social, ou por aquelas obcecadas por essa queda e querem prevenir-se disso, promovendo uma sociedade fechada, ou é então conduzido por

AS DIFERENÇAS CULTURAIS E O FUTURO DA DEMOCRACIA   143

ativistas cuja primeira preocupação é desembaraçar-se do problema constituído pelas regiões em crise (a Wallonie para o Vlaams Blok), estruturalmente em atraso ou consideradas como parasitárias (o sul da Itália para a Liga do Norte).

Da primeira onda, das primeiras expressões das identidades culturais do fim dos anos de 1960, à segunda onda, esboçou-se uma característica, depois se delineou e impôs-se: a diferença cultural não permanece jamais dissociada, de maneira duradoura, de uma temática social em que a injustiça, as desigualdades, a queda, mas também o egoísmo de categorias mais afortunadas, têm o seu lugar.

O desenvolvimento das identidades culturais não se efetuou em todos os lugares em duas ondas diferentes, tão distintas como acaba de ser assinalado. Em certos países, as duas modalidades desse desenvolvimento – uma indeterminada socialmente, a outra, pelo contrário, claramente carregada de temas sociais – apareceram de maneira quase concomitante ou com uma defasagem limitada. Porém, o importante em todos os casos, é que essa expansão é indissociável de um outro fenômeno que é o desenvolvimento, no mesmo contexto histórico, de formas renovadas de racismo, ao menos na Europa ocidental e na América do Norte.

A Renovação do Racismo

Até os anos de 1960 e mesmo 1970, o racismo era ainda o herdeiro de ideologias forjadas no passado, sublinhava a existência real ou fantasiada de particularismos físicos (a cor da pele, o cabelo, a forma do crânio etc.) para deduzir disso uma inferioridade daqueles que eram visados e, a partir disso, sobretudo, melhor explorá-los e dominá-los. No momento em que a questão das diferenças culturais começa a se desenvolver, o racismo, por sua vez, transforma-se e torna-se, como dizem os especialistas, um *New racism* (Martin Barker no Reino Unido), um racismo cultural ou ainda diferencialista (Étienne Balibar, Pierre-André Taguieff na França), um racismo "simbólico", segundo a expressão de cientistas políticos e de psicólogos sociais nos Estados Unidos. Esse racismo renovado diz de seus alvos e de suas vítimas que elas são diferentes culturalmente, irredutivelmente diferentes, fundamentalmente incapazes de integrar-se à sociedade e de partilhar os valores do grupo dominante. Os imigrantes na Europa são acusados, então, de veicular formas culturais, a começar pelo islã, que são incompatíveis com os princípios democráticos de separação do religioso e do político ou da igualdade das mulheres; os negros, nos Estados Unidos, são criticados por não partilhar o credo americano de que se trabalhe, que se sustente uma família harmoniosa e que se tenha como objetivo existencial assegurar sua ascensão social: para o racismo "simbólico", eles prefeririam receber o dinheiro do *welfare*

144 EM QUE MUNDO VIVEREMOS?

state, não fazer nada e deixar a família desestruturar-se. O racismo diferencialista pode contribuir para mergulhar ainda mais suas vítimas na exclusão, na desigualdade econômica e na injustiça social. Porém, tem sobretudo por função a de afastá-las, de rejeitá-las, ou até mesmo justificar as demandas de expulsão. Ao naturalizar as diferenças culturais, ele as radicaliza, quer sejam as do grupo dominante que associa facilmente nacionalismo e racismo, quer sejam as dos grupos minoritários. Isso pode ser observado desde os anos de 1990, com o crescimento de um anti-semitismo novo, portado não apenas, como classicamente, pela extrema direita ou pelas camadas marginais radicalizadas do mundo comunista, mas por membros de minorias, aliás elas próprias racialmente discriminadas como os negros americanos do movimento de Louis Farrakhan, por exemplo, ou ainda, os jovens oriundos da imigração magrebina na Europa. Não é difícil estabelecer uma ligação entre o desenvolvimento das diferenças culturais e diversos aspectos ou expressões do racismo, que transforma essas diferenças, reais ou imaginadas, em diferenças naturais, raciais, ou a meio caminho – pois o termo é ambíguo –, étnicas.

DIFERENÇAS NAS DIFERENÇAS

É absurdo colocar, num mesmo plano, fenômenos tão diferentes quanto a etnicização dos judeus da diáspora, o desenvolvimento do islã na Europa, as lutas pela linguagem dos sinais, ou ainda, os movimentos gay e lesbiano, e é certamente útil dispor de um quadro geral que permita distinguir, no seio desse imenso conjunto, algumas grandes famílias ou categorias.

Uma Tipologia

A literatura especializada permite esboçar uma tipologia distinguindo: as identidades "primeiras", aquelas que correspondem aos grupos que existiam antes que se formasse, no território onde sobrevivem, uma nação e uma sociedade modernas. É o caso, por exemplo, dos índios das três Américas ou dos aborígines da Austrália, que à primeira vista constituem aquilo que subsiste, o que resistiu à modernidade triunfante; as identidades de minorias anteriores à sociedade e à nação dominantes, mas elas mesmas modernas. É o caso, sobretudo, dos regionalismos que parecem, à primeira vista, ser um *reliquat* do passado, o que resistiu à centralização política ou à extensão dos mercados e do capitalismo; as minorias "involuntárias", segundo a expressão do sociólogo americano John Ogbu, que são os herdeiros de populações levadas à força para as sociedades modernas – pensa-se, em primeiro lugar, nas vítimas da escravatura e em seus descendentes nos Estados Unidos, que, com toda evidência, não escolheram

AS DIFERENÇAS CULTURAIS E O FUTURO DA DEMOCRACIA 145

viver nesse país, onde sua trajetória histórica e social é bem diferente daquela de outros grupos oriundos de uma imigração voluntária; as minorias oriundas da imigração, que são freqüentemente descritas, nas ciências sociais, como chegando nas sociedades de acolhimento com seus particularismos culturais, sua religião, sua maneira de se alimentar e de se vestir, sua língua, seus costumes, dos quais, em seguida, se desembaraçam mais ou menos completamente em uma ou duas gerações, a menos que uma terceira geração lhes torne a dar um pouco de vida. A diferença é percebida como trazida de fora e em grande parte destinada a dissolver-se. A lista poderia ser prolongada com outras categorias que dizem respeito ao gênero ou ao sexo, à saúde, à deficiência física etc. No entanto, uma tal tipologia permanece insuficientemente analítica, sobretudo demasiado próxima das categorias da prática. É por isso que convém aprofundar a teoria para além de distinções semi-empíricas, examinar as duas grandes lógicas que atuam na expressão das diferenças.

Duas Lógicas

As lógicas de reprodução asseguram a sobrevivência sem alteração das diferenças; as lógicas de produção fazem das diferenças construções em mudança, invenções, inclusive quando elas tomam o aspecto de tradição.

À primeira vista, algumas identidades dependem exclusivamente de uma lógica de reprodução. Elas são da ordem da resistência, da manutenção do que existe há muito tempo. Ilustremos essa observação considerando a primeira das categorias semi-empíricas que acabam de ser evocadas, a das minorias "primeiras" que parecem à distância corresponder a uma lógica de produção. E tomemos um caso concreto, o dos aborígines da Austrália, cuja cultura foi destruída por séculos de colonização. O que dela subsiste comporta, essencialmente, dois tipos de situações: por uma parte, alguns vivem longe da cidade, do mercado, da modernidade, em territórios onde se supõe que se reproduzam e nos quais, de hábito, esperam tudo da ajuda pública e sofrem, em grande porcentagem, de moléstias, miséria e alcoolismo. Por outra parte, os aborígines mantêm viva sua identidade produzindo, por exemplo, obras de arte para o mercado local, mas também internacional, e mais largamente, guardando seu lugar econômico e social na modernidade. Eles mantêm viva sua identidade, ostentam-na, reivindicam-na, como por exemplo a campeã de 400 metros, Cathie Freeman, vencedora nos Jogos Olímpicos de Sydney. A identidade aborígine está então viva, ela é reinventada, produzida, tem um sentido que não pode mais ser o do passado, mas corresponde a uma certa vitalidade. O essencial reside não tanto na reprodução exata de um passado, mas na produção cultural.

146 EM QUE MUNDO VIVEREMOS?

Da mesma forma, as outras categorias semi-empíricas que foram propostas acima remetem, mais do que se poderia pensar à primeira vista, às lógicas de produção. Tomemos um segundo exemplo, o da identidade bretã na França que nunca foi tão viva e bem representada quanto na música. O músico mais conhecido é Alan Stivell: é claro que sua música é uma produção moderna, que difere profundamente do que poderia ser escutado na Bretanha há dois ou três séculos e, no entanto, permanece profundamente bretã.

O Fim do Evolucionismo

É preciso tirar uma conclusão dessas primeiras observações. Se o desenvolvimento contemporâneo das identidades culturais não se limita, longe disso, à resistência ou à chegada de comunidades tradicionais (trazidas, por exemplo, pela imigração), se ela corresponde, ao menos em parte, às lógicas de produção, então, as concepções evolucionistas da modernidade devem ser totalmente abandonadas. Se os particularismos culturais desenvolvem-se no próprio seio das sociedades mais modernas, se eles se inscrevem como elementos decisivos de sua vida coletiva, então, isso significa que a modernidade se estende sem destruir as tradições culturais, e sim inventando, por assim dizer, novas. Essa idéia pode ser radicalizada sob a forma de uma hipótese capaz de chocar aqueles para quem a modernidade significa o Iluminismo, o triunfo da razão sobre as tradições: efetivamente, pode-se levantar a hipótese de que quanto mais nossas sociedades são modernas, hipermodernas (alguns diriam: pós-modernas, mas não é o caso de se abrir essa discussão aqui) mais elas produzem particularismos culturais, mais inventam diferenças, inclusive dando-lhes um aspecto de tradição, "bricolando", segundo o termo de Claude Levi-Strauss, criando uma espécie de colcha de retalhos a partir de materiais culturais tomados do presente, do passado, dos costumes, de formas artísticas antigas, da história etc.

Essa hipótese sociológica não está afastada de um diagnóstico histórico. Se for justo, com efeito, afirmar que nossas sociedades produzem tanto mais diferenças culturais por estarem, a partir do fim dos anos de 1960, na vanguarda da modernidade, isso significa que elas entraram, a partir dessa época, numa nova era histórica, na qual mais elas se instalarão, mais deverão inventar diferenças, e não vê-las regredir. Dito de outra maneira, nessa perspectiva, não se trata de uma crise mais ou menos prolongada, um momento de recuo dos valores universais do direito e da razão, de uma onda triunfal em que as tradições, mais ou menos em recuo, se reergueriam ao menos provisoriamente, mas sim da marca de um período novo em que os processos de fragmentação, de decomposição e de recomposição das identidades são decisivos. O discurso evolucionista preconizava que nossas so-

AS DIFERENÇAS CULTURAIS E O FUTURO DA DEMOCRACIA 147

ciedades fossem tanto mais modernas quanto mais dissolvessem os particularismos culturais concebidos como um legado do passado; é preciso contrapor-lhe um ponto de vista completamente diferente e admitir que a modernidade, hoje em dia, compreende não apenas a produção desses particularismos, mas também as tensões crescentes que nossas sociedades suscitam entre os valores universais, e precisamente, as identidades culturais que se apresentam no espaço público.

O que é válido para a diferença cultural é válido também para o racismo "diferencialista" já mencionado acima. Este, com efeito, pode ser considerado como uma perversão da diferença cultural. E da mesma maneira que o desenvolvimento da diferença cultural é recente, que de toda evidência ela se encontra no começo de sua história, pode-se levantar a hipótese de que o racismo é uma doença infantil das sociedades mais modernas, nas quais a diferença cultural transforma-se, fecha-se em si mesma por não ter recebido o tratamento político que exige e que lhe evitaria, precisamente, tornar-se racista.

A PRODUÇÃO DAS DIFERENÇAS

É preciso agora ser mais preciso e dar conta das lógicas de produção da diferença. Como nossas sociedades inventam novas formas culturais, novas identidades, mais ou menos estáveis, mais ou menos destinadas a se desfazerem e depois se recomporem sob novas formas?

O Individualismo Moderno

Um paradoxo na produção das diferenças é que esse fenômeno coletivo, por definição, (o que seria uma cultura ou uma identidade não compartilhada?) repousa hoje em dia, cada vez mais, sobre o individualismo moderno. E quanto mais este se estende, mais as diferenças são suscetíveis de prosperar.

O individualismo apresenta duas faces. Por um lado, significa a participação de cada um, como indivíduo e segundo, evidentemente, um número infinito de modalidades, na vida moderna: o acesso ao dinheiro, ao consumo, ao trabalho, à educação das crianças, à saúde etc. E por outro lado, quer dizer que cada um, como pessoa singular, pretende construir suas escolhas, controlar e definir sua existência, ser sujeito. Essas duas faces do individualismo são suscetíveis de contribuir para a invenção das diferenças.

Assim, quando a participação individual na vida moderna é difícil ou quando um simples cálculo permite pensar que ela melhoraria ou permaneceria boa, caso se pertencesse claramente a uma identidade capaz de promover coletivamente seus interesses, uma atitude elementar, mais ou menos consciente, poderá ser escolher referir-se a essa identidade, seja para melhor participar graças aos recursos coleti-

148 EM QUE MUNDO VIVEREMOS?

vos que a comunidade referida permite obter ou dispor, seja para substituir a participação impossível ou insatisfatória por marcas simbólicas.

E por outra parte, sobretudo, as identidades coletivas são hoje em dia cada vez mais escolhidas, adotadas por seus membros; não são mais, ou são cada vez menos, o fruto automático da reprodução, uma herança; procedem cada vez mais de decisões altamente subjetivas tomadas por indivíduos singulares que pretendem assim construir eles mesmos o sentido de sua experiência. É assim, para dar um exemplo concreto, que, com freqüência, encontrei na prática, que os jovens muçulmanos na França dizem duas coisas. Em primeiro lugar, explicam ter feito a escolha pessoal do islã de maneira deliberada, pessoal. E em segundo lugar, consideram que o islã lhes permite agüentar face a uma sociedade racista, onde as condições de existência lhes são particularmente difíceis. O islã, nesse caso, não os mantém afastados da sociedade, pelo contrário, é o que permite contentar-se com um acesso limitado aos recursos da vida moderna, ou em todo caso de suportar na esperança de dias melhores. Dito de outra maneira, e contrariamente a todos os discursos que o associam aos piores desvios do comunitarismo, o islã é, nesse caso, a condição de inserção na modernidade. O que não impede que em outros casos, mais raros, porém muito mais preocupantes, ele seja o recurso cultural no qual o ator se fecha para entrar em guerra contra uma modernidade na qual não encontra seu lugar, como se observa principalmente com o islamismo radical e seus prolongamentos terroristas.

Dificuldades Pessoais e Tensões Coletivas

A escolha, a invenção de identidades coletivas, não correspondem a processos simples e harmoniosos, a decisões fáceis de tomar e colocar em ação. Pelo contrário, sobretudo em períodos de nascimento dessas identidades, esses processos são difíceis, custosos psicologicamente, em particular quando se trata tanto para uma pessoa, como para um grupo, de inverter uma definição negativa de si, ou de acabar com uma ausência de definição identitária, para dotar-se de uma identidade positiva, para afirmar-se. Em certos casos, por exemplo, o ponto de partida é um sentimento de vergonha, uma repressão, a impressão de não merecer existir no lugar onde se existe, de não ter um lugar digno, dever mais ou menos esconder seu ser cultural, sua religião, sua sexualidade por exemplo, porque ela não é a da maioria, está associada a imagens que a desqualificam e estigmatizam. Assim, até os anos de 1970, a homossexualidade, em numerosos países, era uma tara, devia permanecer escondida, era um tabu; da mesma maneira, num país como a França, a identidade judaica foi por muito tempo a de "israelitas" que deviam permanecer discretos, serem judeus apenas na vida privada, da maneira menos visível possível para

AS DIFERENÇAS CULTURAIS E O FUTURO DA DEMOCRACIA

não dar suporte às acusações ou suspeitas de colocar em questão os valores da Nação e da República que só reconhece indivíduos livres e iguais em direito. Até os anos de 1970, afirmar-se visivelmente como homossexual ou como judeu, para permanecer no quadro desses dois casos, implicava incomodar o resto da sociedade, reclamar um reconhecimento, dizer que sua identidade sexual ou religiosa merece seu lugar, que ela não é uma infâmia ou uma barbárie, nem a marca de uma inferioridade incapacitante, como sugere o discurso dominante. Os movimentos de afirmação dos homossexuais ou de etnicização dos judeus inverteram uma definição negativa, isto é, que fazia das pessoas referidas, seres que não deviam aparecer com sua cultura própria, para colocar em destaque uma identidade positiva: isso não se fez sem dificuldades, e, freqüentemente, implicou sofrimentos tão reais quanto lancinantes.

Uma vez afirmada e construída, uma identidade coletiva conhece rapidamente toda espécie de tensões internas. As mais importantes são as que opõem duas orientações cujos pólos antagônicos remetem, respectivamente, ao fechamento e à abertura. De um lado, toda identidade pode ser tentada pelo fundamentalismo, o sectarismo, o integrismo, o comunitarismo que exigem o fechamento do grupo envolvido sobre si mesmo; essa tentação vai de par com a afirmação da lei sobre o grupo, exigindo a submissão dos membros aos que a encarnam e destruindo, conseqüentemente, a autonomia intelectual e, eventualmente, prática de cada um. São, com freqüência, as mulheres que sofrem em primeiro lugar com uma tal orientação – quem não tem em mente as fotos terríveis das mulheres afegãs veladas pelos talibãs? Além do mais, uma comunidade voltada para si-mesma não sabe se comunicar com o exterior e corre o risco, em permanência, de ser tentada pela violência ou de suscitá-la.

De outro lado, toda identidade coletiva minoritária pode ser aberta à sociedade que a rodeia, aceitar afinal a vida democrática e o individualismo moderno, acomodar-se aos valores universais. Porém, ao engajar-se nesse sentido, corre o risco de perder sua alma, dissolver-se, ver seus membros desengajarem-se. A característica própria das identidades coletivas, nas sociedades democráticas ao menos, é de serem constantemente solicitadas pelos apelos ao fechamento e à abertura. Em certos casos ou circunstâncias, a administração dessas tensões efetua-se sem grandes problemas, em outros casos, um pólo ou outro vence, ou ainda separam-se. Não há uma configuração única, nem mesmo um número limitado de casos possíveis, mas uma constelação de variações mais ou menos estáveis segundo a espessura histórica da identidade considerada e também segundo sua situação política e econômica.

É nessas tensões, nessas variações que o racismo, eventualmente, abre caminho, sob duas formas opostas e, no entanto, não necessariamente contraditórias, ao menos para seus protagonistas. De uma parte, o racismo diferencialista pode florescer quando as lógicas de fechamento vencem e os que as encarnam consideram que a alteridade constitui uma ameaça, rapidamente naturalizada e assim transformada em termos raciais. E por outra parte, quando as diferenças culturais dissolvem-se, aqueles que querem acelerar ou acentuar essa dissolução em nome de valores universais podem preconizar, nos casos extremos, um assimilacionismo que se torna uma espécie de racismo: dizer a um grupo que sua identidade deve desaparecer, dissolver-se, é desqualificá-la, negá-la, desprezá-la, ver nela um perigo e esse discurso pode tornar-se um racismo, uma negação da alteridade e da integridade dos membros do grupo visado.

UM GRANDE DEBATE DE FILOSOFIA POLÍTICA E MORAL

"Liberals" e "Communitarians": Um Debate Esgotado

A partir do momento em que as diferenças culturais manifestaram-se com uma insistência crescente nos espaços públicos nacionais, por volta do fim dos anos de 1960, os debates se fizeram, com freqüência de maneira apaixonada, tendo como questão principal a de saber o que convém promover, face às demandas de reconhecimento e de direitos culturais que surgiam. A filosofia política, cujo vigor reencontrado deve muito, na época, à publicação do livro de John Rawls *Une théorie de la justice* (1971) pôs-se assim a debater a questão do bem e do mal, do justo e do injusto, do bom e do mau. E esse debate estruturou-se, no mundo anglo-saxão, ao redor de uma oposição aparentemente franca entre *liberals* e *communitarians*. Nesse debate, que foi virulento ao longo, sobretudo, dos anos de 1980 e 90, uma questão particularmente decisiva era a seguinte: se desejamos que nossas sociedades fabriquem cada vez mais sujeitos pessoais, capazes de construir sua própria existência como seres livres e responsáveis, o que seria preferível, quando se trata de filhos de imigrantes: educá-los no particularismo cultural de sua família e de seu meio de origem ou retirá-los o mais possível dele, para permitir-lhes aceder diretamente ao universal, no caso, à cultura geral da sociedade?

Esse debate que se desenvolveu a partir de alguns países, principalmente Canadá e Estados Unidos e essencialmente entre os filósofos políticos, conheceu numerosas variantes. Na França, por exemplo, tomou o aspecto de uma querela entre "Republicanos" e "Democratas", os primeiros, sob a direção de Régis Debray, defendendo a idéia de que no espaço público só deveria haver indivíduos livres e iguais em direito e que a República é "una e indivisível". Os Republicanos, de alguma maneira, generalizaram e quiseram dar vida a uma fórmula, lançada pelo conde de Clermont-Tonnerre durante a Revolução, que dizia a respeito dos judeus, que era preciso dar-lhes "tudo enquanto indivíduos" e "nada enquanto Nação", o que termina por impedir todo acesso ao espaço público às identidades culturais enquanto tais. Quanto àqueles que Régis Debray chamou "Democratas", estes defendiam pelo contrário, que se desse um tratamento político às demandas de reconhecimento emanando de minorias culturais.

De fato, face aos desvios comunitaristas suscetíveis de se desenvolverem nas sociedades ocidentais, três respostas principais foram então propostas, quer esses desvios sejam efetivamente esboçados ou que constituam um fantasma.

A primeira é a do assimilacionismo: esta demanda que, não apenas os particularismos culturais não sejam visíveis nem admitidos no espaço público, mas além do mais que se dissolvam no *melting pot*, o cadinho da nação e assim na identidade dominante da sociedade. A segunda é a da tolerância que aceita as diferenças na vida privada, mas também, eventualmente, no espaço público, enquanto não criem dificuldades, não perturbem a ordem pública, não gerem violência ou conflito. Enfim, bastante minoritária, uma terceira orientação é a do reconhecimento que propõe acordar direitos culturais às minorias e não apenas tolerá-las, o que implica simplesmente que elas não coloquem em questão os valores universais, o direito, a razão. A diferença entre o reconhecimento e a tolerância é que a primeira repousa sobre direitos. Uma coisa é ser reconhecido, uma outra é ser apenas tolerado.

Esses debates complexos – dos quais uma apresentação mais detalhada pode ser encontrada no meu livro *La différence* – esgotaram-se praticamente daí por diante, como se tudo já tivesse sido dito – quando na prática, não apenas os problemas permanecem, mas até mesmo se agudizam a cada dia. Desde então, ouvimos filósofos se dizerem *liberals* face a adversários *communitarians*, manifestando em seguida propósitos *communitarians* face a um público particularmente "liberal" e de maneira mais geral, o esgotamento do debate encoraja a confusão de posições, mas também o deslocamento das discussões filosóficas.

Uma primeira modalidade de deslocamento consiste em lembrar que todos os fenômenos culturais e identitários não se limitam a identidades coletivas estáveis e bem delimitadas ou especificadas. Dizer: o islã, o judaísmo, a cultura basca, o mundo homossexual, por exemplo, é evocar conjuntos bastante claros, mesmo se eles são menos nítidos nas margens. Porém, não existem apenas identidades bem definidas, existem também, em toda sociedade, fenômenos por vezes consideráveis, de mestiçagem cultural, de hibridação, de fusão de diferentes línguas numa nova, mesclas nas quais as culturas interpenetram-se, informam-se mutuamente, transformam-se constantemente. Isso pode revelar-se fonte de criatividade, de inventividade, de fascinação de alguns pesquisadores que se entregam à apologia da mestiçagem, e, também, em obras literárias ou artísticas de primeira grandeza – pen-

152 EM QUE MUNDO VIVEREMOS?

semos, por exemplo, em Salman Rushdie ou em V. S. Naipaul. Mas também pode ser fonte de perturbações da personalidade, de dificuldades existenciais, de ódio de si etc. Quanto mais se é confrontado a fenômenos de mestiçagem cultural, mais as discussões que acabam de ser evocadas, por exemplo, entre *liberals* e *communitarians*, podem parecer vãs. Pois, se de um lado uma diferença cultural estável e clara pode colocar em destaque reivindicações de reconhecimento e interpelar os responsáveis políticos, por outro lado, identidades incessantemente em movimento, mesclando-se continuamente, são incapazes de projetar-se na cena pública, de ser encarnadas por atores coletivos, reivindicando direitos culturais ou mesmo de transpor-se em demandas de um tipo ou de outro. A mestiçagem cultural funciona em um nível infrapolítico, enquanto a diferença coletiva constituída pode elevar-se a nível político.

Existem outras modalidades de deslocamento dos debates dos anos de 1980 e 1990. Após Jürgen Habermas, alguns autores demandam que se reflita, antes de mais nada, sobre a democracia, em particular a democracia participativa. Outros, como Alain Touraine, buscam que se centre a discussão sobre a noção de sujeito. Outros ainda demandam que se introduza com mais força as dimensões sociais, as quais vão de par com a afirmação (e a rejeição) das diferenças.

O Multiculturalismo

O tratamento político, praticado ou preconizado, pode variar consideravelmente, segundo as orientações filosóficas que se privilegiem e, também, segundo o tipo de diferenças culturais mais significativas que atuem na sociedade considerada. Entre as modalidades mais inovadoras dos últimos trinta anos, aquelas que são qualificadas de "multiculturalistas" são certamente as mais interessantes e, em todo caso, as mais debatidas.

Darei ao termo "multiculturalismo" um sentido relativamente preciso: o de uma política pública inscrita nas instituições, no direito, na ação governamental (ou local) para dar às diferenças culturais ou, ao menos a algumas dentre elas, um reconhecimento no espaço público. De fato, existem dois grandes modelos de multiculturalismo. O que os distingue é a concepção dos problemas sociais dos quais sofre a maior parte das minorias das quais eles pretendem ocupar-se.

O multiculturalismo "integrado" ocupa-se, numa mesma ação, das demandas de reconhecimento cultural e do combate contra as desigualdades sociais. No Canadá, na Austrália ou na Suécia, esforça-se, ao mesmo tempo, em reconhecer os particularismos culturais de certos grupos, essencialmente oriundos da imigração, e em ajudar socialmente seus membros a aceder ao emprego, à habitação, à educação das crianças, à saúde etc. Uma mesma política reconhece as línguas de origem, a história particular, as tradições de certas minorias e coloca meios peculiares à disposição de seus membros, para que tenham chances reais de não serem encerrados na pobreza ou na exclusão social. O adjetivo "integrado" que utilizo aqui se justifica tanto mais que esse tipo de política visa também reforçar a nação, colocando o reconhecimento da diversidade cultural e o combate contra a injustiça social a serviço da unidade nacional. Trata-se, distante de toda lógica de segregação, de fazer prova de abertura, de espírito democrático e de um amplo sentido de solidariedade.

O multiculturalismo "fragmentado" preconiza, pelo contrário, um tratamento para a diferença cultural e outro para as desigualdades sociais. Nos Estados Unidos, principalmente, existem, por um lado, políticas de reconhecimento cultural, por exemplo, no ensino, quando os manuais escolares de história ou de literatura reconhecem a contribuição de culturas minoritárias à história do país ou à literatura universal; os autores africanos encontram, então, seu lugar. Os negros americanos, depois de terem sido os pretos, os "Blacks", tornaram-se, ao menos em certos meios, os "afro-americanos", isto é, seres dotados doravante de uma história, de um passado, de uma cultura próprios. E por outro lado, existe a *Affirmative Action* que não é uma política de reconhecimento cultural, contrariamente ao que se diz freqüentemente, mas uma política social: trata-se de dar melhores chances aos indivíduos de aceder ao emprego, aos estudos, aos mercados etc., colocando em prática meios específicos que lhes são destinados. Agindo assim, o objetivo é o de compensar as desvantagens que tais pessoas sofrem devido à sua pertinência aos grupos minoritários maltratados pela história. Permitir aos negros aceder mais facilmente, por exemplo, ao emprego público ou ao ensino superior graças a medidas voluntaristas que só valem para eles, não é reconhecer uma cultura qualquer, é lutar contra as desigualdades que, senão, reproduzem-se e até mesmo se reforçam.

"Integrado" ou "fragmentado", o multiculturalismo é freqüentemente criticado sendo que os argumentos pró e contra são numerosos e elaborados. O essencial é assinalar que ele traz uma resposta, seguramente discutível, ao desafio político que representam as diferenças culturais, inclusive em suas dimensões sociais.

As maneiras de responder às questões colocadas pela diferença cultural, sejam elas filosóficas ou políticas, não são unívocas e desenham um vasto panorama. Porém, não nos enganemos. No interior desse panorama, dois desvios principais marcam as fronteiras a partir das quais uma sociedade incorre em graves perigos. O primeiro desvio, o mais evidente, é o do comunitarismo, em que a diferença se fecha em si mesma, retira toda autonomia e liberdade de seus membros, impede-os de se construírem como sujeitos e logo corre o risco de entrar em conflito com o resto da sociedade de uma maneira sectária, até mesmo violenta. O segundo desvio, por oposição, constitui uma perversão do universalismo abstrato, quando se trata de tender a um ideal em que o espaço público só seria povoado por indivíduos, e em que as identidades particulares reduzir-se-iam a minorias que é preciso desfazer, assimilar ou combater, um pouco no espírito de Voltaire, falando a respeito da religião, de "esmagar o infame". Todo o problema, para uma democracia em geral, como para toda diferença constituída, consiste na recusa de aproximar-se desses dois perigos e de evitar as derrapagens nas quais se operam, seja pela negação das pessoas singulares, seja pela das identidades coletivas. Devemos aprender a cessar de opor o particular e o universal para, ao contrário, articulá-los.

9. Identidades Culturais e Democracia

Existem três maneiras principais de considerar o debate sobre as identidades culturais, ao menos tal como começou a estabelecer-se no fim dos anos de 1960 em numerosas sociedades ocidentais. A primeira consiste em examinar sociologicamente o novo (ou renovado) desenvolvimento de identidades culturais demandando reconhecimento no espaço público deste ou daquele país. Quer se trate de afirmações étnicas, religiosas, regionalistas, de movimentos de mulheres, de homossexuais ou ainda de atores sociais demandando que uma deficiência física seja considerada uma diferença cultural, inúmeras são as mobilizações coletivas que, de uma maneira ou de outra, renovam profundamente a cena dos conflitos nas sociedades que se pós-industrializam, como constataram na época Daniel Bell ou Alain Touraine. Entra-se então na era dos "novos movimentos sociais" – expressão que corresponde de fato às mobilizações feministas, ecologistas, regionalistas, antinucleares, estudantes etc. dos anos de 1970 e 80, mas que já não se aplica tão bem às contestações do fim dos anos de 1990, por exemplo, às lutas "altermundialistas".

Uma segunda abordagem, nesses debates, consiste em considerar de preferência a maneira pela qual a filosofia política toma em conta essas questões e faz delas um dos temas centrais, talvez o mais decisivo, de sua renovação. Até a publicação da importante obra de John Rawls, *A Theory of Justice*, em 1971, essa disciplina estava relativamente deixada de lado; ela adquire então uma grande vitalidade e muito rapidamente a obra de Rawls, que não é absolutamente consa-

156 EM QUE MUNDO VIVEREMOS?

grada às identidades culturais, suscita respostas que introduzem essa temática. Desde então, coloca-se em prática importantes discussões, sobretudo no mundo anglo-saxão, com um princípio de estruturação conflitual pois aí se opõem *liberals* e *communitarians*. Os primeiros só querem considerar, no espaço público, os indivíduos, que deveriam ser livres e iguais em direito e aceder diretamente aos valores universais (o direito, a razão); os outros sustentam que isso é uma abstração que ignora a realidade, em particular, o enraizamento cultural de cada pessoa singular, eles demandam que esse enraizamento possa ser respeitado e reconhecido.

Enfim, uma terceira abordagem possível consiste em examinar as proposições de tratamento institucional que surgiram, a partir dos anos de 1960, face ao desenvolvimento de diferenças culturais no seio de certos países. Um termo impôs-se rapidamente, o multiculturalismo, expressão freqüentemente utilizada de maneira imprecisa, e que só deveria servir para designar os políticos que se ocupam das identidades coletivas, para conferir-lhes direitos culturais e assim um certo reconhecimento, eventualmente associado a medidas sociais – pode-se falar, nesse caso, de multiculturalismo "integrado", para designar esses dispositivos que conjugam reconhecimento cultural e ação voluntarista, para ajudar os membros das minorias envolvidas a fazer face à injustiça social. O Canadá – onde a expressão foi forjada, antes de ser praticamente incluída na Constituição sob forma de uma carta –, a Austrália e a Suécia podem muito bem ilustrar essa idéia de multiculturalismo "integrado". Para os Estados Unidos, seria preferível falar de multiculturalismo "fragmentado", tanto os políticos do reconhecimento cultural distinguem-se fundamentalmente das políticas sociais em favor das minorias – o que se chama *affirmative action*.

Seja qual for a abordagem escolhida, devemos reconhecer que a questão das identidades culturais tem sido formulada ou reformulada nos últimos trinta anos e, nesse meio tempo, observaram-se grandes mudanças.

A maior parte remete à discussão de filosofia política. Esta, com efeito, parece esgotada. Não que os problemas tenham sido resolvidos, mesmo teoricamente. Mas porque os debates patinam, nenhuma idéia nova aparece, e se muitos dos que participaram nesse debate agarram-se a suas posições precocemente definidas desde o começo dos anos de 1980, alguns outros, conscientes precisamente desse bloqueio intelectual, esforçam-se por circular entre essas duas posições mais claras – *liberal* ou *communitarian*. É o caso, principalmente, de Michael Walzer, que explica gostar de aproximar-se de um ponto de vista *liberal* quando discute com os *communitarians* e vice-versa.

As políticas multiculturalistas continuam a ser debatidas e a maneira pela qual esse debate se define cada vez mais contra elas, principalmente nos Estados Unidos, é freqüentemente interpretada como

IDENTIDADES CULTURAIS E DEMOCRACIA 157

uma marca de virada à direita. O país que mais clara e longamente identificou-se a essas políticas, o Canadá, não as abandonou. Porém, não aparecem mais como uma panacéia, são geralmente percebidas como secundárias. Em verdade, tornou-se claro que elas não podem encarregar-se da questão do Quebec, portanto da questão nacional, e tampouco da questão das nações "primeiras", os índios. No Canadá, as avaliações do multiculturalismo só são positivas, mas nesse caso sem entusiasmo, em relação às minorias oriundas da imigração; atualmente, elas constituem um dispositivo, ao mesmo tempo, menor e pouco controvertido.

Enfim, a partir dos anos de 1960, o mínimo que se pode dizer é que as diferenças culturais prosperaram e diversificaram-se no seio das democracias ocidentais, algumas trazidas de fora, por fluxos migratórios consideráveis, outras primordialmente produzidas ou reproduzidas no interior dessas democracias. Porém, às primeiras formulações, que inscreviam, sem discussão, a reflexão sobre essas diferenças no quadro estrito do Estado-nação e esforçavam-se por ver nele conjuntos relativamente bem delimitados, acrescentam-se atualmente muitos outros elementos. De uma parte, o quadro Estado-nação se fragmenta e se revela insuficiente para pensar essas questões. É assim, por exemplo, se considerarmos as regiões fronteiriças como a que separa o México dos Estados Unidos, se nos interessarmos aos fenômenos de deslocamentos, que não se reduzem apenas à imagem da diáspora, como os estudados por Alain Tarrius, entre o sul da França, a Espanha e diversos países mediterrâneos, ou ainda se examinarmos como circulam os bens culturais e as idéias ou informações. E por outra parte, as diferenças culturais, propriamente ditas, aparecem como um conjunto extremamente diversificado no seio do qual algumas delas são, com certeza, relativamente delimitadas, até mesmo estabilizadas, mas onde muitas outras parecem antes depender da mudança permanente, da instabilidade ou da mescla. É por isso que é preciso examinar de uma nova maneira essas questões, partindo da análise mais concreta possível do que são, hoje em dia, as identidades culturais.

AS IDENTIDADES CULTURAIS

As abordagens tradicionais da cultura observam nela um conjunto de valores e de traços que atravessam o tempo e eventualmente o espaço (como as migrações), de maneira a reproduzir-se. A cultura, nas perspectivas clássicas, é estável, ela constitui um legado, uma herança que as novas gerações recebem das antigas e perpetuam. Ela depende então de lógicas de reprodução, ao longo das quais pode certamente ocorrer que ela se dissolva ou se altere, mas onde em princípio é transmitida sem alterações. No mundo contemporâneo, tais lógicas podem encontrar seu lugar. Porém, é claro que são cada vez mais desafiadas pelos processos de mudança, nos quais a invenção desempenha um papel considerável. Esses processos podem ir tão longe que, em certos casos, é possível contestar a própria noção de identidade cultural, que remete necessariamente a uma coletividade, a um grupo; mais vale, então, destacar a imagem de mudanças que só podem ser compreendidas em escala individual, como se nesses casos não pudesse mais haver identidades coletivas, mas simplesmente lógicas pessoais de criatividade e de invenção cultural.

É assim possível dizer das identidades culturais que elas podem, teoricamente, estar situadas num eixo determinado por dois pontos extremos: numa extremidade, lógicas de pura reprodução coletiva e, na outra, lógicas de pura criatividade pessoal.

a. A lógica da reprodução exata não é, de maneira alguma, pela subjetividade pessoal dos membros do grupo concernido. O único fato tangível é a perpetuação do grupo, de seus valores, de suas marcas identitárias. O individualismo não encontra, aqui, nenhum lugar, a identidade depende, para falar como Louis Dumont, de uma abordagem em termos holísticos. Efetivamente, para conhecer a cultura considerada, importa tão somente o ponto de vista da totalidade.

b. Pelo contrário, na outra extremidade desse eixo teórico, a lógica da singularidade pura remete a pessoas desvinculadas de toda pertinência coletiva. O único fato tangível, desde então, é a produção de si, a construção de si como ser capaz de criar, de expressar, e, assim, de constituir-se como ator individual da cultura – o artista, aquele que faz trabalhar seu corpo, o esportista etc. Para compreender essa pessoa, o ponto de vista do sujeito singular é o mais útil, o mais determinante.

Esses dois pontos extremos são possivelmente mais tipos ideais do que reais ou concretos. No mundo moderno, com efeito, não se pode imaginar que as identidades culturais sejam a tal ponto estranhas a toda mudança, considerar que elas correspondam plena e exclusivamente a lógicas de reprodução; tampouco é possível conceber que o individualismo moderno conduza a lógicas de produção de si que sejam completamente liberadas de toda pertinência identitária.

De fato, esses dois pontos extremos balizam um espaço no interior do qual é possível definir pontos intermediários, que são certamente mais pertinentes para tentar pensar concretamente as identidades culturais hoje em dia.

Dois dentre eles, merecem, particularmente, serem examinados.

c. Um primeiro ponto intermediário remete às identidades coletivas, de grupo e, assim, a conjuntos culturais, mas que devem ser compreendidos no que apresentam de dinâmico. A identidade, por conseguinte, define-se não pela maneira segundo a qual se reproduz, mas por aquela pela qual se produz. A identidade coletiva depende então da invenção, ela mesma é uma criação. No interior desse caso, importantes distinções podem ser observadas. Em certos casos, a lógica da produção não impede que funcione também uma lógica de reprodução e que se possa constatar uma forte continuidade. O islã da Europa ou da França, por exemplo, é, em boa parte, uma herança para as populações oriundas da imigração vinda do mundo árabo-muçulmano – é sua dimensão de reprodução. Todavia, é também diferente do islã de seus antepassados e deve muito ao racismo sofrido na sociedade hospedeira e à discriminação social, à qual essas populações respondem por um trabalho sobre si mesmas, que desemboca numa renovação religiosa, o que corresponde a uma lógica de produção. Esse islã da Europa ou da França é, pois, ao mesmo tempo, diferente porque produz, mas idêntico porque reproduz. Ele não é menos islã. Em outros casos, a lógica de produção ganha, a ponto de, no limite, ser a única em questão. Existe então pura invenção, mesmo tratando-se de uma espécie de "colcha de retalhos" ("bricolage", segundo o termo célebre de Claude Lévi-Strauss), isto é, da criação de uma identidade nova a partir de elementos em que alguns são tomados à tradição.

A produção de identidades é um processo caótico, jamais fechado ou acabado e que pode desembocar em outros processos. Alguns prolongam a lógica de produção, por fragmentação, por exemplo, quando cisões se operam no seio de uma identidade para demarcar subconjuntos mais complexos: o movimento americano de afirmação dos surdos-mudos, por exemplo, pôde assinalar o isolamento daqueles, dentre eles, que são homossexuais, depois, dentre esses, daqueles que, além disso, pretendem viver seu judaísmo... Outros prolongamentos conduzem-nos, de preferência, aos casos precedentes e assim, aproximam-nos dos pontos extremos de nosso eixo. De uma parte, efetivamente, a produção de uma identidade coletiva pode-se soldar, pela formação de subgrupos que se esforçarão por fixar a cultura, até então em gestação, e assim introduzi-la numa lógica de reprodução. De outra parte, ela pode autorizar os indivíduos a se demarcarem do grupo que efetua o trabalho sobre si mesmo, implicado pela invenção coletiva de formas culturais e esses indivíduos podem muito bem, então, aproximar-se da lógica da produção individual de si que constitui, como vimos, uma extremidade de nosso eixo analítico.

d. Um segundo ponto intermediário sobre o eixo que vai da reprodução à criatividade individual é suficientemente complexo e diversificado para poder ser designado por toda espécie de termos, tais como: mestiçagem cultural, hibridização, mescla, "creolização" (fusão de diferentes línguas culminando numa nova). Existe aí, efetivamente, lógicas em que se torna difícil falar em termos de identidades

160 EM QUE MUNDO VIVEREMOS?

coletivas, mas em que, no entanto, está excluído reduzir a mudança cultural a puros processos individuais. A cultura transforma-se nesse caso, mas sem fechar-se em quadros de identidades estruturadas, com seus valores, suas marcas referenciais suscetíveis de terem uma certa estabilidade. Afastamo-nos de lógicas de reprodução, entramos em lógicas de produção, mas, contrariamente ao ponto precedente, estas não desembocam em formas claramente definidas de identidades coletivas, porém, muito mais em processos de mudança.

A mestiçagem deixa de estar em conformidade com seu conceito quando os atores que a carregam fixam-se na figura do mestiço, aceitando serem reconhecidos como formando um grupo de atributos relativamente delimitados. A mestiçagem só pode existir realmente como transformação e mistura constantes. Naquilo que apresenta de mais positivo, ou seja, a inventividade ao mesmo tempo de si mesmo e da cultura, por mistura, encontros, choques criativos, a mestiçagem cultural repousa fundamentalmente na subjetividade dos atores, é ao mesmo tempo condição e resultado da subjetivação dos indivíduos que dela procedem – o que não quer dizer que a mestiçagem sempre autorize subjetividade ou proceda dela sistematicamente. A mestiçagem cultural pode ser também fonte de grandes dramas psicológicos, de dificuldades existenciais para autodefinir-se. Porém, para complicar a análise, deve-se também reconhecer, que é nesse tipo de dificuldades que pode preparar-se o trabalho de transgressão, o qual desembocará na criatividade pessoal, e em todo caso se estabelecerá um processo eventual de subjetivação.

O eixo analítico que acaba de ser proposto, do ponto de vista do sujeito e da subjetivação, mostra claramente uma progressão: quanto mais se avança da reprodução à produção de identidades coletivas, e daí para a mestiçagem e enfim para as lógicas puramente pessoais, tanto mais o tema do sujeito parece invadir a realidade e impor-se como categoria central da análise.

A PASSAGEM AO POLÍTICO

Ao longo dos últimos trinta anos, os debates relativos às diferenças culturais foram tão apaixonados por terem implicações políticas e ao mesmo tempo imediatas e de uma importância considerável. Ora, se seguirmos o eixo analítico, que acaba de ser esboçado, vemos que cada um dos pontos sobre os quais nos detivemos, desemboca em problemas políticos que lhes são próprios. Não existe um prolongamento político único, porém, nesse caso há também várias possibilidades. Essa heterogeneidade impede que se proponha um "one best way", um modelo político único, que valeria tanto para as lógicas de reprodução como para as de produção, para os fenômenos estáveis e delimitados e para os que se revelam movediços e instáveis.

IDENTIDADES CULTURAIS E DEMOCRACIA 161

a. Em certos casos, os atores que dependem de uma lógica de reprodução pensam dotar sua cultura de uma forma política própria e autônoma. Tendem, nessa eventualidade, a criar uma dissidência em relação ao conjunto mais amplo, no qual até então estavam inscritos. Para eles, a política significa ruptura. É principalmente dessa forma que um movimento nacionalista mobiliza referências culturais antigas, tradições, para tentar dotar-se de um Estado independente. Por isso, o multiculturalismo, como dispositivo institucional permitindo, pelo contrário, a integração das diferenças num mesmo conjunto estatal, revela-se totalmente inadaptado face às orientações, propondo não a participação ou o reconhecimento político de uma minoria, mas graus sempre crescentes de autonomia, devendo desembocar ao fim numa independência.

Em outros casos, os atores que pretendem reproduzir exatamente uma cultura, mas vivendo no seio de uma dada sociedade mais ampla, da qual não têm em absoluto a intenção de sair, demandarão um tratamento político, autorizando essa reprodução e mesmo facilitando-a. Terão tendência, conseqüentemente, a demandar direitos ou tolerâncias, que lhes permitam manter um controle do grupo sobre seus membros, evitar a dissolução, os casamentos mistos, por exemplo, manter bem elevado o muro entre o dentro e o fora. Poderão ainda mais facilmente esforçar-se para fazer viver sua cultura, na medida em que esta não coloque nenhum problema para o resto da sociedade da qual se separa, inclusive materialmente, dispondo de territórios autônomos e na medida também que os direitos políticos reivindicados são exclusivamente para uso interno, ou que só acordam, ao grupo envolvido, uma representação julgada legítima ou aceitável para o resto da coletividade social e nacional considerada, por exemplo, em nome de um pacto político, como o que existe no Líbano entre comunidades religiosas.

b. Os atores que dependem de identidades coletivas relativamente bem delimitadas e definidas, inscritas em lógicas de produção, esperam muito de um tratamento político. Este pode ser demandado e desejado, mas também acordado, de pelo menos duas maneiras distintas. Os atores podem desejar uma ampla tolerância que lhes permita viver sua cultura numa grande liberdade, mas sem demandar direitos específicos; ou são de preferência demandantes de uma política de reconhecimento que lhes acorde direitos culturais. O que se chama multiculturalismo é a institucionalização desse tipo de política e, assim, de um princípio de reconhecimento.

Cada uma dessas duas orientações apresenta seus perigos ou limites. No primeiro caso, os membros do grupo concernido correm o risco de serem fragilizados em sua existência propriamente dita. A tolerância, com efeito, pode sempre ser colocada em questão pelo

162   EM QUE MUNDO VIVEREMOS?

poder político, sem que ele tenha de se explicar ou justificar; ela faz
dos que são "tolerados" cidadãos de segunda zona e pode muito bem
ser reduzida, obrigando a minoria concernente a viver na obsessão da
perseguição ou, em todo caso, desqualificando sua cultura a ponto de
impedir-lhe toda visibilidade no espaço público. No segundo caso, os
atores, que dependem de uma diferença cultural, correm o risco oposto; a tendência a inscrever-se em processos de fechamento identitário.
Os direitos adquiridos, com efeito, podem tornar-se um encorajamento a fechar-se em desvios que os conduzam a lógicas de reprodução e,
sobretudo, que os exponham à tentação do comunitarismo. Dois grandes perigos simétricos espreitam, assim, os atores que dependem de
uma lógica de produção coletiva da identidade, quando vivem numa
sociedade relativamente aberta. O primeiro é o de uma desqualificação que procede, ela mesma, de um universalismo até então tolerante,
mas enrijecendo-se, para recusar-lhes qualquer legitimidade na esfera
pública; o segundo é o de uma democracia oferecendo direitos culturais pervertendo-se em comunitarismo.

Quer se trate de tolerância ou de reconhecimento, em ambos os
casos, o ator – caso queira permanecer em lógicas de produção que
conciliem, pois, pertinência coletiva e escolha pessoal, isto é, na subjetividade individual dos membros da identidade referida – tem necessidade de uma grande flexibilidade no funcionamento do sistema
político. Ele tem necessidade de democracia, de espírito democrático,
para que seu próprio funcionamento possa ser avaliado, sem ser submetido à tirania da maioria e para poder encontrar e manter esse equi-
líbrio tão frágil que o faz viver, idealmente, no fio da navalha, entre os
riscos de dissolução e os de fechamento comunitário.

A mestiçagem cultural não tem nada a esperar de uma política de
reconhecimento coletiva que é o contrário de sua lógica de mudança
e de mistura. O reconhecimento e os direitos culturais só podem fixar
aquilo que, para permanecer mestiçagem, deve poder transformar-se
continuamente. Os atores da mestiçagem cultural não têm nada a ganhar, dito de outra maneira, ao tentar, enquanto tais, alçar-se ou elevar-se ao nível político – aí só poderiam perder sua alma.

Contudo, para que a lógica da mestiçagem possa agir profundamente, eles têm necessidade de condições políticas favoráveis,
de uma grande abertura de espírito na sociedade como um todo, de
possibilidades de circulação intensa, de comunicação. O espírito democrático é certamente uma condição, não apenas necessária, mas
também favorável à mescla de culturas e à inventividade. Porém, trata-se precisamente de permitir a cada um, enquanto indivíduo, construir-se misturando os aportes culturais e não de permitir aos grupos,
quaisquer que sejam eles, existirem enquanto tais. Ao mesmo tempo,
se tais grupos não têm um mínimo de possibilidades de existência,
seu encontro corre o risco de ser difícil a considerar.

IDENTIDADES CULTURAIS E DEMOCRACIA 163

c. Enfim, é preciso dizer que o sujeito pessoal tem necessidade, enquanto tal, de condições políticas para poder, senão construir-se fora de toda pertinência identitária, abstração feita de toda cultura, ao menos se exprimir, transformar-se em ator singular de sua existência, para poder controlar mais ou menos bem sua experiência.

Se fizermos a síntese dessas observações, dois tipos de problemas colocam-se, que pedem certamente respostas distintas. De uma parte, quando não são tentadas pela dissidência, as identidades coletivas, quer sejam dominadas por lógicas de produção ou por lógicas de reprodução, são sempre suscetíveis de reivindicar direitos culturais e procurar beneficiar-se de uma representação no espaço político. A democracia, nesse caso, é suscetível de ser interpelada, na medida em que deve ser representativa.

De outra parte, o exercício da subjetividade individual, a *fortiori*, na mestiçagem ou no puro individualismo, não tem nenhuma razão de esperar qualquer coisa, de uma qualquer representação democrática: é difícil perceber, efetivamente, qual identidade, necessariamente coletiva, poderia, nesse caso, tentar fazer-se representar. A questão deveria, então, ser formulada em termos de democracia participativa? Em parte apenas, na medida em que os atores queiram participar à definição e ao estabelecimento de condições, que lhes permitam desenvolver lógicas de ação ou afirmar-se em sua subjetividade. No entanto, para além disso, os atores podem desejar principalmente que essas condições existam, sem que eles mesmos tenham de funcionar num plano político. A mestiçagem e o individualismo levam, assim, a manter distância do político, ao menos no que tange os valores e a cultura.

Pode-se perceber melhor, agora, certos impasses dos debates dos anos de 1980 e 1990. Não apenas minimizaram as dificuldades que existem para pensar a questão cultural, sem fechar-se no quadro estrito do Estado-nação, mas também, com demasiada freqüência, resistiram a pensar, por assim dizer, as diferenças no seio das diferenças. Foram essencialmente tentados a sintetizar tudo e talvez mesmo tudo amalgamar numa só e única problemática – como se os desafios lançados pelo nacionalismo independentista, as demandas formuladas pelas comunidades estáveis, e as expectativas de grupos dominados, ao contrário, por transformações consideráveis, as das pessoas implicadas em lógicas de mescla e de encontro, aquelas, enfim, dos indivíduos preocupados de serem sujeitos de sua trajetória e donos de sua experiência cultural –, como se tudo isso, pois, desenhasse um conjunto pouco diferenciado. De fato, é preciso não apenas admitir que existem questões e problemas distintos, mas também reconhecer que, na prática, freqüentemente, eles se superpõem e misturam para não corresponderem jamais a tipos sociologicamente puros. E, para complicar um pouco mais a perspectiva, não seria necessário lembrar que um grupo ou uma pessoa são sempre suscetíveis de variações, até mesmo de modificações sensíveis de suas orientações?

O debate não tem nada a ganhar em confundir tudo ou em tomar de empréstimo categorias que se referem a um tipo de problema para abordar outros tipos distintos. É por isso que, mesmo podendo evidentemente aportar um esclarecimento útil, a filosofia política não seria jamais capaz de substituir o conhecimento concreto de situações reais, históricas.

10. A Nova Era do Racismo

Antes mesmo que o termo "racismo" aparecesse entre as duas guerras mundiais, o pensamento social e político sobre o que ele designa constituiu um imenso campo de debates e análises. As ciências sociais foram convocadas, como aliás também o foram todos os saberes, a participarem amplamente, ao longo de todo o século XIX, no desenvolvimento do racismo clássico, científico. Certos pensadores, porém, como Tocqueville, comparando a obra de Gobineau sobre a desigualdade das raças à *Revue des haras*, opunham-se às idéias que postulavam uma desigualdade e uma inferioridade inatas, raciais. A idéia de raça justificou, *avant la lettre*, não apenas o desprezo, mas também e sobretudo, práticas de exclusão, destruição, dominação e exploração, a tal ponto que é possível interrogar-se sobre o caráter histórico do fenômeno: terá ele nascido com a modernidade, como pensam a maior parte daqueles que examinaram a questão, esboçando-se ao final da Idade Média, para atingir seu pleno desenvolvimento no século XIX ou seria ele muito mais antigo, consubstancial de alguma maneira à humanidade? De nossa parte, contentar-nos-emos em examinar, inicialmente, a maneira pela qual ele é pensado desde a era clássica constituída seguramente pelo século XIX, insistindo sobre a ruptura intelectual que está em curso há alguns anos. A seguir, poderemos refletir sobre os problemas que ele coloca às sociedades européias contemporâneas.

166   EM QUE MUNDO VIVEREMOS?

A CONSTRUÇÃO DE UM CONJUNTO DE DEBATES

Racismo e Anti-Semitismo

De fato, o racismo clássico construiu-se a partir de duas grandes experiências históricas, ambas indissociáveis da modernidade. De uma parte, é o fruto da expansão moderna, do encontro com povos até então praticamente ignorados, procede das grandes descobertas e associa-se ao colonialismo de duas maneiras principais: a destruição daqueles que parecem constituir um obstáculo econômico, político ou cultural à progressão do homem branco, daqueles que lhe resistem diretamente e a dominação dos outros, necessariamente subordinados em nome da raça, quer se trate de populações autóctones, índios da América, aborígines da Austrália, por exemplo, ou de populações deslocadas, em particular no quadro da escravatura. E de outra parte, no seio mesmo do Velho Continente, o racismo toma, antes de mais nada – mas não exclusivamente –, a forma específica do anti-semitismo, mutação do antijudaísmo que faz dos judeus não mais os portadores de uma religião distinta do catolicismo, mas uma raça dotada de atributos biológicos específicos; nesse sentido e mesmo se o termo anti-semitismo só foi forjado perto do fim do século XIX por Guillaume Marr, segundo Léon Poliakov, a passagem do antijudaísmo ao anti-semitismo desencadeia-se, certamente, em Portugal e na Espanha desde o século XVI, com as medidas consecutivas à expulsão dos judeus desse dois países e a introdução dos estatutos de "Limpieza de la sangre" – a pureza do sangue. Contrariamente ao racismo colonial, que procede no início de um encontro, de um processo de expansão, o anti-semitismo visa uma população inclusa desde longa data no âmago mesmo das sociedades relacionadas e é dominado por projetos de marginalização, de segregação e até mesmo de destruição; ele é mais diferencialista do que sustentado pelo projeto de incluir os grupos visados numa modernidade que se empenharia, a seguir, em explorá-los em nome da hierarquia racial.

Essas observações introdutórias, colocam-nos em face a um primeiro debate: o anti-semitismo seria uma forma de racismo entre outras ou um fenômeno de tal maneira peculiar que deve ser distinguido do racismo? A resposta, na realidade, não seria evidente. De um ponto de vista estritamente analítico ou sociológico, não é difícil inscrever o anti-semitismo na família mais ampla do racismo, o que é implicitamente reconhecido por todos aqueles que fazem do nazismo e assim de um anti-semitismo levado ao extremo, uma espécie de apoteose das idéias racistas próprias à modernidade em geral; os mecanismos pelos quais funciona, as significações que veicula, não têm nada de excepcional e também as condições nas quais prospera podem muito bem se comparar às outras experiências de ódio, desprezo e violência.

A NOVA ERA DO RACISMO

Porém, historicamente, o anti-semitismo, prolongamento do antijudaísmo, tem uma espessura histórica considerável que não pode, em hipótese nenhuma, reduzir-se aos tempos modernos, apresenta uma continuidade que nenhuma outra experiência de racismo possui, visando um mesmo grupo há mais de dois milênios. É por isso que o debate não poderia ser encerrado rapidamente; nada impede afirmar a especificidade histórica do anti-semitismo, sua unicidade e tampouco nada impede aplicar-se, à sua experiência, os instrumentos de análise do racismo.

Todavia, acrescentemos aqui, que não se trata de uma questão abstrata ou demasiado genérica, muito pelo contrário. É assim que tudo o que toca à Shoah é objeto, desde meados dos anos de 1960, de controvérsias ferozes, as quais remetem precisamente, como lembra o livro de Jean-Michel Chaumont sobre "La concurrence des victimes" (*La Découverte*, 1997), à questão da unicidade do genocídio dos judeus.

O Fim do Racismo Científico

O nazismo constituiu, ao mesmo tempo, o apogeu e o momento de declínio do racismo clássico, científico, segundo o qual existiriam raças cujas características biológicas ou físicas corresponderiam a capacidades psicológicas e intelectuais, simultaneamente coletivas e válidas para cada indivíduo. Não que o racismo científico tenha desaparecido completamente após a Segunda Guerra Mundial, apesar da história ulterior e principalmente a da colonização. Porém, nas democracias ocidentais, bem como na propaganda soviética, ele apareceu como totalmente deslegitimado, como um crime, não mais como uma simples opinião, o que não o impediu de continuar a abrir caminho em certas sociedades, principalmente nos Estados Unidos, onde a controvérsia sobre as diferenças inatas em matéria de inteligência reaparece periodicamente – quem não ficou impressionado pelo sucesso de livraria de *The Bell Curve* de Richard Hernstein e Charles Murray (1994), obra que se apresenta como uma demonstração científica da inferioridade racial dos negros e da qual foram vendidos centenas de milhares de exemplares apesar de um aspecto bem indigesto – mais de oitocentas páginas, de aparência científica ou acadêmica?

A idéia de um fim do racismo científico só é aceitável ao admitirem-se restrições, e seria preferível falar aqui de declínio histórico, do que de fim puro e simples. O que não resolve, entre outras questões, aquelas colocadas pelo uso do termo "raça" a propósito da humanidade. Porque mesmo se o quadro conceitual do racismo, em suas orientações propriamente científicas, enfraqueceu-se consideravelmente, a noção de raça, não somente se mantém, mas até mesmo se generaliza, inclusive nas sociedades que lhe resistem particularmente. Se no mundo anglo-saxão, o termo "raça" é utilizado sem hesitação, remetendo à idéia de uma construção social e política, e se é ainda

168 EM QUE MUNDO VIVEREMOS?

mais difundido pelo fato de que os grupos discriminados se autodefinem racialmente, pelo contrário, na cultura francesa, o tabu ligado ao mero uso da palavra "raça", mesmo tendo ao enfraquecimento, permanece ainda bem vivaz. Não seria preciso, interrogou-se recentemente um importante colóquio em Paris, suprimir a palavra "raça" da constituição? Poder-se-ia afirmar que, para a ciência e principalmente para a biologia, a idéia de raça não é pertinente e no entanto falar constantemente de raça, mesmo sem preconceito racista? A idéia de raça permite tratar de relações raciais, tema que apareceu nas ciências sociais a partir dos anos de 1920, nos Estados Unidos, principalmente com a Escola de Chicago e conheceu um certo sucesso na Inglaterra, sob a influência sobretudo de Michael Banton e, em seguida, de John Rex. Contudo, essa idéia implica que os grupos referidos reconheçam-se em termos de raça, o que sempre pode tornar-se problemático, sobretudo quando se trata de precisar os contornos delimitando cada grupo formando uma "raça". Assim, na Inglaterra, falou-se de "Blacks" para populações diversificadas, inclusive vindas da Ásia, até o momento em que entre as populações de origem asiática, alguns recusaram esse qualificativo que termina por identificá-los às populações de origem antilhana.

O Racismo Institucional

Em 1967, Stokely Carmichael e Charles V. Hamilton, ambos militantes do movimento negro, publicam uma obra, *Black Power: The Politics of Liberation in América* que inaugura uma nova era na reflexão sobre o racismo. A obra, com efeito, descreve as duas dimensões do racismo que caracterizariam a sociedade americana: a primeira explícita e bem conhecida, a outra, pelo contrário, não declarada e institucional. O racismo institucional aparece como um conjunto de mecanismos, não percebido socialmente e que permite manter os negros em situação de inferioridade, sem que seja necessário que os preconceitos racistas se expressem, sem que seja necessário uma ideologia racista para fundamentar a exclusão ou a discriminação. O sistema, nessa perspectiva, funciona sem atores, por si próprio, ele não tem necessidade de teorização para fundamentar ou justificar o racismo.

Essa perspectiva comporta uma ruptura considerável em relação ao racismo científico que se constituiu de maneira, antes de mais nada, doutrinária e ideológica; ela abre a via às análises que mostram, que o racismo do qual sofrem os negros americanos pode muito bem proceder de condutas de brancos, não tendo, aparentemente, nada a ver com a hostilidade racista: por razões sociais de status, de qualidade da educação para seus filhos, de mobilidade ascendente é que eles participam de mecanismos cujos efeitos são claramente os de reforçar a segregação racial e de fazer funcionar uma discriminação sistêmica.

A NOVA ERA DO RACISMO   169

Ela convida a considerar os processos concretos pelos quais opera o racismo e não apenas os discursos e os textos que propagam suas idéias e doutrinas. Porém, ela desperta também críticas, algumas das quais foram formuladas por Robert Miles, sendo que as mais decisivas remetem ao que constitui um paradoxo dificilmente sustentável: a noção de racismo institucional, levada às últimas conseqüências, implica que a dominação, a exploração, a rejeição, o ódio ou o desprezo racistas seriam totalmente exteriores à consciência daqueles que dele se beneficiam, já que somente as instituições, afinal, funcionam de maneira racista. O que é dificilmente aceitável. Assim, na França, uma pesquisa conduzida por Philippe Bataille sobre o racismo na empresa ("Le racisme au travail", *La Découverte*, 1997) mostra que numa situação bem precisa, a da bacia de Alès, um racismo, dependendo da discriminação institucional sistêmica, culminava, de fato, no impedimento do acesso ao emprego de jovens oriundos da imigração. Ninguém aparentemente era responsável, mas quando sindicalistas e a equipe de pesquisa levantaram a questão, os mecanismos esclareceram-se, apareceram os atores e, além disso, foi possível retificar a situação.

O Novo Racismo

A partir do começo dos anos de 1980, avançou-se mais um passo na análise do racismo, com uma renovação conceitual considerável, primeiro na Inglaterra e nos Estados Unidos, depois na Bélgica e na França. Essa renovação procede, grosso modo, da mesma intuição, que não é mais possível pensar-se o racismo nas categorias clássicas que decorrem de um outro período. O racismo contemporâneo funcionaria não mais imputando a suas vítimas atributos físicos ou biológicos e apoiando-se num discurso com pretensões científicas, mas denunciando particularismos culturais tão significativos, que impediriam qualquer possibilidade de conciliação com a cultura dominante, quer dizer, com o credo nacional. Na Inglaterra, Martin Barker fala de um "New racism" em seu livro de 1981; nos Estados Unidos, uma idéia bem próxima anima os psicólogos e cientistas políticos que falam de racismo simbólico e mais tardiamente, na Bélgica, com os trabalhos de Felice Dassetto e Albert Bastenier, na França com os de Etienne Balibar e Immanuel Walerstein e de Pierre-André Taguieff, as categorias utilizadas tratam do racismo diferencialista ou cultural ou ainda do neo-racismo. Por toda parte, trata-se de dar conta de um racismo que rompe com as categorias do racismo colonial universalista; muito distintamente, o "novo racismo" descreve diversos grupos a partir de suas particularidades culturais que os constituem como subconjuntos considerados inassimiláveis, perigosos e nocivos, prontos a espezinhar os valores morais da nação e a abusar dos sistemas que ela elaborou para assegurar a seus membros uma certa solidariedade. O

170 EM QUE MUNDO VIVEREMOS?

que prima, nesse "novo racismo", é a diferença na cultura e não mais a inferioridade na natureza.

O interesse dessa renovação teórica é considerável. Enfatiza as identidades que não são mais definidas, total ou diretamente, como naturais, quer se trate de designar o grupo discriminado ou o grupo que discrimina, e assim, introduz a idéia de um princípio de diferença, que suplanta o princípio anterior de hierarquia própria ao racismo científico; por fim, o novo racismo quer manter os grupos discriminados à distância e uma vez essa distância estabelecida, ele os respeita, inscrevendo-se num relativismo que impede qualquer comparação. O que a noção de novo racismo tem também de importante é que dá conta de uma pronunciada tendência das sociedades contemporâneas, em que a questão social define-se não mais em termos de relações de dominação e exploração mas, antes, em termos de exclusão; nessa perspectiva, a principal função do racismo não é contribuir à dominação ou à exploração, mas encorajar a marginalização e a segregação do grupo discriminado; desse ponto de vista, é mais interessante insistir sobre o tema da diferença do que sobre o da inferioridade.

Ao mesmo tempo, a noção de novo racismo, seja qual for sua formulação mais precisa, introduz importantes debates. O primeiro tem a ver com o próprio tema da novidade que é o diferencialismo. Afinal, quando os colonizadores destroem os povos que encontram em benefício de sua própria expansão, ou quando os nazistas encontram-se obcecados pelo projeto da destruição dos judeus, a ponto de fazê-la passar, por vezes, antes do esforço de guerra contra os aliados e mesmo comprometer suas chances militares para concretizá-la, a lógica em questão não seria a do diferencialismo? A história da Europa é feita de experiências de racismo visando os judeus, mas também os ciganos, diversas minorias nacionais, regionais ou grupos religiosos perseguidos de uma maneira que se aparenta ao racismo. O diferencialismo sempre desempenhou um papel importante nessas experiências.

Um segundo ponto que incita ao debate é o da utilização do termo racismo para dar conta do discurso e das práticas que repousam sobre a idéia de uma diversidade de culturas que se mantêm à distância umas das outras. O antropólogo Lévi-Strauss não está sendo evidentemente racista, quando pleiteia que as culturas mantenham-se, o mais possível, distantes umas das outras, de maneira a não se enfraquecerem por contaminação recíproca ou pela dissolução das mais fracas nas mais fortes. Onde começaria então o novo racismo, senão na idéia, que só pode enfraquecê-lo, segundo a qual por trás da cultura existe a natureza, por trás da inconciliabilidade radical das culturas, existiriam, em definitivo, diferenças físicas ou biológicas inscritas no sangue ou nos gens? Aqueles que professam, por exemplo, o ódio ao islã não são racistas até o momento em que esse ódio associa o islã

A NOVA ERA DO RACISMO   171

a atributos propriamente naturais, que a noção de novo racismo evita tomar em consideração. Desse ponto de vista, a noção de etnicidade, que também ganhou consideravelmente terreno nos últimos anos, só pode prolongar o embaraço, já que ela propõe uma definição das populações que ela visa em termos ambíguos, a meio-caminho entre natureza e cultura: o "racismo", quando visa um grupo definido em termos étnicos, critica-o por sua cultura, sua natureza ou por um conjunto de características em que a cultura encontra-se naturalizada?

Porém, o debate mais interessante trazido pela noção de racismo diferencialista, em suas diversas variantes, reside numa questão que foi por vezes colocada: seria preciso falar de dois racismos, o antigo, clássico, científico, perversão do universalismo moderno, associada antes de mais nada à colonização, e o novo, próprio às sociedades mais modernas, até mesmo pós-modernas; o primeiro contribuindo aos processos de dominação e de inferiorização, o segundo aos processos de rejeição, de marginalização e por fim de destruição? É verdade que se comparamos o racismo entre o fim do século passado e hoje em dia, a distância parece tão considerável que é tentador falar de dois racismos. Todavia, ao observar de mais perto, uma outra resposta parece muito mais pertinente. Ela consiste em postular a unidade do racismo, do qual toda experiência concreta só pode combinar, segundo as modalidades eminentemente válidas, as duas lógicas principais que são, precisamente, a da inferiorização e a da diferenciação. Essas duas lógicas são contraditórias, porém, a contradição não embaraça os racistas. E pode-se, contudo, mostrar que não há experiência de racismo de uma certa importância que não seja feita, ao mesmo tempo, da preocupação em incluir o grupo discriminado, para melhor utilizá-lo e a de rejeitá-lo, para poder melhor afirmar uma identidade cultural e racial em sua pureza. O *apartheid* quis, ao mesmo tempo, explorar os negros e mantê-los à parte; o nazismo quis destruir os judeus, porém comportou dimensões, a bem da verdade secundárias, de inferiorização e de exploração em todo o período de ascensão do fenômeno e até mesmo nos campos de extermínio.

A Situação Contemporânea da Pesquisa

Os progressos teóricos dos anos de 1980 alimentaram estudos cada vez mais numerosos e úteis e, à primeira vista, poder-se-ia pensar que, depois das grandes novidades dessa época, a pesquisa tivesse antes se adensado, diversificado, estendido a países onde não existia em absoluto, do que se renovado profundamente em seus modos de abordagem. Em escala européia, que é a nossa aqui, essa impressão é de fato enganosa, porque ela passa ao lado de um ponto capital que é o da transformação do lugar propriamente dito do estudo do racismo nas sociedades contemporâneas.

172   EM QUE MUNDO VIVEREMOS?

Na Inglaterra, até os anos de 1960 ou 70, e ainda mais tardiamente em outros lugares da Europa, efetivamente, a pesquisa sobre o racismo e o anti-semitismo contemporâneos era dominada pela idéia que se tratava de um problema, antes de mais nada, de idéias e de representações, indo dos preconceitos e dos estereótipos até as ideologias, passando por toda espécie de doutrinas. As formas concretas do fenômeno, a discriminação, a segregação, a violência eram um objeto de estudo para o historiador, mais do que para o sociólogo ou o cientista político, e o mal parecia constituir apenas um problema secundário para nossas sociedades. Subsistiam, por certo, inquietações relativas ao anti-semitismo, sobre o qual as sondagens de opinião mostravam que não havia totalmente desaparecido e um observador atento podia facilmente constatar, que aqueles que se chamavam ainda "trabalhadores imigrantes" eram amplamente vítimas de práticas racistas contribuindo à sua inferiorização e permitindo assegurar sua exploração, carregadas também, nas antigas potências coloniais, de afetos ligados ao fim da descolonização. Porém, no conjunto, o racismo era um fenômeno que parecia declinar ou deveria fazê-lo. A renovação teórica dos anos de 1970 e 80 veio mostrar, como pudemos ver, que ele renascia sob modalidades ou com significações renovadas, às quais vieram dar forma os temas do racismo institucional e sobretudo os do racismo cultural.

Essa constatação obriga a questionar, não apenas as transformações do fenômeno, mas, também, o que não é necessariamente a mesma coisa, seu desenvolvimento. Por toda parte na Europa, progressivamente, o racismo pareceu associar mudança e extensão, seguindo uma progressão quase geográfica, partindo da Inglaterra para ganhar a Europa do norte, a França, a Bélgica, os Países Baixos, a Alemanha e descendo mais tarde em direção ao sul, para entrar na agenda política da Itália, da Espanha e depois de Portugal. Desde então, foi necessário colocar novas questões.

Algumas dessas questões referiam-se, de maneira clássica, sobre a objetividade e a subjetividade do fenômeno. O sentimento de um desenvolvimento estaria verdadeiramente fundamentado, repousaria sobre realidades observáveis, poderia ser demonstrado; ou não se trataria, de preferência, de um conjunto de representações que nos informariam, não sobre o racismo, mas sobre aqueles que falam dele? As ciências sociais estão bem aparelhadas para responder a tais questões, lançadas principalmente por Robert Miles; sabemos, por exemplo, que as estatísticas relativas aos atos de violência racista nos informam sobre a atividade da polícia e da administração, sobre a pressão do poder político para que esses atos sejam registrados, sobre a capacidade dos grupos visados a se mobilizarem, para que se contabilizem as violências das quais são vítimas, o que faz com que as cifras em crescimento possam, nos casos extremos, traduzir uma forte mobilização

A NOVA ERA DO RACISMO

contra o racismo e recobrir um decréscimo de suas manifestações concretas, enquanto parecem indicar algo completamente diferente. Mas, no conjunto, é preciso aceitar a idéia de que o racismo voltou a ser onipresente em nossos debates de sociedade, que os preconceitos e os estereótipos são poderosos, que forças políticas aprenderam a capitalizá-lo e a burilá-lo para deixarem de ser meros grupúsculos como, na França, o Front National, mas também em diversos outros países, e, principalmente, na Bélgica, na Alemanha, no começo dos anos de 1990, e na Áustria.

Sem romper evidentemente com as perspectivas históricas, nem com os métodos clássicos da história das idéias ou da filosofia política, a pesquisa renovou-se ao tomar o racismo como um fenômeno constituindo-se, diante de seus olhos, no trabalho das sociedades européias sobre si mesmas, em suas transformações. O racismo é indissociável da grande mutação que vê a Europa inteira transformar-se em todos os registros, social, político, cultural, e a pesquisa, naquilo que ela tem de mais vivo, comprometeu-se em mostrar como se produz por baixo, sob o efeito de mudanças, enquanto no passado, ela se interessava, sobretudo na Europa, à maneira pela qual ele era fabricado por cima, pelos doutrinadores, ideólogos ou como havia podido, principalmente por ocasião da experiência nazista, tornar-se um projeto político encarnando-se numa prática. Alguns estudaram o racismo tal como ele é vivido por suas vítimas, outros se interessaram pelos racistas e pelos processos por meio dos quais se tornam racistas e funcionam a partir desses afetos, outros ainda estudaram atentamente os mecanismos da discriminação na moradia ou no trabalho, alguns privilegiaram o estudo dos partidos de extrema-direita – pode-se dizer, para a França, que o Front National é hoje em dia um imenso território de trabalhos universitários, um pouco à maneira pela qual foi estudado no passado o Partido Comunista. Ao mesmo tempo, para além da simples pesquisa acadêmica, importantes debates constituíram-se para considerar o racismo em sua proximidade com o sexismo, em suas ligações com a questão nacional, com os temas da etnicidade, com a questão do multiculturalismo, com a exclusão e as desigualdades sociais ou para examinar o alcance e as carências da ação anti-racista. A novidade reside na conscientização de que não se pode mais estudar o racismo dissociando-o do trabalho de nossas sociedades sobre si mesmas, que ele é um perigo ou uma ameaça e talvez já se constitua como um elemento estrutural da vida coletiva, indissociável das questões centrais, colocadas hoje em dia pela fragmentação cultural e social, pela existência de diferenças culturais cada vez mais numerosas e ativas e pelas tensões e fraturas sociais carregadas de desigualdades, por vezes gritantes. O que não quer dizer que o racismo deva ser compreendido unicamente como causado por mudanças sociais, políticas ou culturais, como se ele não tivesse também sua especificidade, sua

174 EM QUE MUNDO VIVEREMOS?

vida própria, como se pudesse ser reduzido, de maneira mecânica, a um conjunto de causas ou de fatores. Não, o racismo é um fenômeno tanto mais complexo que ele apresenta características próprias, uma certa autonomia, ao mesmo tempo que é condicionado pelo meio em que opera, pelas mudanças da sociedade em que é observado.

O FIM DE UMA ERA, A ENTRADA NUMA OUTRA

Não basta dizer do racismo e do anti-semitismo contemporâneos que eles são filhos da mudança, é preciso afirmar que eles dependem do esgotamento de antigas relações sociais e políticas e também do nascimento de novas.

A Crise das Sociedades Nacionais

De uma parte, efetivamente, o racismo procede da desestruturação das fórmulas de integração nacional que conheceram seu apogeu ao final da Segunda Guerra Mundial e que começaram a se desfazer primeiro na Inglaterra, a partir dos anos de 1960, e mais tardiamente em outras partes da Europa. Um mesmo raciocínio pode dar conta dessa desestruturação, que no entanto toma formas bastante diferentes de um país a outro.

Para vários países da Europa ocidental e talvez não apenas dela, esse raciocínio consiste em partir da imagem de um máximo de integração, ligada a uma correspondência das categorias da sociedade propriamente dita, do Estado e das instituições políticas e, por fim, da cultura, definida então, antes de mais nada, como uma identidade nacional. Em muitas oportunidades, pronunciei-me a respeito dessa imagem e de sua decomposição, permito-me então aqui não entrar em detalhes. Digamos que até o fim dos anos de 1960, países como a França ou o Reino Unido podiam, talvez mais do que outros, ser considerados como sociedades industriais, desenvolvendo-se no quadro político e administrativo de instituições, propondo-se a assegurar a igualdade individual e a solidariedade coletiva, no quadro simbólico, cultural, "imaginário" (segundo a expressão de Benedict Anderson) da nação. Tais conjuntos – que podem ser denominados sociedades nacionais, para bem marcar a correspondência das categorias sociais e culturais, ou Estados-nações, para bem marcar a correspondência das categorias institucionais e culturais – tinham seu racismo, quer se tratasse de inferiorizar trabalhadores imigrantes, ou simplesmente arrancados de sua província ou de sua região, sob o efeito do crescimento e da modernização; ou melhor, se tratasse de desqualificar e estigmatizar grupos minoritários designados sobretudo em termos culturais como judeus, ciganos, minorias nacionais ou regionais etc. Porém, o fim da sociedade industrial, a crise das instituições públicas e a redução da idéia de nação a sua faceta mais nacionalista mudaram consideravelmente a situação.

O fim da sociedade industrial significou o enfraquecimento do movimento operário, fator, com bastante freqüência, de integração social e de limitação do racismo face à exploração patronal. Em certos casos, esse enfraquecimento significou a decomposição da cultura e das comunidades operárias, principalmente na Inglaterra, deixando um espaço cada vez maior, às pulsões racistas e xenófobas e mesmo à sua formalização ideológica e infrapolítica como o fenômeno dos *skinheads*, sobre o qual é preciso lembrar que nasceu dessa decomposição. O racismo abre seu caminho, sob diversas formas, por toda parte onde a exclusão ou a fratura social significam não-relações sociais, e onde a formação de uma "underclass" e a precarização de grandes camadas da população vêm substituir-se ao conflito que estruturava a vida da sociedade industrial: discriminação para empregar – freqüentemente desejada mais pelos assalariados do que pelo patronato; segregação urbana combinada a discriminações no acesso à moradia, pela qual aqueles que permanecem do lado bom da sociedade erguem barreiras simbólicas, mas também por vezes físicas, entre si e as novas "classes perigosas", que constituem os imigrantes e seus filhos; vota por partidos combinando nacionalismo e populismo, como o Front National na França, do qual Pascal Perrineau mostrou que ele funciona em parte de uma maneira "esquerdo-lepenista" etc. O fim da sociedade industrial significou uma modificação considerável das representações e das realidades vividas da imigração, sobretudo nos países onde ela havia chegado, antes de mais nada, para trabalhar na indústria: a figura do trabalhador imigrante, solteiro, trabalhando e vivendo em condições deploráveis e preparando-se para voltar a seu país logo que possível deixou lugar à imagem diversificada de uma multiplicidade de identidades culturais, tidas mais ou menos como ligadas a raças, tornando-se uma imigração de povoamento e não mais de trabalho, e submetida a um racismo ainda mais diferencialista do que no passado. E quando a figura do trabalhador imigrante não era tão central quanto na França ou na Bélgica, a imigração foi ainda mais diretamente ainda vivida como uma ameaça cultural, eventualmente acrescentada de uma concorrência econômica. Em todos os casos, ela é o alvo e não a causa do racismo, um racismo dominado menos pela preocupação em explorá-la do que pela de desembaraçar-se dela ou de mantê-la à distância.

A crise institucional é a crise das modalidades concretas pelas quais os países envolvidos entenderam, mais freqüentemente a partir do fim do século XIX, assegurar mais igualdade individual e solidariedade coletiva, dotando-se de serviços públicos, colocando em ação a escola pública, criando, de uma forma ou de outra, um Estado-providência, mecanismos de seguro e de assistência social, que têm cada vez mais dificuldade de assegurar suas missões. Tema clássico a partir dos anos de 1970, associado ao aumento de poder do neoliberalismo, e que se traduz, aí também, pela propagação do racismo, simplesmente porque certos grupos, mais freqüentemente saídos da imigração, são acusados de ser as fontes dessa crise, ao abusar dos serviços públicos ou do Estado-providência, pervertendo-os, ridicularizando os valores morais que os tornam viáveis, e, por exemplo, preferindo receber as ajudas sociais e não trabalhar quando poderiam. O racismo faz de certas populações a explicação da crise institucional quando elas são sobretudo suas primeiras vítimas, aquelas que, por exemplo, sofrem mais as carências da escola pública ou os disfuncionamentos da polícia e da justiça.

Enfim, em toda Europa, a idéia moderna de nação enfraqueceu-se ao se desfazer progressivamente os elos que ela mantinha anteriormente com os projetos endógenos de desenvolvimento econômico, de modernização cultural e de progresso político. Efetivamente, até os anos de 1960 e 70, a idéia de nação fornecia o quadro da vida econômica, cultural e política. Ela podia até mesmo pretender encarnar valores universais, e autorizar-se a levar ao mundo inteiro uma mensagem nesse sentido – foi o caso da França, talvez mais do que qualquer outra nação. Isso não impedia uma contra-concepção da nação, fechada, xenófoba e racista, percorrida de maneira talvez romântica pela rejeição da modernização. Essas duas faces confrontaram-se freqüentemente, até o momento em que a segunda pareceu reforçar-se e mesmo por vezes vencer, ao menos se consideramos os países que nos interessam mais de perto, a França e a Inglaterra. O nacionalismo efetivamente reforçou-se, sob a forma de partidos de extrema direita em certos países, mas não necessariamente em essência, porque num mundo globalizado economicamente, e no qual a cultura internacionaliza-se, a idéia de uma nação, ao mesmo tempo aberta e constituindo o quadro de uma vida econômica e cultural dinâmica, não possui nenhum espaço. Nessas condições, o racismo, do qual Etienne Balibar mostrou os elos quase automáticos que mantém com o nacionalismo, só podia encontrar um terreno altamente favorável: se a nação está ameaçada, se o grupo dominante sente-se afetado no seu ser político, cultural e social, não é por causa de minorias, que vêm minar os valores morais da nação, e ao mesmo tempo acentuar as dificuldades econômicas, imputáveis à mundialização das trocas comerciais ou das finanças?

Assim, os três sub-sistemas: social, institucional e cultural, cuja correspondência era relativamente bem assegurada nos anos de 1950 e 60, transformaram-se, encorajando um racismo ao mesmo tempo renovado e reforçado, e do qual pode-se pensar que constitui a doença senil das fórmulas de integração nacional européias.

A NOVA ERA DO RACISMO 177

O Nascimento de Novas Relações Sociais

Doença senil? Doença infantil, também, ligada aos processos que são chamados a renovar totalmente a cena social. Esses processos são dominados por dois fenômenos maiores, a extensão do individualismo, e o crescimento dos particularismos culturais no espaço público. Esses dois fenômenos não são contraditórios, e podem mesmo alimentar-se reciprocamente.

O individualismo, que não é evidentemente uma novidade, estende-se segundo duas linhas. A primeira é a da participação na modernidade, no emprego, no consumo, sobretudo no dinheiro; desse ponto de vista, o racismo se perfila nas frustrações daqueles que são excluídos dessa participação, àqueles a quem ela pode parecer acessível, ou àqueles que foram dela expulsos após terem provado dela; a busca do bode expiatório é uma resposta corrente a esse tipo de situação. A segunda linha é a da subjetividade, da afirmação do sujeito, que remete ao desejo de construir sua própria existência, de fazer suas próprias escolhas, de constituir-se sujeito; desse ponto de vista, o racismo aparece, sob muitos aspectos, como a negação da subjetividade do Outro, é feito da recusa de toda dignidade humana naqueles que ele visa, e, ao tocar na estima de si, na pessoa, no que ela tem de mais fundamental, ao negar a subjetividade de suas vítimas, o racismo é tão menos suportável, na medida em que se desenvolve em sociedades que valorizam mais do que nunca, sua dignidade, sua personalidade.

O segundo fenômeno importante aqui é aquele que vê grupos afirmarem-se no espaço público, avançando uma identidade cultural particular. Esse fenômeno é tão menos aceito porque se choca à cultura política, o que é o caso na França bem mais que em outros países da Europa ocidental. Não se limita à reprodução de identidades, trazidas com elas pelas vagas da imigração, nem à sobrevivência de identidades regionais ou étnicas, que teriam resistido à cultura nacional dominante. É mesmo necessário insistir aqui sobre o fato de que as diferenças culturais, inclusive quando elas parecem particularmente antigas, reconstroem-se constantemente, e se destacarão cada vez mais de uma produção na qual a tradição é inventada, mais que perpetuada, "bricolada", segundo a palavra tornada célebre por Claude Lévi-Strauss. Assim, lá onde existe produção incessantemente renovada de numerosas identidades que se fragmentam e se recompõem, e das quais muitas parecem oscilar entre natureza e cultura, umas estáveis, outras instáveis, umas limitadas a um território minúsculo, outras inscritas em redes planetárias, por exemplo, diaspóricas, a questão do racismo torna-se indissociável das que coloca o tratamento político dessas identidades.

Cada uma dessas identidades é, antes de mais nada, suscetível de estar sob tensão, entre um pólo, aberto à democracia, preocupado com

178 EM QUE MUNDO VIVEREMOS?

a participação na vida moderna e desejoso de deixar grandes graus de liberdade a cada pessoa dependente da identidade envolvida, e um pólo propriamente identitário, que pode tender ao essencialismo, ao fundamentalismo, ao integrismo, ao sectarismo e daí ao racismo. Numa sociedade fragmentada culturalmente, os diversos grupos que se constituem, quer estejam em situação sócio-econômica favorável ou não, são todos suscetíveis de portar, em suas margens, um racismo que pode significar quer o ódio de tal ou tal outro grupo, segundo uma lógica diferencialista, quer uma reprovação que impute ao grupo, do qual se sente enciumado, uma capacidade de acesso superior à sua, aos frutos da vida moderna, à participação política ou econômica. Podemos compreender então, principalmente, como o anti-semitismo renasce em certas sociedades ocidentais, não apenas do lado da extrema-direita, a partir de um nacionalismo exacerbado, eventualmente carregado de um ressentimento ligado a um processo de queda social, mas também no seio de grupos eles mesmos discriminados politicamente ou sem engajamento, ou tentados por discursos radicalizados à extrema-esquerda. Assim, na França, o anti-semitismo está por uma parte no coração da ideologia dos dirigentes do Front National, e, por outra, presente no seio de populações oriundas da imigração magrebina, por razões bastante facilmente discernidas: os judeus encarnam por vezes, para elas, de uma parte, o dinheiro, a mídia, o poder e, de outra, o sionismo, a guerra com os palestinos, a oposição ao mundo árabe-muçulmano ao qual eles se identificam mais ou menos.

Lá onde a cultura se fragmenta, onde se encontram todas as espécies de grupos, fracionando-se, fusionando-se, num processo incessante de transformações, o racismo pode significar, ou bem uma modalidade extrema de interculturalidade, fracassando entre grupos minoritários, ou bem uma forma de retração da parte do grupo anteriormente dominante, crispado então sobre seu nacionalismo. Ele coloca uma questão bem delicada, a partir do momento em que os grupos discriminados definem-se em termos de raça: seria preciso falar de racismo lá onde há discriminação racial das relações sociais, e que esta é reconhecida e mais ou menos aceita por todos os atores concernidos? O próprio do racismo, a partir do momento em que ele é dominado por uma lógica diferencialista, isto é, que se funda, numa primeira aproximação, num discurso cultural, é que ele acorda ao grupo discriminado o estatuto de minoria, de diferente, mas não inferior, dotada de uma identidade da qual é possível fazer alguma coisa, que não é aberrante reivindicar. O racismo, em suas dimensões diferencialistas, pode assim aparecer como o desvio de atores definidos culturalmente, voltados para sua identidade nacional em crise, ou sobre uma identidade minoritária fechando-se em seu pólo mais sectário, e não conseguindo encontrar as modalidades de uma coexistência democrática. Nesse sentido, o racismo pertence verdadeiramente ao futuro de nossas sociedades, a

A NOVA ERA DO RACISMO 179

suas dificuldades para se afirmar numa identidade nacional aberta, a sua fragmentação cultural; ele não é apenas o produto de um passado que se desfaz.

Um Racismo Europeu?

O raciocínio precedente propõe uma interpretação unificada do racismo contemporâneo na Europa. O que reclama duas precisões. A primeira é que não se poderia deduzir que existe um racismo europeu, ele próprio unificado, um "euro-racismo", que precisaria ser pensado, analisado e combatido numa escala européia. Em nenhuma de suas modalidades concretas, o racismo é verdadeiramente europeu. Por exemplo, os grupos, partidos ou pequenos grupos que o alçam a nível político e esforçam-se por estruturá-lo ideologicamente são definidos essencialmente em escala nacional, e suas redes internacionais – que não se pode evidentemente ignorar – são de pequena importância em relação ao seu eventual enraizamento em seus países. E a segunda definição, que precisa de precedente, é que é necessário continuar a analisar o racismo no seu quadro nacional. De um país a outro, efetivamente, tudo muda, quer se trate das formas e expressões do racismo, das categorias utilizadas, freqüentemente intraduzíveis de maneira simples e direta de uma língua para outra, ou condições que o encorajam. Assim, dispomos de impressionantes dados contabilizados sobre a violência racista no cotidiano no Reino Unido, bem como na Alemanha, enquanto os números são bem baixos na França, o que, como vimos, reclama uma reflexão sobre a produção das estatísticas, mas quer dizer, mesmo assim, uma realidade diferente nesse domínio. Ou bem constata-se que na França, um partido de extrema-direita racista e anti-semita, como o Front National, representa cerca de 15% do eleitorado, com um desenvolvimento inaugurado no começo dos anos de 1980, e que a experiência francesa é, desse ponto de vista, comparável à da Bélgica ou da Áustria, até mesmo da Itália do norte com a Liga, porém diferente da experiência, por exemplo, da Alemanha, onde a extrema-direita regrediu após ter conhecido importantes sucessos eleitorais no começo dos anos de 1990, ou da Inglaterra, onde a extrema direita nunca soube capitalizar politicamente os afetos racistas e obter grandes votações. As modalidades do racismo mudam de um país a outro por diversas razões, umas históricas (passado colonial ou não, fascismo, nazismo, formação da unidade nacional etc.), outras ligadas à sua cultura política, outras ainda, em função de sua estrutura social, de seu modo de relações profissionais etc. Porém, essa constatação não afeta em nada nosso raciocínio geral: o quadro concreto do racismo é essencialmente nacional, mas os processos que explicam sua extensão e suas transformações contemporâneas são aproximadamente as mesmas em qualquer parte da Europa. Não existe euro-racismo, existe uma mutação social, política e cultural em ação em toda parte segundo as mesmas tendências gerais, mas que configura diversas expressões de um país a outro.

A Ação Anti-racista

A existência de um espaço econômico, político e jurídico europeu é evidentemente um elemento importante a ser levado em conta na ação anti-racista, como atestam os esforços para harmonizar as legislações nacionais na direção das que parecem as mais eficazes, a decisão de criar um Observatório europeu. No entanto, a luta anti-racista é também uma ação que se joga essencialmente num quadro nacional, e que deve ser considerada ao menos em dois níveis, político institucional de uma parte, militante de outra. Esse tema justificaria, por si só, um longo desenvolvimento, mas gostaria de assinalar aqui duas idéias principais.

O racismo, se considerarmos nosso ponto de vista sobre as duas lógicas que o fundamentam, é feito ao mesmo tempo de inferiorização, interditando aos grupos discriminados de se beneficiarem de um tratamento igualitário, e de diferencialismo, tendo por objetivo rejeitá-los, mantê-los à margem, até mesmo destruí-los. O anti-racismo deveria então ao mesmo tempo promover uma lógica de igualdade, lá onde esta é desprezada, e uma lógica de reconhecimento cultural, abolindo a rejeição, o desprezo, o chamamento à destruição ou à expulsão. O que se confronta a múltiplos obstáculos. De uma parte, o discurso de igualdade pode ser impotente face a situações que exijam mais equidade do que igualitarismo formal, e que pedem políticas voluntaristas que retifiquem injustiças mais do que colocar todos em pé abstrato de igualdade. De outra parte, o discurso do reconhecimento cultural corre o risco constante de se desviar para o apoio às piores tendências do comunitarismo. Além do mais, parece contraditório promover mais igualdade individual, e de pedir políticas de reconhecimento de identidades coletivas: de fato, a contradição é mais teórica do que prática, como poderíamos mostrar se tivéssemos o tempo de expor exemplos concretos: é possível, em certas condições, viver juntos, iguais e diferentes, no seio de uma mesma sociedade.

Por outra parte, o racismo, como acabamos de ver, deve ser considerado de baixo para cima, e não apenas a partir de ideologias ou doutrinas que o fundamentam ou se esforçam por legitimá-lo. Ora, a ação anti-racista não tem, freqüentemente, a capacidade de se apoiar na prática social, basicamente ela é constantemente tentada pela politização imediata e direta, sem mediação, instalando-se num nível ideológico-político que não permite, com freqüência, considerar um tratamento dos problemas no nível real em que eles se formam, por exemplo, na empresa se é o caso da discriminação nas relações de trabalho.

As controvérsias que cercaram a ação anti-racista, sobretudo na França, criticada por ser arcaica em alguns aspectos, pensada então em função de um racismo mais universalista ou colonial que diferencialista, e em outros de ser um instrumento manipulado pelo poder socialista, a partir dos meados dos anos de 1980, por desqualificar, com um desprezo insuportável, "os franceses de verdade" e que os militantes anti-racistas, com sua boa consciência, ignorariam tudo de sua condição de existência. É verdade que a ação anti-racista pede muito de modéstia, um esforço para circular entre os caminhos de um universalismo demasiado abstrato, e de um relativismo abrindo a via aos piores desvios do comunitarismo. Porém, a experiência mostra que um anti-racismo bem temperado, tomado em conta por atores apoiando-se numa legitimidade ou numa competência reais, pode exercer efeitos extremamente positivos.

11. O Pesquisador e seu Objeto nas Ciências Sociais, Hoje

Em 1999, Pierre Bourdieu e Loïc Wacquant publicaram um artigo em *Theory, Culture and Society*[1], no qual evocavam, em uma nota de rodapé, meu livro *A França Racista*, cujo título consideravam "cientificamente escandaloso". Apresentavam-me como um "sociólogo francês mais atento às expectativas do campo jornalístico do que às complexidades da realidade social". O artigo era intelectualmente sumário, como não deixaram de sublinhar vários dos autores que a mesma revista convidou então a reagir em seu número subseqüente e a nota que me concernia era imunda e difamatória. A acusação *ad hominem* da qual fui vítima foi lavada, na mesma ocasião, por uma Book Review de meu livro confiada a Malcom Brown e Robert Miles, que explicaram em quais aspectos meu trabalho constitui " a pesquisa mais significativa" para o estudo do racismo na França e como ele "expõe de maneira persuasiva e empírica a dinâmica do racismo na França contemporânea". A principal reserva que Miles e Brown exprimiam sobre meu trabalho é que o consideravam "excessivamente pessimista em certas partes". Crítica fundada em 1999, época em que os observadores podiam acreditar no declínio do Front National, partido que capitaliza o racismo popular, no interior do qual uma cisão dera lugar a forte crise. Porém, três anos mais tarde, no momento em que o candidato do Front National, Jean-Marie Le Pen, obtém 17%

---

1. " On the Cunning of Imperialist Reason", *Theory,Culture and Society,* 16(1), pp. 41-58.

dos votos e assim um resultado eleitoral superior ao do candidato socialista, que ele elimina do segundo turno da eleição presidencial de maio de 2002, talvez meus críticos aceitassem questionar essa sua reserva, a mais importante que me tenham formulado.

O ataque do qual eu fora vítima e, mais precisamente, o lugar onde esse ataque se efetuara feriram-me profundamente. Conspurcava-me não apenas, como já tinha sido o caso, na revista de Pierre Bourdieu e seus epígonos, *Actes de la recherche en sciences sociales* – revista escrita em francês e, pois, destinada a um público que facilmente poderia tomar conhecimento de meu livro, ainda mais que este fora reeditado em formato de bolso – porém em uma revista escrita em inglês, com público internacional. Dirigia-se a leitores que essencialmente não lêem a produção sociológica em francês e não podiam formar uma opinião própria. O que, diga-se de passagem, coloca (para além de meu caso pessoal) interessantes problemas não muito distantes da questão, senão do racismo, pelo menos do desprezo imperialista ou pós-colonial e do etnocentrismo, ligada a uma posição de dominação cultural: o que é uma comunidade científica que só conhece uma única língua, para a qual praticamente só existe aquilo a que tem acesso direto – ou seja, em inglês?

Convidando-me a participar do livro *Researching Race and Racism*, Martin Bulmer e John Solomos oferecem-me a ocasião de falar de minha experiência concreta de pesquisa sobre o racismo, assim como dos dilemas políticos e éticos que pude encontrar; desejam que eu trate da gênese e do processo de pesquisa, em suma, encorajam-me a apresentar meu trabalho na primeira pessoa do singular. Sou-lhes muito grato, especialmente porque, em oposição a um certo positivismo, considero que nada é mais importante hoje em dia, nas ciências sociais, do que refletir sobre a relação do pesquisador com seu objeto. Ou, se preferirmos: nada é mais vão do que postular uma espécie de neutralidade científica, uma exterioridade do pesquisador que lhe permitiria ser "objetivo" enquanto não implicado, distanciado. É certo que o pesquisador não se encontra, forçosamente, na melhor posição para analisar sua própria experiência, sua própria subjetividade, para introduzir uma reflexão sobre seu procedimento, que buscou em princípio tornar rigoroso, sem falha "científica". Mas quem mais poderia aportar os elementos necessários a um tal esforço, ao menos num primeiro momento, quem poderia falar melhor da pesquisa de um ponto de vista interno, ou começar a evocar aquilo que não é comumente abordado pelos artigos e livros acadêmicos? Quando vamos ao restaurante, não visitamos geralmente sua cozinha. É porém, de certa maneira, o exercício ao qual me disponho, sem narcisismo nem exibicionismo – ao menos, assim espero –, após ter apresentado, em

O PESQUISADOR E SEU OBJETO NAS CIÊNCIAS SOCIAIS, HOJE   185

suas grandes linhas, uma experiência de pesquisa, que continuo a considerar instrutiva e pouco banal.

A GÊNESE DE UM PROGRAMA

O Novo Racismo

Lá para o fim dos anos de 1980, estava convencido de que uma renovação e uma formidável inflexão caracterizavam o racismo nas sociedades ocidentais.

Na literatura que começava a desenvolver-se, causou-me impacto, sobretudo, o tema do racismo diferencialista. Na Grã-Bretanha, Martin Baker tinha publicado, alguns anos antes, um livrinho sem pretensão, mas que permanece para mim um pioneiro sobre o novo racismo[2]; na França, alguns anos mais tarde e quase simultaneamente, Pierre-André Taguieff[3], com um volume forte, denso, erudito e de uma inteligência próxima do virtuosismo e Etienne Balibar, numa obra mais engajada, com Immanuel Wallerstein[4], tinham desenvolvido idéias comparáveis sobre o racismo cultural ou diferencialista. E, nos Estados Unidos, os psicólogos e cientistas políticos que tratavam do racismo simbólico inscreviam-se em perspectivas bastante próximas. Segundo todas as evidências, o pensamento sobre o racismo se renovava.

Ao mesmo tempo, a França tomava consciência das transformações da imigração, que cessava de definir-se em termos de trabalho para tornar-se cada vez mais uma imigração de povoamento, o Islã tornava-se a segunda religião do país (a obra mais importante foi, para mim como para muitos outros, a de Gilles Kepel, *Os Subúrbios do Islã*). E, sobretudo, o racismo elevava-se ao nível político com o Front National de Jean-Marie Le Pen, que deixava de ser um pequeno grupo para tornar-se um partido capaz de obter resultados importantes nas eleições – o choque foi causado pela eleição parcial de Dreux, em 1983, onde pela primeira vez esse partido tinha aparecido como capaz de perturbar o jogo político clássico. Tomei, pois, conhecimento da formidável renovação do pensamento sobre o racismo, na mesma época em que tomava consciência da renovada importância social e política do fenômeno.

Uma Primeira Experiência de Pesquisa

É verdade que, enquanto pesquisador, mas também como pessoa singular, já tinha sido confrontado com uma experiência contempo-

---

2. *The New Racism.*
3. *La force du préjugé. Essai sur le racisme et ses doubles.*
4. *Race, Classe, Nation. Les identités ambigües.*

186 EM QUE MUNDO VIVEREMOS?

rânea de racismo, a do anti-semitismo na Polônia, sobre o qual publiquei um livro, em 1984[5]. O tema se me impusera por ocasião de uma pesquisa conduzida em 1980-1981, com Alain Touraine e toda uma equipe franco-polonesa, sobre o Solidarnosc (Solidariedade), na Polônia. Desde seu nascimento, em 1980, eu me entusiasmara com esse movimento total, que se erguia, em nome da classe operária, da nação polonesa e da democracia, contra um poder totalitário servil a Moscou. Sendo porém um judeu de origem polonesa, tinha ouvido meus pais e amigos seus falarem mal, não apenas da Polônia e dos poloneses – todos anti-semitas, diziam-me –, mas também de Solidariedade e de seu líder, que qualificavam de beato católico, seguramente anti-semita. Com Touraine e nossa equipe, tinha ido estudar um movimento social, Solidarnosc[6]. Mas, ao mesmo tempo, aproveitei para observar *in loco* tudo que se relacionava com temas judaicos e com o anti-semitismo, efetuando, sempre que possível, entrevistas sobre a questão. Entre as viagens à Polônia, acumulei os documentos que me ajudariam mais tarde, em Paris, a escrever um livro. Este repousa, pois, sobre uma experiência de campo concreta, mas é de certa maneira apenas um produto derivado da pesquisa principal, e também uma resposta a meus pais e seus amigos: durante um longo período de minha existência, que não terminou com a liquidação, pela força, de Solidarnosc, em dezembro de 1981, precisei viver sob tensão, entre minha simpatia profunda por tudo que implicava um maravilhoso movimento social e minha afeição por um meio familiar que me solicitava, na melhor das hipóteses, esquecer ou mesmo odiar tudo que estivesse ligado à sociedade e à nação polonesas.

A principal lição teórica que tirei dessa pesquisa e que me seria útil em seguida, remete à relação que tinha observado entre o movimento social – Solidarnosc – e o anti-semitismo: esse fenômeno, numa Polônia praticamente sem judeus (subsistiam então alguns milhares, dos quais boa parte pessoas idosas, dos cerca de três milhões que aí viviam antes da guerra), desenvolvia-se quando o movimento entrava em crise e não chegava mais a aparecer como engajado, numa relação conflitiva com seu adversário. Quando a situação econômica tornava-se mais e mais insuportável e o poder político se revelava cada vez menos disposto a negociar, a face oculta do movimento se reforçava, populista, nacionalista, pouco democrática, antiintelectualista, tentada por condutas de ruptura e deixando escapar um anti-semitismo que os "verdadeiros poloneses" começavam a reivindicar. O racismo ou, no caso, o anti-semitismo (não entrarei aqui na discussão para saber se os dois fenômenos pertencem à mesma e única família, ou não) era o oposto do movimento, a princípio sua face sombria e inquietante, mas também cada vez mais o seu contrário, o esboço de um antimovi-

---

5. M. Wieviorka, *Les Juifs, la Pologne et Solidarnosc.*
6. A. Touraine, F. Dubet, M. Wieviorka e J. Strzelecki, *Solidarité.*

O PESQUISADOR E SEU OBJETO NAS CIÊNCIAS SOCIAIS, HOJE

mento. Sendo antes de mais nada um sociólogo dos movimentos sociais, eu podia então teorizar o racismo como o contrário do movimento social, ao menos no sentido que Alain Touraine dá a essa expressão.

Uma Conjuntura Institucional

Em 1988-1989, tinha sólidas chances de ser eleito professor na École des Hautes Études en Sciences Sociales. Acabara de completar um vasto programa de pesquisas sobre o terrorismo – dez anos de trabalho – e excluía a possibilidade de continuar a estudar esse fenômeno, no qual já me tinha demasiado encerrado. Ora, precisava apresentar um projeto de ensino e de pesquisa, em prol de minha candidatura. O tema do racismo impôs-se então, de um lado tendo em vista a evolução recente da sociedade francesa (a ascensão do Front National, a mutação da imigração, as mobilizações anti-racistas encarnadas, antes de tudo, pelo movimento sos Racismo), e, por outro, de meus interesses intelectuais, levando em conta, também, o que fora uma constante em meu trabalho: a preocupação em estudar problemas sociais bem reais e produzir conhecimentos suscetíveis de aclarar o debate público.

Em uma primeira fase, dediquei um tempo considerável a preparar-me intelectualmente, para construir minhas categorias de análise, semana após semana, ao longo de um seminário anual que desembocou em uma obra teórica[7], esforço complementado pela organização de um importante colóquio internacional sobre o racismo – fazia questão de manter-me a par da vida intelectual em outros países, não podia aceitar o "estar voltado para o próprio umbigo" da pesquisa francesa, tanto nesta como em outras áreas e queria ter a possibilidade de discutir e intercambiar com especialistas vindos do mundo inteiro e pertencendo a distintas disciplinas[8]. Em 1990, encontrava-me pronto, do ponto de vista intelectual, instalado doravante de maneira plena na École des Hautes Études en Sciences Sociales, onde as condições de pesquisa eram excelentes e pertencendo a um Centro de Pesquisas, o Cadis (Centre d'Analyse et d'Intervention Sociologiques), em que encontrava um ambiente intelectual ao mesmo tempo estimulante, rico e amigável. Jamais teria sido capaz de construir minhas idéias sobre o racismo sem essa pertinência a um meio onde alguns estudavam os problemas da crise urbana e dos "subúrbios quentes", outros acompanhavam os esforços da imigração para construir uma ação contestadora, contra o racismo e pela igualdade, enquanto outros, ainda, interrogavam-se quanto a experiências sociais e culturais que, em outros países, comportavam dimensões de racismo e onde reinava, sob a direção de Alain Touraine – e reina ainda – um clima que faz

7. M. Wieviorka, *L'espace du racisme.*
8. M. Wieviorka (org.), *Racisme et modernité.*

188 EM QUE MUNDO VIVEREMOS?

desse centro um espaço excepcional de produção e discussão dos conhecimentos: podia lançar-me num verdadeiro programa concreto de pesquisa sobre o racismo.

UM PROGRAMA, UMA EQUIPE, CAMPOS

Não apenas sempre concebi meu trabalho de pesquisador como uma combinação de elaboração teórica e de pesquisa de campo, mas pertenço a uma tradição intelectual que considera o método de intervenção sociológica como um instrumento privilegiado para produzir conhecimentos sociológicos. Aliás, esse método dá seu nome ao Cadis, fundado em 1980 por Alain Touraine, que é também o inventor do método. Inúmeras obras, inclusive em inglês, apresentam ou utilizam esse método, sobre o qual direi apenas algumas palavras[9].

A idéia geral é que os atores, sem estarem plenamente conscientes do sentido de sua ação, também nunca se encontram totalmente incapazes de pensar sobre ela. Se pusermos em funcionamento um dispositivo apropriado, deve ser possível colocar os atores, cuja ação desejamos estudar, em posição de produzir uma análise com os pesquisadores. Assim, tratando-se do racismo, deve ser possível colocar pessoas mais ou menos racistas em posição, não tanto de exprimir seus preconceitos e seus ódios, mas de refletir sobre o racismo, suas fontes, o que significa. Mais precisamente, minha idéia inicial era reunir diversas vezes as pessoas racistas e fazê-las viverem um processo ao longo do qual seriam levadas a debater sobre o racismo e o que este implica, passando pois à análise. Esta não pode provir espontaneamente das pessoas em questão e o papel dos pesquisadores consiste não apenas em criar suas condições de possibilidade, mas também em introduzi-la, apresentando idéias, hipóteses, argumentos que puxem de algum modo essas pessoas, com quem é conduzida a pesquisa para o lado da reflexão.

Campos

É segundo essa perspectiva que constituí uma equipe de pesquisa, composta de cinco jovens pesquisadores, à qual propus levar a cabo um conjunto de intervenções sociológicas que, em diferentes situações, permitiriam colocar pessoas mais ou menos racistas em posição de se auto-analisarem.

Num primeiro momento, escolhi três centros urbanos, que me pareciam merecer um estudo aprofundado e formavam um conjunto começando a fornecer uma imagem, senão representativa, ao menos bastante diversificada do espaço francês do racismo.

9. F. Dubet e M. Wieviorka, "Touraine and Method of sociological Interventions", em J. Clarke e M. Diane (orgs.), *Alain Touraine.*

A ascensão do racismo popular

Roubaix é uma cidade industrial cujo tecido decompôs-se brutalmente, em poucos anos, ao mesmo tempo em que se desestruturava o sistema sócio-político formado pelos três atores principais da cidade (o patronato, os sindicatos, o poder municipal). A parte mais dinâmica da população desertava da cidade, enquanto os imigrantes chegavam em número importante, em busca de alojamentos baratos e ajuda social. Em Roubaix, reuni um grupo de uma dezena de pessoas, algumas pobres, vivendo, por falta de alternativas, num projeto habitacional de um bairro popular periférico depreciado, outras menos despossuídas, habitando no centro e vivenciando a decadência da cidade com imensa apreensão. Para encontrá-los, meus pesquisadores e eu recorremos a intermediários, trabalhadores sociais, militantes de um Comitê de bairro, que nos puseram em contato com várias pessoas, dentre as quais retivemos a dezena de membros do grupo de intervenção. Explicamos a todos longamente o que pretendíamos fazer: organizar uma série de encontros espaçados, por ocasião dos quais esse grupo iria encontrar-se, em caráter privado, com diversos convidados, um por vez, para uma troca de idéias sobre os problemas colocados pela imigração em nível local. Ao fim desses encontros, os pesquisadores se comprometiam a apresentar sua análise do trabalho do grupo, suas hipóteses e a discuti-las com os participantes. Foram necessárias várias semanas para preparar a intervenção *stricto sensu,* coletar as necessárias informações sociais, políticas, econômicas e históricas sobre Roubaix, multiplicar as entrevistas individuais e finalmente selecionar a dezena de participantes do grupo. Não se tratava de dizer de maneira crua às pessoas solicitadas: "queremos estudar vocês enquanto racistas", mas não se tratava tampouco de mentir-lhes. Explicamos-lhes, então, que se tratava de refletir com eles sobre as dificuldades, em sua cidade, ligadas à presença de populações de origem magrebina e ao fato de que essas dificuldades parecem alimentar o racismo. Entre março e maio de 1991, o grupo recebeu, em particular, o dirigente local do Front National, o do Partido Socialista, um motorista de táxi que tinha criado uma espécie de milícia privada (os "Cavaleiros de Roubaix"), um militante bem conhecido localmente por seu papel nas lutas urbanas dos anos de 1970 e 80, o prefeito da cidade, um trio de jovens "beurs"[10] etc. Nesses encontros, com duração média de duas horas, os pesquisadores (eu próprio e um ou dois membros de minha equipe) intervinham pouco, distribuindo o direito à palavra, relançando a discussão se preciso, organizando-a, introduzindo por vezes uma observação, um comentário sobre a evolução das trocas. Depois dessa fase de encontros, o grupo teve sessões "fechadas", sem con-

---

10. Gíria para árabes. (N. da T.)

190 EM QUE MUNDO VIVEREMOS?

vidados e então os pesquisadores intervieram com muito mais força, explicando, por exemplo, ao grupo, que o racismo, tão presente nas proposições dos participantes, tinha a ver com a exclusão destes, sua queda ou suas inquietações sociais, bem como com seu sentimento de uma ameaça pairando sobre seu ser cultural, sua identidade nacional. O fato mais notável a meu ver nessa intervenção, em que as trocas entre pesquisadores e membros do grupo eram simples, diretas, sobretudo cordiais, produziu-se no final do percurso, por ocasião do último encontro: os mesmos participantes que tinham caminhado um pouco com os pesquisadores, aceitando situar-se do ponto-de-vista da análise do racismo e não mais apenas da expressão de seus problemas, puseram-se a sustentar proposições de um racismo inaudito, de maneira desenfreada. A pesquisa, que parecia ter introduzido a razão no grupo e mesmo tê-lo afastado do racismo, concluía-se enfim pelo contrário do que era esperado, por um aumento do racismo e não por um aumento da capacidade de análise e de reflexão. Minha interpretação é que esse grupo tinha sido bem capaz de formular, de algum modo, a teoria de sua desgraça social e cultural. Mas, uma vez essa teoria delineada com os pesquisadores, ele sabia que seu destino não ia mudar: os pesquisadores iriam voltar para suas casas, seu universo protegido, enquanto que os participantes da pesquisa retornariam à vida em seu ambiente degradado ou inquietante, sem mudanças; desenvolvendo um racismo exacerbado, fizeram de alguma forma os pesquisadores pagarem caro o fato de terem esboçado uma análise de problemas que permaneceriam sem solução. Esse encontro prolongou-se até tarde da noite, voltei de carro para Paris sentindo-me doente e levantei no dia seguinte com febre alta.

Passarei mais rapidamente pelos demais sítios, para os quais uma intervenção sociológica pôde ser conduzida em condições similares. Em Mulhouse, a situação econômica era menos dramática, porque após a desestruturação do tecido industrial clássico, nos anos de 1970 e 80, um processo de recomposição se anunciava, o desemprego era menor e alguns milhares de habitantes da cidade encontravam empregos, como fronteiriços, na Suíça e na Alemanha. O Front National é poderoso nessa cidade, em que a identidade alsaciana permanece clara e é vivida como complementar e não oposta à identidade nacional francesa. Nessa situação, a intervenção (em maio e junho de 1991) permitia completar a análise sociológica já esboçada em Roubaix e mostrava que o racismo pode ter a ver, além de suas fontes sociais, com a crise da comunidade cultural regional e o sentimento de correr o risco de ser expulso da modernidade. O forte enraizamento em uma cultura local alsaciana ameaçada é indissociável da pertinência a uma sociedade industrial em declínio, como também associada – e isso não é um paradoxo – com um sentimento intenso de identificação à nação francesa. Uma recordação precisa a respeito dessa intervenção

O PESQUISADOR E SEU OBJETO NAS CIÊNCIAS SOCIAIS, HOJE   191

não me abandona: a de um habitante de um bairro popular declarando a um pesquisador de minha equipe, que o entrevistava no quadro da preparação da pesquisa e da constituição do grupo de intervenção: "é necessário reabrir as câmaras de gás". E como o pesquisador, apesar das consignas de não se permitir levar pelas emoções, deixava transparecer sua perturbação, o homem acrescentava: "não se preocupe. Não para os judeus, mas para os árabes".

Marselha é uma cidade do verbo, onde os propósitos racistas disparam facilmente e as diferenças culturais se dão a perceber bem mais do que em outras cidades. As formas de discriminação e segregação são numerosas, mais visíveis que em outros lugares, ao mesmo tempo o sistema político local, por muito tempo aberto a diversas comunidades sociais, mas também culturais (corsa, armênia, italiana, judia etc.) dá espetaculares sinais de esgotamento. A intervenção sociológica (de abril a junho de 1991) colocará em evidência um racismo não apenas antimagrebino mas também, e bastante virulento, anticiganos. Os "pequenos brancos" reunidos no grupo, exprimem sobretudo um sentimento de exasperação, de impotência política e de abandono, percebem-se como as vítimas, os abandonados da mudança e analisam eles mesmos seu racismo, como ligado à convicção de serem os últimos sobreviventes de uma França ultrapassada. Seu racismo, no momento em que a pesquisa se efetua, parece inscrito num populismo que o contém e limita.

A fase preparatória, no curso da qual numerosas entrevistas individuais foram efetuadas, e as intervenções propriamente ditas, permitiram formar uma imagem mais precisa de uma França na qual os meios populares, e também as camadas médias, tornam-se racistas ao seguirem quatro lógicas principais, eventualmente combinadas: a lógica da exclusão social, a das camadas médias, que querem manter sua tranqüilidade e manter a pobreza e a imigração à distância, a da queda social e, enfim, a da tradição cultural ameaçada de fora (a mundialização, a construção européia) e de dentro (a imigração). A pesquisa concreta, de fato, confirma e precisa a abordagem mais teórica, que eu havia desenvolvido anteriormente no *Espace du racisme*, fornece ilustrações e também permite nuances.

A crise das instituições

No início dos anos de 1990, o racismo não se difundia apenas nos meios populares; também percorria as instituições, seja diretamente, seja porque decorria de problemas que as instituições eram cada vez menos capazes de enfrentar. Decidi assim incluir nesse programa de pesquisas duas intervenções conduzidas com os atores ligados a instituições, uma com trabalhadores sociais, para ver como estes enfrentavam as dificuldades que alimentam o racismo e outra com policiais.

192 EM QUE MUNDO VIVEREMOS?

Longe dessa França envelhecendo mal em Roubaix, Mulhouse ou Marselha, a intervenção versando sobre o trabalho social foi conduzida numa "cidade nova" da região parisiense: a prefeita de Cergy, amiga de uma amiga, queria que uma equipe de sociólogos estudasse o racismo na sua cidade. Coragem estranha da parte dessa eleita, que assumia o risco de tornar sua cidade um dos lugares etiquetados como racistas. Tratava-se aqui de estudar a maneira pela qual os trabalhadores sociais contribuem para o tratamento de problemas sociais e culturais que desembocam no racismo, ou, pelo contrário, desenvolvem uma prática contraprodutiva que termina por reforçar o mal. O grupo de trabalhadores sociais que havíamos reunido (de março a junho de 1990) também se encontrou com diversos interlocutores, antes de passar à auto-análise de sua ação sob a impulsão dos pesquisadores. E muito claramente revelou-se perdido, incapaz em particular de definir uma linha clara de conduta face às diferenças culturais encontradas no campo e, em muitos aspectos, impotente face às dificuldades sociais dos "clientes" do trabalho social. Entre os trabalhadores sociais, alguns queriam reconhecer e valorizar as identidades particulares, outros só queriam falar de desigualdades e injustiça social; no conjunto, encontravam-se sem projetos e sem capacidade de mobilização coletiva, subordinados aos eleitos locais. A pesquisa coloca então em evidência a grande crise do trabalho social na França, suas dificuldades em funcionar na conjuntura de mutação da sociedade. Validarei mais tarde essas análises indo ao encontro de outros trabalhadores sociais, em outras cidades e perguntando-lhes o que pensam dos resultados da pesquisa efetuada em Cergy. Porém, não seria preciso ir ao coração mesmo das instituições mais centrais?

Outra intervenção foi preparada, desta feita com os policiais. Foi preciso, para isso, obter o acordo das mais altas autoridades (de fato, o Ministro do Interior) e o apoio do Institut des Hautes Études de la Sécurité Intérieure, recentemente criado e que se propôs a auxiliar minha pesquisa, inclusive financeiramente. Pude assim encontrar-me com dezenas de policiais de base, em várias cidades da França e selecionar dez voluntários para uma intervenção sociológica referindo-se explicitamente ao tema "polícia e racismo". Esse grupo reuniu-se, na periferia de Paris, ao longo de vinte sessões em quatro meses (de outubro de 1990 a janeiro de 1991); encontrou-se, entre outros interlocutores, com um prefeito de direita – conhecido por suas decisões espetaculares, muito divulgadas pelos meios de comunicação e julgadas próximas do racismo –, um advogado de extrema esquerda, o diretor da polícia nacional, o principal dirigente de sos racismo (Harlem Désir) etc. Também nesse caso, após os encontros, o grupo colocou-se em posição de análise e precisamente abordou o racismo policial e suas especificidades, explicando suas fontes, mas também seu funcionamento. Seguramente, há uma crise da instituição policial, face às dificuldades sociais e às tensões culturais que o país atravessa e o racismo

O PESQUISADOR E SEU OBJETO NAS CIÊNCIAS SOCIAIS, HOJE   193

penetra na polícia que terá, além do mais, por sua prática concreta, um papel na produção do fenômeno.

Prolongamentos

Esses trabalhos foram completados por uma outra intervenção sociológica, efetuada com um grupo de skinheads e por diversos outros estudos conduzidos de maneira mais clássica, por meio de entrevistas individuais e documentos: no Beaujolais, onde age um poderoso racismo rural; em Montfermeil, pequena comuna da região parisiense, cujo prefeito tornou-se conhecido por suas decisões xenófobas, racistas e ilegais; num quarteirão do bairro de Paris, onde uma comunidade chinesa suscita rumores e preconceitos racistas; em Sarcelles, cidade onde, desde o começo dos anos de 1990, minha equipe e eu pudemos identificar o nascimento de um novo anti-semitismo, portado pelos antilhanos e imigrantes de origem magrebina, que acusam os judeus de se constituírem como uma comunidade poderosa, capaz de exercer sua influência sobre o poder local, enquanto eles próprios não dispunham desse tipo de recursos comunitários: dez anos depois, quando uma onda de violências anti-semitas agitará a França, no momento da Segunda Intifada, esses trabalhos ajudar-me-ão a refletir sobre a natureza e os atores desse ódio aos judeus[11]. Foram prolongados por uma comparação internacional, na qual os pesquisadores de minha equipe, apoiando-se nos principais resultados do programa conduzido na França, foram para a Grã-Bretanha, a Itália, a Bélgica e a Alemanha a fim de examinar o racismo em ação nessas sociedades (um livro, do qual fui o organizador, relata essa comparação internacional: *Racisme et xénophobie en Europe*. Enfim, um pouco mais tarde, a pedido da CFDT, uma das grandes centrais sindicais francesas, coloquei em marcha uma pesquisa sobre o racismo no trabalho, cuja direção foi rapidamente assumida por Philippe Bataille, companheiro de aventuras em todas as fases anteriores do meu programa, que permitiu aos pesquisadores e sindicalistas uma reflexão conjunta, no campo, sobre o racismo nas empresas e os meios de fazê-lo recuar[12].

O PESQUISADOR E SEU OBJETO

Cerca de quinhentas horas de entrevistas individuais e mais de duzentas horas de encontros coletivos integralmente gravados: o livro *La France raciste* repousa sobre um imenso material, cuja

---

11. Esses trabalhos não estão incluídos no livro *La France raciste*. Foram remetidos ao organismo que os financiou, o FAS e estão disponíveis sob a forma de um relatório.

12. P. Bataille, *Le racisme au travail*.

194 EM QUE MUNDO VIVEREMOS?

produção colocou, constantemente, importantes problemas aos pesquisadores.

Pois encontrar racistas – e não apenas quando se trata de skinheads – não é uma coisa fácil. Em certos casos, as pessoas encontradas são prudentes, desconfiam, interrogam-se: quem é esse sociólogo, por que coloca essas questões, que fará das respostas, para quem trabalha? Em outros casos, dá-se o inverso, o racismo é explícito, reivindicado, o pesquisador é então intimado a tomar partido, já que seu interlocutor não compreenderia se ele não fosse igualmente racista. Permanentemente, os pesquisadores no campo, quer estejam sós ou a dois, devem colocar-se a questão de sua relação com o objeto estudado e as pessoas encontradas, seja por ocasião das entrevistas individuais ou das reuniões coletivas. A convivência está excluída, mas a rejeição ou a repulsão, que podem muito bem se manifestar, constituem um obstáculo a uma relação na qual trata-se, para os pesquisadores, de informarem-se. A dificuldade aumenta quando se trata, no quadro da intervenção sociológica, de colocar as pessoas relacionadas em posição de co-produzirem conhecimentos e análises.

Relações Interpessoais

Por ocasião de uma entrevista individual, o pesquisador que quer compreender e não apenas registrar informações mais ou menos factuais, deve criar um mínimo de empatia com a pessoa interrogada, de maneira simplesmente a dar-lhe vontade de participar de uma troca. Sabe que não está em posição de neutralidade pura. É necessário ao pesquisador respeitar a pessoa interrogada, levá-la a sério, estimulá-la a ir o mais longe possível na evocação dos temas abordados; ora, se essa pessoa é racista, uma tal postura é difícil. O pesquisador pode, então, ficar tentado a esconder seu jogo, pode, por exemplo, provocar os propósitos racistas, apresentar-se como alguém que porta as mesmas idéias, os mesmo preconceitos, deixar o interlocutor confiante ao fazer-se passar por racista. Havia pedido a minha equipe para rejeitar essa orientação vigorosamente, bem como de jamais se colocar em posição de julgar as pessoas interrogadas e significar-lhes uma rejeição a seu discurso. Minhas assertivas, que foram debatidas no seio da equipe de pesquisa, eram: devemos permanentemente ser pesquisadores, que não estão lá nem para aceitar, nem para rejeitar os propósitos manifestados, mas para compreendê-los e colocar aqueles que os sustentam em posição de refletir a respeito. Na prática, pudemos geralmente manter essa atitude, e, freqüentemente, abrir espaço para a análise: quando a confiança havia sido instaurada, se uma pessoa exprimia um propósito racista, era possível dizer-lhe algo como: "esse propósito é racista e minha hipótese é que você o apresenta para exprimir, de fato, isso ou aquilo...".

O PESQUISADOR E SEU OBJETO NAS CIÊNCIAS SOCIAIS, HOJE   195

Quando de uma intervenção sociológica, a relação constrói-se e desenvolve-se ao longo dos encontros de grupo, entre os quais, além do mais, existem longas e numerosas possibilidades de discussões informais: para cerca de quarenta horas de intervenção propriamente dita, há sempre muitas horas de troca não gravadas, por ocasião dos momentos de inação, das pausas ou refeições, sem falar dos encontros preparatórios. Criam-se então, necessariamente, relações interpessoais fortes, cordiais – porque ninguém é obrigado a participar em uma tal pesquisa, os participantes não são pagos para isso, só vêm e retornam se encontram alguma gratificação de tipo intelectual e um clima agradável. A experiência, aqui, mostrou-me logo que a confiança instaurada significava, que os membros do grupo sabiam muito bem que não queríamos julgar seu racismo, mas compreender suas fontes e seu sentido. No conjunto, os pesquisadores podiam ser eles mesmos e quanto mais a pesquisa progredia, mais era possível falar do racismo num outro registro, como aquilo que – pesquisadores e atores em conjunto – estávamos analisando. Um pesquisador não pode aceitar o racismo que inunda os propósitos dos participantes numa intervenção sociológica. Porém, se reage dizendo que esses propósitos são intoleráveis, não fará avançar a pesquisa, que corre o risco mesmo de interromper-se aí. Pelo contrário, tudo muda se consegue tomar o propósito racista que emergiu, como aquilo que deve ser debatido no grupo, se consegue dizer por exemplo: "você fala dessa maneira, você diz esses horrores sobre os árabes no momento exato em que acabamos de evocar o desemprego na cidade e, evidentemente, os árabes não têm nada a ver com isso. Eu me pergunto se você não sustenta esses propósitos anti-árabes, por não poder mobilizar-se contra os verdadeiros responsáveis pelo desemprego".

Porém, nem sempre é possível conduzir a discussão do propósito racista para um começo de esforço de clarificação e análise. E não se deve acreditar que uma pessoa tenha efetivamente se afastado na vida real do racismo pelo fato de se ter eventualmente engajado, na situação de pesquisa, na via do distanciamento, da análise, da recusa do racismo. Em muitas oportunidades, ocorreu-me viver dolorosamente o contrário. A primeira vez foi na Polônia, em 1981, ao final de nossa pesquisa sobre o Solidarnosc. No decurso do banquete final, que havíamos oferecido a todos os participantes do nosso programa (três grupos de intervenção, ou seja, cerca de trinta pessoas), em Varsóvia, um dos membros do grupo de Gdansk começou a exprimir propósitos anti-semitas, denunciando "esse judeuzinho Michnik". Ora, alguns meses antes, quando Adam Michnik tinha vindo a Gdansk para explicar a esse grupo tudo o que o KOR, o movimento de intelectuais, tinha feito para preparar de fato a chegada do Solidarnosc, o mesmo militante, muito solenemente, tinha se levantado e havia pedido a seus camaradas que o aplaudissem, para agradecer-lhe em nome de todos os operários poloneses. Uma segunda vez, vivi uma situação bem desagradável do mesmo tipo quando, na saída da intervenção com os policiais, uma refeição de encerramento tinha sido organizada em sua intenção. No decurso da refeição, os policiais de nosso grupo não encontraram nada melhor para contar, diante da equipe de pesquisa petrificada, do que uma série interminável de histórias, umas mais racistas do que as outras. Ora, algumas horas antes, os mesmos se comportavam como analistas do racismo policial, testemunhando uma grande maturidade de espírito e uma grande distância em relação ao dito racismo policial.

Aumentar a Capacidade de Ação dos Atores? Da Sociedade sobre Si Mesma?

O método de intervenção sociológico foi inventado por Alain Touraine, em meados dos anos de 1970, para estudar os movimentos sociais. Sua idéia era que, quanto mais os atores aumentam seu nível de conhecimento sobre si mesmos, mais aumenta sua capacidade de ação. No entanto, pode uma tal idéia ser aplicada a atores que, muito longe de um movimento social, caracterizam-se ao contrário por seus preconceitos e sua incapacidade para mobilizarem-se em nome de ideais de justiça, igualdade e de projetos de emancipação? Trabalhando direta e longamente com os atores racistas, encorajei-os a afastarem-se do racismo?

Minha resposta será prudente. O racismo aparece mais como influenciado por dificuldades sociais, por um sentimento de ameaça à sua própria integridade cultural ou pela crise de instituições incapazes (lembro que se trata da França) de manterem suas promessas republicanas de liberdade, igualdade e fraternidade e mais constitui uma resposta inadaptada e irracional aos problemas reais: a pesquisa deveria esclarecer aqueles que se entregam a isso e afastá-los dessa resposta. Porém, na prática, a experiência sugere que, de fato, o impacto da pesquisa sobre aqueles que participam nela é muito fraco e a experiência de Roubaix, relatada acima, ilustra bem essa constatação.

Mas a pesquisa não pode exercer um impacto de outra ordem, ao influenciar, principalmente, os atores políticos e os responsáveis públicos, ajudando-os a aperfeiçoar sua ação e a fazer recuar o mal? Aqui, eu seria igualmente prudente. Meu livro *La France raciste* foi bem acolhido pela mídia. No momento de sua aparição, uma importante emissão de televisão inspirou-se nele e retomou seu título. O livro foi lido, fui convidado a participar de um grande número de debates e seu conteúdo parece-me ter sido bem transmitido. Tenho discutido freqüentemente seus resultados, em caráter mais ou menos privado, com os atores políticos. Porém, parece-me que ele não teve nenhuma influência sobre o curso dos acontecimentos, e mesmo se

O PESQUISADOR E SEU OBJETO NAS CIÊNCIAS SOCIAIS, HOJE   197

mostrava às realidades sociais, institucionais e culturais que, ao longo de uma profunda mutação da sociedade francesa, fabricam dramas, egoísmos e medos que conduzem ao racismo, seguramente exerceu um impacto muito menos importante sobre a vida política francesa do que outros trabalhos que se contentavam em denunciar o Front National e em caçar aqui ou ali as ideologias racistas. No máximo, posso alegrar-me de ter sido convidado pela CFDT, alguns anos após a sua edição, para lançar uma pesquisa-ação sobre o racismo no trabalho, o que queria dizer que minhas análises e minha abordagem tinham interessado essa poderosa organização sindical.

Enfim, essa experiência, tema sobre o qual fala-se pouco nas ciências sociais, modificou os próprios pesquisadores? Com toda evidência sim, ao menos num ponto preciso. O adjetivo racista tem freqüentemente a força da evidência e rapidamente uma pessoa, um grupo é qualificado de francamente racista. Ora, com freqüência, no campo, constatei a existência de uma zona cinzenta, de contornos mal delimitados e conteúdo mais ou menos instável, em relação à qual o uso do qualificativo "racista", quando examinado, revela-se inadaptado, injusto, excessivo. Ao escrever essas linhas, penso, por exemplo, num casal já de certa idade de Marselha, que habitava numa casa agradável, com um jardim magnífico, separado, apenas por um muro, de um aglomerado habitacional povoado de ciganos. Esse casal vivia aterrorizado. Quando, em 1989, o mundo inteiro havia tomado conhecimento da queda do muro de Berlim, os jovens ciganos tinham comemorado o acontecimento à sua maneira: derrubaram o muro que os separava da casa, arremessando contra ele um caminhão roubado. O casal era insultado gratuitamente, na rua, por ciganos muito jovens, não podia sair de seu domicílio sem correr o risco de vê-lo imediatamente roubado etc. A vida tornara-se, para eles, um calvário. O que os membros do casal diziam dos ciganos não era simpático, seguramente, mas sempre apoiado sobre ilustrações concretas e, creio, reais; aqui, qual era a parte de racismo, qual era a parte de uma experiência vivida insuportável?

Em certas situações, querer falar apenas de problemas sociais ou culturais é cegar-se quanto à parte de racismo que elas contêm. Porém, só ver o racismo é estigmatizar, desqualificar muito rápida e radicalmente as pessoas envolvidas. A pesquisa ensinou-me a fazer um esforço maior, para não reduzir tudo a imagens simplistas e dicotômicas, não separar o mundo em dois campos, os mocinhos e os bandidos, os racistas e os anti-racistas. Ensinou-me também a afastar-me de posições políticas não menos elementares, que crêem que se pode agir sobre o racismo, contentando-se em opor-se a ele frontalmente, ideologicamente, juridicamente, como se a mescla dos bons sentimentos e do recurso a um arsenal jurídico mais ou menos adaptado pudesse bastar. Em suma, a pesquisa encorajou-me a uma grande modéstia, a não crer em soluções elementares e rápidas. Se, em seguida, engajei-me em trabalhos que se interessavam pela violência urbana e pela diferença cultural, foi certamente a partir dessa experiência de pesquisa sobre o racismo, que constituiu uma espécie de convite para aprofundar temas vizinhos, dos quais é indissociável.

Violência e Insegurança

12. Para Compreender a Violência: a Hipótese do Sujeito

Desde que aparece o termo "violência", inúmeros problemas surgem, para começar, o de saber do que falamos. Porque o termo violência amalgama um imenso conjunto de noções, todas mais ou menos confusas ou desordenadas. Violência física, ou também simbólica? Real ou percebida? Individual ou coletiva? Violência de Estado, eventualmente legítima ou violência de rua, de legitimidade contestável? Etc. Essa lista de pares opostos, que não são necessariamente contraditórios, poderia ser consideravelmente alongada e poder-se-iam acrescentar outras, fundadas, por exemplo, em categorias empíricas e que também podem ser declinadas ao infinito: em função dos autores – violência operária, étnica, islâmica, camponesa, dos jovens etc. –, em função dos alvos ou das vítimas – os jovens, as mulheres, as minorias étnicas etc. –, em função dos domínios da vida coletiva – violência urbana, rural, social, política etc.

O termo violência não funde apenas fenômenos distintos ou que seria preciso distinguir analiticamente, mas autoriza ainda a mobilização, também mais ou menos confusa, de todas as teorias gerais disponíveis nas ciências sociais e na filosofia política; sem falar de teorizações específicas, trazendo um esclarecimento *ad hoc* mais ou menos luminoso. Não nos surpreenderemos então de encontrar, na literatura das ciências sociais, obras que se propõem a passar em revista as diversas teorias disponíveis[1] ou outras que têm, por principal

---

1. Como exemplos eloqüentes: J. B. Rule, *Theories of Civil Violence*, ou, sobre

202 EM QUE MUNDO VIVEREMOS?

característica, tentar, com mais ou menos sucesso, articular ou integrar várias delas, por exemplo, para auxiliar um modo de abordagem principal manifestamente falho, tanto é verdade que os fatos requerem outros paradigmas[2].

Minha reflexão transcorrerá no âmbito de um conjunto pouco ou nada delimitado de experiências históricas concretas de violência, passará de um objeto empírico a outro, sem ter a preocupação de esclarecer mais sistematicamente esta ou aquela classe de violência, sem verdadeiramente desconstruir ou dissociar o que o próprio termo agrega, de uma maneira que constitui, freqüentemente, um obstáculo à compreensão. Minha reflexão, porém, recusará um ecletismo teórico e, assim, a justaposição de modos de abordagem sem unidade e privilegiará, pelo contrário, uma entrada bem delimitada, um ponto de vista específico. A aposta que pretendo fazer aqui é, com efeito, a de desenvolver um raciocínio ao mesmo tempo pouco comum nas ciências sociais – ao menos quando se trata de abordar a violência – e centrado numa idéia-força, a partir da qual construir-se-á a perspectiva. Digamos, em uma palavra, que a tentativa dessas reflexões é de esboçar uma teoria da violência baseada na noção de sujeito. No entanto, a teorização que vou esboçar não descarta sistematicamente outros modos de abordagem; em particular, não pretende, tampouco, opor o ponto de vista do sujeito a outras aproximações centradas, por exemplo, na racionalidade do ator ou em suas frustrações, que podem verificar-se de uma certa utilidade, mas sim situar esses outros pontos de vista no quadro de um raciocínio mais amplo, em que estes são de alguma forma colaterais ou mesmo subordinados à noção de sujeito.

Dizer que entendo privilegiar o ponto de vista do sujeito é essencialmente considerar a possibilidade de tomar dois caminhos, que se cruzam com freqüência, mas que é preciso dissociar para os fins da análise. O primeiro deles interessa-se pelos protagonistas da violência, aqueles que cedem a ela, praticam-na, instalam-se nela e, eventualmente, conseguem sair dela. O segundo, que só poderei considerar aqui de maneira sucinta, remete às suas vítimas, aquelas que a violência visa, atinge e afeta, direta ou indiretamente.

---

um tema mais limitado, D. J. Shoemaker, *Theories of Delinquency. An Examination of Explanations of Delinquent Behavior.*

2. Podemos assim ler a obra clássica de T. R. Gurr, *Why Men Rebel?*, como uma tentativa de combinar os modos de abordagem a partir de um paradigma principal, que é o da frustração relativa. Podemos assim mostrar que as dificuldades de Norbert Elias para pensar o nazismo e os fenômenos de violência ligados à de-civilização encorajaram-no a associar à sua argumentação principal, tal como ele a expõe nos seus dois grandes livros, *La civilisation des moeurs* e *La dynamique de l'Occident*, modos de abordagem bem diferentes, que justapõe sem grande capacidade de integração, o que transparece claramente na leitura de *The Germans* (*Os Alemães*). Cf. minha intervenção no colóquio "Norbert Elias" (22 e 23/10/1999 na Université Paris-VII).

PARA COMPREENDER A VIOLÊNCIA: A HIPÓTESE DO SUJEITO   203

Porém, talvez seja necessário, como pré-condição, fornecer uma definição, mesmo rápida, da noção de sujeito, tal como a utilizarei aqui. O sujeito é a capacidade de construir-se a si próprio, de proceder a escolhas, de produzir sua própria existência. É, para retomar o vocabulário de Hans Joas, "o caráter criador do agir humano"[3]. É a capacidade de engajar-se e também de desengajar-se. E só existe sujeito no reconhecimento do sujeito no Outro, na aceitação da alteridade. O sujeito não é, no entanto, um elétron livre, cuja trajetória pessoal escaparia a toda obrigação, a toda norma, a toda relação com outros que não as de sua escolha. Só existe na capacidade de viver relações. Penso mesmo que existe tanto mais espaço aberto ao sujeito quanto existe, precisamente, numa sociedade, possibilidades de reconhecimento, agindo tanto nas relações interpessoais (em particular, na família) como na comunicação intercultural e no quadro de relações sociais, inclusive e sobretudo de modo conflitual (voltarei a esse ponto). O sujeito é apenas uma dimensão da pessoa, que distinguirei do indivíduo, definido, a meus olhos, não pela produção de si-mesmo, mas pela participação na modernidade e, principalmente, pelo consumo e pelo acesso ao dinheiro. Enfim o sujeito é, para mim, uma categoria abstrata, que encontra na ação sua realização concreta mais importante. Porém, o sujeito não se torna sempre, ou facilmente, ou plenamente ator e é mesmo, com freqüência, no espaço que separa o sujeito do ator que se esboça a violência.

Formulemos, em termos bem simples, mas que podem constituir um sólido ponto de partida, nossa hipótese principal: a violência é freqüentemente, ao menos em parte ou na origem, a marca de um sujeito contrariado, interditado, impossível ou infeliz. A marca, eventualmente, de uma pessoa tendo sofrido, ela própria, uma violência, seja física – como esses traumatizados de guerra que desenvolvem, a seguir, perturbações de personalidade podendo incluir episódios de violência –, seja moral ou simbólica, como é com freqüência o caso dos jovens delinqüentes[4].

A EXPERIÊNCIA DAS VIOLÊNCIAS URBANAS

Uma tal formulação autoriza-nos a integrar em nosso raciocínio o tema da frustração, tão comum na análise da violência: esta, com efeito, pode proceder de uma frustração, no sentido em que uma pessoa ou um grupo se vê privado ou interditado de acesso a bens materiais ou a um reconhecimento simbólico legítimos. A frustração, por

3. *La créativité de l'agir*, p. 15.
4. Cf. M. Vaillant, *La réparation : de la délinquance à la découverte de la responsabilité*. Sobre as perturbações conseqüentes à guerra e as condições que permitem enfrentá-las, cf. L. Gracq, *Les traumatismes psychiques de guerre*.

204 EM QUE MUNDO VIVEREMOS?

exemplo, pode ser a do jovem que se torna delinqüente para aceder ao consumo e que, como muito bem disse Robert Merton, emprega meios ilegítimos para chegar a fins legítimos e conformar-se aos valores de uma sociedade que atribui uma importância considerável ao dinheiro e aos bens materiais. A frustração, aqui, parece remeter mais ao indivíduo preocupado em consumir do que ao sujeito esforçando-se para construir-se. Porém, já nesse caso, o tema do sujeito pode trazer um esclarecimento útil ao sugerir que, por trás da ação para aceder aos bens ou ao dinheiro, existe um desejo de semelhança, de afirmação, de conquistar a estima de si mesmo e talvez a dos outros, ou de alguns deles. E sobretudo, desde que se associe a frustração ao tema do reconhecimento, concebemos rapidamente a importância do lugar do sujeito. É o que veremos ao considerar um fenômeno relativamente bem delimitado, as revoltas urbanas, tal como se desenvolveram na França, a partir do começo dos anos de 1990, assim como na Grã-Bretanha.

A Demanda de Reconhecimento

A frustração do jovem que participa dos distúrbios ou se comporta como um louco furioso, condutas que estão no âmago de representações da violência dita urbana, é constantemente alimentada por um vivo sentimento de injustiça, de não-reconhecimento, pela convicção de viver numa sociedade que "não deixa seu lugar" – como dizia um dos principais protagonistas da onda de terrorismo de 1995 na França, Khaled Kelkal, três anos antes de seu desvio, que teve como desfecho sua morte. A violência urbana explode quando essa negação da pessoa como sujeito, vivida como particularmente dolorosa pelos jovens sem grande futuro e submetidos à discriminação social e ao racismo, é acentuada pelo comportamento da polícia ou das decisões da justiça, por uma "bravata" policial que acarreta a morte de um jovem do bairro, pela liberação de policiais culpados de graves brutalidades – lembremos que os grandes distúrbios de Los Angeles, em abril de 1992, foram desencadeados pela liberação dos policiais brancos acusados de terem agredido selvagemente Rodney King, um negro que em absoluto os havia ameaçado, apesar da gravação em vídeo testemunhando os fatos. A experiência dos distúrbios urbanos contemporâneos convida-nos a não nos satisfazermos facilmente com o vocabulário da frustração, ou em todo caso, a precisar a natureza da frustração em causa: aqui está em jogo uma negação da subjetividade, enfim uma negação pelo racismo da humanidade daqueles que finalmente se revoltam, uma profunda injustiça que concerne à integridade moral da pessoa.

PARA COMPREENDER A VIOLÊNCIA: A HIPÓTESE DO SUJEITO 205

A Crítica das Instituições

Porém, uma outra dimensão dessas violências, particularmente marcada na França, conduz-nos a completar a análise: nesse país, mais do que em outros lugares (a tal ponto que podemos perguntar-nos se não se trata aí de uma expressão original da "exceção francesa")[5], a violência urbana dirige-se constantemente contra as instituições e os que as encarnam, afeta a escola e os transportes públicos, os equipamentos coletivos, inclusive quando estes são colocados à disposição dos jovens nos bairros de periferia, sem falar da polícia e da justiça, visa até, e com freqüência cada vez maior, os bombeiros ou os trabalhadores sociais. Traduz a raiva, o ressentimento e o sentimento de serem vítimas de mentiras e abandono daqueles que constatam que as belas promessas da República – liberdade, igualdade, fraternidade – não são cumpridas, ao menos no que lhes concerne. Num país onde numerosos atores políticos e certos intelectuais repetem de maneira quase ilusória o credo republicano, quando este tornou-se inoperante para uma parte da população, a violência exprime uma subjetividade sem saída, a incapacidade de ter projetos, agir de maneira criadora e produzir sua existência; ela vem ressaltar o abismo que separa as instituições daqueles a quem elas deveriam fornecer as chances e os meios de se construirem.

A Crise das Instituições

Todavia, avancemos mais um passo e continuemos a tirar lições de uma experiência de pesquisa que tratou precisamente sobre as violências urbanas na França. Se nesse país, os distúrbios de rua, a raiva ou outras condutas atacam as instituições, não é apenas porque a sociedade, em seu conjunto, ou suas elites políticas e intelectuais propõem discursos e fazem promessas republicanas desmedidas em relação ao que é realmente oferecido. Isso acontece, também, porque essas instituições estão em crise e geram condutas, em seu próprio âmago, que constituem a marca para sua própria negação pessoal do sujeito. As instituições da República, com efeito, encarnaram por muito tempo a integração bem sucedida de três objetivos distintos: espera-se delas que respondam aos interesses superiores da coletividade, definidos em termos de serviço público, solidariedade, igualdade ou ainda, de um ponto-de-vista mais cultural, em termos de nação, bem como que mantenham sua própria integridade e capacidade de funcionamento e, finalmente, que forneçam a seus funcionários garantias e um estatuto

---

5. A especificidade da França aparece claramente na pesquisa comparativa conduzida por P. Rebughini, *La violence juvénile dans les quartier populaires. Étude comparative des périphéries de Lyon et de Milan.*

material e simbólico bem mais gratificante do que se trabalhassem para o setor privado. Ora, tudo isso não cessou de desintegrar-se desde o fim dos anos de 1960. Nessa desestruturação, os funcionários se encontram desconfortáveis, inquietos, tentados pela aposentadoria, pelo corporativismo exacerbado, mas também pelo egoísmo e até mesmo o racismo. Torna-se-lhes difícil identificarem-se com os interesses que os transcendem, viverem, como no passado, enquanto sujeitos comprometidos com o universal. No caso dos funcionários que estão em contato com os bairros populares ou seus habitantes, seus comportamentos, bem como suas decisões em todos os níveis, podem tomar o aspecto de uma negação da subjetividade existente ou potencial do outro que está diante deles e pelo qual são responsáveis, direta ou indiretamente. A espiral da violência urbana, quando esta se dá na realidade escolar ou visa os transportes públicos, deve-se muito às transformações nas quais sujeitos infelizes, funcionários inquietos, ou fixados em seus interesses limitados, chefias perdendo o sentido das demandas e expectativas da população, contribuem, a partir de suas instituições, para produzir, no exterior, uma subjetividade também infeliz ou impossível. Nada mais eloqüente que o não-diálogo observado comumente na prática entre policiais e jovens dos bairros periféricos ditos "difíceis" ou "de exílio": uns e outros, com efeito, queixam-se da mesma coisa, não serem entendidos ou reconhecidos, serem vítimas de um racismo – antipoliciais e antifrancês para os primeiros, anti-árabes ou anti-imigrantes, mas também antijovens, para os últimos. E, nesse não-reconhecimento mútuo, a violência encontra rapidamente suas brechas.

Essa observação empírica tem implicações teóricas que não deveriam ser subestimadas: significa, com efeito, que é possível, no caso da violência, inscrever uma sociologia das organizações e da crise destas no quadro de uma sociologia do sujeito. Essas implicações teóricas podem ter prolongamentos políticos, porque, se aceitarmos em matéria de reforma das instituições o ponto-de-vista do sujeito, torna-se possível elaborar proposições bem diferentes daquelas oferecidas por perspectivas mais clássicas.

VIOLÊNCIA E CONFLITO

O sujeito, como dissemos, não é um elétron livre. E não é um paradoxo afirmar que ele tem mais chances de construir-se e exprimir-se, quando participa ativamente de relações, inclusive e sobretudo quando estas são da ordem do conflito. Porém, antes de desenvolver esse paradoxo, talvez seja preciso estabelecer uma significação precisa do termo "conflito", que remete, para mim, a uma relação estruturada de maneira mais ou menos estável e durável. Os atores que se opõem num conflito são adversários e não inimigos; mesmo se nem tudo é negociável num conflito, este é o contrário da violência, que fecha o espaço da discussão e do debate, a favor da ruptura ou da relação de força, apenas.

A Experiência do Movimento Operário

Quando uma sociedade é estruturada por um conflito central, como foi o caso ao longo de toda a era industrial clássica, a brutalidade, mais ou menos marcada da dominação e da exploração, não alimenta tanto as condutas de violência quanto uma contestação, que procura organizar-se a longo prazo, assim como lutas e engajamentos, que podem chegar a reivindicações negociadas, pressões políticas e movimentos sociais trazidos por um projeto baseado na subjetividade dos atores. O movimento operário decorre da privação ou espoliação sofridas pelos operários, a quem é interditado ou dificultado o domínio e controle de suas obras e produção; porém, define-se também por um projeto e pela afirmação de uma subjetividade, certamente infeliz. Os operários, sobretudo se qualificados, têm um certo orgulho, a consciência de ter um papel social, ainda que mais ou menos alienado, de merecer respeito, de garantir sua auto-estima. Quanto mais são capazes de conduzir uma ação, ao mesmo tempo defensiva e contra-ofensiva, menos se voltam para condutas de violência, destruição ou autodestruição.

Tudo muda com a saída da sociedade industrial. De uma parte, aqueles que sofrem o choque da desindustrialização, da perda do emprego, do desemprego, da exclusão ou da precariedade perdem, também, os marcos que autorizavam uma imagem positiva de si próprios, mesmo se explorados e dominados. Eles ou seus filhos são mais suscetíveis de passarem à violência. Sabemos que, a partir dos anos de 1980, as condutas de violência juvenis nos bairros em crise, devem muito a esse declínio do conflito característico da era industrial, principalmente nos antigos bairros de periferia "vermelhos". Estabelece-se então, mais facilmente, uma cultura de *winner-loser*, em que o desprezo e a fixação em torno deste ocupam um lugar considerável: aqueles que são "descartáveis", como se diz com freqüência na América Latina, ou rejeitados, desenvolvem um vivo sentimento de decadência e uma ausência ou perda de auto-estima que podem invadir a consciência. Não se é inútil socialmente, uma espécie de rebotalho, ou quase isso? Nesse contexto, a violência encontra sua via bem mais facilmente do que numa cultura operária, onde o sentimento de ser dominado e explorado não impede a consciência de uma utilidade social, muito pelo contrário.

De outra parte, quando existem fortes comunidades operárias, uma vida social densa, estruturada pelo conflito social próprio às sociedades industriais e quando, a partir do movimento operário, se estabelecem formas de vida política, um tecido associativo e debates de idéias, a violência – ao menos em suas formas menos graves – não é percebida como tão perigosa ou insuportável; porém, quando a vida social está descomposta e desorientada, a menor agressividade – as "incivilidades", das quais se nutre há alguns anos a literatura especializada na insegurança – desencadeia um vivo sentimento de medo e ameaça.

À Montante e à Jusante do Conflito

Sem chegar a constituir-se numa teoria geral ou num princípio único de análise, é possível estender as observações concretas que precedem, para propor um raciocínio associando, de maneira mais ampla, violência e conflito, cada um sendo, de alguma forma, o contrário do outro. A conseqüência dessa idéia de base é que o espaço da violência, logicamente, deve ser tanto mais vasto quanto aquele do conflito que se estreita. Pode-se assim considerar que certas manifestações de violência, ou certas significações em ação nesta ou naquela experiência de violência, exprimem a fraqueza de um conflito, ou porque este, nascente, ainda não está plenamente constituído, nem percebido como tal por seus protagonistas e na sociedade em que se esboça, ou bem porque, por oposição, ele se encontra numa fase de crise, desestruturação ou declínio histórico, ou ainda porque as duas lógicas de fraqueza, à montante e à jusante do conflito, conjugam-se.

Pode-se ilustrar essa idéia pela lembrança de algumas experiências terroristas[6]. O terrorismo anarquista na França, entre 1892 e 1894, a "era dos atentados", como disse Jean Maîtron, exprime em negativo a fraqueza de um conflito emergente, anuncia o nascimento de um movimento social e, mais precisamente, a formação de um ator sindical capaz de uma real mobilização. Cessa exatamente em que se afirma, nas Bolsas de Trabalho e nos sindicatos, a primeira grande expressão organizada do movimento operário na França, o sindicalismo de ação direta, por vezes chamado também sindicalismo revolucionário ou anarco-sindicalismo. Simetricamente, o terrorismo de extrema-esquerda, em numerosos países ocidentais, vem exprimir, nos anos de 1970 e 80, de uma maneira que chamei de inversão, o fim do movimento operário e das ideologias que faziam dele o sal da terra, seus protagonistas tentando manter, no mais alto nível e cada vez mais artificialmente, o sentido de uma ação em declínio. Em certos casos, o mesmo terrorismo é carregado não apenas de significações que remetem ao fim do conflito clássico da era industrial, mas também (como aparece claramente na Itália) ao nascimento tímido de novas sensi-

---

6. Eu permitir-me-ei para tudo o que concerne ao terrorismo, de remeter a meus livros *Sociétés et terrorisme* e *Face au terrorisme*.

PARA COMPREENDER A VIOLÊNCIA: A HIPÓTESE DO SUJEITO   209

bilidades culturais, ao esboço de novos movimentos sociais, a novas subjetividades demasiado frágeis para afirmarem-se de maneira autônoma e que não encontram nenhum desaguadouro político no seio do sistema institucional italiano.

Pode-se igualmente ilustrar a idéia de um elo de proporcionalidade inversa entre violência e conflito voltando à experiência contemporânea das violências urbanas na França. Estas testemunham não somente o declínio do movimento operário, como já dissemos, mas também procedem das dificuldades e lentidão com que se estabelecem novas conflitualidades. Quando a partir de Marselha, mas também dos bairros periféricos de Lyon, é organizada a Marcha pela igualdade e contra o racismo, em 1983, a ação toma a forma, antes de mais nada, de uma pressão não violenta, comparável em seu espírito às lutas pelos direitos cívicos nos Estados Unidos dos anos de 1960, mesmo se comporta uma dimensão bastante minoritária que tende fortemente à radicalização. Ela exclui a violência, é seu oposto. Depois seu *elã* recai e múltiplos distúrbios, muitas condutas de raiva, principalmente na periferia de Lyon, têm relação com o sentimento dos jovens que se livram à violência de não mais dispor de escoadouro político para uma ação não-violenta. Numa cidade como Vaulx-en-Velin, a violência urbana do motim, dos rodeios e da "galère", para retomar o título do livro de François Dubet, precedeu a Marcha de 1983 e também a sucede, como marca de grandes carências na conflitualização das demandas dos jovens dos bairros populares. Da mesma forma, a grande agitação de 1990, nessa mesma cidade, foi seguida pela aparição ou pelo reforço de associações como Ágora, que fazem claramente a escolha de transformar a cólera dos jovens em conflito social e político, o que cria por vezes bastante tensão nas relações com a equipe municipal, mas não tem nada a ver com distúrbios ou agressões contra pessoas ou bens. O fato de que a ação conflitual suceda à violência obriga-nos (voltaremos a isso) a considerar uma outra pista, não necessariamente contraditória: aquela que faz da violência um elemento fundador do conflito, seu ponto de partida, a condição necessária para que se constituam atores, para que se exprima uma subjetividade até então reprimida, pouco explícita aos olhos dos próprios protagonistas da violência ou demasiado inquieta e infeliz para tentar, até então, manifestar-se.

Pode-se ir mesmo além, a partir da constatação de um fenômeno constantemente assinalado pelos observadores: o islã, em seu conjunto, constitui uma barreira e não um fator agravante da violência urbana. Essa constatação só é verdadeiramente desmentida no que concerne à fração mais radicalizada do islamismo, ela própria bastante limitada, da qual Khaled Kelkal (precisamente oriundo de Vaulx-en-Velin) foi a expressão mais conhecida. Afora essa reserva, o islã, como modo de socialização ou de ressocialização, inclusive sob uma forma mais

210 EM QUE MUNDO VIVEREMOS?

ou menos reivindicativa ou contestadora, propõe a seus seguidores normas de comportamento que beiram a exemplaridade e um modo de engajamento na vida social que inclui a conflitualidade e a pressão negociadora, mas descarta a violência. Aí também, a existência de uma ação estruturada de maneira ideológica (ou religiosa) – além de prática, que oferece aos seguidores condições favoráveis à expressão coletiva de sua subjetividade pessoal –, aparece como o contrário da violência.

A Impossível Conflitualização e a Violência como Ruptura

Na abundante literatura consagrada à violência coletiva, dois pensadores, freqüentemente associados, interessam-se pela subjetividade dos atores e pensam a violência em relação ao conflito: Georges Sorel e Frantz Fanon. O que acaba de ser dito permite, com efeito, compreender melhor o que os separa. Para Georges Sorel, que Hannah Arendt acusava de amalgamar o marxismo e a filosofia da vida de Bergson[7], a quem Jean-Paul Sartre criticava por seu "palavrório fascista"[8], a violência operária é fundadora do ator contestador, a quem permite não se acomodar nem cair no trade-unionismo. Fundadora do ator, possui, segundo ele, duas virtudes. De uma parte, a violência operária iria trazer uma melhoria da ação, à qual traria uma "eficácia extraordinária"; de outra parte, obrigaria a burguesia a assumir sua vocação de ator dominante ao devolver ao capitalismo suas "qualidades belicosas". Deixemos de lado a contradição de Sorel ao evocar de um lado a vitalidade da burguesia, retomada pela violência e, por outro lado, seu desaparecimento, que "é apenas uma questão de tempo". O interessante, sobretudo, é que Sorel propõe uma teoria do sujeito coletivo que repousa numa forte valorização da violência, não apenas do ponto de vista do ator que contesta ou do ator dominante, porém ainda do ponto de vista da relação que, ao mesmo tempo, os liga e os opõem. Sorel vai, efetivamente, bem longe, ao associar essa conflitualidade fundada na violência a proposições que seriam válidas para a civilização – "a violência [...] aparece assim como uma coisa muito bonita e heróica, está a serviço dos interesses primordiais da civilização [...] pode salvar o mundo da barbárie"[9].

Aplicada, porém, ao movimento social e ao conflito, essa teorização é inaceitável. Na França, historicamente, desmoronou desde a época em que Sorel escrevia, com o distanciamento do sindicalismo revolucionário em relação à violência, social inclusive, depois com

---

7. H. Arendt, *Du mensonge à la violence, essais de politique contemporaine*.

8. No prefácio a *Damnés de la terre* (*Os Condenados da Terra*), de F. Fanon.

9. G. Sorel, *Réflexions sur la violence*, (*Reflexões sobre a Violência*, trad. de Paulo Neves). As expressões citadas anteriormente provêm da mesma obra.

PARA COMPREENDER A VIOLÊNCIA: A HIPÓTESE DO SUJEITO   211

o fracasso em 1908 desse mesmo sindicalismo, que se caracterizava por uma grande radicalidade e sua mutação definitiva, por ocasião da guerra de 1914-1918[10].

De maneira geral, quanto mais o movimento operário é poderoso e eficaz como movimento social, mais ele constrói uma ação organizada e negociadora, ao risco de travar lutas duras e longas e mais fecha o caminho à violência, que constitui sempre, em sua história, a marca de sua crise, fraqueza, até mesmo desestruturação ou declínio. A abordagem de Sorel fornece uma ideologia ao movimento social emergente de seu tempo, mas erra quando se trata de pensar o conflito enquanto relação estruturada.

Pelo contrário, lá onde a violência constitui o ator dominado, não mais numa lógica de construção de uma relação conflitual com o ator dominante, mas numa lógica de ruptura, quando se trata de pensar não o conflito, mas a separação, quando a imagem do adversário dá lugar à imagem do inimigo, tudo muda. Nesse caso, é preciso tomar em consideração o pensamento do derradeiro Frantz Fanon, o de *Damnés de la terre* (publicado no ano de sua morte, em 1961). Não em algumas de suas exagerações, ou análises por vezes retóricas (como, por exemplo, a propósito do *lumpenproletariat*, que ele descreve como a ponta de lança revolucionária nas cidades), mas quando explica que, no universo maniqueísta da colonização, o colonizado deve constituir-se de não-homem em homem e que a violência descolonizadora cria o ator, quer dizer, o ser humano como sujeito, tema retomado e formulado de maneira radical por Sartre – "a coisa colonizada torna-se homem no próprio processo pelo qual ela se libera"[11].

Lá onde o conflito é impossível e trata-se de operar a dissociação, a saída de um espaço político ou social comum, de romper, a violência é fundadora e, em muitas situações, constitui a possibilidade mais direta de emancipação que se abre ao ator, como mostra a experiência de vários movimentos de descolonização ou de libertação nacional, mesmo se também haja ocorrido na história, embora raramente, que nações independentes e Estados soberanos se constituam, sem que a violência seja o principal operador da mudança.

Digamos claramente: a relação que foi colocada entre o pensamento de Sorel, que associa erroneamente relação social estrutural e violência e o de Fanon, que liga o fim da relação colonial à violência, parece-nos confirmar a idéia de que essa última é o contrário do conflito, seja porque quanto mais o conflito é poderosamente constituído,

---

10. Sobre esse período da história do movimento operário na França, cf. A. Touraine, M. Wieviorka & F. Dubet, *Le mouvement ouvrier* e os trabalhos de Jacques Julliard, principalmente *Clémenceau briseur de grèves*.

11. Prefácio à obra de F. Fanon, op. cit., p. 3.

212 EM QUE MUNDO VIVEREMOS?

menos a violência é presente, seja porque ela vem significar o não-conflito, a ruptura, o fim da relação.

VIOLÊNCIA E TRABALHO DO SENTIDO

Dizer que a violência é o contrário do conflito, que ela encontra um espaço tanto mais amplo quanto a relação conflitual é fraca ou ausente, assim como dizer, de um outro ponto de vista, que ela é o fruto da crise – social, política, econômica etc. – poderia deixar supor uma relação de simples proporcionalidade inversa, ou sugerir a imagem de um mecanismo elementar, até mesmo uma espécie de jogo onde a soma deve dar zero. É o que podem fazer pensar as teorias mais clássicas da sociologia e da ciência política, quer se trate de abordagens em termos de frustração, ou daquelas em termos de "mobilização de recursos"[12]. Porém, restringir-se a esse tipo de abordagem, acaba implicando passar à margem do essencial e estar cego ao que caracteriza toda violência: o fato de que ela coloca em ação um sentido, mas que este, inevitavelmente, perde-se, desnatura-se, perverte-se e sobrecarrega-se nela, o que é a marca do trabalho do sujeito através da violência, onde ele é suprimido – mas, como vimos, também por vezes se funda.

Digamos, em termos ainda elementares: em toda experiência concreta onde a violência intervém, existe, de maneira mais ou menos espetacular, uma parte de excesso ou de falta, em relação ao que poderia ser essa experiência, se a violência estivesse ausente.

Essa parte pode transparecer na ideologia dos atores e indicar, por exemplo, que estes falam em termos artificiais de uma realidade social ou cultural, ou ainda que tentam integrar, de um modo mítico, fusional, significações contraditórias ou incompatíveis. Assim, o terrorismo de extrema esquerda foi tanto mais mortífero, como disse acima, que ele falava, nos anos de 1970 e 80, em nome de uma classe operária que se tornava fictícia. Diferentemente, a violência política de um movimento político como o ETA, no país basco espanhol, voltou-se para um terrorismo, por vezes desordenado, a partir do momento em que se esforçava por dar forma, de maneira cada vez mais irrealista, à síntese mítica de seus três componentes iniciais: o ETA tornou-se tanto mais terrorista por falar em nome, primeiramente, de uma identidade nacional basca ameaçada, quando na verdade esta era largamente reconhecida a partir da transição democrática na Espanha; em segundo lugar, de um projeto de liberação político não podendo mais, nesse contexto, associar de maneira realista, num mes-

---

12. Sobre essas abordagens, que deixo de lado aqui, cf. meu artigo sobre "L'impasse des interprétations classiques", *Le Monde des Débats*, n. 7, outubro 1999, pp. 10-13.

PARA COMPREENDER A VIOLÊNCIA: A HIPÓTESE DO SUJEITO   213

mo combate, perspectivas democráticas e pulsões revolucionárias; e, em terceiro lugar, de um movimento operário, de fato decomposto e que estava muito longe de reconhecer-se na prática das bombas e dos seqüestros. A perda de sentido, aqui, aparece então como o produto de uma subjetividade tendo-se cortado do real, de uma relação concreta com a experiência vivida daqueles aos quais o ator da violência se refere. O mito ou a ideologia constitui o fruto instável dessa desrealização mais ou menos avançada, que passa também, para aqueles que são seus protagonistas, por processos concretos de separação e de afastamento do real, por exemplo, através da experiência da clandestinidade. Ademais, seria interessante ir mais longe na análise: o mito, por exemplo, não é em si mesmo sinônimo de violência, ao menos no caso basco que acabo de evocar; é quando ele se desfaz na realidade, torna-se insustentável, que a violência se desenvolve, possivelmente para preservá-lo.

O excesso e a falta de sentido aparecem também desde que consideramos a presença da crueldade na violência. A crueldade não se explica, senão muito parcialmente, pela preocupação instrumental em fazer reinar o terror. Assim, as testemunhas ou os analistas das recentes depurações étnicas, na ex-Iugoslávia ou na África dos Grandes Lagos, sublinham constantemente a associação da crueldade e da violência, enquanto a crueldade não é em absoluto necessária à destruição das pessoas. Véronique Nahoum Grappe, a respeito da ex-Iugoslávia, nota que "os excessos barrocos da crueldade, sua progressão enigmática, gratuita, irracional, não entram na retórica de legitimação de uma política" e na mesma obra, dirigida por Françoise Héritier, Claudine Vidal faz uma constatação comparável a respeito da África dos Grandes Lagos. Primo Levi, por seu lado, a partir de sua experiência de Auschwitz, também se interrogou sobre a crueldade inútil, em que ele via um dos "elementos essenciais do hitlerismo", fundado na idéia de que "antes de morrer, a vítima deve ser degradada, para que o assassino sinta menos o peso de sua falta"[13]. Observação esclarecedora: a crueldade, que tem necessidade da impunidade ou do sentimento de impunidade para desenvolver-se, informa-nos certamente sobre a parte de subjetividade que se inverte numa certa prática da violência e constitui, por vezes, uma maneira ou um mecanismo paradoxal de poder-se suportar a si mesmo. É ao fazer do outro um não-sujeito, um ser desumanizado, na medida em que pode ser aviltado e destruído cruelmente, que se mantém a si próprio do lado do que se acredita ser a humanidade do sujeito – um sujeito tornado, de fato, um anti-sujeito.

As condutas de autodestruição ligadas à prática da violência informam-nos igualmente a respeito do trabalho do sentido e assim

---

13. P. Levi, *Les Naufragés et les rescapés* (*Os Afogados e os Sobreviventes*).

214 EM QUE MUNDO VIVEREMOS?

sobre a presença de um sujeito que se transforma para colocar-se à prova na violência. É o caso, em particular, dos fenômenos extremos de martírio, sobre os quais Farhad Khoroskhavar mostrou, a propósito dos "Bassidji", que eles podem testemunhar, paradoxalmente, de uma pletora de sentidos: esses jovens que, no Irã de Khomeini, no começo dos anos de 1980, engajam-se na guerra contra o Iraque, sabendo pertinentemente que encontrarão a morte, estão em busca de uma morte "digna", entendem espalhar o terror nas hostes adversas e ao mesmo tempo realizar-se, obtendo por seu suicídio a realização das promessas de um mundo melhor que a Revolução não sustenta mais. Sua religiosidade mortífera é o lugar único onde exercer uma criatividade, "a morte é sinônimo de salvação"[14].

Aparentemente distantes das condutas de autodestruição, mas, pelo contrário, altamente compatíveis com a prática da crueldade, certas violências parecem ditadas apenas pela busca do prazer ou do gozo – prazer ou gozo eventualmente compartilhados pelas testemunhas ou pelos espectadores, quando não são indiferentes ou, em outro caso, nauseados. Norbert Elias, para dar conta da violência dos poderosos na Idade Média, introduz assim o tema do gozo; e para pensar a ruptura trazida pelo esporte moderno, indica que sua novidade reside em dissociar o prazer da violência e permitir o "controlled decontrolling of emotions"[15]. Porém, a busca do prazer pode passar também pela prática de um violência desenfreada, senão extrema. Observa-se nas formas mais radicais de "hooliganismo", quando os torcedores, como aqueles magnificamente descritos por Bill Buford, só esperam do jogo de futebol a ocasião de um deslocamento, em que se lançarão, de maneira tribal, bestial, puramente gozo, contra os partidários da equipe adversária, ou contra as forças da ordem, fora do estádio, sem interesse pelo evento esportivo propriamente dito, seu espetáculo ou mesmo seu resultado. Aqui, o sentido desaparece inteiramente a favor do não-sentido, é abolido no gozo puro, na dessocialização completa do sujeito, reduzido à sua animalidade[16].

Mito e ideologia, crueldade, autodestruição, gozo: esses aspectos da violência, cuja lista poderia certamente ser prolongada, obrigam a considerar o sentido que se transforma, perde ou eventualmente renova-se na experiência da violência. Uma experiência em que o sujeito não está tão perdido ou enfraquecido mas invertido, transformado em outra coisa, que podemos chamar o anti-sujeito, para marcar que es-

14. F. Khoroskhavar, "Le monde Bassidji", em *Un nouveau paradigme de la violence?*, *Culture et conflits*, p. 118. Cf. também *L'Utopie sacrifiée. Sociologie de la révolution iranienne*, e *L'islamisme et la mort, le martyre révolutionnaire en Iran*.

15. N. Elias e E. Dunning, "The Quest for Excitement in Leisure", *Leisure and Society*, 1969, n. 2, pp. 50-85. Sobre Norbert Elias cf. J. Fletcher, *Violence and Civilization. An Introduction to the Work of Norbert Elias*.

16. B. Buford, *Parmi les hooligans*.

PARA COMPREENDER A VIOLÊNCIA: A HIPÓTESE DO SUJEITO 215

tamos confrontados a uma espécie de inversão, à produção de uma figura mais ou menos invertida do sujeito.

Essa abordagem faz do protagonista da violência um sujeito mais ou menos pervertido e afasta-nos de dois tipos de raciocínio opostos mas que, no entanto, têm de comum o fato de se centrarem sobre a personalidade do ator. De uma parte, ela faz da violência, quando esta se exprime, o resultado de um processo, definido pelo excesso ou pela falta, a sobrecarga ou a falta de sentido; nossa abordagem recusa-se, conseqüentemente, a naturalizar a violência para reduzi-la à expressão de pulsões e afetos, recusa-se a encontrar aí, por exemplo, uma agressividade primordial esperando apenas pelo relaxamento dos controles políticos ou morais para liberar-se. A violência, mesmo se toma o aspecto da pior barbárie, não é o fruto da dessocialização e da liberação das restrições próprias a toda vida coletiva. É o resultado de processos em que a parte do sentido e, pois, do social permanece presente, mesmo se em negativo ou de maneira particularmente deformada. Não é o retorno ao estado natural, salvo se considerarmos que a natureza é um estado particular da condição humana.

De outra parte, a violência, na perspectiva que acaba de ser proposta, não é redutível à tradução, via uma estrutura de personalidade, de uma cultura que lhe seria particularmente propícia. É verdade que uma importante tradição de pesquisas, no mínimo aquela a propósito do nazismo, de Theodor Adorno a David Goldhagen[17], insiste sobre o terreno fértil cultural que, na Alemanha, permitiu ao anti-semitismo desenvolver-se sobre a base de uma espessura histórica. Esses pensamentos estão na origem de debates de um alcance considerável, indicando-nos que uma personalidade mais tendente que outras à violência pode construir-se em certas culturas que lhe oferecem condições favoráveis. Encontramo-nos aí bem longe de toda naturalização da violência, que se torna sobretudo um atributo cultural de certas sociedades ou de certos grupos. Porém, a fraqueza ou os limites desse tipo de abordagens é que subestimam ou até mesmo ignoram os processos sociais e políticos a partir dos quais a violência emerge, desenvolve-se ou regride. Essas abordagens sugerem um determinismo cultural, em que corremos o risco de perder de vista o sentido, ao qual a violência dá forma (ao risco, como dissemos, de pervertê-lo). Explicam eventos que têm lugar num momento, dado por uma estrutura de personalidade ou uma cultura política que lhes pré-existem, com uma defasagem, no tempo, que pode ser eventualmente considerável, ignorando as mediações e transformações que fazem com que a violência não seja jamais inelutável. A passagem à violência pode repousar sobre elementos que remetem a uma personalidade ou à cultura que

17. T. Adorno e col., *The Authoritarian Personality*; D. J. Goldhagen, *Les bourreaux volontaires de Hitler.*

essa personalidade reproduz ou exprime; porém, ao tratar-se da pessoa, do sujeito da violência, os fatores mais importantes, de maneira bem distinta, procedem do trabalho do ator sobre si mesmo, da produção de uma ideologia, de interpretações variáveis de sua situação, eles são da alçada de transformações e não da simples reprodução.

A VIOLÊNCIA FUNDADORA DO SUJEITO

Já ao evocar Frantz Fanon, avancei de certa maneira uma hipótese que inverte o que acaba de ser dito: a violência, em vez de ser o contrário ou a inversão da formação ou expressão do sujeito, não será o que autoriza sua emergência, seu desenvolvimento pleno ou proteção? Essa tese é encontrada comumente nos diversos pensamentos da antropologia, para os quais a violência seria uma condição da vida coletiva, inclusa principalmente no sacrifício ou nos fenômenos de bode expiatório. Encontra-se tanto em Sigmund Freud quanto, mais recentemente, em Walter Burkert ou René Girard. E à perspectiva antropológica, pode-se aqui, ao menos para certas experiências, acrescentar uma consideração mais histórica: é verdade, com efeito, que os Estados e as nações, na maior parte do tempo, só se criaram no sangue e na guerra.

No entanto, a violência fundadora não é apenas a da coletividade e pois do sujeito coletivo, quer se trate, por exemplo, da tribo, do grupo ou da nação. Sua hipótese merece ser também evocada a propósito do sujeito pessoal. É verdade que, em certos casos, o ator parece apenas poder constituir-se ao arrancar-se de um cotidiano feito de alienação e de passividade. Que, por exemplo, o engajamento num motim ou a entrada na delinqüência podem parecer momentos decisivos, a partir dos quais outros engajamentos e desengajamentos operar-se-ão, violentos ou não violentos, alguns desencadeando a espiral de uma violência cada vez mais radical, outros, pelo contrário, a participação em conflitos em vias de se estruturarem. Porém, por ocasião de meus trabalhos sobre o terrorismo, pude constatar que, a idéia estereotipada de uma queda na engrenagem da violência, a partir de um momento fundador violento, era geralmente desmentida por meus interlocutores, antigos terroristas, que descreviam processos bem longe de corresponder a essa imagem. Sejamos pois, aqui, simplesmente de uma grande prudência: é possível que a violência seja fundadora do sujeito em certas experiências, mas ela é freqüente e rapidamente seu contrário ou sua negação.

O TRABALHO DA VIOLÊNCIA SOBRE SI MESMA

Já dissemos que, para pensar a violência, convém pensar o lugar do sujeito suprimido, impedido, inencontrável, a perda de sentido ou seu excesso. Essa resposta deve ser completada pelo exame dos processos que podem ser observados, uma vez a violência iniciada. O

PARA COMPREENDER A VIOLÊNCIA: A HIPÓTESE DO SUJEITO 217

que se passa, com efeito, entre o ponto de partida de uma experiência de violência e seu resultado, qualquer que seja ele? Inumeráveis lógicas são aqui suscetíveis de operar, o que fornece a imagem de uma grande variabilidade possível da própria violência.

A violência, efetivamente, não é jamais estável por muito tempo, ou estabilizável, controlada por seu protagonista, fixada por este a um limite ou outro onde teria sua intensidade regulada. Ela é em si mesma uma mudança, a ponto de, por vezes, falar-se dela como de uma engrenagem ou máquina infernal. Circula do "quente" ao "frio", da expressividade sem reservas à instrumentalidade mais organizada – porém instala-se aí apenas provisoriamente. Passa assim de um nível a outro, do social ao político, do político ao social, do infrapolítico da delinqüência ao metapolítico da religião. O mesmo ator pode ser um dia terrorista, no dia seguinte um criminoso perfeitamente clássico, embarcar em desvios cada vez mais assassinos e ilimitados, ou retornar a uma delinqüência de pequena envergadura. Nos inumeráveis processos que fazem da violência um fenômeno multiforme, esta se descarrega e sobrecarrega facilmente de significações que a transformam constantemente. É por isso que seu protagonista pode passar da autonomia, quer dizer, de uma certa capacidade a fixar ele próprio as orientações e modalidades de sua ação, à heteronomia, que significa ele torna-se o vetor de um sentido que não lhe pertence – no extremo, torna-se sicário, matador profissional, mercenário de uma causa que não é a sua, ou pelo menos não aquela pela qual operou sua passagem à violência. O que é o contrário da heteronomia dos atores sociais, quando estes são fracos. Com a violência, o ator heterônomo adota o sentido proposto por outros a quem se oferece como recurso, enquanto o ator social fraco demanda a outros que coloquem seus recursos, por exemplo políticos, a serviço do sentido do qual ele é portador, mas que não pode transcrever numa relação conflitual.

A violência sempre é suscetível de afastar-se consideravelmente de seu sentido primeiro e seu protagonista pode passar a condutas em que esse sentido perdeu-se, enquanto um outro eventualmente apareceu. Para dar um exemplo dessa observação, o ponto de partida de Khaled Kelkal[18], do qual já falamos, é a convicção que tem esse jovem imigrante de sofrer uma discriminação social e racial impedindo-o de construir-se pessoalmente. O ponto de chegada é uma violência extrema, à qual o islamismo vem trazer um sentido pletórico, mas bem longe do desejo, abandonado ou perdido, de constituir-se em sujeito pessoal na sociedade francesa. Entre os dois existiram, sem que se tenha necessariamente um conhecimento preciso de sua trajetória, alguns episódios de delinqüência clássica, mas também a descoberta,

18. Tal como mostra a entrevista realizada em 1992, pelo sociólogo Dietmar Loch e publicada pelo *Le Monde* de 7 de outubro de 1995.

218 EM QUE MUNDO VIVEREMOS?

ou redescoberta, de um islã encorajando-o a ser exemplar e a postular a exemplaridade, principalmente em relação a seus próximos. Todavia, compreender o ponto de partida não permite compreender o ponto de chegada, nem mesmo a trajetória. Não se passa, sem toda espécie de rupturas e de inflexões, do sentido inicial da violência (no caso de Kelkal, marcado por uma subjetividade calcada em relações sociais e uma experiência vivida, a dos jovens oriundos da imigração na periferia de Lyon), para as significações que são próprias, quando se trata de promover um islamismo tornado radical.

Não é porque o sujeito se perde, revela-se inencontrável ou impossível no decorrer da experiência de um ator, que a pesquisa deve abandonar o instrumento analítico que constitui a noção de sujeito. Pelo contrário, a subjetividade não é uma espécie de quantidade que diminuiria ao longo das diversas etapas, na trajetória deste ou daquele ator, ela é, principalmente, o que se transforma, perverte-se, inverte-se sobretudo, nos casos mais extremos e que o pesquisador deve reencontrar nas suas expressões fragmentadas, empobrecidas, distorcidas.

O PONTO DE VISTA DAS VÍTIMAS

A reflexão sobre a violência foi, por muito tempo, relativamente indiferente às vítimas concretas. Preocupou-se muito mais com as implicações gerais para a sociedade em seu conjunto, para a ordem social ou moral, com o dano causado às instituições, estatais ou outras, principalmente a familiar.

Uma Primeira Família de Problemas

A passagem a uma certa sensibilidade em relação às vítimas é uma característica mais recente da modernidade, um processo em curso, ainda longe de estar finalizado. A ação humanitária em situação de guerra, por exemplo, só nasceu verdadeiramente com Henri Dunant e a invenção da Cruz Vermelha, na segunda metade do século xix. A sensibilidade em relação às vítimas do crime só se agudizou nessa mesma época; o mesmo se deu, com toda evidência, para as violências sofridas pelas crianças e mulheres. É só então, constata Georges Vigarello, que o olhar sobre a criança ou a mulher vítima começa a transformar-se, que se descobre a violência moral e se começa a admitir que pressões e ameaças permitem "alargar o território da violência ao visar uma brutalidade não diretamente física"[19]. Esse movimento acelerou-se há pouco, sob o efeito de fortes mobilizações dos movimentos de mulheres ou da opinião pública, revoltada por episódios

---

19. G. Vigarello, "L'invention de la violence morale", em *Sociétés et représentations*, n. 6, junho 1998, p. 186.

PARA COMPREENDER A VIOLÊNCIA: A HIPÓTESE DO SUJEITO   219

como o da Bélgica, que colocou em evidência, ao mesmo tempo, a ignomínia assassina de Dutroux e seus cúmplices e a decomposição dos aparelhos da justiça e da repressão. Mais amplamente, a tomada em conta do sujeito, que sofreu ou foi atingido pela violência, deve muito à formação de atores coletivos que, no quadro principalmente das associações, mobilizam-se para obter um reconhecimento que lhes é negado: assim, ocupa-se muito melhor na França das vítimas do terrorismo, inclusive no momento preciso em que o fenômeno se manifesta, desde que a Senhora Rudetzki, criando a associação SOS-Atentados, soube mobilizar a atenção dos poderes públicos e dos meios de comunicação.

Admite-se cada vez mais, hoje em dia, que as vítimas não são apenas feridos ou mortos, cuja contabilidade é feita de maneira administrativa; elas são sujeitos mais ou menos atingidos em sua integridade física ou moral, privados parcial ou inteiramente, pela violência, de uma capacidade de construir sua existência. O problema não é o mesmo no caso de vítimas de atos de dimensões políticas, como o terrorismo, por exemplo, ou quando se trata de crimes, delinqüência, ou mesmo incivilidades: a responsabilidade dos poderes públicos não é a mesma e a experiência vivida difere necessariamente. Porém, em todos os casos, o ponto de vista das vítimas só é reconhecido porque o que lhes ocorreu é considerado um problema concernindo à coletividade e pedindo uma resposta, um tratamento de sua parte. Por isso é tão importante que violências até então desconhecidas, porque consideradas como dependendo apenas da esfera da vida privada, sejam reconhecidas no espaço público: a violência contra as mulheres ou as crianças só tornou-se um problema real, em muitos países, no dia em que foi, de alguma maneira, extraída do espaço privado. O que conduz a situar também os problemas da violência, e de nossas percepções do fenômeno, no contexto da separação do privado e do público, bem como das transformações dessa separação em sociedades como a nossa. O que conduz, igualmente, a traçar um paralelo com o debate contemporâneo sobre o direito de ingerência. As mudanças intelectuais e políticas recentes, permitindo considerar hoje em dia que, se os crimes contra a humanidade são cometidos num país, a soberania de seu Estado passa pelo direito de ingerência de forças internacionais, não decorrem de uma lógica comparável àquela que afirma que concernem à justiça e à polícia violências até então ignoradas, em nome do respeito da vida privada ou da família?

As Vítimas de Crimes Contra a Humanidade

O que vale para as vítimas da criminalidade, ou da delinqüência clássica, vale também para as vítimas de violências coletivas da ordem do crime contra a humanidade, as quais, a partir da Segunda Guerra Mundial, erguem-se em número cada vez maior para reclamar

220 EM QUE MUNDO VIVEREMOS?

reconhecimento e reparação. O fenômeno tomou tal importância que se pôde falar de "concorrência das vítimas", segundo o título de uma obra recente[20], para dar conta das dinâmicas que animam diversos meios de memória judaicos, armênios, negros etc., a ponto por vezes de opô-los entre si de maneira virulenta.

As vítimas, aqui, não são apenas atingidas em seu ser individual, como pessoas ou sujeitos pessoais. Foram também objeto, elas ou seus ascendentes, de crimes, massacres ou genocídios que destruíram suas referências históricas, sua cultura, seu modo de vida, o que justifica, por exemplo, o emprego de um termo como o de etnocídio. O que elas têm a demandar não é fácil, quer se trate de reconhecer o drama que viveram ou de obter compensações ou reparações, eventualmente tangíveis, financeiras, por exemplo. Os demandantes podem ser os descendentes das vítimas e falar em seu nome, quanto àqueles, a quem se dirigem as demandas, podem ser também os herdeiros ou descendentes dos criminosos. O que significa então, por exemplo, preparar-se para conceder um perdão, em nome de pessoas desaparecidas, a pessoas ou grupos que não cometeram eles mesmos os crimes que se trata de perdoar? Nos dois casos, trata-se de uma subjetividade de pessoas concernidas, implicadas e que no entanto só têm, ao menos para algumas dentre elas ou em certas experiências, uma relação histórica ou memorial com o drama em questão.

SAIR DA VIOLÊNCIA

É possível tirar algumas lições, embora sumárias, das precedentes análises, que privilegiam todas o ponto de vista do sujeito, para pensar os prolongamentos normativos de uma tal reflexão e as sugestões relativas à saída da violência ou à sua regressão. Dito de outra maneira, é possível refletir sobre o que poderíamos chamar, segundo Robert Fraisse, uma política do sujeito[21] aplicada à violência.

Em primeiro lugar, insistimos no fato de que a violência caracteriza-se pela perda de sentido. Se for o caso de recomendar políticas de integração, suscetíveis de incluir os excluídos ou de liquidar as frustrações relativas dos mais radicais, é preciso insistir então na necessidade de políticas de reconhecimento, nas quais o problema consiste em articular esforços para satisfazer demandas ou expectativas de ordem econômica e social, bem como de outras políticas que permitam cessar de desqualificar indivíduos e grupos, pelo desprezo e a discriminação social e racista. Uma política do sujeito, aqui, passa por medidas de eqüidade social e de reconhecimento cultural, ela pode

---

20. J-M. Chaumont, *La concurrence des victimes.*
21. Cf. "Pour une politique des sujets singuliers", em *Penser le sujet. Autour d'Alain Touraine*, pp. 551-564.

PARA COMPREENDER A VIOLÊNCIA: A HIPÓTESE DO SUJEITO   221

demandar esforços de mediação e de restauração da comunicação, por toda parte onde esta se desfaz e rompe a favor de lógicas de ruptura.

Insistimos sobre a relação entre violência e conflito: se nosso raciocínio é fundamentado, a idéia de uma política do sujeito implica que todos os esforços sejam desenvolvidos para transformar a violência em conflito. Isso conduz a encorajar os atores em questão, a reconhecer e aceitar interlocutores com quem vale mais trocar: por exemplo, para a equipe municipal de um bairro de periferia popular, aceitar debater e negociar com associações, mesmo bastante "étnicas" ou religiosas, ou encorajar projetos portados pelos jovens, mesmo muito radicais, trocando com eles, favorecendo tudo o que estrutura e organiza sua ação a longo prazo, mesmo se de uma maneira muito reivindicativa ou altamente conflitual.

Enfim, introduzimos o ponto de vista das vítimas e é o momento agora de integrá-lo numa visão de conjunto. A reflexão sobre a violência, em certos casos ao menos, deveria inscrever-se claramente num triângulo, cujos três lados são constituídos pelo protagonista da violência, a vítima e a coletividade concernida, quer se trate da comunidade internacional (por exemplo, em matéria de genocídio) ou da nação e do Estado (por exemplo, em matéria de delinqüência e de crime). Então, a reflexão sobre a saída da violência ou sobre sua regressão deveria também se inscrever num tal triângulo. Para indicar que se trata de uma real possibilidade, daremos duas ilustrações, uma remetendo à delinqüência de menores, outra a experiências históricas com implicações internacionais.

A delinqüência de menores, quando é tratada segundo as modalidades da repressão clássica, prolonga-se correntemente em formas redobradas de violência e criminalidade, nascidas principalmente da detenção: as respostas ou sanções são amplamente criminogênicas. Além disso, as formas clássicas de repressão chocam-se com dois problemas. De uma parte, enquanto tais, elas não se preocupam de maneira alguma com as vítimas e, de outra parte, preocupam-se relativamente pouco com a subjetividade infeliz ou negada daqueles que se tornaram delinqüentes. De uma certa maneira, tudo se passa, o mais das vezes, na dissociação dos três pólos do triângulo evocado acima: a comunidade trata de punir o delinqüente e fazer escutar assim o discurso da lei e da ordem; a vítima é deixada por sua conta, a menos que alguma indenização lhe seja outorgada; e o lado "sujeito" do delinqüente é abandonado aos trabalhadores sociais ou similares, a quem só resta opor sua lógica de prevenção ou proteção dos jovens à da repressão. Ora, é possível integrar melhor essas três dimensões, como testemunham as práticas ditas de "reparação" colocadas em ação em certos países, no Canadá principalmente e, há alguns anos, na França. Trata-se de propor à vítima aceitar que o delinqüente possa ressarci-la e reparar o mal que lhe fez, começando por conhecê-la e assim por

222 EM QUE MUNDO VIVEREMOS?

descobrir a pessoa que maltratou ou roubou. O que, primeiramente, leva em conta a subjetividade ferida da vítima e, em segundo lugar, implica uma sanção, colocando pois em destaque a lei e a necessidade de respeitar suas normas. Afinal, em terceiro lugar, responsabiliza o jovem delinqüente, permite-lhe reencontrar ou encontrar uma auto-estima e funcionar como sujeito responsável tendo reconhecido o outro, sua vítima, como sujeito.

Segundo exemplo, o das negociações permitindo resolver importantes situações próximas da guerra ou da guerra civil, como os conflitos armados que separam israelenses e palestinos, independentistas bascos e poder espanhol, católicos e protestantes na Irlanda do Norte etc. Não há evidentemente receita ou técnica pronta para esse tipo de problema, mas a experiência sugere que, se certas condições são preenchidas, as chances de sucesso são maiores. Essas condições implicam principalmente que a violência armada não impeça os protagonistas de se falarem, evidentemente de maneira discreta, até mesmo secreta, ao menos numa fase inicial, e que cada um deles seja capaz de admitir que o outro, em face, encarna um sujeito coletivo merecedor de reconhecimento. É preciso ler, por exemplo, o relato que faz Uri Savir dos chamados encontros de Oslo[22], para compreender a que ponto esse reconhecimento recíproco é vital e deve ser autêntico. O mais importante, nesse relato, é certamente a descoberta espantada que fazem os atores de seus vizinhos: descobrem seres humanos sensíveis e não os bárbaros ou cínicos que imaginavam, percebem-se como sujeitos. E, para que o processo de saída seja realmente possível, é preciso também que uma instância terceira intervenha, exterior aos atores, porém reconhecida ou aceita como mais ou menos legítima por eles, porque encarnando um interesse superior transcendendo sua própria oposição: pode ser um responsável político identificado, não à oposição dos atores, ou a uma das partes, mas à idéia que uma solução aceitável pode ser encontrada por eles – podemos lembrar como Michel Rocard foi o artífice dos acordos resolvendo, ao menos por muitos anos, o drama da Nova Caledônia (explicou-nos, por ocasião de uma entrevista privada, que o mais importante, para ele, fora reunir os dois protagonistas da oposição no Hotel Matignon, em Paris e depois dizer-lhes: "há comida na geladeira", isto é, eu os deixo, estou evidentemente à sua disposição, mas cabe a vocês encontrar a solução). Podem ser diplomatas, ou ainda um poder político estrangeiro, capaz de exercer uma pressão política ou econômica, ou ainda os responsáveis por uma instituição associada à idéia de paz e de resolução negociada da violência. O que quer dizer que a saída da violência implica, também aí, o reconhecimento mútuo de que o outro é um sujeito e a intervenção de um princípio transcendendo a oposição

22. *The Process.*

dos atores em face um do outro, quer esse princípio seja moral, ético, político ou até mesmo econômico.

Seria absurdo só pensar a violência com referência ao sujeito, quer se trate do ator ou da vítima. As condutas humanas, com efeito, não se desenvolvem no vazio ou apenas no choque de subjetividades, mas no seio de sistemas sociais, políticos, culturais. Porém, ao sair de uma época em que a reflexão em geral, ou relacionada à violência em particular, teve tendência a desinteressar-se do sujeito, a ponto que alguns proclamavam nada menos que sua morte, e quando, manifestamente, assistimos por toda parte a um retorno do sujeito, parece-me que, ao pensar a violência na perspectiva do sujeito, damo-nos condições para melhor refletir sobre os meios de enfrentá-la.

13. Terrorismos, uma Ruptura Histórica?

Para compreender o terrorismo para além dos cálculos mais imediatos de seus protagonistas, não basta ficar próximo à atualidade e tomar como líquidos e certos os discursos suscitados instantaneamente pelo evento. Não basta, tampouco, observar as coisas "do alto", através do que dizem os que decidem, os responsáveis políticos, os que moldam a opinião. É preciso partir de longe e "de baixo", isto é, das significações sociais e culturais da ação, tal como se esboçam, transformam, pervertem e recompõem nas trajetórias dos próprios terroristas.

Quando as bombas explodem, os aviões são desviados e as vítimas multiplicam-se, é demasiado tarde para produzir os conhecimentos demandados para a compreensão da gênese do terrorismo e que implicam ir à montante – por vezes muito longe. A imensa necessidade de explicação que surge abre, então, a via a propósitos dominados pela ideologia e pela emoção, mais do que por um saber real. O momento do terrorismo é um momento de apavoramento e afirmações pouco fundamentadas e mal documentadas. Observam-se dirigentes políticos ultrapassados pelos fatos, jornalistas despreparados e ideologias de todo tipo que, na mídia, vêm preencher o vazio e responder à estupefação e ao medo. Se peritos são mobilizados, é sobretudo na forma de um *ersatz* de produção "científica" proposta por escritórios paraestatais, os *think tanks*, mais ou menos enfeudados a serviços secretos que deram a prova de sua incompetência, quando não se trata de homens de negócio ligados ao antiterrorismo, que vendem a qualquer preço sua mercadoria – promotores de sistemas de segurança, or-

226 EM QUE MUNDO VIVEREMOS?

ganizadores de colóquios, animadores de revistas e coleções de obras especializadas, em suma, empresários de uma indústria do medo rentável, mas não eficaz[1].

UMA RUPTURA HISTÓRICA

Os atentados de 11 de setembro de 2001 suscitaram, entre outras reflexões, interrogações de natureza histórica: revelam-nos a entrada numa nova era do terrorismo; traduzem uma ruptura; não se inscreveriam sobretudo na continuidade de um fenômeno que se teria, em suma, bem pouco renovado? A essas questões, uma primeira resposta pode ser aventada considerando as significações, os riscos, as ideologias políticas que o terrorismo colocava em ação nos anos passados, para examinar depois aqueles que o 11 de setembro trouxe à luz.

1. Seria interessante levar em consideração as diversas maneiras de abordar o terrorismo hoje. Freqüentemente, os livros, artigos ou colóquios consagrados ao terrorismo esbarram num clichê: o "terrorista", para alguns, não é o combatente pela liberdade ou o resistente para outros? O "terrorismo" não é uma noção altamente e exclusivamente subjetiva, já que aceitável ou inaceitável segundo o campo em que nos situamos?

É possível escapar a essa aporia, reconhecendo que o qualificativo de "terrorista" conjuga duas dimensões da ação violenta. De uma parte, designa, no registro da subjetividade, um modo de ação ilegítimo, injusto aos olhos de alguns, justo e necessário aos olhos de outros: é uma forma de violência, cujas dimensões políticas não se enquadram em nenhuma regra do espaço político, uma maneira de guerrear, que menospreza as leis da guerra. De outra parte, a noção de terrorismo remete, no registro da objetividade, aos meios, certamente particulares, que permitem a um ator visar objetivos políticos e, pois, aos utensílios que utiliza para chegar a seus fins.

No primeiro caso, o "terrorismo" é definido pela recusa de respeitar as normas em vigor, mas também, pela necessidade, que experimenta seu ator, de ter recurso a ele. Isso pede, do ponto de vista das ciências sociais e políticas, uma reflexão sobre o sentido da ação: quais são as significações que fazem com que um ator transgrida as regras e as leis do jogo político ou guerreiro clássicos? Qual é o motor ideológico, religioso, social, cultural ou outro, que faz de sua violência uma ação que extravasa o político e ao mesmo tempo o inclui, uma violência que podemos então chamar "metapolítica"? No segundo caso, o "terrorista" é considerado como tal em função dos instrumentos que utiliza; é percebido, antes de mais nada, como um ser racional que calcula e antecipa, cuja estratégia, não importa quão repugnante seja, é adaptada a seus fins. A partir daí, a análise do terrorismo faz dele uma violência política, cuja racionalidade é preciso compreender e cuja principal característica tem a ver com a desproporção impressionante entre os meios utilizados e seu efeito.

Na literatura especializada, as duas dimensões são perfeitamente dissociadas: uns estudam o sentido da ação terrorista através, por exemplo, do discurso religioso ou da ideologia que a fundamentam; outros, sua racionalidade e seus cálculos. É preferível articular essas duas dimensões, o que dá uma imagem dos terroristas talvez paradoxal, mas freqüentemente justa: a imagem de atores racionais, já que são capazes de elaborar raciocínios rigorosos e lógicos, além de muitos políticos; e, ao mesmo tempo, a imagem de atores delirantes, fanáticos, possuídos por suas paixões e ódios, muito além dos limites do político.

O Fim do Terrorismo de Extrema Esquerda

Nos anos de 1970 e 80, o mundo vive as últimas horas da guerra fria e as sociedades ocidentais começam apenas a considerar-se saindo da era industrial. Em algumas de suas expressões, o terrorismo é então, sob muitos aspectos, a doença senil de dois conflitos centrais que se desfazem: o primeiro, internacional, político e geopolítico, que opunha dois blocos estruturados ao redor de uma superpotência; e o outro, social e próprio às sociedades industriais, nas quais o movimento operário levantava-se contra os donos da indústria.

O terrorismo fala, então, em nome de um marxismo-leninismo mais "puro" que o comunismo que prevalece na União Soviética. Propõe variantes desse marxismo-leninismo que se traduzem pela recusa de uma institucionalização vivida como desnaturação, quando não se refere a uma ideologia anarquista, até mesmo niilista. Levanta-se, por outra parte, em nome do proletariado operário, cujas mais elevadas aspirações pretende encarnar quando, precisamente, o movimento operário cessa de pretender controlar a historicidade, para retornar a um modesto nível de projeto, por toda parte ou, ao menos, lá onde ele não se decompõe pura e simplesmente. É por essa razão que, em numerosas experiências, o terrorismo é pleno de referências marxistas-leninistas, capazes de fazer Marx e Lênin revirarem-se em seus túmulos, ou de auto-identificações cada vez mais artificiais às lutas dos operários, que não se reconhecem em absoluto nas violências perpetradas em seu nome.

Essa época está, hoje em dia, ultrapassada. O terrorismo de extrema esquerda, quer seja ele político, anarquizante ou marxista-leninista, quer se refira à figura social do proletariado operário, praticamente desapareceu, vítima, não dos sucessos da repressão, como se proclamou um momento na Itália, mas de seu próprio esgotamento. A guerra fria ficou para trás; nossas sociedades não vivem mais, de maneira alguma, como sociedades industriais dominadas pelas lutas do movimento operário; e o terrorismo de extrema esquerda, que vinha tardiamente marcar a recusa ou a incapacidade de pensar a saída desse período e de suas lutas políticas e sociais, é conseqüentemente ultrapassado, mesmo se puderem, eventualmente, reaparecer pequenos coletivos, suscetíveis de se referirem a ele, como se pode observar periodicamente na Itália.

O fim da guerra fria e desse tipo de terrorismo permitiu-nos compreender melhor a relação que se jogava entre o "baixo" – a formação dos atores e movimentos terroristas – e o "alto" – os Estados que os acolhem, ajudam ou "patrocinam", como se dizia por vezes. Assim, nos anos de 1970-80, era comum observar oporem-se dois tipos de análise. Uma, mais rara, partia de baixo, isto é, dos desvios de contestadores sociais e políticos; outra, muito mais comum, consi-

228 EM QUE MUNDO VIVEREMOS?

derava o alto e insistia sobre o papel de certos Estados, em particular os comunistas, desenvolvendo teses relativas à existência de um "fio condutor" ou de uma "internacional" do terrorismo, pilotada, nessa perspectiva, a partir de Moscou.

Com a queda do muro de Berlim, em 1989, as línguas, do outro lado da cortina de ferro, liberaram-se, certos arquivos tornaram-se acessíveis e ficou estabelecido que o terrorismo de extrema esquerda havia recebido apoio e encorajamento de diversos países satélites da União Soviética, a começar pela Alemanha oriental. Isso não enfraquece em nada as análises que partem de baixo, mas lembra que não existe terrorismo durável, sobretudo em escala internacional, sem a existência do alto, isto é, sem os "santuários" onde os ativistas podem encontrar ao menos a possibilidade de estar ao abrigo de toda repressão, mas também recursos logísticos, dinheiro, papéis falsos, facilidades diplomáticas e armas. O apoio nunca é gratuito ou desinteressado da parte dos Estados concernidos que, por sua vez, utilizam os grupos terroristas de maneira para-diplomática ou para tarefas sujas: eliminação de opositores no estrangeiro, pressões inconfessáveis sobre outros Estados etc.

O terrorismo de extrema direita, particularmente vivaz na Itália nessa mesma época, conheceu um destino análogo ao de seu homólogo de extrema esquerda? De uma certa maneira sim, já que a violência instalou-se freqüentemente a um nível que é preciso qualificar de "infrapolítico", tomando principalmente, nas sociedades ocidentais, o aspecto de um racismo assassino, mas incapaz de colocar em questão o poder. É verdade que, durante os últimos vinte anos, as extremas direitas (Front National na França, Liga do Norte na Itália, Vlaams Blok na Bélgica, FPÖ na Áustria etc.) prosperaram, principalmente na Europa, com estratégias de respeitabilidade, de respeito da democracia e do sufrágio universal, afastando-se das tentações "putschistas" do passado e ocupando um grande espaço político. Rejeitando a violência política, essas formações só deixaram lugar a formas limitadas de violência, distanciadas de todo projeto de conquista do poder de Estado, mas suscetíveis de semear um certo pavor, principalmente no seio da imigração – lembremos, por exemplo, os atentados contra os albergues de imigrantes na Alemanha, no começo dos anos de 1990.

Um terrorismo de extrema direita, ao mesmo tempo hiperideológico e infrapolítico, mas sem a menor capacidade política, pôde manifestar-se igualmente nos Estados Unidos, que hesitavam, no entanto, a reconhecer sua existência em 1995, quando o atentado de Oklahoma City (168 mortos) foi imputado antes, pela mídia e a opinião, ao islamismo radical, até que fosse estabelecida a responsabilidade do ativista de extrema direita Timothy McVeigh. Ignora-se ainda quem é responsável pelo terrorismo bacteriológico aparecido após o 11 de setembro de 2001, com o anthrax endereçado por via postal, causando

TERRORISMOS, UMA RUPTURA HISTÓRICA? 229

cinco mortos e semeando o pânico nos Estados Unidos. Seria imputável a um grupo, até mesmo a um indivíduo, saído da extrema direita americana, ou a um desequilibrado? O fenômeno desapareceu subitamente da mídia, após tê-la maciçamente ocupado durante algumas semanas e não foi oficialmente elucidado.

A Globalização e a Dúvida sobre a Idéia de Nação

Desde o fim dos anos de 1980 no mundo anglo-saxão, e mais tardiamente em outros lugares, o tema da globalização começou a fazer seu percurso, indissociável do desenvolvimento da ideologia neoliberal. Esse fenômeno significa, entre outras coisas, o triunfo do capitalismo e do mercado, a supressão das fronteiras para mercadorias e capitais, a subordinação do político ao econômico. Porém, para muitos observadores, significa também o enfraquecimento das nações e dos Estados, que seriam cada vez menos capazes de definir o quadro da vida coletiva, seja em termos políticos, econômicos ou culturais.

Isso conduz a interrogar-se, para saber se o terrorismo e as formas de violência, que lhe são aparentadas, não teriam uma ligação particular com a globalização. O terrorismo não é cada vez mais tributário do dinheiro, dos mercados, em suma, da economia liberal? Não é cada vez mais incitado a sair do quadro nacional em que permanecia confinado e a revestir, quando se torna internacional, significações que o tornam não apenas um ator intervindo nas relações interestatais, mas também uma força transnacional e desterritorializada, sem enraizamento nos debates e conflitos de qualquer país, nem mesmo nas relações entre Estados? A resposta a essa questão deve ser nuançada.

De uma parte é claro, hoje em dia, que certas expressões da violência extrema passaram do nível político a um nível infrapolítico, o que significa que o interesse econômico comanda, em muitos aspectos, as paixões políticas ou ideológicas e, em todo caso, não lhes está mais completamente subordinado. É assim que as guerrilhas que se mantêm na Colômbia estão preocupadas, mais do que no passado, por sua capacidade de controlar recursos econômicos, a começar por aqueles que o narcotráfico oferece; que a prática do seqüestro, que foi uma forma importante de terrorismo político no Brasil, tenha aí se multiplicado e tornado puramente criminosa; que o terrorismo islamita, na Argélia, comporta dimensões de trabendo (mercado negro), isto é, de esforços para controlar, lá também, riquezas oriundas de diversos tráficos etc.

Porém, de outra parte, é preciso ser prudente quanto à hipótese recorrente segundo a qual a idéia de nação conhece um processo de enfraquecimento no mundo contemporâneo. A experiência basca, mesmo se concerne apenas a uma província de alguns milhões de habitantes, é exemplar desse ponto de vista: o terrorismo do ETA

(Euskadi Ta Askatasuna – "Pátria Basca e Liberdade"), efetivamente, permanece uma realidade poderosa quando precisamente a nação basca obteve uma larga autonomia, o movimento operário, pretensamente encarnado por esse grupo decompôs-se e a ditadura franquista, que ele combatia inicialmente, deu lugar, há um quarto de século, a uma democracia. Da mesma forma, se é verdade que o movimento palestino é cada vez mais penetrado pelo islã radical, ele permanece profundamente nacionalista e, quando sua violência se volta para o terrorismo, não é apenas o apanágio de islamitas do Hamas ou do Hezbollah, mas também de setores radicalizados da esquerda ligados por exemplo ao FPLP (Frente Nacional de Libertação da Palestina) e sem elo com o islamismo. No momento em que as experiências do terrorismo de extrema esquerda praticamente terminaram, extenuadas, as do terrorismo nacionalista, por sua vez, perduram e permanecem suscetíveis de novos desenvolvimentos. A questão nacional não foi, pois, liquidada pela globalização.

TERRORISMO E RELIGIÃO: NASCIMENTO E DECLÍNIO DO ISLAMISMO RADICAL

Já nos anos de 1980, a religião, a começar pelo Islã, competia com (ou até mesmo substituía) as ideologias marxistas-leninistas e nacionalistas para fornecer o motor de movimentos voltando-se eventualmente para o terrorismo. Hoje em dia, ela ocupa um lugar central. O islamismo radical – que é evidentemente apenas uma dimensão, freqüentemente muito minoritária, do islã contemporâneo – funde as categorias do religioso e do político e desemboca, em certos casos, numa violência por vezes ilimitada e sem fronteiras, absoluta porque "metapolítica", isto é, situada para além do político e levada por significações que subordinam o político ao religioso.

Desde suas primeiras expressões significativas, a violência islamita é indissociável da transformação, em condutas radicais de caráter religioso, das demandas sociais, políticas ou culturais deixadas sem respostas. O terrorismo prolonga essas demandas, em particular as dos camponeses urbanizados, decepcionados pela cidade grande ou as dos deserdados que, por falta de poder conflitualizar suas reivindicações no campo político, aceitam que elas sejam tomadas em conta pelas organizações religiosas, sob a forma da exemplaridade. Essas organizações trazem a saúde e a educação ou asseguram a distribuição de água lá onde ela faz falta; ao mesmo tempo, difundem um discurso político-religioso a partir do qual a violência vai se desenvolver. O terrorismo islamita nasceu assim de situações locais, no Irã, Líbano, Egito etc., antes de ganhar uma dimensão internacional, de reivindicar a causa palestina ou de ser manipulado por eventuais Estados "patrocinadores".

TERRORISMOS, UMA RUPTURA HISTÓRICA? 231

A grande novidade dos anos de 1990 situa-se nas transformações do islamismo radical. Durante o período de expansão deste, a partir da revolução iraniana, o terrorismo acompanhou ou prolongou o desenvolvimento de movimentos de forte dimensão popular, ou mesmo a diplomacia dos regimes que o seguiram, Irã e Líbia principalmente. Depois, esses movimentos declinaram. No Irã, a revolução cedeu lugar a um regime autoritário, cada vez mais rejeitado pela população. Na Argélia, a repressão empurra um islamismo, que se aproximara democraticamente do poder, para uma violência cada vez mais extrema e desconectada das expectativas populares. De uma maneira mais geral, o islamismo político decompõe-se, começando seu declínio como força capaz de mobilizar ao mesmo tempo as massas populares pobres, as camadas burguesas crentes e as elites intelectuais técnicas ou científicas. Os pesquisadores mais competentes nesse campo, como, por exemplo, Olivier Roy e depois Gilles Kepel, sublinharam esse declínio ou fracasso[2].

O conceito de "inversão", forjado para dar conta do terrorismo de extrema esquerda[3], pode ajudar a compreender como o enfraquecimento de movimentos sociais e culturais, no caso islamitas, pode afinal levar a mais terrorismo e não menos: este, com efeito, desenvolve-se precisamente porque deixa de estar maciçamente em contato com aqueles que pretende representar; porque seus protagonistas separam-se da experiência vivida pelas populações envolvidas, não dialogam mais com elas nem lhes submetem seus atos. Nessas condições, os atores invertem, abolem ou pervertem as categorias iniciais sobre as quais se fundava o sentido de sua ação, cuja violência torna-se tanto mais ilimitada quanto ela se desgarra de suas significações originais.

O terrorismo islamita do século XXI, inaugurado de fato desde os meados dos anos de 1990, principalmente na França, corresponde a uma segunda etapa da história recente do islamismo, distinta da primeira, e que se estabelece no momento mesmo em que começa seu declínio. É um islamismo que se faz guerreiro por não poder continuar a ser político. Sem dúvida, guarda a esperança de reocupar a cena política e mobilizar novamente as massas populares; é precisamente essa uma das apostas de Ossama Bin Laden, que espera, através da violência extrema que pratica, despertar em massa os muçulmanos, por todas as partes do mundo, para acabar com os regimes árabes detestados e enfraquecer os inimigos, Israel e os Estados Unidos. Porém, seu terrorismo traduz mais uma distância do que uma aproximação com essas mesmas massas.

2. O. Roy, *L'Échec de l'islam politique*; G. Kepel, *Jihad, expansion et déclin de l'islamisme*.

3. M. Wieviorka, *Sociétés et terrorisme*.

O DENTRO E O FORA

O islamismo radical do século XXI e suas versões terroristas apresentam um outro aspecto novo, igualmente importante, que vem questionar a tese do choque de civilizações, ao menos em suas variantes mais elementares. Essa tese, que compartilham, paradoxalmente, o cientista político Samuel Huntington[4] e o terrorista Ossama Bin Laden, propõe essencialmente que o planeta se organize em alguns grandes espaços culturais, a começar pelo Ocidente e o Islã, que representariam respectivamente uma civilização e seriam suscetíveis de entrar em oposição violenta uns contra os outros. Isso deixa de lado visões totalmente opostas, que fazem de cada sociedade, ou de cada país, espaços onde culturas diversas desenvolvem-se, cruzam-se, eventualmente mesclam-se e interagem. Se debatemos com tanto ardor, a partir dos anos de 1980, a respeito do multiculturalismo e da diferença cultural, se vimos, no mundo anglo-saxão, os "Liberals" oporem-se aos "Communitarians" ou, na França, os "republicains" aos "démocrates"[5], é precisamente porque identidades novas ou renovadas interpelam nossas democracias, bem como, simetricamente, numerosos elementos da cultura ocidental trabalham as sociedades orientais ou médio-orientais.

É assim que o Islã tornou-se uma realidade incontestável, por vezes maciça, em toda Europa ocidental e mesmo nos Estados Unidos, primeiramente por causa da imigração proveniente de sociedades árabo-muçulmanas, depois em razão do trabalho das sociedades ocidentais sobre si mesmas, que produzem essas formas religiosas (entre outras)[6] tanto quanto as acolhem ou mesmo que as inventam, de uma

---

4. S. P. Huntington, *The Clash of Civilizations and the Remaking of the World Order* (*O Choque de Civilizações, e a Recomposição da Ordem Mundial*).

5. M. Wieviorka, *La Différence*.

6. Em muitos aspectos, o terrorismo contemporâneo inscreve-se em lógicas de seita: religiosidade mortífera, podendo chegar até ao suicídio e à autodestruição; milenarismo submetendo o político ao religioso; recurso a um líder carismático aparentando-se a um guru e que sabe assegurar um controle completo, inclusive financeiro, sobre o movimento etc.

É por esse motivo que a experiência da seita Aum Shinrikyô, no Japão, merece ser evocada. Esse movimento religioso passa à ação violenta de tipo terrorista, com o atentado ao metrô de Tóquio, em 20 de março de 1995. Nesse dia, ele espalha gás sarin, especialmente tóxico, em cinco vagões, no coração da cidade, numa hora de forte afluência. Em meio à maior confusão, milhares de vítimas são hospitalizadas; haverá mesmo doze mortos. A polícia e a mídia vão passar de uma descoberta a outra – a seita tem uma situação material sólida, como muitos outros movimentos religiosos no Japão.

Em 1995, contando mais de 1 000 *shukke* (monges vivendo em comunidade) e cerca de dez a quinze mil adeptos no Japão (fala-se de cerca de 30 000 adeptos na Rússia), Aum Shinrikyô é dirigida a partir dos meados dos anos de 1980 por seu criador, um verdadeiro guru, Matsumoto Chizuo, conhecido pelo nome de Asahara Shôkô. Este define o dogma e fixa a progressão dos discípulos na hierarquia religiosa. Após ter sido tentada por uma ação política em 1989-1990, a seita dedica-se a reforçar sua organização. Coleta fundos, constitui uma certa fortuna, inclusive ao fazer pagar muito

TERRORISMOS, UMA RUPTURA HISTÓRICA?

certa maneira, como mostrou o sociólogo Farhad Khoroskhavar para o caso da França[7]. Da mesma forma, nos Estados Unidos, o islã de Louis Farrakhan e de seu movimento[8], que mobiliza sobretudo negros saídos das camadas médias da população, não é fruto de uma emigração maciça recente, porém uma produção, uma invenção no seio da sociedade americana. Não deixa por isso de ser o islã.

Os muçulmanos que povoam as sociedades ocidentais ou, ao menos, vivem nelas há tempo suficiente para ter um conhecimento real a seu respeito, não são todos – longe disso – tentados pelo islamismo e ainda menos pelo islamismo radical ou o terrorismo. Para muitos, o islã é o que dá sentido a uma existência difícil, a um contato doloroso com o Ocidente. Em certos casos – os mais numerosos –, o islã permite encontrar as forças para continuar a viver num ambiente hostil e permanecer na modernidade. Em outros, contribui sobretudo para exprimir o ressentimento daqueles que fracassam em ocidentalizar-se e acham que a modernidade, que provam ou provaram, não realiza suas promessas. Essas diversas orientações do islã podem encontrar em certos países condições favoráveis, não apenas para estender-se localmente, mas também para desenvolver uma ação internacional. É assim que o Reino Unido acolhe importantes comunidades muçulmanas, algumas radicalizadas, como mostrou a repercussão favorável encontrada nesse país pela fatwa do aiatolá Khomeini contra o escritor Salman Rushdie, em particular no seio das minorias de origem paquistanesa.

---

caro a participação em seus ritos, constrói ou adquire imóveis, dota-se de uma rede de pequenas e médias empresas. Ela radicaliza suas crenças e prepara-se à sua missão: assegurar a sobrevivência da humanidade após o Apocalipse. Procura reunir assim os recursos financeiros, humanos e científicos, que lhe permitirão conduzir a próxima guerra mundial e salvar, pelas armas, o maior número possível de almas. Ela fabrica e testa o gás sarin. Porém, desde o fim dos anos de 1980, a seita se livra também a toda espécie de crimes – seqüestros, assassinatos etc. Enfim, infiltra-se em diversas instituições japonesas e desenvolve ramificações no estrangeiro.

A partir de 1992, Aum reforça sua disciplina interna, reorganiza suas estruturas segundo o modelo de um quase-Estado e mergulha numa espécie de sentimento de urgência cada vez mais premente: ela passa à ação em 1995, mergulhando numa violência que, contrariamente ao que pode ser observado nas seitas em geral, não é voltada para o interior, mas para o exterior; uma violência não defensiva, mas ofensiva. (O melhor estudo sobre essa seita é o que nos inspira aqui: S. Trinh, "Aum Shinrikyô: secte et violence" em, M. Wieviorka (dir.), *Cultures et conflits*, número especial, "Un nouveau paradigme de la violence?", n. 29-30, primavera-verão 1998, pp. 229-290).

7. F. Khoroskhavar, *L'Islam des jeunes*.

8. L. Farrakhan é, a partir de 1977, o principal dirigente de um movimento negro americano, a Nação do Islã, aparecido nos anos de 1930, cuja figura mais conhecida foi Malcolm X e cujo impacto hoje em dia é considerável, não apenas no interior dos meios negros mais desfavorecidos, mas também em suas camadas médias. Seu discurso conjuga uma temática muçulmana, dimensões de crítica social e denúncia das desigualdades que atingem os negros e um anti-semitismo por vezes não reconhecido.

234 EM QUE MUNDO VIVEREMOS?

O terrorismo islamita, no seio das sociedades ocidentais, vem assim finalizar o percurso de indivíduos que, não tendo podido ou sabido encontrar aí seu lugar, voltam seu ressentimento, seu sentimento de fracasso, sua raiva contra o Ocidente inteiro. Essa reviravolta seria, senão impossível, ao menos difícil de transformar em ação coletiva se pudesse encontrar a integralidade de seus recursos exclusivamente no seio da sociedade envolvida: as populações aí são bastante minoritárias e permanecem, em seu conjunto, hostis à radicalização de sua religião. A característica específica do terrorismo islâmico é assim a de conjugar, nas experiências mais significativas, uma lógica interna de produção de ressentimento no seio de uma sociedade e uma lógica externa, internacional, ligada principalmente aos conflitos da África do Norte e do Oriente Médio.

Essa conjugação pode guardar um certo enraizamento em uma dada sociedade, ser dominada por questões ainda territorializadas, visar, por exemplo, a desestabilização de um regime árabe; porém, pode também desembocar numa verdadeira desterritorialização, ao menos provisória, com os indivíduos que se desenraizam para inscrever-se em lógicas planetárias: argelinos, sauditas ou egípcios, por exemplo, treinando-se no Afeganistão, estudando na Alemanha ou na França, instalando-se por um tempo na Grã-Bretanha etc.

Uma tentativa de atentado a bomba contra uma das duas torres do World Trade Center tendo quase fracassado em 1993 (ao menos em relação aos seus objetivos, porque provocou, de toda maneira, 6 mortos)[9]; é a França que paga o preço da primeira experiência importante na matéria, com a série de atentados mortíferos de 1995. O terrorismo, nesse caso, estava no cruzamento de dois tipos de desvio. O primeiro relacionava-se a problemas próprios à sociedade francesa e principalmente à crise das periferias populares, onde a conjugação da exclusão social e do racismo levava jovens, mais ou menos desesperados, à delinqüência ou ao islã, islã esse cada vez mais radical. Um segundo tipo de desvio tinha a ver com a situação argelina e o esforço de certos grupos islamitas argelinos, para internacionalizar sua ação e obrigar, assim, as autoridades francesas a se distanciarem em relação ao poder de Argel. Um personagem simbolizou esse encontro de duas lógicas distintas, mas amalgamadas no terrorismo: Khaled Kelkal. Numa entrevista concedida ao sociólogo alemão Dietmar Loch, em 1992 (portanto bem antes de seu desvio em direção ao terrorismo),

---

9. Esse atentado teria mobilizado: um islamita egípcio, Cheikh Omar, autorizado a instalar-se nos Estados Unidos em 1990; seu guarda de corpo sudanês, um engenheiro químico, de origem palestina e de nacionalidade americana desde 1991, Nidad Ayad, e um palestino detentor de um passaporte jordaniano, que chegara aos Estados Unidos em 1988, Mohamed Salameh. Cheikh Omar teria se beneficiado da assistência das redes de Bin Laden na pessoa de um paquistanês especialista em explosivos, Ramzi Youssef, que viera participar dos preparativos do atentado. Ver A. Chevalérias, *La Guerre infernale. Le montage Bin Laden et ses conséquences.*

TERRORISMOS, UMA RUPTURA HISTÓRICA?

ele aparece como um jovem perdido da periferia de Lyon, tendo conhecido ao mesmo tempo o racismo, as dificuldades sociais, a delinqüência, depois a prisão e tendo-se aproximado de um islã exemplar. É em seguida que descobrirá a Argélia e encontrará a luta armada dos islamitas, dos quais alguns formados no Afeganistão, antes de voltar para a França, tornar-se um dos principais autores dos atentados de 1995 e acabar sua vida sob as balas dos policiais[10].

Nem todos os protagonistas dessa amálgama de uma lógica "doméstica", interna às sociedades ocidentais, com uma outra lógica, transnacional, ligada a pulsões islamitas em sociedades do mundo árabo-muçulmano, são necessariamente pobres ou frustrados. Pode também se tratar de indivíduos que receberam uma certa educação, antes de desligarem-se de seu meio familiar de origem e de afastarem-se das comunidades onde nasceram e passaram sua infância, para depois entrarem na clandestinidade e nas redes de ativistas. Sua determinação em morrer, se preciso for, seu "martirismo" eventual – como aquele, por exemplo, dos autores dos atentados de 11 de setembro de 2001 – difere profundamente do dos jovens palestinos, na mesma época. Ele é "frio", enquanto, como apontam justamente Amaury Guibert e Maëlle Joulin, os

kamikazes que operam em Israel [...] passam por uma preparação muito curta. Desde que uma organização como o Hamas percebe um candidato potencial ao suicídio, por seu perfil psicológico, ela se ocupa dele. Leva-o a tomar a decisão de suicidar-se muito rapidamente, para que não tenha tempo de duvidar[11].

O sacrifício dos homens do 11 de setembro não era portado pelo desespero de uma comunidade viva, como é o caso quando os autores dos atentados-suicidas surgem dos Territórios autônomos palestinos para levar a morte no solo de Israel. Esse martirismo sabe colocar a razão a serviço da violência ilimitada, destruidora e autodestruidora, sem ter outra população de referência do que a "comunidade de crentes", isto é, um conjunto indiferenciado politicamente e definido fora de qualquer quadro político, estatal ou nacional.

O ENCONTRO DE UMA ORGANIZAÇÃO TERRORISTA E DE UM ESTADO

A partir dos atentados de 11 de setembro de 2001, o personagem e o percurso de Bin Laden[12], dirigente e fundador da organização Al-

---

10. *Le Monde* publicou esse documento excepcional em 7 de outubro de 1995. Sobre esse episódio, ver M. Wieviorka, *Face au terrorisme*.

11. Em B. Tessarech, A. Guibert e M. Joulin, *Terrorismes, vers un nouveau désordre mondial?*

12. Ver J.–Ch. Brisard e G. Dasquié, *Bin Laden. La vérité interdite*; F. Blanc, *Bin Laden et l'Amérique*; R. Jacquard, *Au Nom d'Oussama Bin Laden*.

236 EM QUE MUNDO VIVEREMOS?

Qaida, responsável por esses atentados, foram evocados abundantemente na mídia e em diversos livros.

Da mesma forma, o inventário de seu acesso a importantes recursos econômicos foi amplamente comentado e provoca uma certa vertigem: Jean-Charles Brisard e Guillaume Dasquié consagram mais de cinqüenta páginas de seu livro unicamente à lista de estruturas "suscetíveis de terem, por sua complexidade e opacidade, facilitado conexões e conivências com o ambiente econômico, financeiro ou terrorista, direto ou indireto, de Oussama Bin Laden[13]".

Não se pode compreender o crescimento do poder da Al-Qaida até os atentados de setembro de 2001, sem conhecer o regime dos Talibãs e os elos que eles mantêm. Lembremos o essencial. Os Talibãs são, no começo, estudantes de teologia de origem pachtum, formados em ambos os lados da fronteira entre o Afeganistão e o Paquistão, em escolas que são sobretudo espaços de doutrinamento. Aparecem na cena político-militar em 1994, tomam Kabul em setembro de 1996 e instalam um "Emirado islâmico do Afeganistão" particularmente rígido, duro, cruel, liberticida no plano dos costumes e cujas relações comerciais e diplomáticas são limitadas a três países: o Paquistão, os Emirados Árabes Unidos e, apenas temporariamente, a Arábia Saudita, de onde provêm os dólares necessários para a ascensão do regime. Os Estados Unidos, que sustentam toda espécie de grupos afegãos, inclusive islâmicos, para lutar contra a União Soviética, "testemunham, entre 1994 e 1998, uma relativa boa vontade em relação aos Talibãs"[14] e isso, essencialmente, por razões de geopolítica petrolífera.

A partir de 1998, as relações ficam tensas entre os Estados Unidos e os Talibãs, cujo líder, Mohammed Omar, anuncia publicamente que hospeda Bin Laden[15]. A seguir, discussões inumeráveis colocam em

13. Idem, pp. 270-329.

14. Idem, ibidem.

15. Ossama Bin Laden, nascido em 1957, pertence à alta sociedade da Arábia Saudita, um país que constantemente encorajou, no mundo inteiro, um islã suscetível de radicalização. Seu pai (morto em 1958) foi um iemenita que fez fortuna na área de obras públicas e ele próprio obteve um diploma de engenheiro em 1979. Sua família é uma das mais ricas do país. Seu islamismo, que a princípio tem a ver com o sunismo salafista, é impregnado, não de um projeto de tomada do poder do Estado, mas de uma nostalgia do califado e de um milenarismo que reclama a realização do islã em todo o planeta.

Em seguida à entrada das tropas soviéticas no Afeganistão (1979), une-se à resistência afegã, que contribui a organizar em relação com os serviços secretos sauditas, mantendo eles mesmos relações estreitas com seus homólogos americanos. Em 1988, funda a Al-Qaida, "a base", para recrutar e financiar essa resistência – milhares de pessoas passarão por seus campos de treinamento. Em 1989, retorna à Arábia Saudita, que deixa em 1991, após ter marcado sua oposição à aliança entre Riyad e Washington. Tendo sido de 1979 a 1989, sob muitos aspectos, uma "criatura" dos Estados Unidos, numa época em que esses últimos tratavam de encontrar aliados no Afeganistão, frente aos soviéticos, Bin Laden vai agora clamar uma hostilidade feroz contra os Estados Unidos e imputar-lhes um ódio absoluto do islã.

TERRORISMOS, UMA RUPTURA HISTÓRICA? 237

contato, de maneira bi ou multilateral, os Talibãs, a diplomacia americana e as Nações Unidas, o interesse em questão sendo o reconhecimento do regime dos Talibãs e a estabilização política do Afeganistão, que eles não controlam inteiramente, em troca principalmente da extradição de Bin Laden. O enrijecimento americano, nas últimas semanas da administração Clinton, explica-se pela atitude dos Talibãs? De qualquer maneira, as discussões foram interrompidas no final de 2000 e retomadas em seguida para, com toda evidência, não chegar a nada: o par formado então pelo miliardário terrorista e o molá chefe de Estado torna-se sólido.

O TERRORISMO GLOBAL

Após ter examinado em termos históricos a evolução recente do terrorismo, cujas significações marcam uma ruptura em relação aos anos de 1970 e 1980, a questão da novidade do fenômeno pode ser abordada considerando sua forma, seus modos de ação e não mais apenas seu sentido. Para fazê-lo, dispomos hoje em dia de novos elementos que permitem formular e discutir hipóteses relativas à natureza do terrorismo encarnado por Bin Laden. Os atentados de 11 de setembro decorrem de um novo terrorismo, um "hiperterrorismo", como dizem certos especialistas, isto é, de um terrorismo de tal modo inscrito em lógicas de globalização que somos tentados a qualificá-lo também de "global"? Sob muitos aspectos, a resposta deve ser positiva.

Esse terrorismo, efetivamente, está associado a redes que, como o capitalismo contemporâneo, mostram-se de uma grande maleabilidade, de uma grande "flexibilidade", como dizem os economistas, em suma, a redes que sabem conectar-se e desconectar-se e das quais muitos conhecedores, na Europa principalmente, dizem que estas aprenderam a fazer-se "dormentes", esperando um simples sinal para acordar e passar à ação. À sua frente, Bin Laden mostrou-se um hábil ator do capitalismo financeiro, a ponto que se pôde realmente perguntar se ele ou seus próximos não cometeram um "delito de iniciados" ao especularem, nas vésperas do 11 de setembro, sobre as conseqüências dos atentados nas bolsas de valores.

Doravante, para Bin Laden, a presença dos Estados Unidos na "terra santa" é uma mácula. Expulso da Arábia Saudita (e destituído de sua nacionalidade em 1994), refugia-se no Sudão. O primeiro atentado imputado à sua organização é o de um hotel de Aden freqüentado por tropas americanas (29 de dezembro de 1992, 2 mortos). Ocorrem em seguida os do World Trade Center, em 1993 e, no mesmo ano, talvez, uma implicação nas dificuldades americanas na Somália.

Expulso do Sudão em 1996, ele se instala no Afeganistão. A partir daí, comanda com toda evidência diversos atentados, principalmente as explosões sincronizadas que atingem as embaixadas americanas em Nairóbi (213 mortos) e Dar-es-Salaam (11 mortos), em 7 de agosto de 1998, depois, 2 anos mais tarde, o ataque contra o destróier americano USS Cole, em Aden.

238 EM QUE MUNDO VIVEREMOS?

Porém, esse terrorismo não se limita a uma pura lógica de redes; tem necessidade de um território para construir-se, que veio a ser o Afeganistão dos Talibãs. A novidade que então se apresentou, em vista das experiências dos anos de 1970 e 80, é a relação que manteve com esse Estado, o qual, se não subjugou, ao menos levou a subordinar-se à sua própria lógica, a do djihad antiamericano e do terror. Esse esquema inverte a relação clássica de heteronomia, que no passado fazia sobretudo, dos terroristas, atores com perda de sentido, submetendo-se, enquanto quase mercenários, aos interesses dos Estados que os acolhiam. O Estado Talibã, com efeito, deixou-se levar à sua própria desgraça, fazendo-se absorver pela lógica da Al-Qaida, embarcando nos combates planetários que os Talibãs não puderam recusar, indo até a ruína ao suscitar a entrada em guerra dos Estados Unidos. O sentido da ação era dado pelos terroristas, aos quais o Estado que os acolhia estava enfeudado. Sobre esse ponto preciso, é necessário resistir às facilidades intelectuais que só querem ver no terrorismo da Al-Qaida a expressão paroxística da crise dos Estados e da noção de soberania nacional[16]. Bin Laden teve necessidade de um Estado, mesmo se, no caso, os Talibãs só lhe deram um Estado inútil.

A outra razão pela qual o terrorismo de Bin Laden é de natureza global é que seu espaço de intervenção recobre todo o planeta, e seu inimigo se parece ao dos movimentos que se erguem contra a mundialização liberal, como por ocasião das grandes manifestações de Seattle, Porto Alegre ou Gênova. Ele denuncia nada menos, com efeito, do que o imperialismo americano, o que esses outros movimentos são freqüentemente tentados a fazer, e apresenta-se como um campeão do islã atacado pela superpotência americana, conjugada ao odiado Estado de Israel. Se alguns ativistas não têm necessariamente dificuldades financeiras, se podem oferecer-se estágios de pilotagem ou passagens de avião em classe executiva, se alguns puderam fazer estudos em universidades européias ou nos Estados Unidos (como Mohamed Atta, o primeiro dos autores dos desvios de avião do 11 de setembro a ter sido apresentado à opinião pública de maneira documentada)[17], o discurso dos atores se refere constantemente aos pobres e deserdados que seriam vítimas de uma globalização econômica efetuando-se sob

---

16. Assim, F. Heisbourg, numa obra publicada no calor dos acontecimentos, escreve: "O hiperterrorismo marca assim, de maneira paroxística, o lugar ocupado doravante por atores não estatais, nos funcionamentos ou, no caso em questão, no disfuncionamento do 'sistema-mundo': nada poderia marcar mais brutalmente o fato de que os Estados soberanos não detêm mais, de maneira sistemática, os papéis principais na cena mundial". F. Heisbourg, *Hyperterrorisme: la nouvelle guerre*.

17. Esse filho de um advogado egípcio conhecido seguiu estudos de arquitetura no Egito, mas também em Hamburgo; foi para os Estados Unidos em 1999, para seguir cursos de pilotagem na Flórida. Em 28 de agosto de 2001, comprou um bilhete na classe executiva para um vôo Boston-Los Angeles.

hegemonia americana. De uma certa maneira, Al-Qaida é um antimovimento que conta com o terrorismo para fazer passar uma mensagem que retoma, distorcendo-as, algumas das significações mais decisivas veiculadas pelos movimentos de luta contra a mundialização liberal; ele é uma figura pervertida, invertida dessa luta.

Esse terrorismo é global, também, porque parece desinteressar-se do quadro do Estado-nação, para agir em escala mundial, em nome de um projeto, indo muito além de qualquer eventual tentativa de tomada do poder. A perspectiva é planetária; o combate é uma cruzada, a djihad do bem contra o mal e não se trata, seguramente, de contentar-se em derrubar este ou aquele regime ímpio.

Ele é global, também, em seu recrutamento. Este é planetário e aqueles que passaram pelos campos de treinamento da Al-Qaida eram oriundos de numerosos países, que haviam deixado para dar um sentido a sua existência por meio de uma ação desterritorializada, religiosa e sem fronteiras, bem mais do que para preparar-se a combates políticos ou armados no seio de sua própria sociedade de origem. No final dos anos de 1980, alguns combatentes vindos formar-se no Afeganistão acabaram por voltar a seus países de origem, à Argélia principalmente, porém esse fenômeno diminuiu em seguida. Os ativistas da Al-Qaida, em boa parte, eram pessoas que tinham perdido suas raízes – mesmo se o núcleo principal provinha essencialmente da Arábia Saudita e, numa quantidade um pouco menor, do Egito. Porém, se chegaram aos campos de treinamento do Afeganistão e do Paquistão, é porque redes "diaspóricas" contribuíam, desde há cerca de vinte anos, para estruturar seus deslocamentos em escala planetária – o que é uma marca suplementar da "globalização" desse terrorismo[18].

18. A " rede global" da Al-Qaida funciona como organização militante, segundo os termos do especialista americano David Long (*Courier International*, n. 568, 20-26 de setembro 2001), à maneira de uma "fraternidade informal cujas células podem contar umas com as outras". Desenvolveu-se em numerosos países, encontrando no Afeganistão, sobretudo a partir de 1996, seu centro político, militar (campos de treinamento) e cultural.

No Reino Unido e particularmente em Londres, beneficiou-se até 11 de setembro de 2001, de condições particularmente favoráveis: presença maciça de muçulmanos de origens diversas e numerosas organizações, das quais algumas mais ou menos radicalizadas; política de acolhida relativamente aberta às demandas de asilo; centralidade européia de Londres em matéria financeira e bancária; vitalidade da mídia em língua árabe (televisão, rádio, imprensa escrita). Porém, se o jornalista Jean-Pierre Langelier, baseado em informações policiais, pôde afirmar (*Le Monde*, 12/03/2002) que "todas as pistas levam a Londres ou passam por aí", houve muito poucas detenções nesse país em relação com a Al-Qaida. Na França, onde os cerca de 5 a 6 milhões de muçulmanos estão em sua grande maioria afastados do islamismo radical, existem igualmente setores que lhe são próximos e atores que puderam juntar-se à "teia" das redes de Bin Laden.

Os laços históricos da França com o Magreb e particularmente com a Argélia, de onde, a partir do fim dos anos de 1980, o terrorismo islamita internacionalizou-se, inclusive em direção ao Afeganistão, fazem de certos argelinos ou franco-argelinos ato-

240

EM QUE MUNDO VIVEREMOS?

O terrorismo islamita é freqüentemente apresentado como uma resposta ao bloqueio político imposto por Estados autoritários, impedindo qualquer expressão de uma oposição política. A partir dessa perspectiva, a religião, na medida em que as mesquitas não podem estar inteiramente sob controle do poder, oferece um escoadouro às reivindicações privadas de expressão. Essa abordagem convinha aos movimentos islamitas em período de expansão, quer se tratasse dos Irmãos Muçulmanos, no Egito ou na Síria – país onde foram selvagemente reprimidos em 1982, por um regime que o sociólogo Michel Seurat qualificava de "Estado de barbárie"[19] –, do movimento xiita que desembocou na derrubada do xá e na revolução iraniana, ao final dos anos de 1970 ou do FIS (Frente Islamita de Salvação) argelino, reduzido à clandestinidade e levado à violência por um poder militar brutal, que recusava homologar o resultado das eleições democráticas de 1991. Porém, essa idéia é particularmente inadaptada ao caso de Bin Laden e da Al-Qaida: sua ação explica-se bem pouco pelo caráter autoritário dos regimes de onde provinham os ativistas. Alguns, aliás, vinham de países democráticos, inclusive dos Estados Unidos ou da França e todos se acomodavam bastante bem ao autoritarismo dos Talibãs. A maior parte, sobretudo, tinha entrado para a organização

res importantes das redes islamitas na Europa. A Alemanha, onde o islã é antes de mais nada constituído de turcos, muito mais do que de imigrantes árabes, é também um país onde as redes de Bin Laden, antes de mais nada árabes, têm uma real implantação – 3 dos 19 autores dos atentados de 11 de setembro – Mohamed Atta, Marwan al'Shehhi e Ziad Jarrah – viveram em Hamburgo, onde haviam estudado na universidade técnica. Na Bósnia, na Espanha, na Itália, na Bélgica, nos Países Baixos, dezenas de detenções de suspeitos parecem confirmar que toda a Europa Ocidental constitui um espaço de acolhida e, em parte, de formação dessas redes. A existência de simpatizantes e de grupos próximos da nebulosa Bin Laden é também verificada em diversos países da África e da Ásia, bem como no conjunto do mundo árabo-muçulmano.

Essas redes, naquilo que possuem de mais eficaz, são de uma grande flexibilidade; sua estrutura não é piramidal, como nas organizações terroristas de inspiração marxista-leninista e seria vão procurar desenhar seu organograma. Seus membros viajam muito e encontram-se no mundo inteiro. Não devem ser confundidos com as massas encolerizadas que manifestam seu ódio aos Estados Unidos nas ruas dos países muçulmanos ou que, na Europa, puderam desfilar para apoiar, na Inglaterra, a *fatwa* de Khomeini contra Rushdie.

Os atores do terrorismo propriamente dito são, por uma parte, jovens de meios populares que se radicalizaram principalmente com a imigração, mas também homens educados saídos da "boa" sociedade: os autores dos atentados de 11 de setembro não são camponeses "desterrados" ou proletários revoltados, porém mais da metade deles são árabes sauditas oriundos de meios favorecidos. Da mesma forma, entre os islamitas suspeitos de terrorismo e atualmente presos na Europa, uma porcentagem não desprezível é oriunda de camadas médias e dispõe de uma real bagagem intelectual e técnica. Enfim, entre os ativistas ligados à Al-Qaida, alguns são jovens em revolta no seio de sociedades ocidentais, que fizeram a escolha de converter-se ao islã e de se juntarem a seus setores radicais e enfim a seus setores guerreiros.

19. *L'État de barbarie.*

com preocupações indo bem além do simples projeto de derrubar o regime do seu país de origem.

Esse terrorismo, enfim, seria global porque atacou de maneira imprevista, senão imprevisível, porque inventou um novo repertório, ou ainda porque repousaria em um uso inovador da mídia e dos modernos meios de comunicação. Aqui, precisamos ser prudentes. O terrorismo é sempre racional e utiliza seus recursos de maneira instrumental. O que o tornou inédito, em setembro de 2001, é a dimensão suicida e espetacular dos atentados: até então, os autores de tais atos esforçavam-se por negociar. A novidade, o "inimaginado", senão inimaginável, é sobretudo a determinação de morrer, tendo por corolário a idéia de um engajamento tão absoluto que impede qualquer perspectiva de negociação.

O terrorismo aqui é pura ruptura; rejeita toda possibilidade de discussão e comunicação; depende de uma guerra total, cujo horizonte só pode ser a destruição do inimigo. Assinalemos de passagem que, segundo fontes sérias (e confidenciais), os terroristas argelinos responsáveis pelo desvio de um avião da Air France, em dezembro de 1994, tinham o projeto de explodir-se sobre a torre Eiffel – porém, as forças de polícia puderam abortar a tentativa no aeroporto de Marselha, onde o aparelho precisara pousar.

Por outra parte, é notável que os especialistas em terrorismo, em suas reflexões prospectivas sobre o fenômeno, tenham previsto cenários por vezes muito sofisticados ou o recurso a tecnologias complexas, mas não o uso de canivetes ou estiletes – o que mostra bem sua capacidade para colocar-se na pele de terroristas reais, seu *insight*. Talvez a força da Al-Qaida resida também em ter sabido preparar e coordenar uma operação complicada como a do 11 de setembro, sem a menor fuga de informação. A sofisticação foi principalmente conceitual, o que é uma marca de inteligência prática, como mostra, por exemplo, a adaptação às condições concretas de trânsito aéreo, porém sem obsessão tecnológica.

Quanto ao recurso à mídia e às modernas técnicas de comunicação, é preciso mostrar-se reservado. Nos anos de 1970-80, uma tese corrente fazia da mídia moderna a responsável pelo terrorismo e acusava-a de encorajar a violência extrema, ao oferecê-la como espetáculo a espectadores ávidos de sensações fortes; existe, diziam os defensores dessa tese, um "pacto diabólico", uma "aliança funesta", uma "relação simbiótica" entre mídia e terrorismo. É notável que esse tipo de denúncia[20] tenha menos força hoje em dia e que a mídia seja menos incriminada do que no passado. Al-Qaida utilizou a Internet e computadores modernos e sabia comunicar-se no mundo inteiro; não

---

20. Sobre esse tema, ver M. Wieviorka & D. Wolton, *Terrorisme à la une. Médias, terrorisme e démocratie.*

242 EM QUE MUNDO VIVEREMOS?

fez, porém, um uso excepcional dessas tecnologias: estava simplesmente adaptada ao mundo atual. Não se podem reduzir suas escolhas estratégicas – World Trade Center, Pentágono – a um cálculo puramente mediático: tratava-se, simplesmente, de dois símbolos extremamente fortes da potência dos Estados Unidos.

UM PROCESSO DE INVERSÃO

Pode ser útil, aqui, utilizar o instrumento de análise particular constituído pelo conceito de "inversão", que permite caracterizar os episódios mais significativos do terrorismo. A inversão é um processo no decorrer do qual um ator passa a uma violência extrema, terrorista, ao longo de uma perda de sentido que o conduz a distorcer as significações iniciais ou fundadoras de um combate radicado, originalmente, nas relações sociais ou políticas, a pervertê-las e desnaturá-las, até a invertê-las, com o risco de inventar ou adotar então um novo sentido para legitimar sua ação.

Tratando-se de Bin Laden e da Al-Qaida, duas constatações merecem ser feitas. A primeira remete ao caráter extremo do desvio terrorista. No começo, Bin Laden é um agente saudita no Afeganistão e, quando retorna a seu país, é para sustentar momentaneamente os movimentos contestatários, enquanto desenvolve as atividades de seu grupo familiar. É um opositor ao regime, sem estar em ruptura com ele. No final, encontra-se bem longe de qualquer relação com um adversário político interno, como poderia ter sido o caso se tratasse de participar da oposição política na Arábia Saudita. Sua luta é total; não tem mais adversários, apenas inimigos; não oferece mais o menor espaço de negociação, nem tampouco de relação com o oponente, mas trava uma guerra implacável. Enfim, como pudemos observar, as questões que defende tornaram-se religiosas, metapolíticas e nada de outro pode satisfazer esse homem, cujo horizonte não deve ser turvado por mediações de tipo político ou pela inserção num quadro nacional, ou até mesmo regional. Nesse sentido, a trajetória de Bin Laden decorre de uma inversão.

A segunda constatação de importância concerne aos terroristas reunidos sob o nome de Al-Qaida. A noção de inversão aplica-se aqui a um caso singular e particularmente interessante. As experiências mais marcantes dos anos de 1970 (o terrorismo de extrema esquerda, ETA, o terrorismo palestino), na maior parte, faziam do terrorismo uma espécie de desvio mais ou menos pronunciado em relação a um lugar dotado de sentido, a uma luta social (o movimento operário) ou nacional (a causa basca, palestina etc.). Acontecia de o terrorista emancipar-se desse lugar de sentido inicial, para colocar-se a serviço de um Estado ou de uma outra causa, ao desertar, por exemplo, da cena política alemã para unir-se ao movimento palestino – podemos lembrar que este atraiu numerosos ativistas vindos do mundo inteiro aos seus campos de treinamento, principalmente no Líbano, no começo dos anos de 1970.

A novidade reside no salto que se opera entre o ponto de partida e o de chegada. Aqueles que se juntaram a Al-Qaida, no conjunto, afastaram-se consideravelmente de sua sociedade ou comunidade de origem, quando não se separavam de sua própria família, que descobria, por vezes, 15 ou 20 anos mais tarde, a trajetória de um filho, encontrado na lista dos autores dos atentados de 11 de setembro ou na dos mortos de um bombardeio americano no Afeganistão, ou ainda preso nos Estados Unidos ou na Europa por suas atividades terroristas. São, em geral, os "perdidos", os desenraizados, os iluminados, mas também os aventureiros que partem em busca de uma causa que não é a de um Estado pronto a patrociná-los, ou de um movimento nacional em busca de um Estado, como foi o caso com o movimento palestino. A inversão, aqui, significa que indivíduos, em total perda de sentido, abraçam uma crença religiosa excessiva que os leva a engajamentos planetários sem fronteiras. Desse ponto de vista, ela é bem própria à era da globalização.

Hoje como ontem é preciso, para compreender o terrorismo, aceitar que ele procede do encontro de dois tipos de lógicas. As lógicas do "alto" remetem ao jogo dos Estados, ao dinheiro, à geopolítica, à intervenção de forças em geral discretas, até mesmo ocultas (os serviços secretos, principalmente) e a toda espécie de manipulações. Não compreenderemos nada sobre o nascimento e desenvolvimento da Al-Qaida se ignorarmos ou minimizarmos o papel do que um jornalista bem documentado como Richard Labévière chamou "os dólares do terror"[21], se passarmos por alto os interesses petrolíferos americanos ou se ignorarmos o funcionamento dos regimes árabo-muçulmanos etc. As lógicas de "baixo", pelo contrário, procedem de um trabalho do sentido, de processos em que se constituem e depois se transformam, atores que passam a uma violência que pode não ter fronteiras.

O terrorismo de Bin Laden surpreendeu porque atingiu os Estados Unidos – que queriam acreditar-se intocáveis – em dois lugares particularmente simbólicos, causou mortes em número impressionante e produziu um espetáculo alucinante. Sem romper inteiramente com as formas anteriores desse tipo de violência, modificou-as profundamente: uma relação a um Estado santuário, certamente, mas de tipo inédito (com os Talibãs); um engajamento integral, já que eventualmente martirista, que modifica completamente os dados em relação aos terroristas de ontem; uma inversão, passando por uma perda total do sentido inicial, e uma sobrecarga maciça de significações religiosas metapolíticas; enfim, uma combinação dessa religiosidade extrema com o controle

---

21. *Les Dollars de la terreur: les Etats-Unis et les islamistes.*

das técnicas financeiras do capitalismo mais moderno, de um lado, e das tecnologias contemporâneas de comunicação, de outro.

Surpreendente também porque, em suas duas lógicas, esse terrorismo interpela o Ocidente e, em particular, os Estados Unidos, de uma maneira que lhes é difícil de entender. A lógica do alto, com efeito, coloca em questão os elos inconfessáveis da primeira potência do mundo com diversos regimes, em primeiro lugar a Arábia Saudita, cujo apoio a toda espécie de movimentos islamitas sunitas é patente há muitos anos, inclusive quando se trata de movimentos terroristas – é mesmo provável que esse país tenha jogado um jogo duplo com Bin Laden. A lógica de baixo, por sua parte, demanda, para ser compreendida, uma sensibilidade às realidades sociais de diversas sociedades e aos processos que as trabalham e transformam, processos que concernem também aos atores do terrorismo. Essa sensibilidade não pode se exercer quando o terrorismo é percebido como um problema exterior à sociedade ou à época na qual se situa. Quando o terrorismo atinge a sociedade onde se vive, quando se torna uma fonte de inquietação grave, o mais urgente, para a opinião, a mídia e a classe política, não é reconstituir os processos sociais, políticos e culturais que ao longo dos anos deram-lhe origem, mas muito mais entrar nos cálculos imediatos dos atores. Quer se trate do alto ou do baixo, o conhecimento sobre o terrorismo não se adquire no calor dos acontecimentos. Infelizmente, "a frio", o terrorismo não constitui em absoluto uma preocupação e é por vezes esquecido.

Certamente, desde que os Estados Unidos, seguidos por outros países, decidiram travar uma "guerra" implacável contra o terrorismo, este não é mais esquecido e é preciso interrogar-se, sem concessões, sobre a adequação entre essa temática da guerra e o terrorismo em geral. Se "o" terrorismo só remete a um conjunto de meios (atentados, seqüestros etc.), utilizados por atores inteira e unanimemente condenáveis, o discurso da guerra poderia ser aceitável. Porém, resolveremos dessa maneira as questões palestina ou chechênia? Frente a um ator terrorista preciso, já é difícil ou quase impossível obter unanimidade internacional; porém, frente ao conjunto dos fenômenos que desenham "o" terrorismo, esse projeto parece irrealista ou limitado a discursos de fachada.

Não há nada aí de novo. Hoje em dia como ontem, o direito internacional não pode absolutamente promover uma definição universal do terrorismo, nem tampouco as grandes organizações como a ONU. Hoje em dia como ontem, os Estados afirmam sua hostilidade absoluta ao terrorismo, porém é preciso ter presente que eles estão sempre dispostos a esquecer os grandes princípios, desde que o fenômeno lhes atinja concretamente e que tenham interesse em negociar com os "terroristas", ou em ceder discretamente a algumas de suas demandas para evitar o pior.

14. O Sociólogo e a Insegurança

Na política, o tema da insegurança, assim como o da ordem, encontra-se implantado à direita e mais precisamente do lado da direita conservadora, até mesmo reacionária. Quanto mais esse tema invade o espaço político, como foi o caso na França ao longo dos anos de 1980 e 90, cada vez mais as ciências sociais – se estas aceitam serem interpeladas por aquilo que anima a vida da cidade – são chamadas a fazerem dele um objeto de estudo: é assim que, direta ou indiretamente, desenvolve-se na França uma sociologia da insegurança, cujos trabalhos e análises organizam-se essencialmente segundo um eixo que vai da perícia à denunciação hipercrítica.

A palavra especializada que pretende dar conta objetivamente dos fenômenos da insegurança, da delinqüência e da criminalidade crescente, encontra-se eventualmente inquieta, preocupada pelo descaso do Estado e prolonga-se, às vezes por recomendações mais ou menos normativas, sobre o que convém promover para enfrentá-la – instala-se rapidamente então no campo político, a serviço da ordem e de seus fiadores e nem sempre muito longe do pensamento jurídico, no que este pode ter de mais normativo. A palavra hipercrítica interessa-se sobretudo, pela subjetividade daqueles que falam de insegurança, pelas condições sociais que favorecem a expansão do tema e pela mídia que a propaga, vendo aí uma ideologia a serviço da dominação ou da exclusão, o que também a instala rapidamente no espaço político, mas nesse caso à esquerda da esquerda, ou como um reforço, e até mesmo um substituto, para a esquerda ausente, invadida pelas categorias da direita.

246 EM QUE MUNDO VIVEREMOS?

Desde meus primeiros trabalhos sobre o terrorismo, cruzei constantemente com a questão da insegurança e ocorreu-me intervir com freqüência no debate público sobre esse tema. No entanto, jamais me constituí num sociólogo da insegurança, sempre recusei ser tomado por um especialista na matéria e sem jamais abandonar, creio, uma postura crítica, reflexiva, mantive-me sempre à distância das "capelas" que patrulham, numa atitude de suspeita, denunciação e vigilância, características do pensamento hipercrítico. Eis porque o convite da revista *Sociologie du travail* para me "comprometer", revisitando meu percurso intelectual dos últimos vinte anos sob o ângulo da insegurança, constitui um desafio que me parece estimulante. Responder-lhe pede, evidentemente, um tom por momentos pessoal, o que não faz parte dos meus hábitos, mas que, no fundo, corresponde à experiência combinada de pesquisa e implicação, que define o tipo de sociologia à qual me vinculo: nós, pesquisadores, não tratamos suficientemente de nossa relação a nossos objetos de estudo, dos elos entre a análise e o engajamento, de nossas dúvidas ou mesmo crises intelectuais.

Assim, uma página da vida política francesa foi virada na primavera de 2002, com a derrocada da esquerda dita "plural", que se deu, entre outras causas, certamente, por sua incapacidade em dominar o debate que lhe era imposto pela direita e a extrema direita sobre esse tema da insegurança. Da mesma forma que os atores políticos da esquerda devem, a uma só vez, fazer seu luto do poder, analisar seu fracasso e refletir à sua reconstrução intelectual e prática, parece-me que os sociólogos que participaram desse debate, e puderam sentir-se afetados por tal fracasso, devem interrogar-se, retrospectivamente, sobre as idéias que promoveram, as pesquisas que desenvolveram, as intervenções que foram realizadas. Eu o farei aqui, voltando a alguns dos meus trabalhos passados, recolocando-os em seu contexto e sublinhando as questões que, em retrospectiva, eles permitem melhor formular ou esclarecer.

A SOCIOLOGIA DOS MOVIMENTOS SOCIAIS E A INSEGURANÇA

A Grande Reviravolta

A temática contemporânea da insegurança começou a colocar-se na França nos meados dos anos de 1970. Até então, as ameaças principais pairando sobre a ordem pública eram sobretudo associadas, pelos responsáveis políticos, aos riscos de guerra civil ou desvios para o terrorismo dos "anos de chumbo" e correspondiam a um clima onde o par esquerdismo/antiesquerdismo – um antiesquerdismo que era perfeita e febrilmente encarnado pelo ministro do interior do momento, Raymond Marcellin – tinha um grande peso, política e socialmente.

O SOCIÓLOGO E A INSEGURANÇA

Tudo mudou com a chegada de Valéry Giscard d'Estaing à presidência da República. Rapidamente, com efeito, Michel Poniatowski, seu ministro do Interior, declara (em 1975) desejar que seu ministério se denomine "ministério da Segurança dos Franceses" e explica que a liberdade "é também, nas grandes cidades, poder sair após as 8 horas da noite". Depois, o relatório da comissão Peyrefitte de 1977, "Respostas à violência", precisa essa inflexão, que se concretiza por intermédio da lei de 2 de fevereiro de 1981 sobre a segurança e as liberdades: a temática maior de todo o fim do século está lançada, a insegurança torna-se um grande tema de sociedade, fundando-se nas inquietações que suscitam as primeiras violências urbanas, "rodeios", "verões quentes" e outras condutas amotinadas que surgiram no fim dos anos de 1970, mas foram percebidas e mediatizadas especialmente a partir de 1981. Ao mesmo tempo, os projetos revolucionários foram abandonados pelos intelectuais, o esquerdismo e, mais largamente, as ideologias marxistaleninistas entraram numa fase de declínio e a violência causa em toda parte má impressão – ficou longe a época, no entanto próxima, em que um Jean-Paul Sartre podia debater com responsáveis maoístas tentados pela violência e dizer-lhes "há razão para revoltar-se"[1].

Abre-se assim uma nova era, na qual a violência torna-se tabu e a questão da ordem não remete apenas ao Estado, enquanto fiador do elo social que corre o risco de estar mais ou menos ultrapassado ou excedido, porém também, cada vez mais, às pessoas e aos indivíduos singulares, afetadas em sua existência própria pelo espetáculo e mais ainda pelo temor de diversas violências e que se sentem vítimas, reais ou potenciais.

O Esclarecimento Trazido pela Hipótese do Movimento Social em Negativo

No começo dos anos de 1980, estava bem longe de poder fazer minha uma temática da insegurança. Por uma parte, no espaço político, ela era portada apenas pela direita e por seus setores mais "duros", os menos modernizadores e abertos – não era seguramente meu campo, mesmo se jamais confundi meu trabalho de sociólogo com uma atividade partidária qualquer. Por outra parte, os problemas de sociedade que me pareciam mais cruciais reclamavam categorias completamente diferentes, mesmo se podiam remeter a diversas inquietações que começavam a agrupar-se sob a expressão "insegurança".

Estávamos, Alain Touraine, François Dubet e eu mesmo, ao final de um programa de pesquisa cujo objetivo principal tinha sido considerar o nascimento de um novo tipo de sociedade, pós-industrial, com seus novos movimentos sociais e a saída da sociedade industrial,

---

1. P. Gavi, J. P. Sartre e P. Victor , *On a raison de se révolter.*

248   EM QUE MUNDO VIVEREMOS?

cujo movimento social, o movimento operário, declinava. Tínhamos consciência de que nossos trabalhos demonstravam melhor o fim de uma era do que a entrada numa nova era, validavam a hipótese do esgotamento histórico do movimento operário bem mais claramente que a do desenvolvimento de "novos movimentos sociais", de fato decepcionantes[2].

A crise dos bairros populares, que haviam sido geralmente as "periferias vermelhas", as dificuldades das cidades operárias terminavam por condutas delinqüentes dos jovens, violência e também racismo – coube a F. Dubet o mérito de lançar o primeiro campo importante de pesquisas sobre essas questões[3]. A decomposição do comunismo e a exacerbação das ideologias operárias tinham-se terminado, em conseqüência dos movimentos de maio de 1968, pela ascensão do esquerdismo e, em certos casos, da violência política – dava-me então por programa o estudo do terrorismo, primeiro o de extrema esquerda, depois aquele constituído por outras significações, nacionais em particular[4].

Nem F. Dubet nem eu falávamos de insegurança ou de segurança, tratava-se em ambos o caso de pensar a violência, a delinqüência, a "galère" (viver o dia a dia sem ter recursos assegurados) de alguns, o terrorismo de outros. Éramos sociólogos da ação e não do sistema e sua crise, interessávamo-nos pelo que poderia advir ao sujeito, quando este não pode mais ser um ator de algum modo portador de um movimento social ou portado por ele.

Talvez seja preciso dizê-lo de outra maneira: no clima do começo dos anos de 1980, a objetividade e a subjetividade da violência apresentavam-se como dois problemas associados, interessávamo-nos pela produção da violência, as condutas dos atores delinqüentes ou terroristas (além do mais, esses qualificativos eram para nós, em muitos aspectos, problemáticos), bem mais do que pelas percepções dessas mesmas condutas. O urgente era compreender como os jovens circulavam no espaço da "galère", ou como outros se tornavam terroristas, não se tratava de entrar nas representações e inquietações daqueles em nome de quem se começava a falar de insegurança.

Na época tratava-se, para a esquerda recém chegada ao poder, de desenvolver políticas sociais, em particular urbanas, mas também de educação – como as ZEP (zonas de educação prioritária) – e de encarregar-se dos jovens em dificuldade, bem mais que de reprimir a delinqüência. Em seu campo, o crescimento do sentimento de insegu-

---

2. A. Touraine, M. Wieviorka e F. Dubet, *Le mouvement ouvrier*; A. Touraine, F. Dubet, Z. Hegedus e M. Wieviorka, *Lutte étudiante*; idem, *La prophétie anti-nucléaire*; idem, *Le pays contre l'État*.

3. F. Dubet, *La galère*.

4. Esse programa constituirá, no essencial, o livro: M. Wieviorka, *Sociétés et terrorisme* e o livro que escrevi com Dominique Wolton, *Terrorisme à la une...*

O SOCIÓLOGO E A INSEGURANÇA

rança não era sempre levado a sério. Frente a um tema que considerava ideológico e associava à direita, inclusive à direita preocupada sobretudo com a ordem e a autoridade, a esquerda pensava resolver os problemas de delinqüência e violência tratando melhor da questão do desemprego ou da habitação e tomando medidas preventivas, mais do que repressivas.

O que choca aqui, retrospectivamente, é um certo atraso dos sociólogos, uma dificuldade em perceber o que havia de mais novo nas principais mudanças do momento. Porque, de uma parte, as inquietações sociais, em meios populares (para os rejeitados da mutação) e em meios menos desfavorecidos (porém preocupados em construir a maior distância possível em relação aos pobres e imigrantes), começavam a alimentar o que seria descoberto em 1983: o florescimento do Front National, aparecendo subitamente não mais como um grupúsculo mas como um partido importante, por ocasião das eleições parciais em Dreux. Por outra parte, a imigração transformava-se, tornava-se uma imigração de povoamento, deixava de ser uma imigração de trabalho, segundo os termos de Stéphane Hessel[5]. Ao mesmo tempo, o islã tornava-se uma religião que ocuparia rapidamente o segundo lugar em nosso país. Nos dois casos, a sociologia estava sobretudo a reboque da filosofia política ou das ciências políticas, que desenvolviam as primeiras abordagens desses fenômenos, no âmago das preocupações crescentes ditas da insegurança.

Esta expandia-se numa conjuntura histórica de mutação, cujo ponto de partida era o fim da era industrial clássica, o declínio do movimento operário e, finalmente, a perda da centralidade e importância do conflito que, ao opor esse movimento aos donos do trabalho, constituía, e em boa parte organizava, o conjunto da vida coletiva. A insegurança ganhava terreno numa sociedade que se tornara órfã de seu conflito estrutural. Nutria-se da obsessão a respeito do islã e de um sentimento de ameaça à identidade nacional.

Daí, minha primeira conclusão parcial: na virada dos anos de 1970-80, o esgotamento do movimento social do passado e as carências dos "novos movimentos sociais" abriam espaço ao sentimento de insegurança. Nessa conjuntura, a sociologia da ação podia de fato implicar-se no estudo dos novos dados segundo duas maneiras distintas. A primeira consistia em esclarecer as condutas sociais e políticas sombrias e inquietantes à luz do movimento social desaparecido ou ausente, como uma perda, uma falta, um déficit, em negativo – foi minha via e, penso, a de F. Dubet. A segunda demandava interessar-se pelos fenômenos que conjugavam mais decididamente as dimensões culturais a outras, sociais e políticas: o islã francês, a ascensão do

5. *Immigrations: le devoir d'insertion; Rapport du Commissariat général au Plan.*

250 EM QUE MUNDO VIVEREMOS?

Front National. Será a via tomada por Farhad Khoroskhavar, entre os sociólogos de que sou mais próximo, porém muito mais tarde.

DEVE-SE OPOR SOCIOLOGIA DA INSEGURANÇA E SOCIOLOGIA DO RACISMO?

Desqualificação e Compaixão

Dez anos mais tarde, ao fim dos anos de 1980, o sentimento de insegurança tornou-se um tema da maior importância. É trazido em boa parte por parcelas da população que começo então a estudar sob um ângulo totalmente diferente, o do racismo. Lá onde o Front National capitaliza os medos, frustrações, dificuldades sociais reais, mas também o sentimento de uma perda de identidade nacional e as carências crescentes das instituições, meus trabalhos se interessarão a um outro fenômeno, que é preciso associar a esses medos, frustrações etc.: a ascensão, em setores populares e camadas médias, de um racismo que estudo no campo, muito concretamente, com uma forte equipe[6].

Visar o racismo implica dirigir um olhar particularmente inquieto, até desqualificador, a certas pessoas. Ora, essas mesmas pessoas, quando são definidas por seu sentimento de insegurança, deixam de ser estigmatizadas: viver na insegurança, real ou fantasiada, pouco importa, desperta a comiseração e, de qualquer modo, certamente não um julgamento tão negativo quanto o que se abate sobre os racistas, por mais compreensiva que seja a atitude do pesquisador. Uma sociologia do racismo tende a rejeitar, na perda de sentido, o ódio do outro e enfim na barbárie, aqueles que uma sociologia da insegurança considerará de início com compaixão, em seu sofrimento e seus medos mais ou menos fundados. Como escolher? deve-se opor as duas perspectivas? é possível conciliá-las?

Lembro-me, por exemplo, de um casal de Marselha – aparecem em meu livro La France raciste – que habita uma casa rodeada por um magnífico jardim, cuja vida tornou-se insuportável, pois os jovens do conjunto habitacional ao lado, habitado exclusivamente por ciganos sedentários, que os insultavam, destruíram o muro que separava seu jardim e o conjunto habitacional, ameaçando-os. Percebo nesse casal uma tendência ao racismo, aliás bastante contida e limitada – mas uma publicação de extrema-direita, que faz uma resenha de meu livro, diz a esse respeito que não quero enxergar seu drama, sua vida estra-

---

6. Cf. La France raciste (Wieviorka et al.). Os pesquisadores que participaram desses trabalhos foram Philippe Bataille, Daniel Jacquin, Danilo Martuccelli, Angelina Peralva, Paul Zawadzki.

O SOCIÓLOGO E A INSEGURANÇA 251

gada pela violência sofrida e a insegurança quotidiana. Objeção forte e inteligentemente formulada: mas vinda de uma publicação com a qual está excluído o debate.

Uma Conciliação Difícil

No debate público, a insegurança e, mais amplamente, os medos e dificuldades dos que são então designados pela infeliz expressão "franceses de cepa" são levados em conta pela extrema direita, a direita e, ainda que timidamente, pela esquerda, mais a comunista do que a socialista, enquanto que a denúncia do racismo é trazida sobretudo pela esquerda e a extrema esquerda. No debate intelectual, em que os sociólogos estão presentes enquanto tais ao lado de filósofos e cientistas políticos, principalmente, tal clivagem não opera em absoluto. Porém, interesso-me pelo racismo, estudo os racistas e sou então, por vezes, suspeito de levar-me a um militantismo anti-racista cego e surdo às dificuldades crescentes de uma parte da população, ou ainda taxado de ingenuidade: não seria eu, de fato, como escreveu exaustivamente um jornalista, um destruidor da República[7] – como se analisar a crise das instituições fizesse de mim um de seus responsáveis?

No começo dos anos de 1990, o Front National, em seu discurso, conjuga um racismo antiimigrantes explícito com a temática da insegurança e conta com os dois fenômenos, que são portados geralmente pelas mesmas pessoas. A radicalização em direção ao racismo é então indissociável de apelos à segurança; a insegurança é projetada num alvo bem preciso: os imigrantes, sobretudo se são jovens, de sexo masculino e origem magrebina. Porém, a sociologia não pode, como o Front National, fundir dois registros num mesmo discurso. Pelo contrário, o saber aqui se construiu ao dissociar os dois fenômenos, quando precisamente eles eram portados, em geral, pelas mesmas pessoas e amalgamados pela extrema direita.

O que me conduz a uma segunda conclusão parcial. Quanto mais a sociologia da insegurança se interessa pela subjetividade infeliz daqueles que vivem um sentimento de insegurança, mais ela aborda os processos de dominação, de exclusão, de negação que fabricam esse sentimento, tanto, senão mais, quanto aborda a realidade vivida da delinqüência e das incivilidades. Dito de outra maneira, quanto mais ela pesquisa as figuras políticas ou sociais que pilotam esses processos, mais se afasta de uma sociologia da ordem e de seus prolongamentos ideológicos (apelos à autoridade ou, contrariamente, ao liberalismo) e mais parece-me poder ser complementar ou compatível com uma sociologia do racismo, que tem tudo a ganhar ao afastar-se dos discursos de pura denunciação e de uma postura falaciosa de

7. C. Jelen, *Les casseurs de la République.*

252   EM QUE MUNDO VIVEREMOS?

simples combate anti-racista. Inversamente, quanto mais se preocupa em dar conta da insegurança "objetiva", ou descrevê-la (ao risco de entrar nas polêmicas relativas aos dados contabilizados e às evoluções que estes sugerem) e mais denuncia ou suspeita daqueles que falam de insegurança, em vez de estudar concretamente aqueles que dizem vivê-la e suportá-la, mais suas orientações parecem-me afastarse da sociologia do racismo, nos seus próprios fundamentos. Para o sociólogo, o essencial, parece-me, é não se encerrar em abordagens sobretudo especializadas ou hipercríticas. Constato, aliás, bastante empiricamente, que o debate sobre o racismo diminuiu nesses últimos anos, enquanto o da insegurança ocupava um lugar considerável e certamente não no sentido mais compatível com a sociologia do racismo, tal como a concebo.

A CRISE DO MODELO REPUBLICANO DE INTEGRAÇÃO

"Republicanos" e "Democratas"

Por volta do final dos anos de 1980, no momento em que se concluía meu programa de pesquisas sobre o terrorismo, a França, abalada pelo tema "do foulard", era agitada por novos debates, nos quais opunham-se, segundo a terminologia de Régis Debray, "Republicanos" e "Democratas". Os primeiros defendiam, segundo ele, os valores fundamentais da República, a idéia de que o espaço público só deve ser aberto a indivíduos livres e iguais em direitos; os segundos não eram outra coisa, na perspectiva "republicanista", que os arautos do comunitarismo, negadores dos direitos do indivíduo, fazedores de guerra civil ou, no mínimo, de uma americanização da sociedade francesa – começava-se a falar do multiculturalismo, desqualificando-o, por vezes, com a precisão: "à americana".

A imagem da insegurança precisa-se então: resulta de mudanças culturais e de uma crise institucional, não procede apenas de dificuldades sociais do momento. Além do mais, parece nutrir-se de ameaças, associadas a forças tanto exteriores quanto interiores: exteriormente, a construção européia, mas também a mundialização (mesmo se o termo não é em absoluto de uso corrente na França antes de meados dos anos de 1990) são vividas, por partes crescentes da opinião, como outros tantos perigos afetando a nação em sua soberania política e sua integridade cultural; interiormente, a presença do islã, bem como o desenvolvimento de diversos particularismos culturais, inquietam, ao mesmo tempo em que se desenvolve o sentimento, fundado em muitos aspectos, de uma pane das instituições que encarnam a República e que em princípio devem manter concretamente suas promessas de integração.

O SOCIÓLOGO E A INSEGURANÇA

O tema da insegurança vem assim federar medos diversos, sociais, institucionais, culturais. Ao mesmo tempo, remete a um amplo panorama de violências supostamente objetivas: inclui não apenas a delinqüência, efetivamente crescente a partir dos anos de 1950, mas também as condutas de motim, raiva e cólera – "o ódio" (segundo o título do filme de Mathieu Kassovitz) de uma juventude que se sente não reconhecida, desprezada, socialmente excluída, tratada de maneira racista pela sociedade; leva em conta igualmente o terrorismo, cada vez mais associado à imagem de ameaças árabes ou muçulmanas – o adjetivo "islamita" começa a impor-se.

A insegurança, finalmente, é o sentimento que se desenvolve quando os registros social, institucional e cultural, de uma parte, transformam-se essencialmente no sentido da degradação ou das dificuldades crescentes e, de outra parte, separam-se, como se o país vivesse o declínio histórico do que foi sua principal característica: a forte correspondência entre a sociedade, o Estado e a nação. Ora, precisamente, as pesquisas que lancei, em meados dos anos de 1990, vão permitir aclarar essas questões, principalmente a da crise das instituições republicanas.

As Dificuldades das Instituições da República

Nessa época, a RATP[8] pediu-me que estudasse o aumento da violência e do sentimento de insegurança, em geral e mesmo para além da França, sem limitar-me à sua zona de serviço, a região parisiense, nem apenas à sua esfera de atividade, o transporte público, mas sem tampouco me desinteressar delas. É assim que fui levado, em particular, a estudar a violência escolar nos colégios de Saint-Denis e o funcionamento da RATP, frente ao problema preciso da violência visando seus ônibus.

Entre os resultados dessa pesquisa[9], um dos mais demonstrativos remete ao papel de co-produção das grandes organizações republicanas nas dificuldades que são levadas a combater. Se existe violência na escola, não é apenas porque novas classes perigosas invadem-na ou agridem do exterior, mas é também porque a instituição escolar conhece uma tripla crise: seus trabalhadores duvidam de si mesmos, de seu estatuto, de sua função social, são tentados pela defesa de interesses categoriais, mais ou menos egoístas; os esforços de modernização, de introdução mais conseqüente da determinante econômica ou de novas formas de gerenciamento chocam-se a dificuldades – um ministro falou de "mamute" para descrever esse sistema; enfim, as

8. Companhia responsável pelo transporte público no interior da zona municipal (N. da T.).

9. Publicada sob o título *Violence en France*, de M. Wieviorka et alii.

finalidades propriamente ditas da educação encontram-se confusas, o sentido do serviço público não é mais tão claro quanto no passado. Nessas condições, os trabalhadores da educação, desconfortáveis, inadaptados, inquietos tornam-se outros tantos fatores de uma crise podendo desembocar em condutas que suscitam, por sua vez, a violência dos alunos. É possível mostrar que a mesma coisa ocorre se considerarmos os transportes públicos, ou ainda a polícia ou a justiça. A insegurança, desse ponto de vista, não é mais apenas um problema exterior às instituições da República, que as afetaria unicamente do exterior, mas tem a ver com suas dificuldades internas, suas tensões, os problemas de seus funcionários, sua inadaptação crescente aos desafios da época.

Aqui, uma lembrança me é particularmente dolorosa. A pesquisa que acabo de evocar não apenas foi encomendada pela RATP, mas também foi bem acolhida por esta. Quando terminou, foi-me pedido divulgar de maneira ampla seus resultados; internamente um pesquisador de minha equipe, Éric Macé, foi contratado pela RATP precisamente para aí divulgar durante várias semanas, em todos os níveis, as principais lições desse trabalho. É excepcional que uma pesquisa seja tão bem recebida – afinal tratava-se, principalmente, de passar a idéia de uma parte da responsabilidade da RATP na violência que combate. Eu era um pesquisador feliz, até o dia em que se soube como havia sido tratada pela RATP a morte em serviço de um de seus agentes de segurança. As primeiras informações davam conta de uma agressão, os trabalhadores entraram em greve, convencidos de que enfim a morte de um dos seus, vítima de uma violência e de uma insegurança que denunciavam sem descanso, vinha dar-lhes razão. A direção apressou-se em acompanhá-los, preocupada antes de tudo em evitar uma paralisia demasiado longa da rede, e todo o discurso público da empresa, todos os anúncios da direção em vista dos trabalhadores, todas as medidas prometidas para colocar fim à insegurança vinham significar exatamente o contrário do que minha pesquisa implicava como conseqüências práticas. Um vento securitário irresistível soprava em sentido oposto às análises que vinham de ser amplamente escutadas e aparentemente aceitas – enquanto era rapidamente estabelecido que a morte do agente da RATP não tinha nada a ver com uma agressão qualquer. O que traz uma contribuição sombria à reflexão sobre a demonstração em ciências sociais e as relações do pesquisador àqueles que estuda: bastou uma crise aguda, desencadeada pelo anúncio de uma falsa notícia, para que se desfizesse tudo o que eu poderia pensar e dizer do impacto de uma pesquisa sobre a organização que a havia encomendado.

O que me conduz a uma terceira conclusão parcial. No debate público, as medidas que são propostas para fazer recuar a insegurança tendem mais freqüentemente a promover, para as instituições, ou um retorno mais ou menos autoritarista ao passado (um passado larga-

O SOCIÓLOGO E A INSEGURANÇA

mente mitificado) – mais policiais, mais guardiões de prisão, mais autoridade, mais sanções etc. – ou a colocação em prática de outros meios que os repressivos, destinados a permitir aos trabalhadores dessas instituições melhor cumprir sua missão, sem modificá-las necessariamente em profundidade. Se minhas análises são pertinentes, elas deveriam desembocar em respostas completamente diferentes, em esforços de reforma do Estado, em geral, e dessas instituições, em particular. Porém, politicamente, quem pode considerar a possibilidade de tais reformas? A esquerda, cujo eleitorado está amplamente identificado ao Estado e às instituições tais como funcionam hoje em dia? A direita, que sabe que essas reformas, se partirem dela, podem suscitar poderosos movimentos de protesto?

INSEGURANÇA E POLÍTICA

Um Consenso Político

Tendo chegado à administração em 1981, a esquerda evoluiu de maneira finalmente espetacular. Começa por admitir bastante rapidamente a gravidade do crescimento da delinqüência e das violências urbanas e mesmo, de uma certa maneira, a apropriar-se da noção de insegurança. Em 1989, Pierre Joxe, ministro de interior, cria o IHESI (Instituto de altos estudos de segurança interior), que dota-se de uma revista, *Les cahiers de la sécurité intérieure*. Em 1997, Lionel Jospin, novo primeiro-ministro, afirma, em sua declaração de política geral, ter a segurança como segunda prioridade de seu governo, imediatamente após o desemprego. Algumas semanas mais tarde, Jean-Pierre Chevènement, ministro do interior, conclui esse percurso levando ao quase-consenso com a direita, em seu discurso no colóquio de Villepinte "Cidades Seguras para Cidadãos Livres".

A esquerda, pois, em 2002, não contesta mais a idéia de um elo entre violência objetiva e sentimento de insegurança, que lhe parecia, num passado contudo bastante próximo, exagerado pela direita. É verdade que tudo a encorajou a ir nessa direção. Certamente o novo dado político, já que a coabitação, até as eleições de 2002, não tinha favorecido a afirmação das diferenças de orientação. Porém igualmente as estatísticas disponíveis, que indicam – tão contestáveis quanto possam ser – que a insegurança objetiva está em alta.

Esse consenso político e ideológico agiu certamente em detrimento de Jospin, candidato derrotado à presidência, em abril de 2002, e da "esquerda plural", tentando em vão ganhar as eleições legislativas algumas semanas mais tarde, pois assinava o triunfo do pensamento e das categorias da direita e mesmo da extrema direita. Porém, os responsáveis políticos de esquerda eram obrigados de entregar-se

256 EM QUE MUNDO VIVEREMOS?

a ele inteiramente? As ciências sociais podiam efetivamente aportar-lhes os meios de resistir.

Violência Objetiva, Violência Subjetiva

É verdade que, há alguns anos, a pesquisa parecia confortar as teses da direita. As enquêtes de vitimização introduzidas recentemente, que interrogam, por exemplo, uma amostra bem escolhida na população e pedem-lhe que declare experiências de violência de que foi objeto, mesmo que não tenha havido declaração oficial, podem tornar visíveis diversas formas de violência ignoradas ou minoradas nos dados habituais[10]. As enquêtes de delinqüência auto-relacionada, como a proposta recentemente por Sebastian Roché[11], trazem conhecimentos do mesmo gênero. Por outra parte, a aparição, também nos anos de 1990, do tema das incivilidades, até então ausente dos trabalhos de pesquisa, permite associar mais estreitamente a violência objetiva e suas percepções. As incivilidades (agressividade verbal, injúrias, cusparadas, vandalismo, degradações, baderna noturna, pichações etc.), necessariamente, não dependem dos tribunais nem são reprimidas pela lei e no entanto envenenam o cotidiano daqueles que as sofrem ou delas são testemunhas ou espectadores. Ora, se é difícil postular uma relação entre a evolução no tempo de formas mais graves ou espetaculares de violência, como o terrorismo, o motim ou mesmo o crime de sangue e o sentimento de insegurança, essa relação torna-se mais clara quando se evocam as incivilidades, que alimentam a inquietação, na medida em que são numerosas e fundamentam as representações de uma sociedade na qual o elo social se desfaz.

Porém, nessa questão delicada da relação entre violência subjetiva e violência objetiva, outros argumentos vão em sentido oposto. Em meu programa de pesquisa sobre o racismo, no começo dos anos de 1990, havia colocado em ação, com Philippe Bataille, um grupo de intervenção sociológica, composto de uma dezena de policiais, que nos haviam explicado, principalmente, como se fazem as estatísticas e para que servem. O policial a quem a hierarquia pede que aumente sua "produtividade" vai, durante um dado período, dedicar-se a uma atividade destinada unicamente a elevar as cifras desta ou daquela forma de delinqüência. Mais genericamente, os dados quantitativos sobre o crime e a delinqüência informam, antes de mais nada, sobre a atividade policial ou judiciária e não, necessariamente, sobre os fenômenos dos quais pretendem dar conta[12]. Seria o caso de dei-

10. R. P. Zauberman, *Du côté des victimes. Un autre regard sur la délinquance.*
11. *La délinquance des jeunes.*
12. B. A. Cavarlay, "Mesurer la délinquance juvénile", *Regards sur l'actualité*, n. 238, pp. 41-54.

O SOCIÓLOGO E A INSEGURANÇA

xar aberto o debate entre aqueles que pretendem poder corrigir esse viés e aqueles que o vêem como um impedimento absoluto. Por outro lado, a inquietação frente às incivilidades é grande porque existe a idéia de uma continuidade entre essas violências menores e fatos mais graves. Ora, na prática, essa idéia não se verifica sempre, da mesma forma que, em termos bem próximos, não existe continuidade entre os preconceitos e os atos, como foi estabelecido por uma pesquisa de Richard T. LaPiere, nos Estados Unidos, entre as duas guerras mundiais[13] (paralelamente, pode-se colocar em dúvida a estratégia da "tolerância zero", que consiste em reprimir a menor incivilidade para fazer recuar o conjunto da violência e da insegurança). Enfim, a idéia de uma continuidade, nas diversas expressões da violência, subestima o peso das mediações e particularmente da mídia na formação e evolução do sentimento de insegurança – ora, os trabalhos conduzidos por minha equipe de pesquisa, por volta do fim dos anos de 1990, principalmente em Estrasburgo (F. Khoroskhavar e Nikola Tietze) e no Havre (É. Macé), mostram que a mídia tem um papel decisivo na produção das categorias que moldam o sentimento de insegurança: ela hierarquiza os fatos, ignora ou subestima alguns, supervalorizando outros; propõe os termos para nomear os fatos; desqualifica certos grupos ou espaços; introduz ou suprime elementos da atualidade em função de determinantes que lhe são próprias etc.

Uma pesquisa que lancei recentemente, cujos resultados serão apresentados proximamente por um jovem pesquisador de minha equipe, Sylvain Kerbouch, traz um complemento esclarecedor a essas observações. No início tratava-se, por demanda do diretor de pessoal da HAD (serviço de hospitalização a domicílio) da assistência pública de Paris, de estudar o desenvolvimento da insegurança, da qual se queixam cada vez mais os trabalhadores diretamente envolvidos em fornecer cuidados. Porém, ao fim de uma série de entrevistas, de uma observação de campo e de uma intervenção sociológica, aparece claramente que a violência sofrida é um fenômeno certamente real, mas um fato menor. Os trabalhadores envolvidos, com efeito, queixam-se sobretudo de mudanças que afetam suas condições de trabalho, criticam a organização do trabalho e a hierarquia, muito mais do que se dizem agredidos no caminho que os leva aos pacientes, ou pelos próprios pacientes. O tema da violência e da insegurança constitui uma maneira de expressar, indiretamente, dificuldades que, com toda evi-

---

13. Richard T. LaPierre atravessou os Estados Unidos em companhia de um casal chinês e parou em 184 restaurantes e 66 hotéis, sem ter jamais sofrido a menor reação de rejeição. Porém, quando enviou aos donos dos restaurantes e hotéis concernidos um questionário sobre suas atitudes e comportamentos, 90% responderam que estava fora de questão, para eles, servir chineses (R. T. Lapiere, "Attitudes versus Actions", *Social Forces*, n. 13, pp. 230-237.

dência, são de outra ordem. Ele é realçado numa conjuntura em que é onipresente e portanto legítimo. Nesse caso preciso, não constitui uma ideologia, uma representação artificial do real, mas uma maneira de significar um mal-estar que não é dito espontânea ou diretamente.

Disso pode-se tirar uma quarta conclusão parcial, que pode ser formulada bastante simplesmente: permanece difícil, hoje em dia como ontem, postular uma ligação direta e forte entre a realidade da violência (tanto quanto se possa medi-la) e sua subjetividade, suas representações que se produzem e circulam no tecido social.

O SOCIÓLOGO, A POLÍTICA E A MÍDIA

O Pesquisador e os Políticos

Os pesquisadores em ciências sociais conhecem bem essas questões e não as esquivam em seus debates internos. Porém suas análises, mesmo contraditórias, contribuem pouco e mal à vida propriamente política. Ocorreu-me freqüentemente apresentar o fruto de minhas pesquisas a atores políticos, em diversos níveis de responsabilidade, em público e em particular. Assim, ao final das pesquisas que constituíram o livro *Violence en France,* fiz o esforço de tentar tirar delas algumas idéias concretas que poderiam orientar, senão animar, a ação política. A violência e o sentimento de insegurança nutrem-se da ausência de conflito que permite assegurar o tratamento político de demandas sociais? Da crise das instituições que contribuem à sua produção, das carências do modelo republicano e, principalmente, de seu igualitarismo tornado inoperante? Deduzia disso que os responsáveis políticos, localmente ou a nível nacional, deveriam procurar conflitualizar a vida coletiva e reconhecer os atores portadores de demandas sociais, mesmo se formuladas em termos algo agressivos; que, em oposição aos discursos "republicanistas" agarrados à defesa de uma fórmula esgotada, mas também contra os temores de uma redução drástica do Estado, era urgente pensar o *aggiornamento* das instituições republicanas; sugeria, enfim, uma abertura maior para políticas de "discriminação positiva" (expressão carregada de uma hostilidade que não existe na formulação americana – *"affirmative action"*), não para substituir a eqüidade à igualdade, mas para colocar a primeira a serviço da outra. Tenho a convicção de ter sido geralmente escutado, compreendido, apreciado, mas que as exigências da ação política faziam do meu propósito um discurso que se escuta em particular, ou durante um parênteses (colóquio, conferência etc.), mas sem mais.

As sugestões emanando de um pesquisador, mesmo apoiadas numa argumentação substancial, são necessariamente defasadas em relação aos imperativos que regem a ação política. Os atores políti-

O SOCIÓLOGO E A INSEGURANÇA

cos, mesmo os mais favoravelmente dispostos em relação às ciências sociais, tomam suas decisões e constroem suas orientações em função de elementos que não são os mesmos que o sociólogo privilegia em sua análise, mesmo se esta se esforça em ser bem política.

A Mídia, os Sociólogos e a Insegurança

É preciso pois admitir que o debate das ciências sociais, mesmo eventualmente difundido pela imprensa – por exemplo em páginas do tipo "Idéias" ou "Reações" –, é necessariamente autônomo em relação ao debate propriamente político.

É preciso assinalar – faço-o sem rancor nem ressentimento, porque no conjunto sempre fui bem acolhido pela mídia – um fenômeno propriamente mediático que representa uma grande força. Num tema como o da insegurança, a mídia recorre aos sociólogos jogando em dois registros principais. Tem necessidade, por uma parte, de uma palavra especializada que enfim forneça diagnósticos, ou até mesmo conselhos, mobilizando um conhecimento, uma competência quase técnica, que pode ornar-se com as plumas da cientificidade. E a mídia, por outra parte, tem necessidade de captar e guardar a atenção dos leitores, telespectadores ou auditores, o que a faz privilegiar uma certa exageração verbal e, sobretudo, uma radicalização de posições. Mais vale, nessa perspectiva, uma palavra que denuncia ou suspeita, do que uma que propõe ou constrói. Existe uma forte conivência entre o pensamento hipercrítico e o jogo mediático, mesmo se o primeiro passe parte de seu tempo a atacar o segundo. O sociólogo, preocupado em evitar ceder às facilidades do procedimento hipercrítico, sem arvorar-se em consultor ou especialista, encontra menos lugar no debate público. E quando, como foi o caso, ao longo dos últimos anos, para a insegurança, o vento sopra forte num mesmo sentido, vindo da extrema direita, portado pela direita e finalmente endossado pela esquerda, sobra muito pouco espaço para análises e orientações como as que eu poderia sentir-me tentado de promover. A mídia, no conjunto, acomoda-se bem às ciências sociais, acolhe-as, mas de preferência quando seu propósito é exagerado ou especializado, o que contribui a encerrar ainda mais o debate sobre a insegurança no eixo já evocado, que vai da ordem ao pensamento hipercrítico.

CONCLUSÃO

Se devesse resumir sumariamente o percurso desse texto, diria que começa com os movimentos sociais, prolonga-se na evocação de sua marca ou de sua presença em negativo, nos antimovimentos sociais que são constituídos, de uma certa maneira, pelo terrorismo e o racismo, para chegar a uma participação jamais entusiasta no debate atual sobre a insegurança.

A temática da insegurança é em geral estranha a uma sociologia da ação, interessa-se por um problema social e não por atores, sujeitos ou movimentos sociais. Ao final desse esforço para "revisitar" meu trabalho, uma conclusão impõe-se aos meus olhos: a aposta intelectual designada pela palavra insegurança consiste atualmente em percorrer, contra a corrente, o caminho que permite passar do problema social à ação; consiste em desvencilhar a sociologia, que se atola nos debates contemporâneos sobre a insegurança (sua expansão ou seu declínio, sua realidade e suas representações, seu impacto sobre a ordem e suas dimensões ideológicas), para reencontrar, por trás desses debates, medos e interrogações, sujeitos eventualmente privados ou impedidos de ação, atores e relações sociais. O que a sociologia poderá fazer nesse sentido, penso eu, traria talvez uma contribuição ao necessário reencantamento da política – porém evidentemente isso é uma outra história.

15. O Tema da Insegurança nas Democracias: o Objetivo e o Subjetivo

Alguns países vivem, mais do que outros, sob o signo da insegurança e esse fenômeno pede, numa primeira análise, o cruzamento de duas variáveis principais. Por uma parte, com efeito, a insegurança pode ser interna (referida então a fatores próprios à sociedade considerada) ou externa (associada a ameaças vindas do exterior). Por outra parte, a insegurança é feita de elementos objetivos, que podem ser observados empiricamente e enfim quantificados (com a ajuda, por exemplo, de um aparelho policial ou judicial de coleta e tratamento estatístico dos dados) e elementos subjetivos, que remetem às representações que se fazem dela os indivíduos, os grupos, até mesmo a sociedade inteira; ela é da ordem da percepção – uma percepção, mais ou menos fundada, dos perigos e riscos que ameaçam.

Cada uma dessas dimensões pode ser objeto de uma desconstrução analítica mais aprofundada. Por exemplo, os fatores internos podem depender de perigos percebidos como afetando diretamente a segurança de pessoas e instituições, ou nascer de inquietações levando em consideração outros aspectos da existência. Como foi proposto desde os anos de 1970 por Frank Furstenberg[1], convém distinguir dois parâmetros no sentimento de insegurança; o medo, que corresponde à experiência vivida e à apreensão de uma ameaça suscetível de atingir pessoalmente o indivíduo ou o grupo afetado, e a preocupação, que

---

1. "Public Reaction to Crime in tc Streets", *American Scholar*, n. 40.

262 EM QUE MUNDO VIVEREMOS?

remete principalmente ao estado geral da sociedade, de seu sistema político, de suas instituições e ao lugar que ocupa nela.

Por outra parte, a decomposição analítica da insegurança não deve permitir esquecer que, na prática, suas diferentes dimensões não são necessariamente independentes umas da outras: cruzam-se, amalgamam-se, alimentam-se mutuamente. Por exemplo, o terrorismo global pode constituir ao mesmo tempo uma ameaça externa e uma ameaça interna, ao menos para certos países, onde os atores terroristas estão ligados a redes transnacionais e têm ao mesmo tempo uma implantação local, como é o caso na Europa ocidental[2].

OBJETIVIDADE E SUBJETIVIDADE

A Objetividade da Insegurança

Consideremos em primeiro lugar a insegurança, procurando tratá-la de maneira objetiva e contentando-nos, num primeiro momento, em ver nela um problema interno. Quanto mais o tema da insegurança aparece no debate público, mais ele remete à idéia de um fenômeno em expansão. A insegurança é então referida a dados numéricos, portando sobre o crime, a delinqüência e mesmo sobre outras formas mais dificilmente quantificáveis, mais ou menos "objetivas", como por exemplo as incivilidades; esses atos de violência menor, pouco graves, mas que envenenam a vida cotidiana daqueles que lhes estão expostos (cusparadas, insultos, atitudes vagamente ameaçadoras, pequeno vandalismo). É também, geralmente, imputada a certos grupos mais do que a outros (imigrantes, minorias étnicas ou raciais, jovens dos bairros populares) e considerada, com o apoio de estatísticas, própria de "classes perigosas", novas ou renovadas. Nessa perspectiva, não é evidentemente, por acaso, se os negros são a maioria nas prisões americanas, assim como, na França, os imigrantes de origem magrebina – tanto quanto se trate de categorias que se possam apreender e medir: o raciocínio espontâneo consiste em pensar que esses grupos seriam mais tendentes ao crime e à delinqüência do que outros.

A objetividade é aqui, no entanto, uma noção que reclama crítica. De uma parte, os dados estatísticos informam-nos seguramente sobre a atividade e as preocupações daqueles que os produzem (policiais, juízes), cujo trabalho é, ele mesmo, pré-determinado por demandas sociais e políticas, porém não nos informam, necessariamente, sobre os fatos dos quais pretendem dar conta nem sobre seus atores. De outra parte, os grupos que mais constituiriam fontes de inseguran-

---

2. Permito-me aqui remeter ao meu artigo "Terrorismes, une rupture historique", *Ramses*. Ver supra, pp. 225-244.

O TEMA DA INSEGURANÇA NAS DEMOCRACIAS...

ça são simplificados até quase caricaturados nas abordagens que lhes imputam o crime e a delinqüência, o que exerce sobre eles efeitos de desqualificação e estigmatização, que podem, por sua vez, contribuir a uma espiral, encerrando-os cada vez mais nas lógicas de violência – sem falar das desigualdades no tratamento policial e judiciário que lhes é aplicado. É assim que, numa pesquisa recente, pude mostrar que seria preciso recusar o discurso espontâneo que, na França, descreve as "boas" instituições da República como sendo agredidas do exterior por jovens vindos de bairros "difíceis" que não param de atacar seus funcionários e destruir suas instalações e equipamentos. De fato essas instituições – a escola pública, as empresas de serviço público, a polícia, a justiça – estão em crise, seus funcionários estão relativamente desconfortáveis, os esforços para introduzir a pressão econômica e novas formas de gerenciamento suscitam resistências mais ou menos corporativistas e seus objetivos tornam-se confusos: nessas condições, seus funcionários, por seus comportamentos, co-produzem as condutas de violência que precisam em seguida combater. O problema, desse ponto de vista, não é pois, ou, em todo caso, não se reduz às condutas de violência de jovens dos meios populares, em geral oriundos da imigração (condutas que não se trata, no entanto, de exonerar ou minimizar), porém trata-se da disfunção de instituições que não sustentam mais as promessas da República[3].

Subjetividade da Insegurança

Seria preciso, então, afastar-se de toda idéia de objetividade e reduzir a insegurança a suas dimensões subjetivas, para concluir que ela é apenas um sentimento, que um indivíduo, um grupo, uma sociedade inteira consideram e constroem como tal? Um exemplo tirado de uma pesquisa pode ilustrar essa observação. Estudei, em 1986, em Washington D.C., a maneira pela qual os Estados Unidos construíam a ameaça terrorista. Esta já era largamente descrita como nuclear e bacteriológica pelos atores do antiterrorismo, que participavam de um verdadeiro negócio – ora, em quinze anos, o terrorismo, inclusive o mais espetacular, tomou vias completamente diferentes e passou por estiletes e canivetes e não por substâncias radiativas: a imaginação dos especialistas desenvolvia-se sem uma real capacidade para entrar no repertório de ação dos terroristas, nos seus raciocínios, nos seus cálculos. E se quiséssemos compreender como se fabricava a imagem do inimigo e, mais além, a do terrorismo como fenômeno de conjunto, era preciso tomar em conta os interesses contraditórios ou complementares de toda espécie de lobbies, incluindo o lobby judaico, Aipac, o lobby palestino, pouco poderoso, o lobby irlandês, o dos

3. M. Wieviorka, et al., *Violence en France*.

264 EM QUE MUNDO VIVEREMOS?

opositores ao aborto, o dos funcionários de embaixada, que não paravam de fazer construir novos edifícios melhor protegidos etc. Não é a objetividade da ameaça que primava aqui, porém o jogo de forças políticas e econômicas que definia em fim o bem e o mal, e sua importância relativa.

Nessa perspectiva, a insegurança é uma representação suscetível de variar no tempo e no espaço, em função de variáveis que não são todas ligadas à objetividade das violências e ameaças. Ela é então constantemente suscetível de funcionar por excesso (o sentimento de insegurança torna-se, por exemplo, onipresente), ou por falta (graves perigos são subestimados ou ignorados). Alimenta-se de fenômenos diversos, econômicos (crise financeira, desemprego crescente, por exemplo), sociais (aumento das desigualdades, enfraquecimento do sindicalismo, por exemplo), culturais (afirmação de novas identidades oriundas da imigração, por exemplo) etc.

A subjetividade da insegurança, se fizermos dela um princípio central da reflexão, também reclama crítica: levada ao extremo, impede de fato toda conceitualização, toda comparação, todo debate sério, já que faz daquele que exprime um sentimento de insegurança, o portador de um ponto de vista incontestável, indiscutível, cujas representações ou sentimentos teriam valor de verdade.

Uma Escolha Impossível

Digamos de outra maneira: dois impasses espreitam qualquer um que queira tratar da insegurança. O primeiro, que remete à objetividade do fenômeno, decorre de um universalismo que ambiciona definir o problema, fazendo abstração da experiência vivida e da subjetividade dos atores, e sem levar em conta o lugar e momento precisos que se trata de considerar. O segundo, remetendo à subjetividade do fenômeno, decorre de um relativismo que paralisa toda reflexão, cada um detendo a verdade absoluta desde que se trata de definir o problema. Entre o universalismo abstrato e o relativismo extremo, entre a objetividade e a subjetividade, é preciso admitir que a escolha é impossível. De fato, não temos escolha, devemos aprender a circular cada vez melhor entre essas duas perspectivas – e creio que, para os juristas ou os responsáveis políticos ou institucionais, tal perspectiva não desperte entusiasmo. E, sempre, devemos admitir que corremos o risco de subestimar ou superestimar os perigos.

Esse risco é maior ainda visto que as próprias formas do perigo mudaram. Isso fica absolutamente claro no âmbito internacional, desde que se trata de apreender as ameaças externas. Num passado ainda recente, inaugurado pelo que alguns historiadores e especialistas das relações internacionais chamam a era westphaliana, podia-se não apenas reduzir a insegurança externa à guerra, mas considerar,

O TEMA DA INSEGURANÇA NAS DEMOCRACIAS...

além do mais, que esta estava suficientemente codificada para constituir uma relação entre Estados capazes de aplicar regras comuns, de maneira tal que constituiria, segundo a fórmula célebre de Carl von Clausewitz, a continuação da política por outros meios.

No entanto, a guerra mudou e a ameaça externa não é mais redutível à imagem de Estados mais ou menos belicosos. O terrorismo global sucedeu ao terrorismo internacional portado, sobretudo, nos anos de 1960, por grupos referidos à causa palestina e depois, cada vez mais, por grupos e movimentos islamitas. Faz pesar uma ameaça inédita sobre os Estados, inclusive o mais poderoso entre eles, os Estados Unidos, sem que se possa identificá-lo a um Estado – mesmo se Bin Laden teve necessidade de um Estado-vassalo, que foi, no momento, o Afeganistão dos Talibãs. No mundo inteiro, o fim da guerra fria foi marcado pela proliferação de guerras civis e massacres de massa, enquanto os "Estados-bandidos", os "Rogue States" de que fala a administração americana, fariam pairar, sobre outros, ameaças inéditas, biológicas, nucleares, bacteriológicas, químicas. Além do mais, a guerra e suas formas derivadas atuais, terrorismo, ação de Estados-bandidos, massacres de todo tipo afetam maciçamente os civis. Como diz Paul Ricoeur, existe uma "deterioração da guerra"[4] – existe, também, uma deterioração da forma clássica do Estado-nação e de sua capacidade de assegurar a paz, num mundo incapaz de dotar-se de instâncias que permitiriam validá-la e impô-la.

Porém, não existiria também uma construção excessiva do perigo, uma dramatização, avançando argumentos mais ou menos falaciosos para descrever a ameaça internacional? Recaímos, aqui, no que foi dito acima a respeito da tensão típica da modernidade contemporânea, entre as definições objetiva e subjetiva da insegurança.

É preciso acrescentar aqui uma observação. No mundo atual, não é possível discutir tais problemas sem fazer intervir a mídia, a começar pela televisão. A mídia molda nossas representações da insegurança e joga com nossos afetos, a ponto que se pode ter, por vezes, a impressão que ela vai muito além de sua responsabilidade aceitável. Assim, na França, quando das últimas eleições, presidencial e depois legislativas, dominadas pelo tema da insegurança, as grandes cadeias de televisão, em seus jornais informativos, difundiram reportagens dando a entender que a insegurança interna acabava de crescer de maneira considerável; apenas passadas as eleições, verificou-se que haviam muito intensamente exagerado e, em certos casos, manipulado a informação de maneira nada séria ou profissional.

A mídia propõe as categorias com as quais pensamos a insegurança, traz-nos os quadros e as referências que se supõem permitir-nos

---

4. "Imaginer la paix", conferência ao VI Forum international de l'Académie des cultures.

266 EM QUE MUNDO VIVEREMOS?

apreendê-la, indica-nos também quando se trata ou não de um fenômeno importante que, por exemplo, merece ou não a "primeira página" dos jornais. Porém, não instalemos demasiado rápido nossa mídia apenas do lado da subjetividade e das representações. A produção de informações é uma atividade complexa, que mobiliza toda espécie de profissionais, na preparação, no trabalho externo, nas redações. Nesse processo, diversos atores intervêm, além dos próprios jornalistas: políticos, homens da lei, policiais, militares, advogados, vítimas, representantes de grupos de pressão etc. As imagens, os textos, os comentários são o fruto de jogos complexos que não podem separar-se completamente do real, dos fatos, que são submetidos à concorrência de um meio de difusão com o outro, de um órgão da imprensa com outro. É preciso aplicar à mídia o que foi dito acima, em geral: não podemos postular sua objetividade e assim o valor universal do que mostra, nem lhe creditar uma subjetividade ilimitada.

QUANDO A INSEGURANÇA SE TORNA INVASIVA

Que ela seja interna, externa ou mista, que a defasagem entre sua realidade e as representações que circulam seja considerável ou não, cada vez que a ameaça se impõe na agenda política de um país, fazendo da insegurança sua temática principal, constatam-se efeitos devastadores sobre a democracia, os direitos do homem e o Estado de direito.

O Consenso Político

O primeiro efeito do sentimento de insegurança, quando este invade o espaço público, é impedir o debate público a seu respeito. Esquerda e direita, se existem de maneira clara, deixam de confrontar-se, remetendo no máximo a um futuro melhor as discussões relativas a sua oposição; o sistema político, em seu conjunto, é como que compelido a funcionar de maneira consensual. O que tem por efeito marginalizar, desqualificar e radicalizar qualquer um que queira fazer ouvir uma voz diferente do consenso, inclusive sobre temas distintos daqueles que estão no âmago da insegurança.

Todavia, sejamos precisos: a insegurança é um tema politicamente mais de direita do que de esquerda. Assim, na França contemporânea, mas também em outros países da Europa ocidental, foi a direita linha-dura que, ao fim dos anos de 1970, lançou essa temática, rapidamente retomada e reforçada pela extrema direita do Front National, que a associou à imigração. Ao longo dos anos de 1980 e, sobretudo, 90, a esquerda alinhou-se, não sem sobressaltos, com o discurso da direita, sem poder fazer outra coisa do que aderir a suas proposições. O que pode certamente ser generalizado: o tema da insegurança força o consenso político, mas um consenso que não é politicamente neutro, porque se realiza sob hegemonia política, em proveito da direita. É por essa razão que os líderes políticos que melhor sabem encarnar a luta contra a insegurança passam uma imagem ambivalente ou, se preferirmos, complexa: abocanham votos da extrema direita, encarnam valores de ordem e de retorno à autoridade do Estado, que concernem sobretudo à direita clássica, e ocupam o centro do tabuleiro político de seu país, já que traduzem um consenso. É o caso, na França, do atual ministro do Interior Sarkozy, mas também, paradoxalmente, em Israel, do chefe do governo Ariel Sharon ou ainda, nos Estados Unidos, de George W. Bush.

A Razão de Estado Contra o Estado de Direito

O segundo efeito concerne ao Estado, ou antes, a seus detentores. Estes, efetivamente, vêem-se depositários dos medos que trabalham a sociedade e colocados numa posição de grande responsabilidade: devem garantir a segurança coletiva. A obsessão secular da violência interna, que está no âmago do pensamento hobbesiano, mas, igualmente, a obsessão da agressão externa – suscetível de atingir a nação na sua integridade política e cultural, assim como cada um de seus membros –, conferem ao Estado um monopólio que vai bem além do da violência legítima. Nessa situação, ele pode, efetivamente, tomar diversas medidas negadoras dos direitos e da lei, em nome do interesse superior da Nação e da razão de Estado, sem correr o risco de ser realmente contestado ou criticado. E, bem entendido, não está fora de cogitação que se descubra, a posteriori, que muitas medidas excepcionais, mais ou menos cobertas pelo segredo de Estado, eram ditadas, em certos casos, por outras razões que não apenas a proteção do corpo social e de cada um de seus membros.

Basta considerar a prática contemporânea dos Estados Unidos, frente aos suspeitos ou acusados de terrorismo, para se ter uma ilustração da maneira pela qual é mais ou menos desprezado o direito internacional, mas também, em certos aspectos, o direito americano.

Em casos extremos, a separação de poderes não é mais praticada, a justiça e o legislativo devem colocar-se incondicionalmente a serviço do executivo, que funciona sem controle. Ao mesmo tempo, a informação corre o risco de ser colocada sob controle, ou mesmo censurada, para permitir ao Estado evitar que ela entrave sua ação, ou a critique, mesmo implicitamente. Assim, a guerra contra o terrorismo, por exemplo, suscitou sugestões nos Estados Unidos de colocar-se em causa a primeira emenda da Constituição, que proclama a liberdade de expressão.

Digamos de maneira mais genérica: a existência de fortes inquietações relativas à segurança encoraja os detentores do poder do Estado a tomar medidas mais ou menos liberticidas, o que é aceitável se

268   EM QUE MUNDO VIVEREMOS?

estas têm uma eficácia real ou pelo menos possível. Porém, a experiência histórica autoriza a dúvida: não é porque são instauradas medidas restringindo os direitos do homem e as liberdades que a segurança encontra-se necessariamente reforçada.

O Racismo e a Diabolização do Adversário

Um terceiro efeito, que depende em parte também da intervenção do Estado, é que, em uma situação dominada por um sentimento consensual de insegurança, o racismo desenvolve-se, inclusive com uma certa legitimidade. Três processos ao menos merecem serem assinalados. O primeiro é aquele que vê o desenvolvimento do tema da insegurança exonerar de qualquer acusação de racismo aqueles que o praticam, para fazer deles, pelo contrário, vítimas da insegurança. Assim, na França, enquanto que ao longo dos anos de 1980 e 1990 importantes movimentos de opinião e fortes mobilizações denunciavam o racismo antiimigrantes, trazido, principalmente, pelos "pequenos brancos", o sucesso do tema da insegurança fazia desses mesmos "pequenos brancos" as vítimas e não mais os culpados eventuais do racismo, reduzindo o espaço do racismo no debate público.

Um segundo processo concerne à maneira como é conduzida a ação interna contra a insegurança: esta coloca mais uma vez em questão, prioritariamente, os membros de minorias, que serão vistos como suspeitos bem mais do que em tempos comuns. Para citar ainda a experiência francesa, é assim que, há cerca de doze anos, os controles policiais e militares do plano "Vigipirate" nos lugares públicos (as estações de trem principalmente), com o objetivo presumido de evitar o terrorismo, exercem-se em função da fisionomia, por exemplo, pela cor da pele. O racismo aqui é um comportamento profissional: mesmo se não transporta explosivos, um jovem algo "bronzeado" teria boas chances de carregar consigo uma ou duas porções de maconha e, na pior das hipóteses, se não tiver nada de ilegal em sua bagagem, talvez não tenha papéis de identidade, esteja em falta com as leis sobre a imigração...

Enfim, um terceiro processo colocando em causa um racismo de Estado remete à maneira, ainda mais direta e oficial, pela qual são tratados certos estrangeiros ou imigrantes, quando podem ser mais diretamente assimilados ao inimigo. É dessa forma que, na última guerra mundial, os Estados Unidos colocaram em ação, no Ocidente, uma política de marginalização sistemática, racista e brutal contra seus cidadãos de origem japonesa.

Esse conjunto de observações pode ser generalizado: em período de insegurança, há uma forte tendência a recorrer à homogeneidade do corpo social e a excluir ou segregar deste tudo o que possa parecer heterogêneo; o racismo é aqui a solução mais espontânea e também a mais fácil de ser colocada em ação. A mesma tendência atua também em relação ao exterior e consiste em diabolizar a ameaça externa, ou em naturalizá-la, para melhor justificar o uso da força. E, se o inimigo externo pode também ser imaginado ou encontrado no interior, as lógicas do racismo interno e externo conjugam-se e exacerbam-se facilmente.

A Deterioração da Vida Coletiva

Um quarto efeito de uma situação generalizada de insegurança encontra-se na combinação de deterioração e endurecimento que caracteriza a vida social. Deterioração, na medida em que os eventuais problemas sociais não podem ser conflitualizados, ou o são mais dificilmente que antes, e seu tratamento transita por decisões arbitrárias, mas também por comportamentos odiosos (delação sem provas, denunciações abusivas, rumores, campanhas de imprensa contra bodes expiatórios etc.). Deterioração, também, porque num clima dominado pela insegurança não há lugar para grandes projetos, para a afirmação de uma vontade e uma capacidade de projetar-se no futuro: a insegurança é um encorajamento à mediocridade do debate político, à ausência de grandes projetos mobilizadores da sociedade e ao apagamento de visões dinâmicas do futuro. E endurecimento, na medida em que tudo o que apresenta caráter novo, inédito, imprevisto, inabitual em relação à cultura dominante é percebido como um perigo, sem qualquer análise. Nesse ponto, a França é, infelizmente, um laboratório instrutivo, não apenas porque esse país é incapaz de propor a si próprio a menor ambição de desenvolvimento, mas também porque estende às diferenças culturais em geral – e ao islã em particular – seu medo do futuro e sua falta de confiança em si mesmo. O islã conta, nesse país, com cerca de quatro ou cinco milhões de muçulmanos (segundo as estatísticas geralmente avançadas, mas das quais ignora-se a fonte científica). Ora, uma tendência crescente consiste em reduzir o islã na França a um formidável perigo, como se todos os muçulmanos fossem islamitas radicais, ou tivessem simpatia pelas correntes mais extremistas do islã. Em situação de insegurança, não existe lugar para aqueles que não correspondem aos cânones da cultura dominante, a intolerância torna-se regra.

Para Concluir

A insegurança, precisamente porque conjuga, de maneira inextricável, elementos que dependem da objetividade e outros que são da ordem da subjetividade, constitui assim um desafio considerável para as democracias, que ela encoraja a negarem-se a si mesmas. A insegurança reclama, por sua parte de objetividade, medidas tangíveis e eficazes: luta contra a delinqüência, medidas antiterrorismo etc., que seria criminoso rejeitar ou diminuir. Todavia, ela reclama também uma espécie de resistência democrática, a manutenção de um espírito crítico, a recusa frente aos abusos do Estado, a coragem frente ao racismo, a preocupação com os direitos do homem ou das vítimas da violência, principalmente guerreira ou genocida, o que passa pela mobilização de atores em cujo campo gostar-se-ia de poder contar com os intelectuais, em geral, e as ciências sociais, em particular.

16. O Antiamericanismo Contemporâneo

OS INTELECTUAIS NA FRANÇA, A NAÇÃO E A EUROPA

Já no começo dos anos de 1960, quando tratava de apresentar sua pesquisa sobre a opinião francesa e os Estados Unidos entre 1815 e 1852, René Raymond procurava um termo adequado. Mito, miragem, imagem? perguntava-se ele, antes de optar, "por falta de um termo menos impróprio", pelo de representação coletiva[1]. O antiamericanismo francês – o termo é relativamente recente[2] – não é apenas um fenômeno cuja espessura histórica é considerável, mas também um conjunto complexo de representações, como diria René Raymond, que decorrem de duas lógicas principais. O antiamericanismo, efetivamente, procede do mito e da ideologia, por vezes mais de um do que do outro e, mais freqüentemente, combinando-os.

O ANTIAMERICANISMO COMO MITO

Variante radical de opiniões antiamericanas geralmente menos marcadas, o antiamericanismo funciona como um mito na medida em que concilia de maneira imaginária, em uma mesma representação hostil ou depreciativa, imagens contraditórias ou mesmo incoerentes

---

1. R. Raymond, *Les Etats-Unis devant l'opinion française, 1815-1852*, pp. 2-3.
2. Cf. A. Kaspi, *Mal connus, mal aimés, mal compris. Les Etats-Unis d'aujourd'hui* nota que o termo *americanismo* é muito mais antigo do que *antiamericanismo*, surgido em 1968, segundo o dicionário *Petit Robert*.

da sociedade americana, de suas instituições e cultura, seu modelo econômico, sua estrutura e seu funcionamento. Nesse mito multifacetado, os Estados Unidos aparecem como uma selva com numerosas tribos, mas também como o país do puritanismo e da ordem moral. Sua eficácia econômica reduz o desemprego, mas repousa sobre relações de trabalho estressantes e alienantes e produz, ao mesmo tempo, a marginalização de partes inteiras da população, os rejeitados de um capitalismo brutal que se acomoda às *inner cities* à deriva e ao *hyperghetto* (segundo a expressão do sociólogo americano, William J. Wilson, espaço devastado desligado do mercado de trabalho onde concentram-se, sob o efeito da exclusão racial e social, o subemprego, a miséria, a desestruturação familiar, a violência, a droga etc.).

No mito americano do antiamericanismo, os Estados Unidos são o materialismo desenfreado de uma cultura que aboliu a utopia ou o imaginário, assim como todo humanismo, mas também uma religiosidade fundamental, geralmente associada à rejeição da ciência ou do debate racional e desembocando, em último caso, em fenômenos do gênero das seitas. Os Estados Unidos, sempre do mesmo ponto de vista, são o racismo, a questão negra que permanece estrutural e lancinante, mas também o país onde são procuradas respostas, como a *affirmative action*, por exemplo, que funcionam também como elemento de contraste e são então descritas como ainda piores que o mal que pretendem curar.

Os Estados Unidos são a vulgaridade, a ausência de cultura, a falta de história, mas também uma cultura que se impõe em todo o planeta, porque dispõe do poder mágico de fascinar o mundo inteiro, ao produzir e difundir bens materiais e imateriais, desejados em toda parte, produtos que conduziriam ao embrutecimento generalizado, à derrota do pensamento, para utilizar os termos de Alain Finkielkraut, que se inquieta pela França, como Allan Bloom por seu próprio país.

Pode-se declinar ao infinito essas imagens, que contêm sua parte de verdade, mas também quase sempre um caráter simplista, tendencioso ou até, pura e simplesmente, falacioso. Pode-se igualmente acrescentar que o mito do qual procedem – e que realimentam – possui um duplo ou contrapartida (menos potentes, a meu ver), o filoamericanismo.

O mito antiamericano exprime-se em variantes populares pouco elaboradas, estereotipadas e dispõe sobretudo de variantes eruditas, formalizadas pelos intelectuais – voltarei a isso. Faz dos Estados Unidos um modelo, ou antes, um contramodelo, um elemento de contraste que não precisa de conhecimentos documentados e refletidos para exercer sua influência. Oferece, àqueles que o entretêm, veiculam ou a ele se referem, a representação de um presente e um futuro que diferem dos seus, tais como acreditam poder observá-los e prevê-los, ou tais como desejam vê-los funcionar; constitui a imagem do que a França corre o risco de tornar-se, deixar-se seduzir ou conquistar por

O ANTIAMERICANISMO CONTEMPORÂNEO 273

esta ou aquela dimensão do modelo americano. O antiamericanismo, aqui, descreve o mal ou a infelicidade que se acredita aplicar-se a uma outra sociedade e que não se quer para a sua própria. Em si mesmo, o mito não tem necessidade de uma relação real entre as duas entidades relacionadas, americana e francesa, e acomoda-se mesmo bastante bem à idéia de uma não-relação que seria maléfica. Estados Unidos e França são vistos como dois conjuntos distintos que podem ser pensados sem referência à idéia de uma comunicação ou de uma relação direta.

O mito molda de fato a componente diferencialista do antiamericanismo, marca a seu modo o que as experiências francesa e americana têm, ou deveriam ter, de irredutível uma à outra. Nessa perspectiva, os Estados Unidos, como modelo, devem ser mantidos à distância, sem o que o ser coletivo que é a França corre o risco de perder sua identidade, sua alma, sua personalidade cultural. Por essa razão, o perigo não é imputado pelos antiamericanistas, como veremos mais adiante, a atores dominantes impondo seu poder, mas, antes, a mecanismos abstratos, de uma parte e, de outra, a traidores ou renegados. A França é então descrita como correndo o risco de americanizar-se sem dar-se conta disso, abandonando-se às tendências sugeridas pela mídia, ou em conseqüência da intervenção de intermediários, que são outros tantos agentes de dissolução da nação, ou do universalismo que ela pretende encarnar. Os arautos do modelo americano são assim acusados de importar, para a infelicidade da França, concepções e valores que deveriam ser proscritos, de desenvolver atividades econômicas que contribuem para americanizar o funcionamento da sociedade e enfraquecer o Estado, para melhor reduzir a resistência eventual da nação. A acusação funciona, nesse caso, para promover concepções, valores e modelos de funcionamento diferentes daqueles imputados aos Estados Unidos. Desempenha, de fato, um papel nos debates internos da cena nacional. Seu objetivo não é depreciar os Estados Unidos, pelo contrário, apóia-se no pressuposto dessa depreciação. De uma parte, essa acusação remete a um sentimento mais ou menos agudo de ameaça, crise, impotência, até mesmo decadência. Assim, a mídia e particularmente a televisão e o cinema são, geralmente, acusados de contribuir ativamente a uma americanização por imitação, contágio ou mimetismo. Não por acaso, Régis Debray, num artigo recente, convoca o sociólogo da imitação, Tarde[3]. Assinala-se, por exemplo, que os jovens dos bairros populares, quando confrontados à justiça e à polícia, acreditam que estas funcionam à maneira americana: graças aos filmes e séries americanos, conhecem bem menos as regras francesas do que as do outro lado do Atlântico. De outra par-

3. Gabriel Tarde (1843-1904), sociólogo, autor entre outros: *Monadologie et Sociologie, les transformations du pouvoir*, reeditado recentemente por Empecheurs de Penser en Rond.

274 EM QUE MUNDO VIVEREMOS?

te, a referência aos Estados Unidos serve, na vida política nacional, para desqualificar correntes ou modos de abordagem e sugerir que são perigosos ou perniciosos, porque são estranhos à cultura política francesa. Na história recente, parte da esquerda denunciou, assim, a existência de uma outra parte qualificada de "esquerda americana", que criticava não tanto por algum projeto atlantista como por suas concepções menos estatistas e mais abertas à sociedade civil. Mais recentemente ainda, o debate sobre a diferença cultural foi empobrecido e mesmo, freqüentemente, impedido ou recusado, pela introdução de referências ao "multiculturalismo à americana"; aqueles que, como eu, demandaram que saiamos da oposição maniqueísta e estéril entre *republicanos* e *comunitaristas* e acabemos com um "republicanismo" que impede pensar a produção das identidades culturais e seu tratamento democrático foram acusados, por vezes em termos muito violentos, de importar categorias americanas que só poderiam conduzir ao caos – passa-se rapidamente, nessas invectivas, da crítica ao "multiculturalismo à americana" à evocação de comunidades destruindo-se mutuamente, no Líbano da guerra civil ou na ex-Iugoslávia.

Em suas dimensões diferencialistas e míticas que, creio, Eric Fassin apontou recentemente, o antiamericanismo dá forma a fantasias e medos, mas também a debates que na realidade têm pouco a ver com a contribuição de um conhecimento real dos Estados Unidos, e, muito mais freqüentemente, com os problemas da sociedade francesa. Fornece a estes últimos uma solução mais ilusória do que prática e necessita, para formalizá-la, a intervenção específica de intelectuais, que pesam nos debates através dos jogos de espelho, de fato artificiais, que a experiência americana autoriza.

O ANTIAMERICANISMO COMO IDEOLOGIA

Todavia, não é possível reduzir o antiamericanismo à imagem de um pensamento mítico insistindo sobre a diferença. O fenômeno, com efeito, apresenta uma outra dimensão, igualmente importante, que corresponde à crítica e à recusa, mais ou menos fundadas, das relações de dominação exercidas pelos Estados Unidos. Essa dimensão faz do antiamericanismo uma ideologia, na medida em que trata de prosseguir com uma idéia, de postular uma teoria sistematicamente justa, de ler toda espécie de evento à luz sistemática dessa única concepção. O antiamericanismo é uma ideologia cada vez que a crítica dos Estados Unidos é a premissa e não a conclusão da análise.

Nessa perspectiva, os Estados Unidos não são tanto um modelo inquietante, desprezado ou execrado, porém uma potência hegemônica, cujo poder se exerce atualmente em todos os domínios. Em matéria de política internacional: com o fim da guerra fria, constituem a única superpotência num mundo onde a hipótese de uma multipolari-

O ANTIAMERICANISMO CONTEMPORÂNEO

dade, com regiões fortes, foi enfraquecida pelas recentes crises financeiras na sudeste asiático, na América Latina ou na Rússia – apenas a
Europa poderia, a médio prazo, considerar a possibilidade de contestar a potência política dos Estados Unidos. Em matéria econômica: a
globalização, tal como é pensada pelo antiamericanismo, significa a
mundialização dos fluxos financeiros e a organização planetária dos
mercados sob hegemonia americana. Em matéria cultural: os bens
que consumimos maciçamente inscrevem-nos, sempre nessa perspectiva, numa cultura planetária em que a Coca Cola, as informações da
CNN, os filmes e séries produzidos em Hollywood, ou as implantações
de Dysneyland contribuem para a "Macdonaldização" do mundo. Em
matéria ecológica: em nome de seus interesses econômicos, os Estados Unidos resistem aos projetos que visam estabelecer uma ordem
ecológica respeitosa dos recursos naturais e preocupada com o futuro
do planeta. Em matéria tecnológica, científica, militar, seria idêntico:
o antiamericanismo oferece um esquema cômodo de leitura do mundo no qual vivemos, que reduz, enquanto ideologia, a uma formidável
hegemonia e à onipotência de um país que talvez não tenha mesmo
consciência das reações de rejeição que só pode suscitar.

Enquanto o mito remete à diferença, a ideologia remete à dominação e portanto à relação. Porém, a distinção analítica entre essas
duas dimensões do antiamericanismo não quer dizer que sejam totalmente separadas na prática.

SÍNTESE

A ideologia antiamericana alimenta-se freqüentemente do mito
e prolonga-o: não existiria uma vontade americana de impor ao
mundo inteiro os valores e o modelo de funcionamento da sociedade
americana? A tese de Fukuyama sobre o fim da história, por exemplo, não seria um avatar filosófico do projeto americano de estender,
a todo o planeta, a democracia e o mercado tal como estes funcionam no modelo americano? Além disso, a ideologia antiamericana
pode funcionar de um modo mítico ao conciliar em seu discurso dados contraditórios sem que, no entanto, isso lhe cause embaraço: por
exemplo, evoca-se simultaneamente a onipotência dos Estados Unidos e sua incapacidade para impor-se militar ou diplomaticamente.
Não se atolaram no Vietnã, numa guerra que afinal perderam, tendo
assim mostrado sua vontade de poder e, ao mesmo tempo, sua incapacidade de realizá-la na prática? Não foram eles, em múltiplas
oportunidades, ridicularizados por ocasião da revolução iraniana,
tendo-se mostrado particularmente impotentes quando da longa
captura de reféns em sua embaixada de Teerã (que acreditaram, num
determinado momento, poder resolver por uma intervenção via he-
licópteros que redundou num fiasco)? Não foram incapazes de ir até

276 EM QUE MUNDO VIVEREMOS?

o fim na guerra contra o Iraque, deixando no poder Saddam Hussein e seu regime? Não tinham prometido "devastar" a Sérvia e resolver rapidamente, pelas armas, a recusa de Milosevic de negociar em Rambouillet? O antiamericanismo pode assim, ao mesmo tempo, denunciar a potência e a hegemonia americanas e alimentar-se de exemplos que mostram seus limites e fornecem dos Estados Unidos uma imagem de impotência ou de fracasso. O que caracteriza o antiamericanismo como ideologia não é o fato de recusar a ambivalência das representações relativas aos Estados Unidos, mas sim de tudo interpretar de maneira unilateral. Enquanto a crítica constata que esse país domina economicamente o planeta – mas também subvenciona e ajuda numerosos países, direta ou indiretamente – e sublinha que ele ajuda regimes detestáveis, desestabiliza poderes eleitos democraticamente, acomoda-se a ditaduras, quando estão de acordo com seus interesses, doutrina ou visão geopolítica do momento – mas também pode vir a socorrer a democracia ou ser um vetor eficaz da ação a favor dos direitos do homem –, o antiamericanismo propõe uma chave de leitura sistemática, que vai sempre no sentido único da idéia de um projeto hegemônico.

O antiamericanismo, como ideologia, dissolve a complexidade das condutas dos Estados Unidos ou dos americanos e faz de toda outra interpretação um oponente irredutível, como se só pudesse haver dois campos inimigos, pró e contra, amigos e inimigos; como se a escolha devesse necessariamente limitar-se à alternativa: ser antiamericano ou prostrar-se aos pés dos Estados Unidos. O antiamericanismo não pode, por exemplo, escutar as vozes que explicam poder haver convergências de interesses entre as duas margens do Atlântico, ou que os Estados Unidos não desejam necessária e sistematicamente aparecer como a polícia do mundo. Ao mesmo tempo, não lhe causa embaraço considerar positivos certos aspectos da experiência americana: evoca-se assim, por vezes, Jean-Paul Sartre declarando que "a América tem raiva", após a execução dos Rosenberg, porém não escondendo apreciar sua literatura, seu cinema ou jazz[4].

Em suas expressões mais extremas, o antiamericanismo funde o mito e a ideologia para propor a imagem de um projeto americano de dominação total e totalitária. A economia, a cultura e a política não somente tenderiam em toda parte a passar sob o controle ou a hegemonia dos Estados Unidos, mas ainda o modelo americano triunfaria pela imposição, aos outros países, de suas categorias de pensamento, veiculadas pela língua e pelas redes de comunicação modernas, cujo conceito mesmo seria hegemônico. Passa-se a uma temática de alie-

---

4. Cf. M-F. Toinet, "French Pique and Piques Françaises", *Annals*, AAPSS.

O ANTIAMERICANISMO CONTEMPORÂNEO

nação, em que os Estados Unidos habitem os espíritos e que sejamos, no sentido forte do termo, possuídos[5].

O antiamericanismo é assim, em suas expressões mais radicais, um discurso totalizante, uma recusa da ordem do absoluto. Não é somente, como se diz por vezes, um revelador da sociedade francesa, mas deve ser analisado enquanto tal, pelas significações e o sentido, ou a perda de sentido, que carrega.

DE UMA ÉPOCA À OUTRA

Há dois séculos, cada época produz seu antiamericanismo. René Raymond nota assim, quanto aos anos 1815-1852, que "as mudanças de regime na França correspondem aproximadamente a uma mudança da opinião pública, de seus temas e sentimentos"[6], e basta ler o livro de Jean-Baptiste Duroselle, publicado em 1976, sobre *La France et les États-Unis des origines à nos jours*[7], para constatar que, a partir dos anos de 1960 e mesmo 1970, importantes modificações afetaram o fenômeno. Pode-se aqui aplicar o método de Charles Tilly, que propõe distinguir, para cada período histórico, o que chama de "repertório" da ação coletiva, no caso, das significações do antiamericanismo.

O "repertório" dos anos de 1960 e 70 comporta, segundo Duroselle, quatro dimensões principais. Esse autor distingue: o antiamericanismo sistemático do Partido Comunista francês, a idéia de "que apenas a URSS e seus aliados trabalham pela paz, os americanos sendo por definição 'imperialistas'"[8]; o neutralismo, que "indigna-se com todas as "intervenções" americanas no mundo, como os apoios aos ditadores das Caraíbas e ignora polidamente as agressões à liberdade cometidas pelos soviéticos"[9]; o colonialismo de direita, que considera que os americanos, astutos e cínicos, ou bem "esforçam-se por eliminar os pobres franceses para tomar seu lugar", ou bem favorecem uma descolonização, que só trará proveito aos comunistas; e o gaullismo, que fala de independência e da grandeza da nação e critica os Estados Unidos por quererem integrar a França na Comunidade Atlântica, ou mesmo numa Comunidade européia não desejada.

No entanto, não estamos mais nesse ponto, sobretudo no que concerne ao antiamericanismo de esquerda. O muro de Berlim caiu em 1989, o império soviético está desmembrado, o comunismo deixou de ser um projeto mobilizador e não existe mais no mundo um

---

5. Cf. L. Sfez, "Internet et les ambassadeurs de la communication", *Le Monde Diplomatique*, março de 1999.

6. R. Raymond, *Les Etats-Unis devant l'opinion française, 1815-1852* p.13

7. J-B. Duroselle, *La France et les Etats-Unis des origines à nos jours*.

8. Idem, p. 209.

9. Idem, p. 210.

278 EM QUE MUNDO VIVEREMOS?

bloco, país ou regime que poderia fornecer um contra-modelo referencial em oposição aos Estados Unidos: a União Soviética não existe mais, a China está aberta ao grande capital e seu poder permanece antes de tudo repressivo; enfim, até Régis Debray precisou tomar uma certa distância em relação à Cuba de Fidel Castro. Se é possível, na esquerda, experimentar simpatia ou compaixão pelos povos iraquiano ou sérvio, e disso tirar argumentos para contestar o engajamento da França na Guerra do Golfo ou no Kosovo, seria preciso uma singular audácia para identificar-se aos regimes de Bagdá ou Belgrado. Os grandes momentos dos movimentos de libertação nacional ficaram no passado, mesmo se subsistem lutas de importância considerável, como a palestina ou a kurda e se o pós-colonialismo é mais dominado pelo abandono das antigas colônias a si mesmas do que por sua exploração. Além do mais, no seio de um país como a França, a questão social não consiste mais tanto na exploração do proletariado pelo capitalismo, quanto na exclusão, a cujas vítimas o capital também é sobretudo indiferente. Não é possível criticar os Estados Unidos em nome do movimento operário e, ao invés de criticar-lhes um capitalismo explorando o proletariado, mais vale interessar-se pelas lógicas de formação de classes inúteis, a *underclass* da qual o capital não tem o que fazer.

Nesse contexto, o fato marcante do antiamericanismo é a tendência a inscrever-se, ainda mais que antes, nas categorias que lhe oferece a idéia de nação ou, mais precisamente, de Estado-nação. Em suas variantes de esquerda e extrema esquerda, fica-lhe mais difícil do que antes, se querer internacionalista e desliza, do internacionalismo proletário e do antiimperialismo, para um soberanismo que hesita cada vez menos a mostrar-se plenamente como tal. O nacionalismo, o estato-nacionalismo constituem a doença mais senil do que crônica do antiamericanismo de esquerda, o estádio supremo do antiamericanismo, e traduz a entrada deste numa nova era. Basta examinar os argumentos que circulam hoje em dia mesmo, na esquerda e na extrema esquerda, contra a participação da França na guerra do Kosovo: remetem rapidamente a apelos à soberania dos Estados e à integridade territorial das nações, critica-se o despreparo ou os maus cálculos estratégicos, a brutalidade de uma guerra que se acredita "limpa", lamenta-se a subordinação aos Estados Unidos dos países engajados na Otan e, sobretudo, apela-se a um princípio de soberania dos Estados bem distante do internacionalismo proletário e do anticapitalismo sem fronteiras. A memória das Brigadas Internacionais encontra-se, aqui, bem distante.

CONTRA OS ESTADOS UNIDOS E CONTRA A EUROPA

No essencial, o antiamericanismo contemporâneo é dominado pelas significações que encontram seu lugar de convergência nas referências mais ou menos nacionalistas à idéia de nação. Esta não é tão

O ANTIAMERICANISMO CONTEMPORÂNEO

aberta, ou ofensiva, como quando se trata de promover a imagem de uma França universal, mas está sobretudo na defensiva. O antiamericanismo aparece, principalmente, como uma expressão da resistência da nação a lógicas que a fragilizam do exterior. A nação, que era ontem concebida como o quadro da vida econômica, o espaço principal da produção e das trocas mercantis, é vivida hoje como agredida por uma globalização, sinônimo, nessa perspectiva, de um liberalismo sem fronteiras, assegurando de fato a hegemonia econômica dos Estados Unidos. Ontem, a nação era indissociável de um Estado e de instituições republicanas, hoje o Estado estaria reduzido à impotência pelas decisões tomadas por atores estrangeiros, que não lhe devem nenhuma satisfação e as instituições da República estão em perigo, por causa do liberalismo econômico e da lassidão cultural. Ontem, a nação constituía um espaço de desenvolvimento intelectual e cultural, uma educação nacional, oferecendo a todas as crianças o acesso ao universal, doravante estaria submetida aos ventos maléficos que sopram desde o outro lado do Atlântico, à cultura norte-americana que se expande, contribuindo principalmente à crise da escola pública. Ontem, a nação estava unida num projeto universal, hoje se fragmenta por causa de particularismos culturais que colocam sua unidade em questão, cujo modelo seria fornecido pelo multiculturalismo "à americana". O nacionalismo contemporâneo é dominado por essa inversão, que faz passar de uma concepção aberta da nação, democrática, respeitosa dos direitos do homem e do cidadão, confiante no seu gênio criador, no progresso e nas perspectivas que oferece ao desenvolvimento individual e coletivo, a uma concepção fechada, sombria, xenófoba, que rapidamente pode tornar-se racista. A esse movimento acrescenta-se uma constante de certas fontes antiamericanas: a obsessão com a queda, a decadência, a dissolução dos valores e tradições nacionais. Alimenta-se, além do mais, da inversão, já assinalada, do antiimperialismo e do anticapitalismo quando se torna nacionalismo.

Ao longo dos anos de 1980 e 90, a França conheceu um sentimento de ameaça crescente sobre sua identidade nacional. Esse sentimento não repousa apenas sobre idéias falsas ou não fundamentadas: nem tudo é falso na descrição das lógicas de desestruturação que afetariam o ser coletivo dos franceses. Porém, nem tudo é tampouco aceitável, sobretudo a busca de um bode expiatório exterior, os Estados Unidos (à qual aliás acrescenta-se, geralmente, a do bode expiatório interior: os imigrantes e todos aqueles que mostram ou proclamam um particularismo cultural, julgado contrário à tradição nacional ou aos valores republicanos). O antiamericanismo precipita-se no sentimento de uma crise da nação e propõe sua resposta às infelicidades que a ameaçariam, ao pedir-lhe que se feche em si mesma e ao apelar à idéia de uma exceção francesa – notemos que, em alguns anos, passou-se de uma temática da nação universal

280 EM QUE MUNDO VIVEREMOS?

àquela de um particularismo extremo, a exceção, que não hesita, em certos casos, em declarar-se referida a valores universais.

Porém, a crispação nacionalista, da qual procede no essencial o antiamericanismo contemporâneo – essa "paixão de intelectuais" que constitui, segundo Philippe Roger, um "abcesso de fixação ao doloroso declínio de uma hegemonia cultural"[10] – está atrasada de uma guerra.

Uma conseqüência, até aqui insuficientemente percebida, da evolução recente do antiamericanismo no sentido de um nacionalismo reforçado (não apenas de direita como também de esquerda), é que ele constitui ao mesmo tempo um antieuropeísmo. Pois aqueles que combatem os Estados Unidos, em nome da nação, devem também combater o que consideram a outra grande fonte de enfraquecimento da nação: a construção européia, que retira parcelas de soberania ao país, a mais não seja quando prevê uma soberania européia prevalecendo sobre a dos Estados, dotada de leis, tribunais e instituições exercendo um real poder. A Europa, para um nacionalista, constitui uma ameaça política e jurídica, mas também cultural, na medida em que os particularismos nacionais, examinados em Bruxelas, são suscetíveis de serem colocados em questão, se não respeitam as regras comunitárias, normas e leis de que se dota a Europa. Esta, para os nacionalistas (mas não apenas), também representa uma ameaça para as instituições republicanas, na medida em que se constrói recorrendo a concepções diferentes das que prevalecem na França, principalmente em matéria de serviço público.

Entre as grandes mobilizações dos anos de 1990 na França, muitas colocaram em movimento atores pertencendo aos dois lados do tabuleiro político, que testemunharam geralmente um antiamericanismo mais ou menos desenvolvido e uma oposição feroz à construção européia. A recusa dirigida contra a participação da França na guerra do Golfo e em seguida na do Kosovo, a campanha pelo "não" à ratificação dos acordos de Maastricht, a greve de novembro-dezembro de 1995 (em seus aspectos de defesa de um serviço público "à la française"): mesmo revestidas de outras significações, essas lutas mobilizaram mais ou menos os mesmos atores, que compartilham, em sua maioria, as mesmas orientações, por um lado antiamericanas e por outro antieuropéias. Extrema esquerda, Partido Comunista, fração dos ecologistas, setores "republicanistas" do Partido Socialista, Movimento dos Cidadãos e, na outra extremidade do espectro político, os "soberanistas" no seio do RPR e de suas camadas de direita, o Front National: numerosas são as forças que se distinguem em vários registros, mas coincidem em uma dupla oposição aos Estados Unidos e à Europa.

---

10. Ph., Roger, "La guerre de Cent Ans. Aux sources de l'antiaméricanisme français" Ch. Fauré e T. Bishop, (org.) *L'Amerique des Français*, p. 188.

O ANTIAMERICANISMO CONTEMPORÂNEO

No entanto, pode-se simultaneamente apelar à nação contra a hegemonia americana e opor-se à construção européia? O antiamericanismo, no começo dos anos de 1990, saiu-se dessa aparente contradição ao considerar a Europa como um cavalo de Tróia dos Estados Unidos. O raciocínio consistiu então em postular uma identidade de interesses e valores entre Bruxelas e Washington. Nessa perspectiva, o liberalismo econômico teria encontrado, graças à Europa, um espaço aberto e permeável, a possibilidade de fazer a produção americana inundar os mercados europeus. Se os regulamentos comunitários trazem uma certa capacidade de resistência econômica, se a Europa é suscetível de negociar e não somente de suportar a lei econômica dos Estados Unidos, o raciocínio antiamericano encontra um argumento suplementar na idéia de que a Europa, se não adota os interesses econômicos dos americanos, adota ao menos seus valores, modos de pensar e concepções liberais. Em suma, entre uma hegemonia econômica e política dos Estados Unidos, transitando pelas instituições européias e uma modernização, sinônimo de americanização da cultura, dos modos de vida e organização da vida social, a Europa não seria nada mais do que um instrumento a serviço do Tio Sam.

Porém, essa maneira de raciocinar encontrou seus limites e a conjunção do antiamericanismo e do antieuropeísmo tornou-se frágil, talvez em vias de parecer arcaica. De uma parte, a construção européia progrediu consideravelmente na segunda metade dos anos de 1990, com os acordos de Amsterdã e o estabelecimento efetivo do Euro. De outra parte, a guerra do Kosovo mostrou que o conflito geopolítico importante se dá entre os Estados Unidos e a Europa e não entre os Estados Unidos e a França. A Europa é a única região do mundo suscetível de constituir um contrapeso, tanto político quanto econômico, frente aos Estados Unidos e a tomada de consciência desse fenômeno certamente intervém bastante na evolução recente da paisagem política e intelectual francesa. A França, após quinze anos de quase-imobilismo, conhece, assim, ao mesmo tempo o fim do gaullo-comunismo, essa fórmula de integração nacional estabelecida ao final da Segunda Guerra Mundial; a crise do nacional-populismo, aparecido nos anos de 1980, e encarnado em um Front National que acaba de cindir-se em dois partidos e está em vias de começar seu declínio histórico; a implantação dos Verdes na Europa, simbolizada pelo fato de que sua liderança nas eleições européias de 1999 tenha sido confiada a Dany Cohn-Bendit. Esses sinais são a marca da entrada numa nova época e, acrescentados ao fato de que apenas uma Europa integrada é suscetível de exercer uma influência real no caso de uma situação como a guerra do Kosovo, constituem, para os antiamericanistas, um convite urgente a reconsiderar seus modos de pensar. Porque, se a Europa efetivamente se afirma, os antiamericanistas deverão escolher entre um nacionalismo

282 EM QUE MUNDO VIVEREMOS?

atrasado de uma guerra e inadaptado às novas configurações políticas e econômicas e uma revisão brutal de sua hostilidade à Europa.

No conjunto, o antiamericanismo parece incapaz de operar uma tal revisão. No entanto, a guerra do Kosovo deu ocasião, a alguns de seus intelectuais, de oporem-se aos Estados Unidos em nome da Europa e não mais apenas da França. Assim, é significativo que a primeira intervenção de Régis Debray, a respeito do Kosovo no *Le Monde*[11], tenha evocado em diversas oportunidades, não a França, mas a Europa, sonhando para ela um de Gaulle, "quer dizer uma lucidez aliada a um caráter (...). Um refratário, ou alguns, ousando pensar as questões européias segundo uma gramática européia". Esboça-se aqui o que poderia tornar-se um antiamericanismo europeu, reconhecendo uma Europa que não queria, mas que sabe constituir a única contestação realista da hegemonia americana, um antiamericanismo chegando a promover uma versão da Europa fechada em si mesma, caracterizada por sua oposição sectária e ideológica aos Estados Unidos definidos em termos míticos. Não obstante, ainda estamos longe disso e, no momento, o antiamericanismo permanece um antieuropeísmo retrógrado, defasado em relação ao seu tempo. O paradoxo é que esse nacionalismo hostil à Europa faz o jogo dos Estados Unidos, ao menos na medida em que estes estariam também preocupados em enfraquecer o Velho Continente e impedir sua integração, o que parecem pensar muitos antiamericanos, mas não está por enquanto demonstrado[12].

OS INTELECTUAIS E O ANTIAMERICANISMO.

Se o antiamericanismo sempre teve variantes de esquerda e direita, seus historiadores (Raymond, Duroselle, Kaspi) não tiveram dificuldade para mostrar que a clivagem esquerda/direita é, no caso, pouco pertinente e, além do mais, particularmente movediça. Existe um anti (e um filo) americanismo de esquerda e outro de direita e importantes variações caracterizaram constantemente os partidos políticos sobre esse ponto. Nicholas Wahl, por exemplo, aponta que a direita opunha-se à esquerda ao referir-se, de maneira positiva, à democracia americana no século XIX, pois se tornou sobretudo antiamericana após a guerra de 1914-18[13]. Da mesma forma, uma parte da esquerda, anteriormente antiamericana, afirmou-se pró-americana na época do New Deal e em função dele.

---

11. *Le Monde*, 01/04/1999.

12. Cf. A. Frachon, "L'Amérique et le besoin d'Europe", *Le Monde*, 25/03/1999: existe, segundo ele, ao menos para alguns atores, "convergência de objetivos entre as duas potências atlânticas – e precisamente nos domínios chaves, que são a economia e a defesa", existe "formação em curso, de parte e de outra do Atlântico, de um conjunto econômico euro-americano de interesses cada vez mais interdependentes".

13. N. Wahl, "La démocratie en Amérique vue par des lunettes françaises", em Ch. Faure e T. Bishop (org.), *L'Amérique des Français,* pp. 97-102.

O ANTIAMERICANISMO CONTEMPORÂNEO 283

Por outra parte, o antiamericanismo pode variar consideravelmente de intensidade segundo os períodos. Assim, nos anos de 1980, tornou-se relativamente fraco, num contexto em que a França hesitava em compreender que se encontrava entre dois tipos de sociedade e considerava, sem grande espírito crítico, o sucesso econômico dos Estados Unidos de Ronald Reagan. Com o recuo, que o passar do tempo permite, André Kaspi, em 1999, nota assim com humor que, por ocasião do colóquio sobre *A América nas Cabeças*, publicado em 1986, "Denis Lacorne, Jacques Rupnik e Marie-France Toinet [...] e seus convidados constatam que o antiamericanismo está morto"[14] – porém, possivelmente, Denis Lacorne contestaria essa leitura de seu colóquio?

Reconstituído e reforçado a partir do final dos anos de 1980, o antiamericanismo contemporâneo apresenta-se como um discurso político que concerne aos extremos dos dois pólos e tem por característica tomar o aspecto da protestação. Como vimos acima, ele é totalizante, não tem nada a propor como ação, uma vez sua recusa proclamada, constitui uma contribuição simbólica, não prática, à vida política do momento – o que se revelou particularmente impressionante quando os intelectuais pronunciaram-se, nos primeiros dias da guerra do Kosovo, contra a intervenção francesa (e a americana, seguramente) e também contra a purificação étnica levada a cabo por Milosevic, sem indicar contudo a menor pista de como bloqueá-la ou impedi-la[15].

Existe aí um traço bem francês. Já Alexis de Tocqueville, em *L'Ancien régime et la révolution*, opunha os filósofos franceses do século XVIII, antepassados dos intelectuais (o termo, como se sabe, foi popularizado por Barrès por ocasião do processo Dreyfus), a seus homólogos britânicos: os primeiros estão longe das questões públicas, os britânicos, pelo contrário, têm a experiência delas. Existe um elo entre o apelo ao absoluto, o fato – para citar Tocqueville – de proclamar "leis gerais sem jamais considerar os meios de aplicá-las" e o antiamericanismo "à la française": este opera nos extremos, é uma maneira de fazer política sem ter que se investir nela concretamente, talvez seja mesmo a marca da recusa ou da impossibilidade de levar em conta a realidade tal como ela se apresenta – hipótese formulada por Michel Crozier quando recapitula suas interrogações, no começo dos anos de 1950, sobre "a recusa dos franceses de aceitar sua realidade, sua culpabilidade e sua pretensão "nacionalista" de guardar a consciência tranqüila com pouco esforço, ao mobilizar-se por causas simbólicas antiamericanas"[16].

---

14. A. Kaspi, op. cit. p. 30.

15. Cf. P. Bruckner, "Pourquoi cette rage anti-américaine?", *Le Monde*, 07/04/1999, onde analisa como uma "pose antiimperialista", "um conformismo intelectual", uma atitude que não indica como passar à ação, por exemplo, para evitar a purificação étnica no Kosovo.

16. M. Crozier, "Remarques sur l'antiaméricanisme des Français", op. cit., p. 193.

284 EM QUE MUNDO VIVEREMOS?

De fato, o antiamericanismo dos intelectuais está atualmente em atraso sob dois aspectos. De uma parte, como vimos, vem propor, de maneira mítica e ideológica, sua resposta nacionalista a questões, cuja formulação pede que se leve em conta a existência da Europa política e econômica – o que corresponde bem à caricatura dos "cavaleiros do cocoricó" envelhecido, xenófobo, antiquado, medroso, marxista, fascista, invejoso, comerciante, autoritário, sobre os quais Régis Debray ironizava, enquanto confessava certos traços e recaídas de reflexos antiamericanos[17]; e, quando não constitui essa caricatura – permeável também ao racismo, ou mesmo ao anti-semitismo – faz apelo a uma França eterna, republicana e detentora de uma mensagem universal, sem ver que sua mensagem passa dificilmente, inclusive em seu seio, e que ele se torna a expressão de um "modelo de integração *à la française*", cuja prática revela-se cada dia mais defasada em relação à sua conceitualização[18]. Porém, de outra parte, constitui também uma das expressões mais ultrapassadas da figura clássica do intelectual *à la française*. O antiamericanismo mítico e ideológico não está preocupado com conhecimentos concretos sólidos, devidamente estabelecidos, basta-lhe falar em nome de convicções, ao risco de adorná-las com o duplo manto da ciência e do povo. Não pode animar em profundidade o trabalho dos jornalistas, para os quais o estabelecimento dos fatos é a exigência primeira, nem a dos pesquisadores em ciências sociais, que exigem outras hipóteses, outros instrumentos teóricos diferentes daqueles que carregam uma visão do mundo pré-estabelecida de uma vez por todas e jamais falsificável. No triângulo conflitual em que operam jornalistas, pesquisadores em ciências sociais e figuras clássicas do intelectual, o terceiro polo é tanto mais frágil que nossas sociedades exigem mais informação e sobretudo reflexividade. O antiamericanismo é uma das vertentes pelas quais escorregam, velozmente, aqueles intelectuais mais ligados à sua figura paradigmática, sartreana, se quisermos. Essa vertente é escorregadia. Leva a tensões crescentes com aqueles cujo ofício é produzir e difundir conhecimentos, que são cada vez mais numerosos, progressivamente mais exigentes e submetidos às expectativas também exigentes da opinião pública.

17. R. Debray, "Confessions d'un antiaméricain", conferência na New York University, 27/04/1991, retomada em Ch. Fauré, T. Bishop (orgs.), op.cit., pp. 199-220.

18. Poderia citar sobre esse tema, que não cabe desenvolver aqui, as análises de meu livro *Violence en France,* que sublinha a crise das instituições republicanas e seu papel na produção da violência que, em seguida, combatem.

Bibliografia

ADORNO, Theodor e col. *The Authoritarian Personality*. Nova York, Mayer, 1960.

AKIWOWO, Akinsola. "Universalism and Indigenisation in Sociological Theory: Introduction". In: *International Sociology*, vol. 3, n. 2, pp. 155-160. (s/local).

_____."Indigenous Sociologies. Extending the Scope of the Argument". In: *International Sociology*, junho 1999, pp. 115-138. (s/local)

ALEXANDER, Jefrey. *Theorical Logic in Sociology*. 4 volumes, Berkeley, 1982.

ALLEMAND, Sylvan & RUANO-BORBALAN, Jean-Claude. *La mondialisation*. Le Cavalier Bleu, 2002 (s/local)

ANSART, Pierre. *Les idéologies politiques*. Paris, PUF, 1974.

APPADURAI, Arjun. *Après le colonialisme. Les conséquences culturelles de la globalisation*. Paris, Payot, 2001.

ARENDT, Hannah. *Du mensonge à la violence, essais de politique contemporaine*. Paris, Calmann-Lévy, 1972.

_____. *Le système totalitaire*. Paris, Seuil, 1972 (*Sistema Totalitário*, tradução de Roberto Raposo, Lisboa, Don Quixote Publ., 1978).

ARON, Raymond. *L'opium des intellectuels*. Paris, Gallimard, 1955 (*Ópio dos Intelectuais*, Brasília, Univ. Brasilia, 1980).

AUBUSSON de CAVARLAY, B. "Mesurer la délinquance juvénile". *Regards sur l'actualité*, n. 238, 1998, pp. 41-54.

BAECHLER, Jean. *Qu'est-ce que l'idéologie?* Paris, Gallimard, 1976.

BAKER, Martin. The New Racism. Londres, Junction Books, 1981.

BALANDIER, Georges. *Le dédale: pour en finir avec le XXème. Siècle*. Paris, Fayard, 1994.

286   EM QUE MUNDO VIVEREMOS?

(*O Dédalo: para Finalizar o Século xx*, tradução Suzana Martins, Rio de Janeiro, Bertrand Brasil, 1999).

_____. *Le désordre: éloge du mouvement*. Paris, Fayard, 1989. (*A Desordem: Elogio do Movimento*, tradução Suzana Martins, Rio de Janeiro, Bertrand Brasil, 1997).

_____. *Le détour: pouvoir et modernité*. Paris, Fayard, 1985. (*O Contorno: Poder e Modernidade*, trad. Suzana Martins, Rio de Janeiro, Bertrand, Brasil 1997).

BALIBAR, Etienne & WALLERSTEIN, Immanuel. *Race, classe, nation. Les identités ambiguës*. Paris, La Découverte, 1989.

BATAILLE, Phillipe. *Le racisme au travail*. Paris. La Découverte, 1997.

BLANC, F. *Bin Laden et l'Amérique*, Paris, Bayard, 2001

BELL, Daniel. *Les contradictions culturelles du capitalisme*, Paris, PUF, 1979 (edição original: *The Cultural Contradictions of Capitalism*, Nova York, Basic Books, 1976).

_____. *La fin de l'idéologie*, Paris, PUF, 1997. (*Fim da Ideologia*, trad. Sérgio Bath, Brasília, Unb, 1980).

BERNARD, P.; FOURNIER, M. & SAINT-PIERRE, C. "Présentation. Au-delà de la crise, un second souffle pour la sociologie". In: *Sociologie et Sociétés*, vol. XXX, n. 1, primavera 1998, p. 3.

BERTHELOT, Jean-Michel. "Les nouveaux défis épistémologiques de la sociologie". In: *Sociologie et Sociétés*, vol. XXX, n. 1, primavera-1998, p. 23.

BLOWBACK, Chalmers Johnson. *The Costs and Consequences of American Empire*. Nova York, Holt, 2000.

BOUDON, Raymond. *L'idéologie*. Paris, Fayard, 1986. (*A Ideologia ou a Origem das Idéias Recebidas,* tradução Eder Sader, São Paulo, Ática, 1989).

BOURDIEU, Pierre. *La domination masculine*, Paris, Seuil, 1998. (*A Dominação Masculina*, tradução Maria Helena Kühner, Rio de Janeiro, Bertrand Brasil, 1999).

_____. & WACQUANT, Loic. "On the Cunning of Imperialist Reason". *Theory, Culture and Society*, 16(1), 1999: pp. 41-58.

BRAUDEL, Fernand. *Le Temps du monde,* terceiro volume de *Civilisation matérielle, économie et capitalisme: 15e-18e siècle*. Paris, Livre de Poche, 1979. (*Civilização Material. Economia e Capitalismo nos Séculos XV-XVIII,* tradução Telma Costa, São Paulo, Martins Fontes, 1995).

BRISARD, Jean-Charles. & DASQUIE, Gillaume. *Ben Laden. La vérité interdite*, Paris, Denoël, 2001.

BRUCKNER, P. "*Pourquoi cette rage anti-américaine?*". *Le Monde*. Paris, 07/04/1999.

BRUNEL, S. "ONG e mondialosation". In *Cahiers Français*. 2001, n. 305, 11-12.

BUFORD, Bill. *Parmi les hooligans*. Paris, Bourgois, 1994. (*Entre os Vândalos: a Multidão e a Sedução da Violência*, São Paulo, Companhia das Letras, 1992).

CASASSUS, C. M. "Crépuscule ou renouveau de la sociologie: le cas chilien". *Cahiers Internationaux de Sociologie*, vol. CVIII, janeiro-junho 2000.

CASTELLS, Manuel. *L'ère de l'information 1*. Paris, Fayard, 1998.

_____. *La galaxie Internet*; trad. do inglês (Estados Unidos) por Paul Chemla, Paris, Fayard, 2001.

BIBLIOGRAFIA

287

CASTORIADIS, Cornelius. *Devant la guerre*, Paris, Fayard, 1981. (*Diante da Guerra*, São Paulo, Brasiliense, 1982).

CAVARLAY, B. A. "Mesurer la délinquance juvénile". *Regards sur l'actualité*. n. 238, pp. 41-54.

CERI, Paolo. *Movimenti globali.la protesta ne xxi sicolo*. Roma, Laterza, 2002.

CHARNOVITZ, S. "Les ONG: deux siècles e demi de mobilisation". In *L'economie politique*. n. 13, 1° trimestre 2002.

CHAUMONT, J-M. *La concurrence des victimes*. Paris, La Découverte, 1997.

CHEVALERIAS, A. *La Guerre infernale. Le montage Bin Laden et ses conséquences*. Monaco, Le Rocher, 2001.

COHEN, D. "Que faire de l'antimondialisation ?". *Le Monde*, Paris, 06/09/2001.

COHEN, E. *La tentation hexagonale: la souveraineté à l'épreuve de la mondialisation*. Paris, Fayard, 1996.

_____. *L'ordre économique mondial : essai sur les autorités de régulation*. Paris, Fayard, 2001.

COSER, Lewis. A. *The Functions of Social Conflict*, Londres, The Free Press of Glencoe*. Collier-MacMillan, 1956.

_____. *Continuities in the Study of Social Conflict*. Nova York, The Free Press, 1967.

_____. *Les foncions du conflit social*. Paris, PUF, 1982.

CROUCH, Colin & PIZZORNO, Alessandro. *The Resurgence of Class Conflict in Western Europe since 1968*. Londres, McMillan, 1978 (2 vol.).

CROZIER, Michel. "Remarques sur l'antiaméricanisme des Français". In: Fauré, Ch., Bishop, T. (org.) *L'Amérique des Français*. Paris, François Bourin, 1992, p. 193.

DEBRAY, Régis. "Confessions d'un antiaméricain", conferência na New York University, 27/04/1991, retomada em FAURE, Ch., & BISHOP, T. *L'Amérique des Français*, Paris, François Bourin, 1992, pp. 199-220.

DERRIDA, Jacques. & ROUDINESCO Elisabeth. *De quoi demain...* Paris, Fayard-Galilée, 2001.

_____. *Spectres de Marx*, Paris, Galilée, 1993. (Trad. Anamaria Skinner, *Espectros de Marx: o Estado da Dívida, o Trabalho do Luto e a Nova Internacional*, Rio de Janeiro, Relume-Dumará, 1994).

DUBET, François. *La galère*. Paris, Fayard, 1987.

_____. *Sociologie de l'expérience*. Paris, Seuil, 1994 (*Sociologia da Experiência*, tradução Fernando Tomaz, Lisboa, Instituto Piaget).

DUBET, François. & WIEVIORKA, Michel. "Touraine and Method of sociological Intervention". In: CLARKE, J. & DIANI, M. (orgs.), *Alain Touraine*. Londres-Washington DC, Falmet Press, 1996.

DUROSELLE, Jean-Baptiste. *La France et les Etats-Unis des origines à nos jours*. Paris, Seuil, 1976.

ELIAS, Norbert & DUNNING, E. "The Quest for Excitement in Leisure". *Leisure and Society*, 1969, n. 2, pp. 50-85.

_____. *La civilisation des moeurs*. Paris, Calmann-Lévy, 1973.

_____. *La dynamique de l'Occident*. Paris, Calmann-Lévy, 1975.

_____. *The Germans*. (*Os Alemães: a Luta pelo Poder e a Evolução do habitus nos séculos XIX e XX*, tradução de Álvaro Cabral. Rio de Janeiro, Jorze Zahar, 1997).

288   EM QUE MUNDO VIVEREMOS?

FANON, Frantz. *Damnés de la terre.* Paris, Maspéro, 1961. (*Os Condenados da Terra.* Prefácio de Jean-Paul Sartre, tradução de José Laurêncio de Melo, Rio de Janeiro, Civilização Brasileira, 1968).

FAYE, J-P. *Le siècle des idéologies.* Paris, Armand Colin, 1996.

FLETCHER, J. *Violence and Civilization. An Introduction to the Work of Norbert Elias.* Cambridge, Polity Press, 1997.

FRACHON, A. "L'Amérique et le besoin d'Europe". *Le Monde.* Paris, 25/03/1999.

FRAISSE, Robert. "Pour une politique des sujets singuliers". In: DUBET, F. & WIEVIORKA, M. (orgs.). *Penser le sujet. Autour d'Alain Touraine.* Paris, Fayard, 1997, pp. 551-564.

FRIEDLAND, L. A. *Covering the World.* Twentieth Century Fund, 1992 (s/ local).

FUKUYAMA, Francis. *La Fin de l'histoire et le dernier homme.* Paris, Flammarion, 1992. (*Fim da História e o Último Homem*, tradução Auly de Soares Rodrigues, Rio de Janeiro, Rocco, 1992).

_____. "La post-humanité est pour demain". *Le Monde des débats.* Paris, n. 5, julho/1999, pp. 16-20.

FURSTEMBERG, Frank. "Public Reaction to Crime in the Streets", *American Scholar*, n. 40, 1971, pp. 601-610.

GALTUNG, Joan. "Americanization versus Globalization". In: RAFAEL, E. (org.). *Identity, Culture and Globalisation.* Brill, Leiden, Boston, Köln, 2001, pp. 277-289.

GAVI, P.; SARTRE, J- P. & VICTOR, P. *On a raison de se révolter.* Paris, Gallimard, 1974.

GOLDHAGEN, David. J. *Les bourreaux volontaires de Hitler.* Paris, Seuil, 1997. (*Os Carrascos Voluntários de Hitler: o Povo Alemão e o Holocausto*, tradução Luís Sérgio Roizman. São Paulo, Companhia das Letras, 2002).

GÖLE, Nilüfer. "Snapshots on Islamic Modernities". *Daedalus* (número especial). EISENSTADT, Schmuel (dir.). *Multiple Modernities*, vol. 129, n. 1, inverno 2000.

GORZ, André. *Adieux au prolétariat.* Paris, Galilée, 1980. (*Adeus ao Proletariado: para Além do Socialismo.* Rio de Janeiro, Forense, 1982).

GOULDNER, Alvim. W. *The Coming Crisis of Western Sociology.* Nova York, Basic Books, 1970.

GRACQ, L. *Les traumatismes psychiques de guerre.* Paris, Odile Jacob, 1999.

GRET, M. & SINTOMER, Y. *Porto Alegre: l'espoir d'une autre démocratie.* Paris, La Découverte, 2002. (*Porto Alegre: A Esperança De Uma Outra Democracia*, tradução de Alice Loyola, São Paulo, Edições Loyola, 2002).

GURR, T. R. *Why Men Rebel?* Princeton, Princeton University Press, (s/d).

HASSOUN, M. *Porto Alegre: voyage en alternative.* Paris, Syllepse, 2001.

HEISBOURG, F. *Hyperterrorisme: la nouvelle guerre.* Paris, Odile Jacob, 2001.

HESSEL, Stéphane. *Immigration: le devoir d'insertion, Rapport du Commissariat général au Plan* (2 volumes). Paris, La Documentation Française, 1988.

HIRSCHMAN, Albert. *Deux siècles de rhétorique réactionnaire.* Paris, Fayard, 1991. (ed. original: *The Rhetoric of Reaction: Perversion, Futility, Jeopardy*, 1991) (*Retórica Da Intransigência: Perversidade, Futilidade, Ameaça.* Tradução de Tomas Rosa Bueno. São Paulo, Companhia das Letras, 1992).

HOGGART, Richard. [1957] *La culture du pauvre.* Paris, Minuit, 1970.

HOROWITZ, Irving Louis. *The Decomposition of Sociology.* Nova York, Oxford University Press, 1994.

BIBLIOGRAFIA

HUNTINGTON, Samuel. P. *The Clash of Civilizations and the Remaking of the World Order.* Nova York, Simon and Schuster, 1996. (*O Choque de Civilizações, e a Recomposição da Ordem Mundial,* tradução de M. H. C. Côrtes, Rio de Janeiro, Objetiva, 1997).

JACQUARD, R. *Au Nom d'Oussama Bin Laden.* Paris, Jean Picollec, 2001.

JELEN, C. *Les casseurs de la République.* Paris, Plon, 1997.

JOAS, Hans. *La créativité de l'agir,* tr. fr. Pierre Rusch, prefácio Alain Touraine, Paris, Cerf, 1999.

JULLIARD, Jacques. *Clémenceau briseur de grèves.* Paris, Julliard, 1965.

KARLINER, J. "Grassroots Globalization: Reclaiming the Blue Planet" In: KRANK LECHNER, J. & BOLI, J. (orgs.), *The Globalization Reader.* Oxford, 2000, pp. 34-48.

KASPI, André. *Mal connus, mal aimés, mal compris. Les Etats-Unis d'aujourd'hui.* Paris, Plon, 1999.

KEPEL, Gilles. *Os Subúrbios do Islã.* Paris, Seuil, 1987.

_____. *Jihad, expansion et déclin de l'islamisme.* Paris, Gallimard, 2000.

KHOROSKHAVAR, Farhad. *L'Utopie sacrifiée. Sociologie de la révolution iranienne.* Paris, FNSP, 1993.

_____. *L'islamisme et la mort, le martyre révolutionnaire en Iran.* Paris, L'Harmattan, 1995.

_____. *L'Islam des jeunes.* Paris, Flammarion, 1997.

_____. "Le monde Bassidji". In: WIEVIORKA, Michel (dir.). *Un nouveau paradigme de la violence? Culture et conflits.* Paris, L'Harmattan, 1998, p. 118.

KLEIN, Naomi. *No Logo.* Londres, Flamingo, 2000. (*Sem Logo: a Tirania das Marcas em Um Planeta Vendido,* tradução de Ryta Vinagre, Rio de Janeiro, Record, 2003).

LABÉVIÈRE, R. *Les Dollars de la terreur: les Etats-Unis et les islamistes.* Paris, Grasset, 1999.

LAPIERE, Richard. T. "Attitudes versus actions". *Social Forces,* n. 13, 1934, pp. 230-237.

LEVI, Primo. *Les Naufragés et les rescapés. Quarante ans après Auschwitz,* Paris, Gallimard, 1989. (*Os Afogados e os Sobreviventes: os Delitos, os Castigos, as Penas, as Impunidades.* Tradução Luiz Sérgio Henriques. Rio de Janeiro, Paz e Terra, 1990).

LIPOVETSKY, Gilles. *L'ère du vide. Essais sur l'individualisme contemporain.* Paris, Gallimard, 1983. (*A Era do Vazio. Ensaio sobre o Individualismo Contemporâneo,* tradução M. S Pereira & Ana L. Faria, Lisboa, Relógio D'água, 1983).

LIPSET, Seymour. Martim. *Political Man.* Baltimore, The John Hopkins Press, 1981. (*Homem Político.* Rio de Janeiro, Zahar, 1967).

LOSSON, Ch. & QUINIO P. *Génération Seattle: les rebelles de ma mondialisation.* Paris, Grasset, 2002.

MAFFESOLI, Michel. *Le temps des tribus. Le déclin de l'individualisme dans les sociétés contemporaines.* Paris, La Table Ronde, 1988. (*O Tempo das Tribos. O Declínio do Individualismo nas Sociedades de Massa,* tradução de M. de L. Menezes, Rio de Janeiro, Forense-Universitária, 2000).

MANHEIM, Karl. (1931). *Idéologie et utopie.* Paris, Librairie Marcel Rivière et Cie, 1956.

290 EM QUE MUNDO VIVEREMOS?

MARTUCCELLI, Danilo. *Dominations ordinaires*. Paris, Balland, 2001.

MARX, Karl. *Critique de la philosophie du droit de Hegel* (1843) (*Crítica da Filosofia do Direito de Hegel*, São Paulo, Grijalbo, 1977).

_____. *L'idéologie allemande*. (*A Ideologia Alemã*, tradução J. C. Bruni & M. A. Nogueira, São Paulo, Ciências, 1979).

_____. *La Question juive* (1843); (*A Questão Judaica*, tradução W. Gomide Rio de Janeiro, Laemmert, 1969).

MELUCCI, Alberto. "The New Social Movements: A Theoretical Approach", *Social Science Information*, 1980, n. 19, pp. 199-226.

MERTON, R. K. *Social Theory and Social Structure*. Nova York, Free Press, 1968. (*Sociologia: Teoria e Estrutura*, São Paulo, Mestre Jou, 1970).

MICHNIK, Adam. *L'Église et la gauche*. Paris, Seuil, 1979.

MONTES, J. "Mouvements anti-mondialisation: la crise de la démocratie représentative". *Etudes Internationales*, vol. XXXII, n. 4, dezembro 2001, pp. 773-782.

MORIN, Edgar; CASTORIADIS, Cornelius. & LEFORT, Claude. *Mai 1968: la brèche*. Bruxelles, Complexe, 1988.

MOSCOVICI, Sergl. "Modernité, sociétés vécus et sociétés conçues". In DUBET, Françoise. & WIEVIORKA, Michel. (org.). *Penser le sujet, Autour d'Alain Touraine*. Paris, Fayard, 1995, p. 64.

NEGRI, Antonio. & HARDT, Michel. *Empire*, (trad. do americano por Denis-Armand Canal, Paris, Exil, 2000.), (*Império*, tradução de Berilo Vargas, Rio de Janeiro, Record, 2001).

NISBET, Robert. *La tradition sociologique*, Paris, PUF, 1966.

OBERSCHALL, Anthony. *Social Conflict and Social Movements*. Englewood Cliffs, N. J., Prentice Hall, 1973.

PERALDI, Michel. (org.). *Cabas et containers*. Paris, Maison neuve, 2001.

PIETERSE, J. N. "Globalization as Hybridization". In: M. Featherstone e col. *Global Modernities*. Londres, Sage, 1995.

PLEYERS, Geoffrey. "L'esprit de Porto Alegre, un mouvement contestataire dans la société informationnelle", dissertação de mestrado, Ehess, setembro 2001, p. 29.

POULIGNY, Béatrice.(org.). "Une société civile internationale". *Critique Internationale* (2001-10), n. 13.

POUPEAU, F., "La contestation de la mondialisation en Franc". *Année sociale*, 2002, pp. 89-100.

PRIEUR, L.; PAPATHEODOROU, A.; MASSE, J-P. & PINALIE, G. *Gênes. Multitudes en marche contre l'Empire*. Reflex, 2002 (s/local).

RAYMOND, René. *Les Etats-Unis devant l'opinion française, 1815-1852*. Paris, Librairie Armand Colin, 1962.

REBUGHINI, P. *La violence juvénile dans les quartiers populaires. Étude comparative des périphéries de Lyon et de Milan*, tese de doutorado em sociologia, Paris, Ehess, 1998.

RICOEUR, Paul. "Imaginer la paix", conferência ao VI Forum international de l'Académie des cultures, dezembro 2002 (reproduzido em *Le Monde*, Paris, 24/12/2002).

ROCHÉ, Sebastian. *La délinquance des jeunes*. Paris, Le Seuil, 2001.

ROGER, Philipe. "La guerre de Cent Ans. Aux sources de l'antiaméricanisme français". In: FAURE, Ch. & BISHOP, T. (orgs.), *L'Amérique des Français*. Paris, François Bourin, 1992, p. 188.

BIBLIOGRAFIA

ROY, Olivier. *L'Échec de l'islam politique*. Paris, Le Seuil, 1992.

RUANO-BORBALAN, J-C. "La société civile mondiale: mythes et réalités". *Sciences Humaines*, n. 130, agosto-setembro 2002.

RULE, J. B. *Theories of Civil Violence*. Berkeley, University of California Press, 1988.

SAVIR, Uri. *The Process*. Nova York, Random House, 1998.

SENNETT, Richard. *The Corrosion of Character, The Personal Consequences of Work in the New Capitalism*. -Londres, W. W. Norton & Co., 1998. (*A Corrosão do Caráter*, tradução Marcos Santarrita, Rio de Janeiro, Record, 2001).

SEURAT, Michel. *L'État de barbarie*. Paris, Le Seuil, 1989.

SFEZ, L. "Internet et les ambassadeurs de la communication". *Le Monde Diplomatique*, Paris, março 1999.

SHILS, Edward. "The Concept and Fonction of Ideology". *International Encyclopaedia of the Social Sciences*, vol. 7, pp. 66-76 (s/d).

SHOEMAKER, D. J. *Theories of Delinquency. An Examination of Explanations of Delinquent Behavior*. Nova York, Oxford University Press, 1984.

SINCLAIR, John; JACK, Elisabeth & CUNNINGHAM, Stuart. "Peripheral Visions". In: SINCLAIR, John. et al. (org.). *New Patterns in Global Television: Peripheral Vision*. Oxford University Press, 1996.

SAMMIER, I. *Les nouveaux mouvements contestataires à l'heure de la mondialisation*. Paris, Flammarion, 2001.

SOREL, Georges. *Réflexions sur la violence*. Paris, Genebra, Slatkine, 1981. (*Reflexões sobre a Violência*, tradução de Paulo Neves, São Paulo, Martins Fontes, 1992).

STIGLITZ, J. *La Grande Désillusion*. Paris, Fayard, 2001.

TAGUIEFF, Pierre-André. *La force du préjugé. Essai sur le racisme et ses doubles*. Paris, La Découverte, 1988.

TARDE, Gabriel. *Monodologie et Sociologie, les trasnformations du pouvoir.* Empecheurs de Penser en Roud.

TARRIUS, Alain. *La mondialisation par le bas*. Paris, Balland, 2002.

TESSARECH, B.; GUIBERT, Aëlle. & JOULIN, Maury. *Terrorismes, vers un nouveau désordre mondial?* Paris, Mango, 2001.

THOMPSON, Edward. P. *La formation de la classe ouvrière anglaise*. Paris, EHESS/Gallimard/Le Seuil, 1988 [1963]; (*A Formação da Classe Operária Inglesa*, Rio de Janeiro, Paz e Terra, 1987).

TILLY, Charles. *From Mobilization to Revolution, Reading*. M. A., Addison-Wesley, 1978.

TOCQUEVILLE, Alexis. *L'Ancien Régime et la révolution*. Paris, Gallimard, 1967, p. 238. (*O Antigo Regime e a Revolução*, tradução Yvonne Jean, Brasília, Unb, 1997).

TOINET, Maril-France. "French Pique and Piques Françaises". *Annals*, AAPSS, n. 497, maio 1988.

TOURAINE, Alain. *Production de la société*. Paris, Seuil, 1974.

_____. *La voix et le regard*. Paris, Seuil, 1977.

_____. *Le retour de acteur*. Paris, Fayard, 1984.

_____. *Critique de la modernité*. Paris, Fayard, 1992 (*Crítica da Modernidade* tradução Elia Ferreira Edel, Petrópolis, Vozes, 1994).

_____. *Comment sortir du liberalisme?* Paris, Fayard, 1999. (*Como Sair do*

292 EM QUE MUNDO VIVEREMOS?

Liberalismo? Tradução de Freitas e Silva. Lisboa, Terramar, 1999).

_____. "Sociologies et Sociologues". In: GUILLAUME, M. (org.). *L'État des sciences sociales en France*. Paris, La Découverte, 1986, pp. 134-143.

_____; DUBET, F.; HEGEDUS, Z. & WIEVIORKA, M. *Lutte étudiante*. Paris, Le Seuil, 1978

_____. *La prophétie anti-nucléaire*, Paris, Le Seuil, 1980.

_____. *Le pays contre l'État*. Paris, Le Seuil,1981.

TOURAINE, Alain, WIEVIORKA, Michel. & DUBET , F. *Le mouvement ouvrier*. Paris, Fayard, 1984.

TOURAINE, Alain; DUBET, Françoise; WIEVIORKA, Michel & STRZELECKI. *Solidarité*. Paris, Fayard, 1982.

TRINH, Sylvaine. "Aum Shinrikyô: secte et violence". In: WIEVIORKA, M.(dir.). *Cultures et conflits* (Un nouveau paradigme de la violence), n. especial, jan. 1998, pp. 229-290.

VAILLANT, M. *La réparation : de la délinquance à la découverte de la responsabilité*. Paris, Gallimard, 1999.

VIGARELLO, Georges. "L'invention de la violence morale". *Sociétés et représentations*, n. 6, junho 1998, p. 186.

WAHL, Nicholas. "La démocratie en Amérique vue par des lunettes françaises". In: FAURE, Ch. & BISHOP, T. (org.). *L'Amérique des Français*. Paris, François Bourin, 1992, pp. 97-102.

WALLERSTEIN, Immanuel. *The Modern World System: Capitalist Agriculture and the Origins of the European World Economy in the Sixteenth Century*. Nova York, Academic Press, (s/d).

WIEVIORKA, Michel. *Les Juifs, La Pologne et Solidarnosc*. Paris, Denoël, 1984.

_____. *Sociétés et terrorisme*. Paris, Fayard, 1988.

_____. et alli. *La France raciste*. Paris, Seuil, 1992.

_____. *Face au terrorisme*. Paris, Liana Levi, 1995.

_____. *La différence*. Paris, Balland, 2001.

_____. et alli. *Violence en France*. Paris, Le Seuil, 1999.

_____ & WOLTON, Dominique. *Terrorisme à la une. Médias, terrorisme et démocratie*. Paris, Gallimard, 1987.

_____. "Le déploiement sociologique". In: GUILLAUME, M.(org.). *L'État des sciences sociales en France*. Paris, La Découverte, 1986, pp. 149-155.

_____. "L'impasse des interprétations classiques". *Le Monde des Débats*, n. 7, Paris, outubro 1999, pp. 10-13.

_____. "Sociologie post-classique ou déclin de la sociologie". *Cahiers internationaux de sociologie*, vol. CVIII, jan.-jun. 2000, pp. 5-35.

_____. "Terrorismes, une rupture historique". In: *Ramses*, Paris, Dunod, pp. 29-42.

_____. *L'espace du racisme. Paris, Seuil, 1991*.

_____. (org.) *Racisme et modernité*. Paris, La Découverte, 1993.

_____. (org.) *Racisme et xénophobie en Europe*. Paris, la Découverte, 1994.

ZAUBERMAN, R. P. *Du côté des victimes. Un autre regard sur la délinquance*. Paris, L'Harmattan, 1995.

SOCIOLOGIA NA PERSPECTIVA

Fim do Povo Judeu?
  Georges Friedmann (D006)
Sociologia do Esporte
  Georges Magnane (D015)
Sobre Comunidade
  Martin Buber (D203)
Autoritarismo e Eros
  Vilma Figueiredo (D251)
Capitalismo e Mundialização em Marx
  Alex Fiúza de Mello (D279)
Sociologia da Cultura
  Karl Mannheim (E032)
De Geração a Geração
  S. N. Eisenstadt (E041)
Ensaios de Sociologia
  Marcel Mauss (E047)

Sociedade Israelense
  S. N. Eisenstadt (E056)
Arte, Privilégio e Distinção
  José Carlos Durand (E108)
Uma Arquitetura da Indiferença
  Annie Dymetman (E188)
Tolerância Zero e Democracia no Brasil
  Benoni Belli (E209)
Em que Mundo Viveremos?
  Michel Wieviorka (E215)
Lenin: Capitalismo de Estado e Burocracia
  Leôncio M. Rodrigues e
  Ottaviano de Fiore (El016)
O Desencantamento do Mundo
  Pierre Bourdieu (El019)

CIÊNCIAS SOCIAIS NA PERSPECTIVA

Raça e Ciência I
Juan Comas e Outros (D025)
A Multidão Solitária
David Riesman (D041)
Unissexo
Charles E. Winick (D045)
O Trabalho em Migalhas
Georges Friedmann (D053)
Raça e Ciência II
L. C. Dunn e outros (D056)
Rumos de uma Cultura Tecnológica
Abraham Moles (D058)
A Noite da Madrinha
Sérgio Miceli (D066)
A Caminho da Cidade
Eunice Ribeiro Durhan (D077)
Lazer e Cultura Popular
Joffre Dumazedier (D082)
As Religiões dos Oprimidos
Vittorio Lanternari (D095)

Crise Regional e Planejamento
Amélia Cohn (D117)
Desenvolvimento e Construção Nacional
S. N. Eisenstadt (D154)
Sociologia Empírica do Lazer
Joffre Dumazedier (D164)
Sociodinâmica da Cultura
Abraham Moles (E015)
Estudos Afro-Brasileiros
Roger Bastide (E018)
A Economia das Trocas Simbólicas
Pierre Bourdieu (E020)
O Legado de Violações dos Direitos Humanos no Cone Sul
Luis Roniger e Mario Sznajder (E208)
Memórias de Vida, Memórias de Guerra
Fernando Frochtengarten (E222)
A Ciência Social num Mundo em Crise
Scientific American (LSC)